溥仪的后半生

王庆祥 著

人民出版社

溥仪的后半生

爱新觉罗韫颖

溥仪的三妹为本书题字

目　录

前　言

　　爱新觉罗·溥仪先生所著《我的前半生》1964 年出版后,很快被译成英文、日文和印尼文等多种文字,中国港澳地区及国外报刊也争相连载,产生了巨大的影响。

　　《我的前半生》反映了溥仪的觉悟,说明他经过十年改造已经变成新人,对历史有了公正的认识,所以才受到海内外亿万人民的欢迎。溥仪逝世后,周恩来总理会见日本《朝日新闻》编辑局长后藤基夫时也称道这本书说:"'满洲国'的皇帝溥仪已经死了,说句公道话,最后他改造得不错。"这时,总理拿出一本《我的前半生》,对后藤一行说:"你们都读过他写的这本书吧!从他来说,认识是提高了。刚过 60 岁就死了,如果不得肾癌的话,一定会活得更长。使一个末代皇帝能有这样的觉悟,不是一件容易的事。"总理又说:"我们把末代皇帝改造好了,这是世界上的奇迹。"

　　海内外有无数的人要了解这个奇迹,当他们已经从《我的前半生》一书中熟悉了溥仪之后,就更想知道这位改造好了的末代皇帝到底是什么样子。

　　早在 1961 年,已有日本人来到北京,拍摄了以反映溥仪特赦后生活为内容的影片,名为《皇帝与庶人》。同年 5 月嵯峨浩回国时还特意给溥仪带回一部拷贝,并在自家专场放映,请溥仪看过。其后又有民主德国的摄影工作者拍摄了关于溥仪的纪录片,而由国务院外事办公室第一副主任廖承志亲自过问、中国新闻社拍摄的大型彩色纪录影片《中国末代皇帝——溥仪》,从 1963 年开拍,到 1965 年底告成。作为这部影片的主要角色,溥仪接受特别邀请,于 1966 年 3 月 9 日与全国政协领导人一起观看了样片。

　　溥仪在当天的日记上记载了这部影片的大致内容:"影片开始,我和贤(即李淑贤)走出家门到政协去。在会客室与外国记者谈话。谈涉清末时代,镜头移向明清皇宫,出现清朝统治时期丧权辱国以及慈禧太后卖国行为的画面。接着是我幼时的照相,辛亥起义,推倒清朝,袁世凯统治,张勋复辟,我在天津和帝国主义分子、反动军阀政客的照相。继之是日本侵略东北,土肥原要我到东北,在东北祭祖,访日,向富士山行礼,迎伪神等种种丑剧。然后是解放战争的场面,帝国主义以及蒋介石被驱逐,我归国改造,在东北参观,铲土劳动,在医务室学习和工作,自己缝补、洗衣等。最后演到特赦当时的情况,回到北京和家人团聚,在植物园劳动,在政协工作,参观西安、延安和洛阳,在洛阳拖拉机厂、洛阳滚珠轴承厂,看到祖国社会主义建设的巨大发展。回京后,族人在溥杰家欢叙……”①该片刚制作完成就被国家主席刘少奇调看,并给予肯定,后来在海外发行,受到了热烈欢迎。

还在抚顺战犯管理所时,溥仪就接待了一批批外国朋友。特赦以后,更有数以百计的国际友人接踵而至,通过他们,特别是新闻界人士,溥仪向全世界报道了自己的思想、工作和生活,同时也为我们留下许许多多极有意义的历史镜头,其中部分照片刊登在海内外千万种报刊上。其间,溥仪本人也曾为中外报刊撰写文章,抒发真情实感。

也有人很早就提出了系统撰写溥仪后半生生活的构想,《我的前半生》尚未出版的时候,曾专程前往抚顺采访过溥仪并出版一本《末代皇帝传奇》的香港记者潘际坰来到北京,提出要再度采访他特赦后的生活,以便续写《传奇》的姊妹篇。正当溥仪准备允诺的时候,有位领导提了意见,说潘早年在内地工作时“有右派言论”,在政治上靠不住,如果让他写,出版后会有不好的影响。当然,这件事只能到此结束了。数月后,《我的前半生》一举轰动了世界,海外几家华文报纸纷纷与全国政协取得联系,希望给他们一个“趁热打铁”的机会,把溥仪特赦后的经历细节撰写成文,以连载的形式刊出,满足广大读者的“渴求”。这次政协领导是支持的,文史资料研究委员会副主任委员杨东莼与溥仪谈话时,连找谁帮忙整理都确定了,但溥仪不同意,他认为公民生活才三四年,给党和人民做的工作实在太少,以后如果真能对国家有所贡献,再写

_____

① 王庆祥整理注释:《爱新觉罗·溥仪日记》,天津人民出版社1996年版,第507—508页。

不迟。

　　后来的几年里，一些访问过溥仪的外国朋友，仍再三向他提出这样的要求：请他自己动笔，再写一部关于后半生的书，以续前传。溥仪总是这样解释说："我的后半生不能用笔写，而要用实际行动写。它的内容很简单，就是为祖国工作，为人民服务，贡献自己的力量。"到了1964年7月，他又在一篇没有公开发表的文章结尾处发挥了上述想法："党的伟大改造政策使我得到了光荣的新生，使我分清了是非，认识了真理。真理愈接近我，我就愈仇恨自己的过去，新生的溥仪是坚决反对那个皇帝溥仪的。我已经用文字写下了《我的前半生》，今后要用实际行动写我的第二本书，这就是：永远跟着共产党走，听毛主席的话，不断学习和自我改造，提高思想觉悟，与祖国兄弟姊妹在一起，建设我们伟大的社会主义祖国，贡献自己的一切力量。"①

　　很可惜，溥仪在特赦后仅活了8年，就被肾癌夺去了生命，从时间看比50多年的前半生短了许多年，但从生命的意义看又胜过前半生不知多少倍。他用文字写下了关于前半生的著作，也用实际行动写出了令人感动的后半生。

　　当然，把溥仪先生的后半生用文字再现出来，让国内外更多的朋友们了解这一"奇迹"，还是很必要的。溥仪逝世以后，我很荣幸在李淑贤女士的支持下承担了这一历史使命，好在勤奋的溥仪先生在世时给我们留下大量日记、笔记、会议记录、学习体会、思想总结和发言草稿，以及接待外宾的谈话记录等文字资料，为今天撰写《溥仪的后半生》书稿提供了宝贵素材，加之李淑贤保存的一批书信、文物和照片，使这部分素材更加充实和丰富。

　　溥仪后半生生活中的亲密伴侣李淑贤，不但保存了重要的资料和文物，使之经历10年动乱而至今犹存，同时她还长时间地回忆，从已经逝去的甜蜜时光中找回那些动人的生活场景，这无疑为本书增添色彩，当我向她表示由衷的感激之时，她回答说："我们都应该感谢敬爱的周总理，是他老人家在'文化大革命'初期亲自安排了对溥仪的保护措施，也是他老人家在溥仪去世后时时给我以关怀，使我这样病弱的身体能够活到今天，没有总理，这些资料连一页也不会剩存。"

---

　　①　溥仪：《参观南方六省一市的感想》，未刊。

　　本书的编撰原则是尊重历史事实,目的是用文字再现溥仪先生的后半生生活,为此将尽量引用原始资料,一切必要的叙述完全忠实于历史原貌。

　　本书从溥仪先生特赦返京写起,按照历史顺序,依次写出他在北京植物园、在全国政协文史资料研究委员会,直到去世为止的全部生活。同时将侧重介绍他幸福的婚姻家庭生活,他在祖国各地漫游和参观访问时的所见所感,他作为普通公民和全国政协委员参加政治活动及外事活动的情况,他为神圣的祖国统一大业所做的工作,他在十年动乱中的遭遇、患病和去世。笔者是史学工作者,自知不会以文学之笔去描绘和渲染,如果还能够依据掌握的资料,朴素地勾画出那并非久远的历史轮廓,已是奢望了。

　　从本书的叙述中,读者可以看到这样的事实:一位皇帝经过改造,已经发自内心的厌恶封建专制制度了,虽然这个制度曾给予他人间最豪华的物质享受,但也给他套上了沉重的精神枷锁。这一奇迹般的事实令人信服地表明:中国政府和中国人民改造罪犯的政策已经获得了巨大的成功。

第一章
特　救

　　我得到了新生，这不是肉体的新生，而是灵魂的新生。我得到了做人的欢乐，这不是做任何一种人的欢乐，而是做个今天的中国公民的欢乐。我有了真正的人生乐趣，这并不是任何时代、任何地域都可以有的人生乐趣，而只是在这个国家、这个时代才能有的人生乐趣。

　　　　　　　　　　　　　　　　　　　　——爱新觉罗·溥仪

一、新生之日

　　公元1959年12月4日，对爱新觉罗·溥仪来说，这是一个意义重大的日子，是他后半生的起点，从这天开始，溥仪不再是皇帝，也不再是罪犯，而是中华人民共和国的普通公民。因此，这不能不是他感慨万千的一天。

　　在抚顺战犯管理所俱乐部主席台上方，正面悬挂大红绸制成的横幅，写着"抚顺战犯管理所特赦战犯大会"几个大字，右侧条幅写的是"劳动改造，重新做人"，左侧条幅写的是"改恶从善，前途光明"，会场布置颇有喜庆色彩。

大会即将开始,在主席台前排就座的有辽宁省和抚顺市政府领导干部,省公安厅厅长和省高级法院院长,而抚顺市公、检、法的官员坐在后排。

在押的国民党和伪满战犯300余人列队进入会场,顺序在长条木椅上落座。记者拍摄的一个镜头记录下了当时的真实场景:溥仪和他的同学们并排坐着,每人的面孔都是严肃的,完全可以想见那时的心情有多么紧张。不过,左前胸上戴有981号白色名签的溥仪却显得安详自若。这显然是在宣布特赦名单前拍下的,当时,溥仪对自己不被特赦有最充分的思想准备。而且,他也有点儿不想立刻就离开这里。

当主持会议的抚顺战犯管理所代所长金源宣布开会后,辽宁省人民政府副秘书长侯西斌代表省委、省政府发表了简短讲话,随后,辽宁省高级人民法院副院长刘生春登台宣读特赦名单,全场鸦雀无声。

"爱新觉罗·溥仪!"这就是那张"特赦名单"所报出的第一个名字。

溥仪一下子愣住了,他完全没有想到的事情却在一两秒钟之内突然出现了,他似乎不知道应该怎样接受这一事实,呆呵呵地坐在原处未动。这时,坐在旁边的溥杰①急了,暗暗捅他一下,悄声说:"快站到前面去!"

溥仪如梦初醒,竟激动得哭了起来。手疾眼快的记者迅速摁动快门,留下了这个永恒的瞬间,从照片上看得出:他的激动发自内心,哭出声音,流下热泪,那完全是人之常情。不过当时他还无从知道:毛泽东主席和中共中央其他领导同志都记挂着他的改造,为他的点滴进步而高兴。这次对他的特赦也是党中央最高领导层经过充分讨论所做的决定。

溥仪终于慢慢地站了起来,在全体战犯注目下,缓缓走到主席台前,伸出颤抖的手,从刘生春副院长手中第一个接过《中华人民共和国最高人民法院特赦通知书》,然后鞠躬行礼。那份通知书上标明编号为"1959年度赦字011号",落款日期上骑缝印着带有国徽图案的中华人民共和国最高人民法院公章。正文如下:"遵照1959年9月17日中华人民共和国主席特赦令,本院对在押的伪满洲国战争罪犯爱新觉罗·溥仪进行了审查。罪犯爱新觉罗·溥仪,男性,54岁,满族,北京市人。该犯关押已经满10年,在关押期间,经过劳

① 生于1907年,病逝于1994年2月28日,逝世前担任全国人大常委会委员、民族委员会副主任、全国政协文史委员会专员。

动改造和思想教育,已经有确实改恶从善的表现,符合特赦令第一条的规定,予以释放。"

这通知书无异于向世界宣告:一个崭新的政治生命诞生了,就诞生在中国的宣统皇帝的躯壳之中。这时记者再摁快门,准确摄下了溥仪从最高人民法院法官手中双手接过特赦通知书时的场面。这消息当天就登上了日本报纸的显要版面,第二天又在华盛顿、伦敦、巴黎,以及中国台北和香港等地见了报,一下子传遍了世界。

全国共有 33 名战犯在首批特赦中成为公民,而抚顺战犯管理所共特赦了 10 人,其中伪满战犯两人:伪满皇帝溥仪和伪满第 10 军管区中将司令官郭文林;国民党战犯 8 人:国民党 25 军 40 师上校副

特赦通知书

师长杜聚政、国民党第三绥靖区上校高参赵金鹏、国民党北平市警察局外事科长兼北平警备总司令部少将参议孟昭楹、国民党工兵团 70 军参谋处二科少校科长唐曦、国民党太原绥靖公署建军委员会军训处训练课少将课长白玉昆、国民党徐州总部定国部队 3 支队中校副支队长周震东、国民党工兵团 72 军 233 师 698 团上校团长叶杰强和国民党晋冀区铁路管理局总务处长贺敏。

这 10 位新公民站到前排,无一不激动得泪流满面。上下五千年,纵横八万里,世界上无数的改朝换代产生了无数的末代君主,或断头,或流放,从来就没有好下场,溥仪却改变了历史!

代所长金源至今仍能清晰地记得溥仪在那次特赦大会后分组讨论时的发言。他痛哭流涕地总结了前半生的罪恶历史,还面对苍天发问:"谁让我走上了犯罪的道路?是封建王朝,是自己企图借助洋人的势力复辟封建制度!是管理所的工作人员,让我懂得了人生的道路。今后,我愿跟着共产党,走社

溥仪在特赦战犯大会上激动得举臂高呼

会主义道路,活到老学到老,改造到老。"①

　　特赦大会开完后,根据领导的安排,这10个人搬到同一房间来住,等候出发。因为他们都已经有了"公民"的新身份,当然不可以再住"监号"了。

　　事过8个多月以后,溥仪在1960年8月18日给他侄儿肇毓嵣写了一封信。肇毓嵣即爱新觉罗·毓嵣,也就是《我的前半生》一书中多次出现过的小秀,他前后跟随溥仪26年,从长春到伯力又到抚顺,一直在一起。1957年春节前夕被释放,回到吉林市定居。溥仪特赦后给他写过两封信,都很长,热情洋溢。十年动乱开始时,因害怕搜查而毁掉了第二封信。第一封则因夹在废纸中幸免于火。这信中有一段话是谈他对12月4日特赦的感想的:"我在去

　　① 金源:《一次伟大的历史实践》,《伪满皇帝群臣改造纪实》,辽宁人民出版社1992年版,第48页。

年12月4日,在抚顺管理所蒙到特赦(这次我是和郭文林两个人),完全是做梦也想不到的事。过去对祖国对人民犯下了不可容恕的罪恶,政府和人民不加以惩治,已然是史无前例的宽大,而这次竟蒙特赦到社会中去,能和劳动人民在一起,直接参加社会主义建设,得到真正重新做人的机会,这真是任何古今中外历史上空前的事情。这只有以改造社会、改造人类为历史使命的中国共产党才能这样,对事不对人,治病救人,对什么人都加以彻底救治(除了坚持花岗石脑袋自愿见上帝的人以外),治好了每个人的病,使魔鬼变成了人。所以共产党、毛主席不仅是解救6亿5千万中国人民的大救星,同样也是罪犯的重生再造的父母。"12月4日已成为溥仪心目中的温馨而美好的回忆。

当天晚上,伪满战犯和国民党战犯分别举行晚会,欢送特赦人员。第二天上午则是全所送别大会。有一张照片拍下了10名特赦人员在"改恶从善、前途光明"的条幅前引吭高歌的情景。晚会上的演员是用喉咙歌唱,而这里的10位新公民是用心在歌唱;他们的歌声可能并不悦耳,却震动了世界!从右边数第三人,把嘴张得最大,那眉眼之间所呈现出来的也并非一幅笑眯眯的温情画面。确切地说是一副哭相,宣统帝溥仪在哭,哭声和着歌声表达了他的心声!

送别大会把这次特赦激起的波澜推向新的高潮,俱乐部大厅里响起了震动屋宇的欢笑声,10位新公民被"同学"们一次次地高高举起,深情的话别,诚挚的祝愿,从管理所的这个角落飘荡到那个角落。任何一个人如果是在这个时候来到这里,都会忘掉"监狱"的概念。

与此同时,发生在这里的事实,被冠以"不可思议的奇迹"、"开天辟地的特大新闻"等形容词或评价语,通过有线和无线的电波,迅速传播到世界各个角落。法新社当天从中国台北发出的一则电讯这样写道:"北京最近特赦释放在押的伪满洲国皇帝溥仪和其他33名战犯,在台北看来,这种行动是在表明中国共产党执政10年后的稳固。"

12月5日下午,代所长金源把10位特赦人员召集在一起开座谈会。金所长在座谈会上以《新生后怎样正确对待自己》为题的讲话,就像习习的春风、涓涓的溪流,温暖和滋润着特赦人员的心田:

　　　你们学习了10年,这10年间社会起了很大变化,你们不熟悉了。不妨稍住几天,先了解一下再走。当然愿意马上走的也可以,愿意先参观一下的就留一留。所里正给大家准备车票，每个人都发给路费和路上零用钱，到了家乡都给安排职业，没有家的愿意在当地的就给安排在当地工作。到了家里如果有什么困难不好解决，愿意回来的也可以到抚顺就业。

我建议你们，回到家里先向家乡的人们道个歉，因为你们过去对不住他们。你们道了歉，他们会原谅你们的，也会相信你们已经改好。即使一时还有人怀疑，只要你们用事实表现，怀疑也会消除的。

回到自己家里，自然要明白，家庭是个新的家庭。旧的家长制度没有了，不能再拿出旧日的家长态度了，要团结和睦，互相帮助。

你们在这里10年，现在要走了，今后一定要珍惜来之不易的新生，继续改造自己。对管理所有什么意见，也希望你们提出来，这对我们改进工作是有好处的。

所长想得周到，讲得全面，千叮咛、万嘱咐，情真意切。

实在来说，被特赦者这时的心情也很复杂，10年之间天地发生了巨变，虽然自己已经历了改造，但老乡亲、旧朋友，还有原来的同事等等，许多老账和往日的纠缠，会不会再翻腾起来？会不会因为宿怨而又遭白眼？有人就提出来，说他已在战犯管理所内的电机厂学会了电机制造，他对自己使用的那台机床也很熟悉了，遂要求留在电机厂内工作。金源所长说："你是有家的，还是应该回家，至少看看，如果觉得那里不合适，你再回来，给你在抚顺安排一个电机生产的工作。"

为了特赦后的定居和工作安排问题，管理所的领导已经做了不少工作，无论想投亲的，想靠友的，还是想返籍的，想留下的，全依个人自愿充分考虑。他们也为此征求了溥仪的意见，由于他已与住在长春的妻子李玉琴离了婚，又不愿回到那个当了14年傀儡皇帝的城市去，而希望先回到北京五妹韫馨家暂住，遂根据本人意愿，决定送他回北京。

在座谈会上，特赦人员们异口同声地表示：希望能允许他们多住几天，希望所长再多说几句，为大家指指以后应走的道路。这时，所长的脸上露出了会心的微笑。正像一位辛勤的耕耘者看到金黄的丰收景象时所能有的表情。他又说："我最后要说的就是：希望你们珍惜自己的新的生命，新的灵魂。改造是长期的,在生活的道路上,每人都不断地要受到考验。在考验中,或者前进,或者后退,自满永远是前进的敌人。"溥仪和其他被特赦者都用心地把所长诚挚的希望牢牢记住了。

当天晚上,战犯管理所为了庆祝特赦,演了一场电影。看完电影,金源代所长特意把溥仪和溥杰找到一块儿,让这一对手足兄弟分别前再推心置腹地聊一聊。

在管理所内一间会议室里,溥仪对二弟说:"我这次特赦出去,只剩下孤身一人,妻子死的死,离婚的离婚。今后只有紧跟中国共产党,走社会主义道路,才有自己的光明前途。过去当皇帝,衣来伸手,饭来张口,过的是寄生虫生活。但经过在管理所的劳动锻炼,体质也有所提高,这回到社会上以后,我要凭两只手,以劳动养活自己。我要为人民服务。"

溥杰听了大哥的话,心情很激动,深感大哥确实进步了,不枉10年改造之功。他对大哥说:"我和你一样,今后如蒙特赦,也是孤身一人,嵯峨浩能否来中国还不知道。我也必须依靠共产党,走社会主义道路,也要凭劳动维持生活,过去的剥削生活是可耻的,我再也不愿回到那样的生活中去了。"

兄弟俩互相勉励。溥仪希望二弟加强自我改造,争取人民的原谅,早日在北京重逢。溥杰则希望大哥不要放松思想改造,正确对待社会上的人和事,尤其要珍惜来之不易的新生。①

话锋一转,溥仪面带严肃之色,又非常认真地告诫二弟:"我要走了,而你还留在这里,真不放心!我想,你的主要问题还是日本老婆问题。他们为什么要给你找个日本老婆呢?那是让你紧紧地跟着日本帝国主义走。嵯峨浩②肯定是个特务,她要千方百计拉着你靠拢日本帝国主义的,所以你必须和嵯峨浩划清界限,和她离婚。"溥仪特别嘱咐溥杰,与嵯峨浩通信时要特别慎重,因为她为了丈夫的释放问题而在日本采取了"过激行动",对此则一定要有正确态度。溥仪说:"分别毕竟有十多年了,她现在日本的情况怎样,我们知道

---

① 李福生:《改造伪满皇帝琐记》,《震撼世界的奇迹》,中国文史出版社1990年版,第102—103页。
② 生于1914年,病逝于1987年6月20日,享年73岁,邓颖超和日本国皇后等人送了花圈,杨静仁等参加了遗体告别仪式。

得不多,所以必须谨慎从事,不要在这方面犯错误。必要时可当机立断,而不可藕断丝连,更不能因此影响了自己的改造。即使你将来放了出来,也要和她离婚,以表明你的政治立场是正确的。这次特赦没有你,恐怕主要还是你没有处理好日本老婆问题。我相信你会正确对待这个问题,争取下一批获得特赦。"

在嵯峨浩的问题上,溥杰表示"实在不能同意"大哥的看法。他直言不讳地说:"我们虽然靠日本军阀包办了这桩政略婚姻,但我俩的感情却是真挚的。浩是反对日本军阀侵略中国的,浩是听我的话的。我如果特赦出来能够和浩重逢的话,我可以影响浩,使她反对日本军国主义,我俩共同从事中日友好的工作。"他又说,大哥可以放心,在这个问题上,自己能够作出正确判断,能够正确处理与妻子的关系。

溥杰说,那天晚上他们兄弟俩谈了一个多小时,这样的倾心之谈实不多见。金源代所长担心溥杰想不通,事后又特意找他谈话,他说:"溥仪为什么第一批获赦?因为他对日本帝国主义深恶痛绝,他在揭发批判日本帝国主义方面都超过了我们,所以应该先释放他。"但所长并未要求溥杰与嵯峨浩划清界限,在这个问题上,溥仪实在是有偏见的。①

二、离开抚顺

12月6日和12月7日两天中,特赦人员兴奋地进行各项出发前的准备工作,他们领取管理所特别发放的全套棉装、棉帽和棉鞋,洗澡、理发、整理行囊,可以说是万事就绪,只待启程了。

这天,新华社辽宁分社记者任步方和李健羽在管理所大会客厅内采访了溥仪,管教员李福生把溥仪领进房间后,记者请他坐下,他稍显得有点拘谨地又站了起来,半晌才开口说:"能允许我和新中国的记者握一下手吗?"两位记者被这句话提醒了:溥仪现在已经不是战犯而是一个新生的公民了,应该向

---

① 爱新觉罗·溥杰著,叶祖孚执笔:《溥杰自传》,中国文史出版社1994年版,第137—138页。

他致贺。两人遂起身主动与溥仪握手,很长时间攥在一起,溥仪十分动情地说:"人都有一双手,手本来是用于劳动的,劳动创造了世界。可是我这双手生下来就是废物,事事得靠别人。作为人的手,我这一双在过去是退化了的,简直和原始时代猿猴的爪子差不多。是共产党和社会主义祖国恢复了这双手应有的功能,它今天终于有用,可以劳动了,也庆幸它有资格与新中国的记者握手了。"不能不说这是一席借题发挥的话,却也是发自肺腑之言,记者们被深深地感动了。

"溥仪先生,我为你重新做人而高兴。可是,你是否知道我小时家住长春,曾经在过往'宫内府'时向你遥拜呢?"记者李健羽毫不隐讳地说。

"罪过,罪过呀!"溥仪由此又把话题转向当伪满皇帝时的罪恶,表示今后到社会上不会放松思想改造,他一定百倍地珍惜这来之不易的新生。①

接着,战犯管理所开始向特赦人员发还由所方代为保管的个人财物。为此,所方还把这些财物陈列出来,请所有人一一点验过目。当然,应该收归国有的不在此列。

溥仪的贵重物品最多,都是原清宫藏品,1924 年 11 月他被逐出宫前,以"赏赐"为名,通过溥杰等人陆续偷运出宫,带到天津,带到长春,又带到伯力和抚顺,其间不但大量变卖,赏赐臣下,逃离长春和通化大栗子沟时又大量弃置宋元珍籍及晋唐以来的书画卷轴和部分珍宝而不顾,并且后来还以"支援苏联经济建设"为名捐献了一批,所剩虽已不多,仍能装满两三只大皮箱。

这些贵重物品可以区分为珍宝、钟表和稀有珍品三类。珍宝类中有珍珠数十串,其中有如鸡蛋黄大小的珍珠,有玛瑙、钻石、蓝宝石、红宝石、猫儿眼宝石、绿玉、翡翠、玉佩和黄金首饰等,还有几件是慈禧太后使用过的东西,如绿、黄、白、古铜各色佛珠,镶嵌各种宝石的珐琅发簪,镶嵌在帽子上的如大拇指大小的钻石,以及她赏给溥仪的扁叉子等,真是琳琅满目,光彩耀人。钟表类共 30 余种,其中大都是各国皇室王公献给清朝皇帝的贡品,有双凤朝阳式音乐钟,有镶嵌玉石的表,有可以随时间询钟点的怀表和带有四季景色装饰

---

① 李健羽:《忆采访首批特赦国内战犯》,《伪满皇帝群臣改造纪实》,辽宁人民出版社 1992 年版,第 194—195 页。

的怀表。还有一块怀表形似"蝉",两只翅膀上镶有130多粒钻石,轻轻触动表的尾部,两只翅膀展开便露出表的时针来。稀有珍品类,如乾隆的田黄石玉玺,系三颗方形玉印用石链条系在一起,玉印上刻有"受命于天"、"既寿永昌"字样,雕工极其精细,玉质地发出黄色耀眼的光彩。

其中能够达到国宝级的物品就有468件之多。此外,溥仪还有一些贵重的日常用品,包括几套西装,十七八件高级衬衣和数十条领带等。

据参与管理所战犯财物保管工作的所方干部孙世强回忆,当年来所参观的中央、省、市级领导很多,他们主要是想看一眼溥仪,能与之交谈则更好,离所前还一定要看看溥仪的那几箱稀世珍宝。金源代所长便与所内其他领导商定,在管教科办公区腾出一个房间,又花5000元订购了展览柜,陈列那些珍宝,专供各级领导和来所的重要客人参观。

现在溥仪就要离开战犯管理所了,对于这些珍宝当然要有一个处理。溥仪本人曾多次表示,这些珍宝都是人民的财产,自然该上缴给国家。管理所经上级主管领导批准,向溥仪正式宣布了关于那些珍宝的处理决定:鉴于他的一切贵重物品都是从北京故宫私运出来的,理应全部归还人民,但考虑到他刚刚获得新生,为了今后工作和生活方便起见,允许他在钟表类贵重物品中挑选一件,供私人使用。

当孙世强把溥仪带到贵重物品存放室以后,他没有挑选那些后半生能够赖以生存的价值连城的稀世珍品,只选了那只已经发旧、但仍然金光闪烁的怀表。论价值无法与那些洋人进贡清朝皇帝的钟表相比,而对溥仪却是一个念物。原来它正是1924年11月28日即溥仪从北京醇王府逃往东交民巷日本公使馆那天,为了摆脱父亲派来跟踪的张文治,而在乌利文洋行想主意时购买的那块法国金表。正是这块表记载了他在日本军国主义魔影下度过的全部时刻,他留下这块表,是要让它再陪伴自己走完光荣的后半生的分分秒秒。

孙世强回忆当时的情形说:"为了完结手续,我让他给我写一张收据。溥仪接过纸、笔写道:'今收到政府发给我的金壳怀表一块。'手续办完后,溥仪恭恭敬敬给我行了一个九十度礼,并激动地说:'感谢人民政府对我10年的教育改造,感谢政府工作人员和孙先生(伪满战犯统称我们管教员为先生)对我的谆谆教导,才使我这个天下第一号大笨蛋变成一个能自食其力的新人。

请先生们看我今后的行动吧。'"①

现场采访记者李健羽曾回忆溥仪接过怀表时的一个细节,他左看右看,竟不知道应如何让这块表的时针转动起来。管教人员教了半天,他才第一次学会了给表上弦的这个简单动作,当场出了这个丑,他很不好意思,苦笑着对记者说:"你们看我这双不中用的手啊!"

溥仪离开抚顺以后,那些珍宝仍保管在抚顺战犯管理所,并继续陈列在展览柜内供来访的各级领导参观。

1964年9月12日,周恩来总理在公安部党组《关于处理伪满战犯溥仪等人贵重财物问题的请示报告》上批示:"处理这些贵重财物,同意不再经过法律手续,但是必须经过行动手续,不应由一个机关单独处理,应由公安部、法院、财政部、文化部和政法办公室(为主)五个单位负责处理,然后给国务院作一报告结束此案。"②

总理批示后,公安部、最高人民法院、财政部、文化部和政法办公室立即组成了中央验收小组。同年11月28日,抚顺战犯管理所接到公安部的电令,即派管教科科长王奇壮和负责珍宝保管的干部孙世强把溥仪上缴的珍宝押送到北京,并在故宫博物院办公区,经过逐件鉴定、评价和验收后,向中央验收小组转交。仅一块曾镶在慈禧帽子上的钻石就被专家作价为4000元,其价值都远远超过了管理所干部原来的估价。

这些珍宝最后的去向也是经总理批示而确定的,其中绝大部分具有重大文物价值的物品移交给故宫博物院,一些文物价值不大的移交给财政部,还有一部分工艺品则移交给北京特种工艺品公司了。③

12月8日下午,将要返回北京定居的溥仪和孟昭楹,以及路过北京或天津返乡的郭文林、赵金鹏与贺敏同车离开抚顺。为了他们在旅途中方便,战犯管理所派管教员李福生陪同他们一起前往北京。代所长金源和管理所

---

① 孙世强:《保管和移交溥仪等人珍宝纪事》,《伪满皇帝群臣改造纪实》,辽宁人民出版社1992年版,第214页。

② 孙世强:《保管和移交溥仪等人珍宝纪事》,《伪满皇帝群臣改造纪实》,辽宁人民出版社1992年版,第214—215页。

③ 金源:《一次伟大的历史实践》,《伪满皇帝群臣改造纪实》,辽宁人民出版社1992年版,第48—49页。

1959 年 12 月 8 日,溥仪在特赦返京的列车上向送行的人们招手惜别

的学习委员会主任亲自陪同特赦人员登上火车,他们要把溥仪等人送到沈阳,还有新华社辽宁分社记者任步芳和李健羽也同车从抚顺返回沈阳。坐在车窗旁的溥仪向站台上送行的人们频频招手,留下一片依依惜别之情。列车呼啸着穿越抚顺市区,向沈阳方向疾驶。

三、回到北京

为了避免不必要的麻烦,随行的管教员李福生一再嘱咐同行的人,不要暴露身份。所以,一路上,这列普通客车上的旅客谁都不曾想到,坐在某一个车窗前的身穿普通蓝色棉装的人正是中国末代皇帝。

不过,还是露了点儿"马脚",据坐在溥仪对面座位上的任步芳和李健羽两位记者说,当列车员端着茶盘到各个座位分送茶杯并为旅客倒水时,轮到溥仪,他还是情不自禁地站起身来打躬行礼,因而引起车上旅客们的注意。有的窃窃私语:这人有点怪,精神好像不大正常。

溥仪当然不是精神上有什么问题,实在是他的经历太特殊了,谈到真正以公民身份与社会接触,从出生那一天算起,这还是头一回呀!看到两位在场的记者暗笑,溥仪深有所感地小声对他们说:"新中国好,社会主义的服务精神就是好啊!"①

---

① 李健羽:《忆采访首批特赦国内战犯》,《伪满皇帝群臣改造纪实》,辽宁人民出版社 1992 年版,第 196 页。

溥仪这样说是因为一件眼前发生的事实:有位中年妇女领着一个十来岁女孩也上车了,女孩显然正在生病,摸摸孩子前额挺烫手的,原来是车站附近某小学女学生正上课时小腹剧疼,怀疑是阑尾炎,必须立即到沈阳大医院检查,女教师怕耽误病情,来不及找到家长,便带孩子上了车。这时溥仪后排座上的旅客早已把座位腾出来,让孩子躺下了。这是溥仪出狱后碰上的第一件事,虽是一件小事,却在他的心底激起了巨大波澜,他想起了陈宝琛师傅给他讲过的孟子的一句话:"老吾老,以及人之老;幼吾幼,以及人之幼。"当年全不在意的这句话,今天一下子理解了。

溥仪这样描述了他当时的心情:"我默默望着车窗外驰过的景色,激情又从我心底升起。我看着这个付给了我这种骄傲之感的城市的景物,逐渐离我远去,让我想起过去的日子。在那里,我才懂得了什么叫人,什么叫生活,什么叫良心,什么叫是非。"[①]

列车离开抚顺车站,一个多小时以后到达沈阳南站。溥仪等要在这里等候换乘去北京的列车。新华通讯社军事记者李健羽和负责政治报道的记者任步芳,与溥仪握手告别。当时的场面至今深深印在李健羽的脑海里。老任说:"你们到北京,该是明天天亮的时候,祝你们一路顺风!"溥仪似有所思地说:"明天,天亮;天亮,明天,我会一路顺风的,谢谢,谢谢,请放心吧!"

沈阳南站候车室里人很多,李福生便与车站值班室联系,值班领导听说特赦的前皇帝和将军们在这里等车,便把他们让到贵宾候车室里休息。金源代所长也一直送到沈阳,跟溥仪亲切交谈。

他们上了开往北京的列车,又赶上严重超员,列车长了解到这一情况后,又格外照顾,把他们送入软席车厢。条件虽好,溥仪却连一丝睡意也没有,一路上,与同行的几个人兴奋地相互谈论各自回家的打算,李福生曾问溥仪将来想做什么工作? 溥仪很真诚地说:"一切听从党和政府的安排。"

列车开晚餐的时候,餐车服务员还特来商量,说现在就餐的人多,可否最后就餐? 大家表示同意。据李福生回忆,那顿晚餐饭菜都做得好,溥仪的心

---

① 引自溥仪未刊手稿。

情也好，他平时的饭量就不小，这一餐吃得更多，是最后一个离开餐桌的。当夜，他们谁都没有合眼。

溥仪默默地望着车窗外的景色，心情十分激动。那刚刚逝去的改造10年啊，使这位末代皇帝感慨万分。也许有人很不理解：一个犯人，被关押了整整10年，而当他获释出狱的时候为什么能产生如此依依惜别的感情？溥仪自己后来在一次全国政协座谈会上发言时回答了这个问题。他是这样讲的：

> 我所说的一切变化，都是在监狱中发生的。这对许多外国人几乎是不可想象的事。缅甸学者兼政治家、前议会议长肖恢塔，曾和他的夫人一起参观了管理所，和我谈过话。他十分感叹地说，这不是监狱，而是一座大学校。他的夫人想起自己的父亲，想起他作为政治犯住过的那个监狱，对比之下，她哭了起来。是的，我住的监狱就是一个学校——改造灵魂，把鬼变成人的学校。
>
> 古今中外的监狱，我从前听人说过，无论是前清的、民国的、伪满的，以及外国的、日本的，那都是和刑罚、侮辱、勒索等等分不开的，越是对待共产党员越是残酷。而在我们这里，这一切都完全相反。这种出乎意料的人道主义待遇，连我们刚到的时候也是迷惑不解的。伪满战犯中有不少司法大臣、警察署长、军法少将一类人物，他们最清楚两种监狱是怎样的不同。

1964年12月，在全国政协四届一次会议上，溥仪作为全国政协委员的发言中，更谈到当他把这种对于监狱的感情向外国朋友述说时所遇到的情形。他是从党的改造政策谈起的，他说："在这里使我情不自禁地想起1959年我蒙特赦、离开那重生之地——抚顺战犯管理所的心情。当时我一方面感激党和政府的宽大，但同时，当管理人员送我出所的时候，我又像一个将要离家的孩子一样，恋恋难舍。这种心情，我曾经同资本主义国家的人们说过，但是他们是无法理解的。这种感情并不是我一个人有，连一些日本帝国主义战犯在离开战犯管理所时，也都异口同声地说，抚顺战犯管理所是自己的重生之地。有些怀着敌意的日本记者，曾企图从日本战犯口中听到对中国政府这种不满的声音，但是他们总是大失所望。无论在管理所以及离开管理所回到日本，日本战犯也总是说我国政府的政策好!"①

车轮飞转,带动溥仪的思绪,回到 10 年改造的难忘岁月之中。10 年,这是多么动人的 10 年啊! 10 年后的溥仪已是一位新人。他坐在通往北京的奔驰的列车上,用手——那曾经在紫禁城的小天地里写过复辟谕旨的手,那曾经在不静的"静园"写过勾结帝国主义密信的手,那曾经在魔鬼的宫殿里为屠杀同胞的文件签字画"可"的手,掀开了历史的新篇章! 车窗外是白雪覆盖的平原,光明、辽阔,正如展现在溥仪面前的生活前程。

12 月 9 日,列车呼啸着把经历了 10 年改造的末代皇帝溥仪送到了新中国的首都北京。当列车即将驶进崭新而华丽的北京车站的一刹那间,在爱新觉罗·溥仪的心底突然涌起一股莫名的悔恨之情。他悔的是当年不该离开这样美好、这样可爱的地方! 是呀,偌大的北京城,难道除了养心殿就再也找不到一处安身之所了吗? 他恨的是正当日寇的铁蹄践踏白山黑水的时候,他,一个因为曾是大清王朝的正统继承者而自命不凡的人,怎么可以偷偷地越过那象征着中华民族的雄伟的万里长城呢? 历史总是无情地前进着,带着每个人的脚印去了。如果那脚印是可以收回的,我相信,这位列车上具有特殊身份的乘客,一定会立刻跪倒在历史老人面前,请求允许他从头起步⋯⋯

今天,溥仪的双脚终于又踩到了 35 年没有踏过的北京的土地,荡漾在他心头的情感的波涛是任何语言都无法表达的。其中,至少有这样几种成分:对即将开始的崭新生活的向往、喜悦之情;游子归乡、久别重逢的依恋、激动之情;由戴罪悔恨之心而派生的羞怯、惭愧之情⋯⋯从溥仪那挂着泪花的眼神中我们看出,他在用心呼喊:啊,北京! 伟大祖国的首都,闻名世界的古城,我亲爱的故乡,从此以后我要永远在你的身旁了⋯⋯

前来迎接他的四弟溥任提着他的黑皮箱,五妹韫馨和妹夫万嘉熙②走在他的两旁。溥仪与同车抵京的特赦人员郭文林、孟昭楹等一一握手告别。随后和弟妹们一起高高兴兴地穿过辉煌壮丽的北京站台,步出车站。陪同来京的战犯管理所干部李福生则一直把溥仪送到五妹家中。

在北京站前广场上,溥仪看到四周那整齐的建筑群和宽阔的柏油马路,

---

① 引自溥仪未刊手稿。
② 生于 1914 年,病逝于 1972 年。

五妹韫馨在北京站迎回大哥溥仪

听到北京站钟楼上传出的悠扬悦耳的报时钟声，他深深地呼吸了一口北京的新鲜空气，一种自由的感觉顿时充满心中。自由，这是多么宝贵的字眼啊！活了54岁的溥仪第一次尝到这"自由"的滋味儿。

溥仪想起少年时代的宫廷生活。当时他所能见的，无非是紫禁城的高墙和身边一群一群的太监。可以想象，一个十几岁的少年，该是多么想看看那高墙外面的新鲜景色呀！然而，"祖制"和"宫规"处处束缚着他，不许他超越雷池一步。有一次"帝师"陈宝琛病了，溥仪这才在"探问师病"的理由下，乘汽车逛了一趟北京的街市。此后他学会了巧立名目，如探望父亲或叔父等，以争取跨越深宫重门的机会。不过每次离开紫禁城总有几十辆汽车鱼贯而随，像这样走马观花，实在辨不清北京的真貌。

1924年11月，冯玉祥将军"请"溥仪离开了那囚禁他十几年的大"人笼"——故宫，可他偏偏对此并不理解，竟自投罗网地一头钻进日本公使馆，结果连乘汽车兜圈子的机会也丧失了。这位天性好动的人，只好等到深更半夜的时候，戴上"猎帽"，穿上运动服，经一番巧妙的化装确信不会被人认出后，才敢带一两名侍从，骑车窜到街市上去，遇上警察便要低下头快蹬加速。有一次他已经越过鼓楼西侧而来到什刹后海，真想溜进北府大门看看想念中的父亲和祖母。然而，碰上军队也许就没命了，想到这儿只好扭转车把离去。几天后，这种深夜游览便不得不停止下来。由于溥仪太好动，日本公使馆的大门早早就落锁了。

溥仪在天津的7年仍是没有行动自由。他可以带着妻妾进出惠罗公司或隆茂洋行，选购汽车、钢琴、珠宝衣饰等高档商品，也可以率同三亲六故坐在洋人的餐厅里大吃大喝。然而，他不能走出租界的区域，更不敢在中国人的店铺里现身露面。有一次,溥仪在德国人经营的"起士林"点心店内吃东西,当他发现店内也坐着几个中国人,立即慌乱起来。那几个人又恰恰是北京故宫博物院的工作人员,溥仪听说后便扔下点心仓皇离去。

溥仪又想起九一八事变后到东北那十几年春秋,真是令人心碎的年月!从表面看他爬上了伪执政的椅子、伪皇帝的宝座,其实是陷入了日本帝国主义的囚笼。在溥仪的身边总站着一个贼眉鼠眼的"帝室御用挂"——吉冈安直,而在溥仪居住的"缉熙楼"庭院外边,又有几名身穿特别军服的关东军宪兵,日夜不离地住在"勤民楼"旁的厢房内,这就是所谓"宫内府宪兵室"。凡是来见溥仪的人,除非他有神话中的隐身法,否则就逃不出他们监视的眼睛。这位号称"康德皇帝"的人,不但不能自由接见大小官吏,而且即使是专程前来拜寿的宗族本家,也只限会见叔父载涛、族兄溥忻、溥侗等少数几人。其余则不论亲疏远近,都只能在公开祝寿时,排列在祝寿人员中间遥向"皇帝"行礼。至于出宫逛街的自由,那就根本不能想象了。

日本帝国主义投降后,溥仪在苏联过了5年囚徒生活,回国后又在抚顺战犯管理所改造了10年。溥仪永远忘不了这个使他脱胎换骨的重要时期。他认为,由于前半生中对人民犯下了滔天罪行,在尚未取得人民原谅之前,他是不应该享受作为公民而应有的自由和权利的。

现在,他才真正地获得了自由!呼吸着伟大首都的自由空气,两只脚迈在家乡的自由大地上,他觉得越走越轻快。后来,溥仪在《中国人的骄傲》一文中说:"1959年末,我回到故乡——伟大祖国的首都,当我走到天安门前的时候——这是我有生以来第一次充满安全感地逛马路——我心里充满了自豪感。我是一个什么样的国家的公民啊!"①

溥仪被接到坐落于前井胡同6号的五妹家中。这是坐东朝西的带小门斗的院落,除了三间北房和两间西厢房,院庭只剩下一块狭小的空间了。五妹已经把北房东间给大哥收拾好了,还粉刷一新。床上整齐叠放着五妹为他赶制的新被褥,在糊着窗纸的木格窗下是一张普通的硬木方桌,除置放茶具和暖瓶,还有当天的报纸。市民政局为他预先购置的生活用品也都送了过来。

① 《中国人的骄傲》,写于1962年,未刊。

市委统战部长廖沫沙一两天前还特意来看过,对溥仪这个临时住处表示满意。

溥仪的亲友大多住在这一带,族弟溥俭和五妹同院,而距离不过一二百米的南官坊口则住着跟随他多年的族侄毓嵒、毓嶦和毓崔,绕过什刹后海再走四五分钟就到了六妹所住的四合巷4号,四妹住在鼓楼,二妹住在景山东街,还有溥仪感情很深的乳母——老人家早已去世,她的后人也住在离此不远的后门桥,只是三妹住的秦老胡同离这儿稍稍远一点。这一天,亲友们都到了,心情都是那么激动,甚至那一双双眼睛似乎也都一样挂着喜悦的泪珠。亲友们都很理解溥仪——这位在没有自由的天地里生活了半个世纪的人,几乎是异口同声地说:"这回你可好好看看咱们的北京城吧!"

人生能有几回喜相逢!这手足的情爱,这天伦的快乐,让溥仪这位曾为人间君王的人得到,该有多难呀!

溥仪回到五妹家,凝望挂在墙上的毛主席像

在溥仪留下的相册上,至今还能看到这样一张照片:溥仪站在高悬于五妹家正面墙上的毛主席像镜前,久久地凝望着,眼里噙着泪水。五妹则站在溥仪大哥的后侧,笑得那么甜!原来溥仪到京时,北京电影制片厂的摄影人员闻讯也赶到车站去抢镜头,并一直跟到五妹家,这张照片就是他们现场抢拍的。

后来,溥仪到底得到机会,把自己获得自由的喜悦心情告诉了毛主席。那是 1962 年毛主席请溥仪到家里做客的时候。溥仪是特赦战犯中唯一见过毛主席的人,他的话给主席留下了深刻的印象。直到 1964 年 6 月,毛主席接见智利外宾时还谈到溥仪,他说:"溥仪现在在全国政协搞文史资料工作,他自由了,可以到处跑了。过去当皇帝好不自由。"毛主席又说:"过去当皇帝时他不敢到处跑,是怕人民反对他,也怕丧失自己的尊严。当皇帝到处跑怎么行? 可见人是可以改变的……"

溥仪确实已经变了。由一个卖国者变成一位爱国者,由一个反对共产主义的人变成一位接受马列主义的人,由一个皇帝变成一位公民。

把溥仪送到五妹家后,李福生感到已经完成了护送任务,遂向溥仪告辞。自从 1952 年李福生负责管教伪满战犯以来,他与溥仪已有七八年的密切接触了,他曾手把手地教溥仪糊纸盒,也曾一次次找他谈心,现在就要分别了,溥仪真有些恋恋不舍,眼含泪水地说:"多年来,承蒙您给了我很多帮助,我太感谢您了……"李福生也颇动感情地对溥仪说:"今后你有事,可向当地政府提出,他们会帮助你解决的。"溥仪和五妹一家一直把李福生送出大门口,看着他的背影消逝在胡同的尽头。①

回到北京的第二天,溥仪由亲属陪同来到西城区厂桥公安派出所办理户籍手续,他成为在北京市有正式户口的普通市民了。继而又到西长安街上的北京市民政局报了到,民政局干部告诉他说,具体工作尚待安排,但从现在算起即是国家公职人员了,每月暂发 60 元生活费。那么,一个普通的北京市民,一个国家公职人员,应该怎样安排自己的生活呢? 对前途充满乐观的溥仪正急切地期待着有人给他指一条前进的新路。

成为普通市民和国家公职人员的前皇帝溥仪对自己的前半生确实已经能够正确认识,并持有很真诚的批判态度,《大公报》记者张颂甲对溥仪的采访恰能说明这个问题。这次采访颇有来头,是中宣部直接安排的,《大公报》总编辑常芝青接受任务后,即派记者张颂甲和新华社摄影记者吕厚民一道,

---

① 李福生:《改造伪满皇帝溥仪琐记》,《震撼世界的奇迹》,中国文史出版社 1990 年版。

于 12 月 11 日即溥仪回到北京的第三天，驱车来到前井胡同溥仪暂且下榻的五妹夫万嘉熙家里。后来，张颂甲撰文忆述了这次采访的全过程。①

　　访问开始，吕厚民打开照相机，从各个角度拍照，闪光灯不时闪亮，溥仪显得有些紧张。他连声倾诉自己的悔罪心情，一再感激共产党和人民对他的宽大处理。他说："这次特赦真是我做梦也没想到的。我对祖国、人民犯下了滔天大罪，实在是一百个死、一千个死也抵不过来。伟大的中国共产党和人民政府不杀我已经是宽大了，现在又给我重新做人的光明前途，我粉身碎骨也不足以报答党和人民的大恩大德于万一……"谈到这里，他的语声哽咽，说不下去了，眼眶里滚动着忏悔、感恩的泪水。

　　溥仪叙述往事如数家珍，思路清晰，有条不紊。讲述了他自 3 岁时由父亲醇亲王载沣抱着登上太和殿的皇帝宝座起，到被迫退位，又因"优待条件"的保护，仍然过着骄奢淫逸的"小朝廷"生活，直到 1924 年被冯玉祥赶出皇宫，继而丧心病狂地倒向日本帝国主义怀抱，又在天津过了 7 年醉生梦死的"寓公"生活，接着就潜往东北，给日本军阀当"儿皇帝"，犯下不赦之罪。

溥仪向记者述说他获赦后的感受

接着，溥仪又滔滔不绝地谈起他从战俘到战犯期间接受改造的经历，他说，随着伪满垮台，他的罪恶生活也结束了，但头脑里的反动思想没有改变，对中国共产党和人民政府毫无认识，到 1950 年苏联政府要把伪满战犯引渡回国，吓得他浑身发抖，以为中国历史上每次改朝

① 张颂甲：《与溥仪一席谈》，《人民政协报》1986 年 4 月 29 日、5 月 6 日。

换代,高官显宦尚且难免一死,何况他是皇帝? 他那时很想找个机会到西方资本主义国家去过寄生生活,为此一连三次上书斯大林,但未能成功。

后来抗美援朝战争爆发了,他的心里敲起了小鼓,他那时认为世界不过是几个列强的世界,经过第二次世界大战,德、意、日被打败了,美国成为第一号强国,中国共产党虽然消灭了蒋介石800万军队,可是美国究竟不是蒋介石所能比的,如果要跟美国较量,无异于"烧香引鬼",是"不自量力"。但事实上中朝人民胜利了,硬把美国侵略军从鸭绿江边打到三八线,溥仪由此受到教育,懂得了战争还有正义和非正义的区别,正义战争一定能够取得胜利,他在战犯管理所还听到了志愿军英雄作的报告,深受感动。

溥仪又说,政府非常关心他,让他的七叔载涛①和两个妹妹特地从北京到抚顺看望他,还组织战犯到东北三省参观,让他们在监狱内参加劳动。溥仪兴奋地说,是共产党给了他新的生命,也给了他一双有用的手,10年来,他在战犯管理所养过猪,种过菜,还在所内机械厂里干过活,后来又编到中医学习组,先后学习了《内经知要》、《中医学概论》、《中药理与应用》等书,能够为人诊病了。

溥仪很真诚地说:"谈起改造,几天几夜也是谈不完的。我能有今天,就活生生地说明共产党的政策真是太伟大了! 且不用说我的顽固思想起了变化,就是我这糟蹋坏了的虚弱多病的身体,要是没有中国共产党来救我,怕早已做了九泉之鬼了。在旧社会监狱把好人变成鬼,新中国监狱却把我这块坏透了的顽石改造成新人。我的生命和灵魂都是党给的,共产党是我的重生父母。"

可以说溥仪对自己、对历史都已有了正确的认识,但今后的路应怎样走,新社会是否能够接纳他,后半生将怎样度过,应该说对此他还心中无数。虽然记者问他今后有何打算时,他表示要在今后生活中努力工作,为前半生赎罪。然而问起更具体的路数,还是没有谱儿。这两天,由北京市民政局举办的以怎样看待溥仪特赦为主题的满族人士座谈会也连续召开了两次,溥仪的亲属、爱新觉罗皇族人士,以及历史上曾处于上层地位的满族人士多人参加,大家都对溥仪获赦表示欢迎,同时也对溥仪今后的出路寄托着希望,说到底,

---

① 生于1887年,病逝于1970年9月2日,享年83岁,逝世前担任全国人大代表、民革中央委员。

他们还是想看到几十年来他们无数次叩拜过的"皇上"能够再有新的表现和新的发展。这样的希望能实现吗？

　　1959 年 12 月 14 日，这是溥仪和其他 10 名第一批特赦的国民党战犯最难忘的一天。那 10 名原国民党高级将领，是和溥仪在同一天由北京德胜门外功德林战犯管理所特赦出来的。他们是：前国民党中央委员、东北保安长官司令部中将司令、徐州"剿总"中将副司令杜聿明①，前国民党政府山东省主席兼第二绥靖区中将司令官王耀武②，前国民党四川省党部中将主任曾扩情，前国民党川湘鄂边区绥靖公署中将主任宋希濂③，前国民党天津市警备司令部中将司令陈长捷，前国民党 18 军少将军长杨伯涛，前国民党 49 军中将军长郑庭笈④，前国民党青年军整编 206 师少将师长邱行湘，前国民党浙西师管区中将司令兼金华城防指挥周振强⑤，前国民党第 6 兵团中将司令卢浚泉。这 11 人于当天下午 3 时在中南海西花厅受到周恩来总理的接见。国务院副总理陈毅、习仲勋，国防委员会副主席张治中，全国人大常委邵力子，水利电力部部长傅作义，国务院办公室主任屈武，全国政协常委章士钊，全国政协副秘书长张执一等参加了接见。

　　溥仪对总理的这次接见怀有非常深厚的感情，他把总理的讲话当作准绳，要求自己，检查自己，他把总理的这次接见，看作是自己新生的起点。每当溥仪想起接见时的情景，总是记忆犹新。总理那慈祥的面容，讲话时的丰富表情，亲切的手势，以及那熟悉而有力的声音，还不时地萦绕在溥仪的脑际、耳畔……

　　这次接见中，总理向溥仪等 11 人谈了四个观点，即爱国观点、阶级观点、劳动观点和群众观点。这就是被特赦人员至今仍十分崇敬地称为"四训"的

---

① 生于 1903 年，病逝于 1981 年 5 月 7 日，享年 76 岁，逝世前担任全国人大代表、第五届全国政协常委，叶剑英等送了花圈，邓小平、邓颖超等出席了追悼会。
② 生于 1905 年，病逝于 1968 年，享年 65 岁，逝世前担任第四届全国政协委员。
③ 生于 1906 年，病逝于 1993 年 2 月 13 日，享年 86 岁，逝世前担任第七届全国政协常委、黄埔同学会副会长、全国政协文史资料委员会专员，旅居美国纽约。
④ 生于 1905 年，病逝于 1996 年 6 月 9 日，享年 91 岁，逝世前担任第七届全国政协委员、民革中央监察委员会委员、北京市黄埔同学会顾问、全国政协文史资料委员会专员。
⑤ 生于 1904 年，病逝于 1989 年，享年 85 岁，逝世前担任全国政协委员。

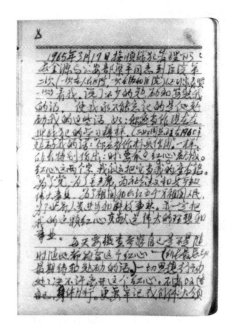

溥仪日记(1959年12月14日)记载了当天周恩来总理接见谈话的实况

内容。溥仪回忆这次谈话时说,这实际是每位特赦人员都将时刻遇到并必须回答的四个极为重要的问题。

　　总理的接见,溥仪在日记本上有详细的记录。每逢遇到问题、碰到困难或取得成绩时,都要翻看这本日记。每次翻开它,都能从总理的讲话中汲取无穷无尽的力量。特赦以后的8年公民生活,溥仪就是在总理讲话精神的指引下,不断探索,不断前进的。

　　人们知道,爱新觉罗·溥仪的前半生是从太和殿上的登极大典开始的。为了这个不满3岁的孩童,太和殿前摆起庞大的仪仗,午门城楼上的钟鼓一齐鸣响,殿廷之间的中和韶乐、丹陛大乐音域辽阔,大殿内外香烟缥缈。就在这庄严肃穆的气氛中,那个孩童开始了宣统帝的不平凡的生活。

　　溥仪的后半生固然是从特赦那一天开始的,但也可以说是在中南海的西花厅开始的。那里没有仪仗和钟鼓,更没有宫廷大乐,却有一位受到整个世界尊敬的伟大人物。他用民族的希望和共产主义的真理教育了溥仪。从此,这位54岁的新公民,便以他特有的风貌,在世人的瞩目之下出现了。出现在他的同事——前国民党的将军们面前,出现在他的亲属——前皇亲国戚的面前,出现在普普通通的北京市民中间,出现在社会主义建设的热火朝天的场面中……

四、家族大团聚

统治中国达 300 年的爱新觉罗家族,在北京仍保持着庞大的体系,因此溥仪的亲属相当多。溥仪在 1960 年 8 月 18 日给族侄毓嶦的信中,这样谈到他在安排工作前两个月内访亲会友的"盛况":"我在去年 12 月 9 日回到北京,我和七叔、几个妹夫、妹妹、任四弟、俭六弟、嶦、崞等侄子都见了面。每天不是他们找我,就是我去看别人,确是忙得不亦乐乎!"

溥仪回到北京当天就往东城区西扬威胡同去探望了当时唯一在世的长辈、被人称为"涛贝勒"的七叔载涛。"涛贝勒"是醇亲王奕谭的第七子,溥仪的亲叔叔。他生于光绪十三年(1887 年)五月初三,光绪二十三年(1897 年)四月,奉慈禧之命,过继给奕谭的堂兄——贝勒衔固山贝子奕谟为嗣。载涛在奕谟贝勒府生活了整整 5 年,到光绪二十八年(1902 年)五月突然又接到慈

溥仪与七叔载涛

禧懿旨,再命将载涛过继给奕谟的堂弟多罗钟端郡王奕诒为嗣,降袭贝勒。载涛3岁时就被晋封为公爵,溥仪继位后,20岁的载涛由监国摄政王载沣①授予郡王衔,出任军咨府大臣和禁卫军训练大臣,实际掌握了统率陆军的大权。辛亥革命以后,载涛深居简出,当了几十年悠闲自在的"寓公"。新中国成立后成为全国政协委员,并因祖国200万满族同胞的信赖而被选为人大代表,在我国西北地区的马政(有关军马培训的行政管理工作)建设上作出了一定的贡献。

阔别多年的侄儿溥仪来到了由拥有大套院和15间正房的原"涛贝勒府"马厩改建的七叔家中。载涛已经74岁了,但身板硬朗,声音洪亮有力,见着溥仪非常高兴,叔侄俩亲亲热热地聊了起来。

"你回来了,可以先到各处走走,看看北京,也看看我们这个国家吧!10年之间,这里发生了天翻地覆的变化……"载涛说。

"我一定好好看一看。周总理给我两个月的时间,也说让我看看呢!"溥仪说。

"我们爱新觉罗家族,是愈来愈兴旺了。这些年,我只是惦记着你和溥杰,直到大前年见上一面,才放了心……"

是呀,那次在抚顺相见,溥仪第一次叫载涛为"七叔"。这次,溥仪又登门看望七叔,这本身也是爱新觉罗家族兴旺的标志啊!

这时,与载涛有关的两个历史镜头倏然浮现于溥仪的眼前。

那是20世纪20年代最后几年中的事情。溥仪给载涛下了一道手谕。因为载涛与溥仪身边的王公大臣们意见相左,而被人向他的侄儿告了状,溥仪满腹愤怒地写道:"载涛不但不以祖宗之事为念,反同诸臣以及载泽、溥伒、宝熙等闹意见。今日所说的话实属目无君上,狂言悖语,伒、熙、煦、杰均在座,无不鄙笑而痛恶之,彼则扬言自若。涛居然大言谓,所有皇上及办事处及北京载泽等之一言一动,彼皆有密探无不知晓。彼今日因受众攻击太甚,故羞恼变怒,而溥伒、恒熙等殊貌视之,溥伒尚与之争论数事……"②这字里行间已

---

① 生于1883年,病逝于1951年2月3日,享年68岁。周恩来总理说过,新中国成立后,如果不是他已经瘫痪在床,本来是要请他出来,安排他担任一定工作的。

② 原件存于中国第一历史档案馆《清废帝溥仪档》。

毫无亲情可言,有的只是皇帝的尊严、家法的严酷和人情的冷漠!

历史的另一个镜头是在溥仪当了伪满康德皇帝以后。那时,每年溥仪过生日,即所谓"万寿节",载涛都要亲率留京的家族代表人物到长春祝寿,每次在长春住十几天,天天到宫中请安。溥仪的贴身随侍、族侄毓嵣回忆当时的场面说:"七爷领着几个亲属到宫中请安,总是在候见室等上一两个钟头才能传见。见面后,高兴了就留他们在宫中聚餐,不高兴则说上几句即下逐客令。在家族宴会上摆着月桂冠牌低度日本名酒,也有绍兴酒、葡萄酒、香槟酒等,但只见叔叔频频地向溥仪敬酒,溥仪是从来不向任何人敬酒的。吃完饭,溥仪来了兴致,便命在座者写对联,或让画家溥忻当场作画。有时命侍从拿出从北京故宫盗运出来的珍贵手卷观赏评论。腻了,便逐客说:'下去休息吧!'到了溥仪生日那天,他高坐于宝座之上,由七叔载涛领头,向溥仪献上如意,再行三拜九叩之礼,直到溥仪发话:'起来吧!'才敢起身。"

毓嵣还记得那次七爷犯了"君前失礼"之过而受到溥仪严厉斥责的事儿。有一天,载涛在伪满宫廷内的西花园中散步,偏巧赶上"康德皇帝"也来此遛弯儿。路遇皇上是要就地磕头的,可是,这里连泥带土,实在不雅。于是载涛连忙躲起,想逃开溥仪的眼睛了事。不料早已进入年轻君王的视野之中,还哪里逃得脱?只听传来大声斥问:"那是什么人?不下跪!"一旁的随侍提醒他乃是皇叔。溥仪立时沉下脸来大吼一声:"家法何在!"载涛一听连腿也软了,赶忙跪了下去,捣蒜似的把头磕碰在花园的泥土之上。①

当溥仪带着惭愧的心情把自己从回忆拉到现实的时候,七叔载涛正喜滋滋地逐一向侄儿讲述家族成员的新生活。溥仪不仅亲耳听到了家族的变化,也亲眼看到了和自己一样获得新生的这个家族的兴旺景象。

溥仪也与两位七婶见了面。载涛先后娶了四位夫人,嫡配夫人姜婉贞出自广东名门世家,富于文采,又擅绘扇面,溥仪 1922 年大婚时负责照料内廷,是最先把婉容接下"凤舆"者,她已于 1949 年去世。继配夫人周梦云是收房的"涛贝勒府"的丫环,性格怪僻,脾气暴躁,他们在 50 年代离了婚。二继配夫人金孝兰也是收房的丫头,人很拘谨,只在家中管理内务,人称"内务夫

---

① 依据笔者 1981 年采访毓嵣先生的记录,未刊。

人"。三继配夫人王乃文出身艺人,在30年代与载涛结婚时才20岁,两人在京剧演唱和表演方面有共同爱好。溥仪这时见到的两位七婶便是金孝兰和王乃文,他恭敬而亲切地称呼她们为"七婶",还在七叔家吃了一顿象征家族团圆的玉米面菜团子。

溥仪看到了正忙着兴办街道托儿所的二妹韫和①,这位从小在妈妈、太监和仆妇侍候下长大的"二格格",一直过着饭来张口、衣来伸手的生活,连玩都要人陪着,今天居然也走上了为社会服务的工作岗位,这真使溥仪惊叹不已。

二妹告诉大哥说,1958年街道上动员妇女走出家门兴办社会服务事业的时候,她报了名,被分配去办托儿所。二妹从家拿来了方桌、木凳、小人书等,那时,她已40多岁了。头一天去上班,竟和小孩子第一天上学时一样新鲜和胆怯。二妹领着3个孩子去景山公园,一进门,孩子们撒腿就跑,一个朝东,一个朝西,可把她吓坏了。

慢慢地,二妹熟悉了自己的工作。因白手起家,第一次发工资只有10元。可她却激动得不得了,因为在世上活了40多年,这是第一次为人民服务,第一次拿到自己用劳动换来的钱!

以后二妹又调到碾儿胡同一个大些的幼儿园工作,并当了那里的负责人。这个幼儿园最多时有六七十个孩子。为了减轻家长负担,她和阿姨们给日托的孩子煮粥、洗衣、洗澡、刷鞋。他们的家长多是工人,每天起早贪黑地为国家工作着。接触得多了,二妹感到他们朴实、可亲,也感到自己过去生活的空虚和可鄙。于是,她更爱这份平凡的工作了。

三妹韫颖②也向溥仪叙说了她参加工作以来的欢欣和喜悦之情。她在1956年就被安排到东四区政协工作。当时是因为章士钊老先生从《满宫残照记》一书中看到韫颖给溥仪写的许多信,很感兴趣,想见见这个人,遂由七叔载涛把韫颖领到章宅,章老亲自动手帮助韫颖写了一份自传,并代呈毛主席,很快便由周总理给安排到东四区政协,就此成为一名国家干部,负责发寄学习通知等工作。同一年,经钱昌照夫人沈性元介绍,韫颖加入了民革。由于

---

① 生于1911年,病逝于2001年,享年90岁,逝世前担任北京市西城区政协委员。

② 生于1913年,病逝于1992年12月16日,享年79岁,逝世前担任北京市东城区政协常委、民革成员。

她的文艺天赋,还在政府京剧组排过戏、登过台呢! 在东城区俱乐部演过《四郎探母》、《凤还巢》和《大登殿》,梅兰芳之子梅葆玖、马连良之女马小曼以及程砚秋的司鼓白登云等都来看过她的演出,并指导她提高技艺。

二妹、三妹的话勾起了溥仪的回忆。

"二格格"和"三格格"都是溥仪同父同母的胞妹,从小就向大哥撒娇惯了的。溥仪到天津后,开始没有带她们,三天两头她们就捎信到天津去,使用大哥为她们起的英文名字,娇气十足地写道:"玛莉(二格格)、丽丽(三格格)太想皇上、主子(对皇后的称呼)了。""主子快多多地给玛莉、丽丽写信才成呢,因为老没写了,现在又有很多的家庭故事了。""皇上、主子怎么没给玛莉、丽丽画画呀,上回玛莉、丽丽给皇上、主子写得可太多了。""主子千万赏一封回信成不成呀? 玛莉天天盼着呀!"不久,溥仪便把她们接到身边。那时的生活也确像二妹所说,非常空虚,"照方吃几剂药"或"喝一杯黄酒"呀,听听戏、讨讨赏,或是溥仪领着到美国驻津领事家中喝几杯茶呀,等等,总是觉得"一天一天地闷得要哭"。

以后溥仪去长春也一同带了她们。去长春前,她们都已由溥仪作主出嫁了。"二格格"嫁给清朝遗老、伪满洲国总理大臣郑孝胥的孙子郑广元①,她也曾随同丈夫去英国伦敦留学,并到过日本东京。但是回到长春后,也只能如同当时介绍皇室近况的文章所写"住在宫内府附近,经常出入于宫中和两陛下(指皇帝和皇后)谈话,在西花园中优游……""三格格"嫁给皇后婉容的弟弟郭布罗·润麒。丈夫在日本留学期间,她陪同一起住了6年。回到长春后,她倒有时候在所谓上流的妇人集会中抛头露面,不过,那决不是发挥才干的地方。她擅长文艺,钢琴也弹得很好,但也只能在当皇帝的大哥访问日本之际,于家中弹奏一曲《满洲国皇帝陛下奉迎歌》。

溥仪还记得,二妹和三妹少时也是聪明上进的孩子。溥杰赴日本学习军事,二妹就悄悄与三妹商量,想到日本学医,请溥仪向父亲说情,学医是为着治好祖母刘佳氏的腰疼病。原来她们的嫡祖母是慈禧太后的胞妹,死时慈禧来吊唁,那天正下着雨,祖母刘佳氏跪在雨中等了很长时间,从而留下腰疼病

---

① 生于1911年,病逝于1995年,逝世前担任北京市西城区政协委员。

根。可是父亲坚决不准她们学医,这位在处理国家大政方面一向优柔寡断的摄政王,对待女儿的前途却是毅然决然,毫无回旋余地。他打电话给溥仪说:"我不能让她们走,她们走了,我就活不成了。"在这位王爷看来,身为公主的人怎么可以学这学那,伺候别人哪!正是封建帝王家害了二妹、三妹,使她们感到一生无所长。现在好了,她们都能为社会做点儿事了!

二妹夫郑广元当上北京市邮政局基建处的土木工程师。三妹夫润麒自从 1957 年从抚顺战犯管理所释放回来以后,在东城区政协学习了一段时间,又到北京编译社任日文翻译。这位曾在伪满任过高等军事学校中校战术教官和溥仪的侍从武官的旧军人,对自己的新生活非常满意,晚上还常常把一些好学的青年领回家来,教他们练习日语发音……

溥仪也看到了为家族亲属所同情的四妹韫娴①。伪满时,四妹也跟溥仪到了长春。溥仪把她许配给清朝蒙古都统贵福的孙子。谁知订婚不久,她的公公——伪满第一任兴安北省省长凌升,因为在一次首长会议上发牢骚抱怨日本人,结果被关东军逮捕砍了头,吉冈安直便逼溥仪退掉了这门亲事。之后,溥仪又把四妹许配给和溥杰一起在日本士官学校留学的赵国圻,赵国圻毕业后任伪满军官。伪满垮台后,四妹夫妇没有跟随溥仪向大栗子沟逃窜。后来赵国圻离开大陆到台湾去了,这些年四妹独自带着儿女苦熬岁月。新中国成立后,四妹参加了工作,在故宫明清档案部得到一份临时工作,开始过上安定的生活,只是怀念海外的亲人。

五妹韫馨②的变化尤使溥仪兴奋。她是随溥仪到长春的最小的女孩儿。大哥也很喜欢她,让她在宫中温书习礼,吟诗弹琴。她 20 岁那年,溥仪把她许配给当时任伪满第五军管区参谋的万嘉熙中尉。万嘉熙是清朝遗臣,在张勋复辟事件中起过重要作用的万绳栻的长子,媒人就是臭名昭著的日本战犯板垣征四郎。他们举行婚礼的时候,溥仪特遣敕使向新郎新娘"恩赐""敕语"和手表。如果不是亲眼所见,溥仪怎么也想象不出那样娇惯的"五格格",竟当上了天巨隆饭馆的服务员,前几年"端盘子",现在当了会计,管收款下账了。而且,干得很出色,差不多年年得红旗,家中四壁都挂上了。五妹夫老万也是北京

---

①　生于 1914 年,病逝于 2003 年,享年 89 岁。

②　生于 1917 年,病世于 1998 年,享年 81 岁。

编译社的日文翻译,作为留日多年的人,胜任本职工作当然轻松自如。

在溥仪的几个妹妹中,六妹韫娱①是比较幸运的。溥仪到东北去的时候她还小,没有跟着,和父亲载沣一起住在天津。她自幼喜欢绘画,专攻清代著名画家恽南田的没骨花卉的传统技法,作品独具风格。1945年,经七叔载涛介绍与刚从日本留学归来的画家王爱兰②结婚。说来王爱兰也是皇族呢!他本姓完颜氏,系金代皇帝金世宗的27世孙。他的11世祖曾为清太祖努尔哈赤立下汗马功劳,以后历代祖先都在清朝做官,与皇室结下许多姻亲关系。王爱兰继承父业,专事养兰、绘兰,成为名副其实的"兰王"。六妹夫妇切磋画艺,志同道合,生活美满,与跟随溥仪的几个姊妹相比高出一筹。新中国成立后,六妹夫妇都被聘为中国画院的画师,他们的作品常常参加国内外的美展,受到艺术界的好评。当溥仪来到六妹家中,感到惊奇的并不止于六妹夫妇的卓越艺术成就,更看到了小画家王昭,六妹的这个儿子把自己11岁时的作品《戴冠鹤》送给大舅留念。这幅画曾由中国人民保卫儿童全国委员会选送马里展览。

溥仪最小的弟弟(四弟)溥任③和最小的妹妹(七妹)韫欢④都没跟他到东北去,在他当伪满皇帝的那些年一直随着父亲载沣在天津读书。他俩以及四妹、五妹、六妹都是载沣的侧福晋邓佳氏所生,与溥仪是同父异母兄妹。

溥任1934年曾随父亲载沣到长春看望溥仪,只住了一个多月就返回天津了。1947年开始,利用醇王府闲置的空房办起私立竞业小学,溥任当校长,载沣为董事长,至1956年由政府接办,校舍捐给国家,溥任从此成为国家教工。他有旧学根底,能书能画,又会作诗。溥仪特赦时,四弟在西板桥小学当校长,今已在革命的洪流中毅然摆脱了"帝王家"的旧思想和精神枷锁,开始在新的工作岗位上为人民服务。

七妹韫欢1931年与溥仪分别时才10岁,也是兄妹中唯一未去东北看望过大哥的,两人感情最淡漠,新中国成立前虽然也过了20多年"金枝玉叶"的

_____

① 生于1919年,病逝于1982年,享年63岁。

② 病逝于20世纪90年代。

③ 生于1918年。

④ 生于1921年,病逝于2005年,享年85岁,逝世前担任北京市崇文区政协常委。

生活,但较早参加了社会工作,起初是在四哥溥任创办的竞业学校里代课,继而与人合作,自筹资金办起"坚志女子职业学校",从1950年起当上崇文区精忠庙小学教师,其间敢于向封建势力挑战,干出两件轰动全城的事情。一件是父亲去世后,她率先提出男女平等,经法院调解分得载沣的一份遗产;另一件是新婚姻法颁布后,她与恋爱结婚的丈夫乔宏志①双双骑自行车去登记,并与其他老师一道举行集体婚礼,被誉为"解放型的格格"。后来一直从事教育工作,作出了成绩,成为精忠庙小学教导主任,还当上崇文区政协委员。

溥仪特赦回到北京,韫欢对大哥还怀有怨恨之情,以工作忙为由,未去车站相迎。不久,听说周总理接见溥仪等11名获赦战犯,知道他们已经改造好了,才有了替大哥高兴的想法,又打听到他住在崇内旅馆,离她上班的学校很近,很想去看看,却又有些犹疑。1960年1月26日周恩来总理在全国政协礼堂接见溥仪全家,这对兄妹才重新见面,相隔近40年以后,谁也认不出谁了。总理发现了这个情况,风趣地说:"这真叫大水淹了龙王庙,自家人不认自家人,还是让我来介绍你们兄妹认识一下吧!"溥仪与韫欢这才握手相认。当韫欢平生第一次叫溥仪"大哥"时,溥仪激动得老泪纵横。韫欢向记者叙述当时的情况说,她大哥本来就不大机敏,在这巨大兴奋的冲击下,那模样更让人觉得好笑。临别竟又忘记了这位七妹,像对待政协工作人员一般与韫欢握手道"谢谢",经人提醒,才忽然明白过来。②

溥仪特赦之初,因为住在同一个院子里的缘故,与溥俭的接触最多,溥俭自12月9日那天与"五格格"韫馨等把溥仪接回家中以后,又多次与溥仪一起上街,在天安门、民族文化宫等许多地方照相留念。溥俭系道光第五子惇亲王奕誴的孙子(奕誴第三子载澜之第六子),1932年被溥仪召到长春,编入军事训练班,当过护军,后来长期在溥仪身边伺候。伪满垮台后辗转逃难期间仍不忘溥仪的嘱托,把谭玉龄的骨灰从长春运回北京存放,又把李玉琴带到天津安顿在溥修家里,帮助溥仪处理了最挂念的两件事情。后来,他在北京义利食品厂找到一份凭劳动养活自己的工作,还成为厂工会的活跃分子,生活得很充实。妻子叶乃勤就是伪满年代经常奉命入宫陪伴谭玉龄和李玉

---

① 生于1919年,病逝于1960年4月14日,享年41岁。
② 谓滨:《近访中国最后一位皇姑》,《妇女生活》1995年第7期。

溥仪、溥俭和五妹韫馨来到天安门前

琴的"贵妇人",现在当上了售货员。

　　溥仪回到北京的当天,去车站接他的亲属中还有一位溥佳,他是载涛的次子,曾在紫禁城毓庆宫给溥仪伴读英文,继随溥仪在伪满任宫内府头等侍卫官,1932年被溥仪派往日本,进入日本陆军士官学校学习,后因故奉溥仪命中途退学。返回伪满后,他当了几年简任二等伪宫内府侍卫处长,伪满垮台前因抽大烟被溥仪赶走,返回北京闲居,后来赴内蒙古投奔姐姐和姐夫,新中国成立后就地参加工作,任自治区政协参事室参事。

　　六叔载洵的女儿金蕊禅,也就是清末曾任海军部大臣兼弼德院顾问大臣的"洵贝勒府"的格格,而今参加了街道工作,还当上了主任,她丈夫便是著名说唱演员、中央广播说唱团团长白凤鸣。

　　溥仪特赦后,几个跟随多年的侄子也来看他了。

　　毓嵒①,这个白胖胖的小个子还总张着大嘴笑。溥仪称呼这位清朝惇勤

---

①　生于1918年,病逝于1997年,享年79岁。

亲王的后人为"小瑞",那是因为他的字称"严瑞",他是道光皇帝第五子和硕惇勤亲王奕誴的曾孙。由于他对溥仪一向忠心耿耿,深得溥仪信任。伪满期间每天晚上给溥仪注射荷尔蒙的便是他,后来溥仪在伯力拘留期间,还立毓嵒为嗣,让他当了自己的继承人。

毓嶦①和毓嵂哥俩都是清朝恭亲王溥伟的儿子。溥伟自辛亥革命后,为复辟清朝而奔波至死,1936年临终前向溥仪提出,希望身后爵位由毓嶦承袭,溥仪满足了他的这一要求,把恭亲王奕䜣所遗白虹刀、咸丰皇帝密谕和大阅御用紫宝石黄丝腰带三件祖传宝物仍然赐予毓嶦收藏,宣布由他袭爵,从此他成为第三代恭亲王,人称"小恭王"。溥仪还把他召到伪满内廷读书,原拟把他和另外几个"内廷学生"一起送到日本学习军事,以培植羽翼,后来情况变化,未能派出,遂把他们一起留在身边侍候起居。毓嶦大头大耳,非常聪明、机灵,能文能诗,又写得一手好字,念起书来像个老学究朗朗上口,溥仪也很喜爱他的才华。他就是《我的前半生》一书中所说的小固,溥仪这样叫他,是因为他的字称"君固"。毓嶦也感念溥仪的培养,并以继承其父的"中兴大清"为终身志愿,到了苏联还写过述志诗以示不忘。② 毓嵂当年也是伪宫"内廷学生"之一,伪满垮台后辗转流离,其间照顾过溥仪的"福贵人"李玉琴,最终回到北京,到溥仪特赦时,他已自学当上兽医师了。

这几个人都是跟溥仪到东北,毓嵒和毓嶦又因被溥仪选中而跟到伯力,跟到抚顺,直到1957年春节前夕获释才和溥仪最后分手,并返回北京参加了工作。溥仪见到他们自然很高兴。他在写给毓嵀的信中这样写道:"现在,嶦、李国雄都在小汤山苗圃(北京市昌平区北乌房村小汤山苗圃第八生产队)那里工作,他们大约每月回来住两三天。他们都很健康。"

毓嶦③系道光皇帝第五子惇亲王奕誴的曾孙,1932年溥仪就任伪满执政后,把他召到长春,先入军事训练班学习,继当护军,自1936年调入"内廷学生"班读书,为赴日留学作准备,后来情况变化,溥仪又送他到伪满陆军军官学校学习两年,太平洋战争爆发后,溥仪又把他调回身边伺候起居,直到伪满

---

① 生于1923年。
② 爱新觉罗·溥仪:《我的前半生》,东方出版社1999年版,第435页。
③ 生于1914年,病逝于21世纪10年代初。

垮台,随溥仪被俘拘押于苏联伯力,1950年引渡回国,又在抚顺战犯管理所与溥仪一同关押改造,直到1957年免予起诉释放,安置在吉林市满族中学工作。

在溥仪致小秀的信中流露出他对这几名追随多年的"宫廷学生"真诚的想念之情。他觉得自己曾经污染了几个族侄的历史,衷心希望看到他们进步和幸福。接下去的一段更可以表现他对这几位亲属的记挂和希望。溥仪写道:"我的家族和我见了面,就是我的嫡侄还没有见面,而且一直也没有相互通信,这是我最大的缺欠和遗憾,也是最不痛快的事。非常想你,见字后盼望速来信,告诉我你的近况,别让我心里着急啦!我衷心祝你在劳动中,在学习、工作中取得成就,争取成为一个光荣的红旗手。要坚决地永远跟着共产党走,听毛主席的话,在建设社会主义的光荣事业中,树立越来越大的成就,任何工作岗位、任何劳动都光荣,都是为人民服务。"①

与毓崇②的见面也令溥仪特别兴奋。毓崇是道光皇帝长子隐郡王奕纬的曾孙,其父溥伦宣统年间曾任资政院总裁,民国以后在溥仪的"小朝廷"中负责办理与民国政府之间礼仪和交涉方面的事情,还当上了民国政府的参政院院长。毓崇1912年"奉旨入宫"伴读。溥仪赏给他"头品顶戴",准其"在紫禁城内骑马",继随溥仪到天津,在"行在"办事处"值班"。后来他跟溥仪到了长春,先给溥仪当侍卫官,又当近侍处理事官(承应科长)兼掌礼处理事官。伪满垮台后,毓崇辗转于1947年回到长春,靠卖破烂打发时光,状如乞丐。1957年前后,他以父辈世交关系在著名文物收藏家张伯驹私宅任传达员,至1958年被正式录用为北海画舫斋工作人员,北京市副市长吴晗曾来此垂钓,与之谈诗论书。

溥仪还前往无量大人胡同看望了"瀛贝勒"的两个儿子溥忻③和溥侗。瀛贝勒即载瀛,是道光皇帝第五子惇亲王奕誴的第四子。到20世纪初惇王府因"怂恿义和团抵抗八国联军"而获罪洋人;慈禧被迫加以惩治,府内5个受了爵位的儿子中的3个被夺了爵位,一个死得早,仅存载瀛一人,遂成为惇王府最后一代继承人。这位擅长画鸟的画家王爷,最终葬送了一座封建王府,却

---

① 吉林市政协文史资料研究委员会编印:《吉林市文史资料》第1辑,第70页。
② 生于1903年,病逝于1965年11月13日。
③ 在1966年8月被迫出走,下落不明,当时担任北京市政协委员。

培育了一个艺术之家,他的4个儿子在这一领域内全成大器,溥忻和溥侗就是其中的两位。

溥忻,字雪斋,惇亲王奕誴第四子载瀛之子,山水花鸟画家。溥仪在紫禁城内当"关门皇帝"时曾让他出任"御前行走",参与"清查大内字画"。伪满成立后,每逢溥仪诞辰,他一定前往东北祝寿。新中国成立后,雪斋生活颇惬意,被推举为北京古琴研究会会员、北京市文联常务理事、北京市美协副主席、北京书法研究社社长、北京中国画院名誉画师和北京市音协理事等职,还当选为市政协委员。周恩来曾用自己的专车送他回家,朱德也曾多次与之相邀谈艺。不幸的是,在"文化大革命"中遭受迫害自杀而死。

溥侗,字毅斋,也是著名画家。"小朝廷"时期溥仪曾派他"在御前行走"、"在乾清门行走",伪满时期又派他担任"清东陵办事处长官",后因不堪忍受日本人的欺压愤而辞职,仅靠出售家私度日。新中国成立后,先安排在"新国画研究会",继应聘为北京中国画院画师。

溥仪尚未回到北京,溥仲已经得到消息,曾向七叔载涛打听"大哥"的归期,他们很快就见了面。溥仲的曾祖父惠亲王绵愉是道光皇帝的胞弟,其父载润在溥仪的小朝廷中做过事,例如张勋复辟失败以后,大总统徐世昌从天津来,清室拟派员到车站迎接,但别人都怕遭冷遇,载润去了,而且处理得很妥善。又如溥仪出宫后,一时人心惶惶,载润临危受命,组织清室善后委员会,并任清室首席代表。溥仪当年对他这一段工作非常满意,曾亲派使臣从天津到北京,为载润的50岁生日"赐寿",还亲笔题写了一副对联:"宗英重寄留京钥,世泽长话受印图",横批是"磐石徽猷"。新中国成立后,载润已入古稀之龄,政府还是安排他当上了北京市文史馆馆员。溥仪特赦后亲往东四八条看望这位叔辈,载润在言谈中流露出对新社会的欣喜和感激之情。溥仲本人在伪满年代曾奉父命数次前往长春给溥仪拜寿,但因父亲对伪满有看法,不准他留在伪满做事,才在西交民巷私营金城银行北平分行内找到一份工作,直到新中国成立后,经过公私合营转为人民银行职员。溥仪见到他时,他已是东城区政协委员了。

溥仪特赦后,在家族中见到的唯一大学教授便是启功先生,他是雍正皇帝第五子弘昼的后裔,从其曾祖父溥良起便放弃了世袭的爵位,通过科举考试,中进士点翰林而入仕。启功因其父年轻去世,幼时家贫,刻苦研读古书,学习绘画、书法,以其深厚的学养而于1956年成为北京师范大学中文系的教授,虽然过去与溥仪很少联系,但还是在溥仪特赦后与他一起在全国政协文化俱乐部吃了一顿饭,溥忻和溥仲等也临席了。其时启功已被戴上"右派分子"的帽子,处境并不惬意。

与溥仪在历史上联系较多的亲属是溥修①,他也是惇亲王奕誴的孙子。溥仪出关后,留在天津的房产和财物就交给溥修保管,后来"福贵人"李玉琴也由溥修收留,在他家一住就是7年。溥修在50年代也被政府安排为中央文史馆馆员,并被推选为北京市政协委员,遗憾的是在溥仪特赦前不久去世了。他的女儿毓灵筠见到了溥仪,那时她是街道夜校的教员。

溥仪与家族中的孩子们

在此期间,溥仪还高兴地见到了也属于爱新觉罗家族的朝气蓬勃的下一代。其中有北京女子摩托车比赛中的冠军获得者,有登山队的队长,有医生、护士、教师和汽车司机,等等,还有正在读书的共青团员、红领巾……特别是当溥仪与家族中的共产党员、一位曾当过中国人民志愿军战士,并在朝鲜战场上甘岭战役中立过功勋的侄女金蔼珖会面时,不觉肃然起敬。溥仪感慨万端地对金蔼珖说:"你是中国人民最可爱的人,而你的大爷在历史上曾是中国人民最可恨的人,和你根本不能相比。今后,大爷要向侄女学习!"

溥仪由蔼珖想起另一个皇家女儿,那就是清朝肃亲王的第十四女金璧辉,原名显玗。当她五六岁时被过继给肃亲王在搞所谓"满蒙独立"活动中结识的日本浪人川岛浪速,于是她又有了"川岛芳子"的名字。渐渐长大以后,她认贼作父,像个幽灵似的来往于中国和日本之间,刺探中国的政治、军

---

① 病逝于1959年,当时担任北京市政协委员。

事情报,成为国际上臭名昭著的女间谍。有人曾这样描述这个身穿男装的女魔:"改扮男装后的川岛芳子,使用的语言也都是男人的语言。她时而脚穿长筒靴,手执金马鞭,趾高气扬地出入于司令部;时而戎装革履,跨着战马,装腔作势地奔赴战场。有时见她一身戎装返回私邸,但转瞬之间又见她浓妆艳抹,花枝招展地漫步街头。"在日寇发动的沈阳九一八事变、上海一·二八事变和卢沟桥七七事变过程中,她都参与了刺探军情的罪恶叛国活动。

溥仪更不会忘记,正是这个女妖在他到东北以后,又奉日本军部之命,连哄带骗地把皇后婉容接到旅顺。据溥仪的侍卫官长工藤忠回忆,这个数度卖身的女人还怀着要当"皇帝的宠妃"的野心呢!当时的日伪报纸、杂志、电影、广播却把这样一个卑鄙的女人捧上了天,不是称她为"男装丽人",便是把她描绘成"巾帼英雄",更有人给她加上了"谜的女杰"绰号。1947年3月26日的报纸上登出一条题为《金璧辉在平伏法》的短讯:"〔北平二十五日中央社电〕金逆璧辉今晨六时在平冀第一监狱刑场伏法,一枪毙命。"

同是皇家女儿,在两种世界里成长,竟是如此迥殊,溥仪不免感慨万分。他深深感受到了家族的变化,社会在改造他这个皇帝的同时也改造了整个末代皇族。当然,不会是每个爱新觉罗家族成员都变得那么好,都对新社会那么热爱,都生活得那么甜美。

1960年的春节期间,在四弟溥任家中发生了这样的事情。一位比溥仪岁数还大的本家侄儿,刚见面就诚惶诚恐地口称"皇上","扑通"一声跪地叩头,向他"大礼参拜"。溥仪当时气得不知说什么好了,他恼怒地斥责这位侄子说:"解放这么多年了,你这个人怎么封建思想还原封不动?还这样崇拜封建皇帝,我和你只能是敌对关系了!"

这斩钉截铁的一席话,把跪在地上的侄子搞得狼狈不堪。这位"大清遗老"兼"皇上的侄儿"虽然尴尬得无地自容,却并没有马上起立。溥仪见侄子仍跪拜在地,气得转身就走。四弟一看情势不妙,一把拉住溥仪,为跪着的侄子"打圆场"。侄子也乘机改变口气,对"叔皇"解释说:"咱们虽非君臣,总是叔侄吧!为侄给大叔磕头也是理所应当啊!"说着又磕起头来。溥仪只得抢上一步,把下跪的侄儿拽了起来,严肃地批评了一顿。这位"皇侄"见溥仪真动了气,觉得脸上无光,随即托词溜掉了。

五、掀开新的一页

按照周总理的亲自安排，溥仪和杜聿明等被接见的11人组成一个专门的小组，由总理秘书担任联络人，负责这个小组的学习和日常生活。从此开始了为期两个月，以了解国内情况和熟悉人民新生活为目的的参观访问、探亲访友活动。

1960年在潭柘寺郊游时，溥仪与全国政协机关理发员徐祥忠合影

为了便于集体参观访问，11名特赦人员被安排在两处地方：溥仪于12月23日由北京西城区前井胡同6号五妹韫馨家中搬到东单附近苏州胡同南口的崇内旅馆。一起住在那儿的还有杜聿明、王耀武、宋希濂和郑庭笈，每人一个房间，溥仪在214室。其余6人：邱行湘、陈长捷、曾扩情、卢浚泉、周振强和杨伯涛，则住在前门南边的虎坊桥旅馆。

由于受到周总理的直接关照，大家都觉得在崇内旅馆的两个月过得很舒服，学习是紧张的，而生活是轻松的。他们在崇内旅馆吃包伙，每人每天只交一元钱，却可以吃到两荤两素的四菜一汤。溥仪依旧胃口好，饭量大，这位昔日的"真龙天子"也似乎并没有觉得生活掉价。

1959年12月29日溥仪致抚顺战犯管理所金源代所长的信中，还提到旅馆房费和出门交通费均由国家报销的问题，在我国人人都会觉得这很平常，刚刚特赦的溥仪却觉得新鲜，对党和政府充满了感激。下面的一段话，显然是溥仪发自内心的声音："我现在对祖国人民一点儿贡献还没有，党和政府便对我这样父母般的照顾、关怀,我没有别的可说,唯有在实际行动中对祖国、对人民贡献一切力量。"①

说实话,这一年溥仪整整 54 岁了,却如同一个涉世未久的孩童,这新社会的一切,无不使他感到好奇、新鲜,以至兴趣盎然。一次回答国际友人提出的问题,溥仪谈到他刚刚当上公民的感受。他说:"起初,我住在什刹海后面的五妹家里。在那以前,我从来没有作为一般的公民生活过。我活了五十几岁,还头一次一个人随便逛大街,在商店买东西,坐公共汽车、电车,随便到亲戚家串门,到朋友家访问,这一切对我来说,都感到太新鲜了。"②作为战犯,确实已经被特赦,然而是否真正得到了跟其他公民一样的行动自由呢? 对此连杜聿明等前国民党战犯也有过怀疑,甚至上街时还担心会有便衣警察盯梢,溥仪当然也有过这种错觉,但很快就消除了。

行动自由的溥仪却闹出不少笑话,住在五妹家时,有一天五妹夫妇上班走了,溥仪操起扫帚到大门外扫街,本打算扫扫自家门口,扫来扫去却不知跑到哪家门口,迷了路,找不到家门了。后来一位街坊问明情由,才把他送回家来。又有一次,他看见别人买冰糕,也想尝尝,买回一根却不知道怎样吃法,一口咬下去,觉得牙齿被咯了一下,这才发现,原来冰糕里还包着一根棍儿呢! 对溥仪来说,这个社会是多么需要好好地了解呀! 搬到崇内旅馆以后,溥仪曾向服务员打听东单在哪儿? 服务员笑着回答说:"您怎么身在东单还打听东单!"

"哪儿,哪儿?"溥仪茫然地追问。

"这个旅馆出门往北就叫东单。"

"不像,不像……"溥仪从茫然转为疑惑。

"怎么? 东单确实在这儿!"服务员莫名其妙了。

"不! 东单应该是一片能够降落飞机的空地。"溥仪用肯定的口吻说道。

原来,溥仪的结论来自于听说的一段历史。那是 1949 年解放军围困北京的时候,蒋介石曾派遣飞机,以接运傅作义为名在东单降落。但傅先生此时已经选择了通向人民的光明大道,没有登上那架飞机。东单是傅先生新生的

---

① 引自溥仪未刊手稿。
② 《溥仪手稿·答外宾问第 35 条》,未刊。

起点,这也是溥仪新生后希望看看东单的原因。溥仪说明了原委,服务员恍然大悟。也难怪溥仪不敢相信,今天的东单已不再是大片空地,而是高楼林立的繁华市区了。

那些日子,溥仪等11人,由北京市民政局办公室秘书殷兆玉和北京市政协干部林之月引导着,先后参观了全国农业展览馆、工人体育场、工业交通展览馆、石景山钢铁厂、民族文化宫、民族饭店、四季青人民公社、清华大学、北京电子管厂、广播大厦、电报大楼、北京第一机床厂,以及西城区福绥境街道办事处和它的托儿所、食堂、邻里服务站等地方。当时,溥仪常常十分高兴地对别人谈起这些活动,他说:"每星期三、六,我们就参观。参观回来,我们也进行漫谈。"①溥仪还曾向带队的殷秘书提出要参观人民大会堂。当时,建成不久的这座宏伟建筑是不准参观的,但经过沟通,他的要求得到了满足,是单独安排他登上壮观的台阶而入内观摩那座恢宏的工程。

那个阶段里,溥仪和其他特赦人员还一起听过几次国家领导人的重要报告,特别是陈毅副总理关于国内外形势的报告和李先念副总理关于经济问题的报告,尤使溥仪振奋。他在1959年12月29日致抚顺战犯管理所金源代所长的信中写道:"昨天(28日),我们得到通知,到人民大会堂听陈毅副总理讲国际国内形势,我真没想到在人民大会堂和人民一起听中央领导人的报告,这才是我一生最光荣的,同时更给我极大的鼓舞。"

不久,当周总理接见溥仪和他的家族时,溥仪高兴地向总理汇报了参观感想,他对清华大学学生从事尖端科学实验尤感兴趣。总理听到溥仪热情的谈论也很高兴,微笑着说:"那你比我看得还多喽!"溥仪对这一时期的参观念念不忘,因为这不是紫禁城里的"空想",更不是北京日本公使馆的"偷袭",而是随意地走,自由地看了。

溥仪还把自己的感受告诉了前来访问的国际友人。他说:"新中国给我印象最深的是:过去旧中国殖民地、半殖民地,被奴役、压迫、剥削、摧残的悲惨时代,已经一去不复返了。中国各族人民在中国共产党正确领导下彻底解放了。伟大的中国人民真正站起来了。我们的祖国已经成为独立、自主和人

① 引自1959年12月29日溥仪致金源的信,未刊。

民过着幸福、自由生活的强大国家了。我还可以给你举出很多很多的例子，说明我的感受，但这决不是三言两语所能说完的。"①溥仪又说："根据我的实际参观，我肯定祖国在社会主义建设总路线的指引下，已经获得了伟人成就，并将继续沿着自力更生的实践，走向一天比一天的繁荣富强，奔上无限幸福光明的前程。"②

如果有人认为溥仪对来访者的回答不免有"官样文章"之嫌，那就请看摘自溥仪致族侄毓嵣的私人信件上的一段话吧："我们政府还组织我们同蒋介石集团战犯这次被特赦的10个人，一起住在崇内旅馆，并一同参观了首都的工业、农业、学校、街道等等社会主义建设，亲眼看见首都建设的巨大变化，各种建设的飞跃发展，真是又惊又喜。感到在伟大毛泽东时代，身为一个中国公民的无限骄傲自豪感。"③

因为这话出自溥仪之口，也就自然有了特殊的意义。作为一位历史上的统治者，没有足够的事例为据，他是决不妄下断语的。而且，在他的头脑中，各种各样的比较系数肯定比一般人多得多，他的看法一般都是对比的结果。

回忆安排工作之前那快乐的两个月，中央和北京市领导同志的多次接见尤使溥仪、杜聿明等人不能忘怀。1959年12月14日周总理在国务院西花厅接见特赦人员所引起的喜悦和兴奋尚未平息，统战系统的领导同志又在1960年1月12日中午设宴招待了溥仪和杜聿明等11人。

就在这次宴会上，统战系统的领导同志和特赦人员商量了每个人在集中参观学习结束后的去留问题。曾扩情、卢浚泉、邱行湘、陈长捷回到自己的家乡，各在本地找工作；杨伯涛、周振强回家后仍愿回北京，政府发给每人来往的路费；杜聿明、宋希濂、王耀武、郑庭笈和溥仪则留在北京，不久政府给安排适当工作。

1960年1月26日，也就是统战部领导同志宴请特赦人员后半个月，周恩来总理又在政协礼堂宴请溥仪和他的家族。

---

① 《溥仪手稿·答外宾问第33条》，未刊。

② 《溥仪手稿·答外宾问第43条》，未刊。

③ 1960年8月18日《溥仪致毓嵣的信》，吉林市政协文史资料研究委员会1983年编印：《吉林市文史资料》第1辑，第68页。

1960年1月26日，周恩来总理在全国政协礼堂接见溥仪和载涛

在两个月的集体生活中，溥仪也接触了许多私人来访者，其中有来称"臣"的封建遗老，有希望叙旧的社会贤达和民主人士，还有清史研究者和爱好者等。他与朝夕相处的10位第一批获赦的前国民党战犯更是友情笃厚。

1960年2月初，由杜聿明首倡，请溥仪任解说员，游览故宫。提起这座人间宫殿，溥仪自有无尽的感慨，他曾对这方城的高墙表露过切齿的痛恨。然而，那养心殿外、坤宁宫前，又怎能不在溥仪的心头留下几丝美好的回忆呢？而且，就在前几天，周恩来总理考虑到杜聿明等人的愿望而对溥仪说："他们没有到过清宫的都想去看看，你可以给他们指点指点。"于是溥仪和杜聿明等人在故宫尽兴地玩了一天。当年，冯玉祥将军执行人民的意志，把这位中国的末代君主从这里逐出，而今，周恩来总理代表人民的利益，请这位不平凡的普通公民到这里重游。30多年的人世沧桑，溥仪感慨良深，而故宫内部的变化犹使他惊异。

溥仪有这样的感受是不足为怪的。因为溥仪3岁入宫的时候，清宫早已是一片破落景象了。据记载，从1840年鸦片战争时起到新中国成立为止的109年间，这座72万平方米的紫禁城，根本没有认真地修葺过。人民政府从

1952—1958 年的 7 年间,从故宫清除的渣土就有 25 万立方米,其体积相当于宽 2 米、高 1 米的一条京津公路。到溥仪前来参观时,国家已为故宫花了 500 余万元的修缮和装置费用。这怎么能不引起溥仪的惊异呢!走出故宫的杜聿明等人当然也是非常满足的,因为他们的导游者乃是这里昔日的主人。

就在这次游故宫之前 10 来天,溥仪还和宋希濂一起游览了北京动物园。周总理听说后曾问他,以前去没去过动物园?溥仪回答说:"那是很早的事,我都不记得了。听七叔说,两岁时去过一次。"溥仪两岁,那是 1908 年。当时他还没有被慈禧选中为帝位继承者,当他具有了君王之尊,也就失去了观览动物园风光的自由。

再说住在溥仪隔壁房间的邱行湘吧,虽然他自己也是一个经过改造而被特赦的前国民党战犯,但他对溥仪这样一个举世皆知的封建君主能够得到成功的改造,还是不甚理解:如果说国民党中的一些人士还有抗日、爱国的一面,那么,要改造皇帝则一定要转过 180 度的弯子呀!不过,他也为溥仪没有像历朝末代皇帝那样惨遭杀身之祸而庆幸。他常常带着特殊的感情迈进溥仪的房间,去和那位戴着黄边眼镜的"皇帝"闲聊。邱行湘对溥仪说:"你应当再娶一位'皇后',在人间留下一颗'龙种'。"溥仪则让他在中国画院当画师的六妹画一幅《牡丹图》送给邱行湘,希望他的前程如花似锦……

第二章
园　丁

　　一粒秋海棠的种子，这要以微克来计算重量，在我的手心里，我明白它的意义。我现在已经成了世界上最美丽的事业的建设者。我是一个渺小的人，我的分量不过如同花园中的一粒花种，但我却是六亿五千万中的一个。

——爱新觉罗·溥仪

一、第一个岗位

　　北京植物园是爱新觉罗·溥仪为人民服务的第一个岗位。他带着周恩来总理的"四训"来到这里，在劳动和群众之中，中国末代皇帝的生命焕发出新的光彩。

　　毛泽东主席1956年4月25日在中共中央政治局扩大会议上说，不杀头，就要给饭吃，都"应当给予生活出路，使他们有自新的机会"。现在，溥仪先生已经获赦回到北京，又经过两个月的探亲访友、参观学习，应当有一个合适的工作岗位了。当这个问题提到周总理面前时，也曾使他费了不少脑筋。诚然，对于一位拥有亿万人口的大国总理来说，安排一个人的工作算不了什么大事,但是,要给中国末代皇帝安排一个为人民服务的岗位,这却是全世界都没有碰到过的崭新课题。

早在1960年1月12日统战系统领导同志宴请溥仪等11位特赦人员时,就初步商量了溥仪等人集中学习、参观后的安排问题。不过那只是就留在北京还是返回原籍征求个人意见。溥仪因为原在长春的妻子已经离婚,只能选择留在北京。至于具体从事哪项工作,这可完全不像溥仪自己想象得那么简单!

1960年春节前夕,周总理在中南海西花厅宴请溥仪和他的家属,就溥仪的工作安排当面向本人和家属征询了意见。接见中总理了解了溥仪的知识基础状况,他的身体状况,他的兴趣和爱好,力图给他安排一个力所能及的最合适的工作。

总理先问他想搞哪种职业?溥仪回答说搞轻工业或在公社劳动都行,因为无论干哪一行都是从头学起,所以还没有更多的考虑。总理想到,从事工业劳动势必干车床活儿,一天8小时流水作业太劳累了,同时也需要一双好使的眼睛。而溥仪呢,毕竟是54岁的人了,又戴着700度的近视眼镜,精密工艺的操作已不可能,所以放弃了让溥仪从事工业劳动的打算。于是,总理又提出要在各部的研究所中为溥仪找一个合适的工作。那么,到哪个研究所去呢?化学还是物理?可溥仪说,自己从小在毓庆宫读书,既不学化学,也不学物理,除了四书五经,什么都不懂,甚至连算术中的加减乘除也一窍不通。溥仪十分感激总理的关怀,但也因为自己无能而深深地感到羞愧。

这样,总理决定给溥仪找一个研究所,一半时间劳动,一半时间学习一点儿自然科学。那么,把溥仪分配到哪一类研究所更合适呢?当时总理考虑过农业机械化方面或是试验农场,但没有定下来。溥仪希望能从简单入手,由浅入深,循序渐进。特别令溥仪感动的是,总理曾在接见中告诉溥仪说,他知道溥仪读过不少医学书籍,本来可以当个中医大夫。但是,考虑到他的特殊身份,给人家治病,治坏了就会惹出闲话的,因此不考虑当医生了。谁能设想,一个伟大的人物竟会想到这样细小的问题呢?总理还对在场的秘书说,给溥仪找个医院做全身检查,"多活几年总好嘛!"溥仪哭了,他想,连前半生中三次当皇帝都算上,还有谁像总理这样真诚地关心自己呢?

接见以后,溥仪逢人就讲,表达他对党无限感激的心情。他说:总理在百忙中抽出时间来召见我们,真是感激万分。我的罪恶很大,对人民还没有一点儿贡献,可是党对我这样照顾。总理问我能做什么工作?让我检查身体。我的生命是党给的,可我应当怎样报答党的恩情呢?① 溥仪就是带着这样的心情,走上第一个为人民服务的岗位的。

1960 年 2 月初,溥仪被安排在中国科学院植物研究所北京植物园工作。这显然是周总理在不久前向溥仪本人征询意见的基础上所做的最后决定。我们看到了能给这件事以有力佐证的溥仪当时留下的一封信稿,其中谈到总理"一·二六接见"时,有这样一段话:"总理要根据我要在劳动中锻炼自己的志愿,又说将来我可以学习、研究、学技术,一面学习,一面锻炼自己。"②

其实,总理在作出决定之前,还与中国科学院院长郭沫若打了招呼,希望他能帮助溥仪"订个规划",在植物园劳动的同时,"学点技术和知识"。郭院长非常赞同。与此同时,中共中央统战部关于溥仪参加劳动的几点具体意见也传达到植物园了:对溥仪先生是学习为主,劳动不能超过半天,周日保证休息,可以自由活动,可以回城与亲属团聚,生活有困难要给予补助。

当 1960 年春节来临之际,要求返籍工作的陈长捷、曾扩情、卢浚泉和邱行湘,以及回乡度假的杨伯涛和周振强都已登程。2 月 10 日,廖沫沙在政协文化俱乐部,约杜聿明、王耀武、宋希濂、郑庭笈和溥仪等在京的 5 人谈话,宣布了新的工作安排。溥仪到中国科学院北京植物园(香山)工作,研究热带植物。杜聿明等 4 人到红星人民公社工作。每天一半学习、一半劳动,有时到京听首长的报告。政府仍照常给生活补助。廖部长对他们作最恳切的叮咛和勉励。

2 月 12 日,统战部门领导同志设宴为即将奔赴新岗位的 5 名新公民饯行。出席宴会的有:中央统战部副部长徐冰、全国政协副秘书长张执一、北京市委统战部副部长夏英喆、中央统战部联络委员会副主任龚引斌、全国政协常委邵力子,以及全国政协秘书处处长连以农。当领导同志高举酒杯,向即将走上新岗位的溥仪表示盛情而热烈的祝贺之意时,他真切地看到了展现在眼前的无限美好的幸福情景。

---

① 据北京市民政局 1960 年 1 月 27 日的《情况汇报》,未刊。
② 溥仪 1960 年 2 月 19 日致金源的信,未刊。

溥仪真想立即飞到他的岗位上去,连春节也不等过完,更不想等到报到日期。2月14日,殷兆玉陪同溥仪来到西山脚下的植物园。因为按规定要在两天后报到,因此,这次来的名目就是"先来看看",以便有个"思想准备"。

溥仪此举还是惊动了北京市的几位领导,那天,市委统战部长廖沫沙①和民政局办公厅主任王旭东,随后也赶到植物园,与溥仪一起参观了园内的宿舍、食堂和温室等地方,溥仪对自己的"新家",对这个占地数千亩的幽雅的绿色园林十分满意。植物园办公室主任奚斌像对待亲人似的招待了溥仪,与他亲切交谈。

1960年2月16日,新春佳节刚过,爱新觉罗·溥仪兴高采烈地拿着北京市民政局的介绍信,仍由殷兆玉陪同来到位于西郊的北京植物园报到。

"溥仪同志!欢迎啊!"植物园主任俞德浚走过来与溥仪亲切握手。"同志",对溥仪来说这是多么不寻常的字眼,又是多么亲切的称呼啊!

"'皇帝'到植物园工作,我们很荣幸啊!哈哈!"两天前已经见过面的植物园办公室主任奚斌像熟人似的半开玩笑说。

这个"见面仪式"实在简单,也不用谁介绍,大家一见如故。

"现在我是一个公民,前来报到。"溥仪回答说。看到领导同志这样亲切,平易近人,刚进屋时的紧张心情开始松弛下来,他解开深蓝色制服棉袄上衣兜的纽扣,小心翼翼地掏出一张介绍信来,交给俞主任,那态度是极其严肃和认真的。

两位主任和溥仪聊了一会儿,询问他特赦回来以后的生活情况,又向溥仪简单地介绍了植物园的环境和条件。最后,俞主任以征询的口气说:"溥仪同志,请谈谈你的要求或想法吧!"

"党和政府对我的恩情一言难尽。我要求马上参加劳动,把我的一点菲薄之力,贡献给社会主义建设。"谁都听得出,这是溥仪的肺腑之言。

"你的心情可以理解,还是先休息一下,也熟悉熟悉环境,两天以后再谈工作。"这就是俞主任结束这次谈话时向溥仪布置的任务。

---

① 生于1906年,病逝于1990年12月27日,享年84岁。逝世前担任第七届全国政协委员、第六届北京市政协副主席。"文化大革命"初期,他与邓拓、吴晗一起,被列入"三家村"反党集团而遭到迫害。

俞主任亲自送溥仪到早已给他安排好的宿舍,他们在植物园内的温室中间穿行,溥仪觉得眼前的天空格外蓝,空气清新甜美,而身旁的树木花卉的色泽,也显得美丽鲜艳,似乎这里的一切都在向他招手——热烈地欢迎他。溥仪心情之舒畅、欢快,的确是有生以来罕有的。

溥仪与刘宝善、刘宝安两位年轻人,同住在一间18平方米的洁白的房间里,室内除了三张单人床外,只有一个桌子和几个木凳,布置得干净而朴素。溥仪进屋就看到,在战犯管理所时盖了好几年的那套已经褪色的被褥,整整齐齐地叠放在自己的床上,原来他的行李已由民政局负责同志提前送到了。人们不仅为溥仪预备了全套生活需要的东西,还为他准备了学习用的书籍、笔墨。溥仪很满意地说:"真是太好了!"

俞主任走后,屋内静悄悄的只有溥仪自己,他完全陷入对新生活的沉思之中。只见溥仪展纸执笔,伏案疾书,写出下面这几行字:"这是我在特赦后第一次参加伟大祖国的社会主义建设,是我参加劳动的第一天!我和劳动人民一起学习,一起劳动,一起生活,一起工作,这是我的光荣,也是我的幸福生活的开始。"①

过了一会儿,俞主任"两天内熟悉一下这个植物园"的话语又在耳边响起。于是他走出宿舍的房门,从一块园圃走到另一块园圃,从一个温室进入另一个温室。他来到正在劳动的工人中间,问问这,问问那;他来到植物园的办公室,仔细观看墙上挂的管理条例、统计报表等。他遇到的干部和工人都不相识,但对他很热情,耐心地介绍情况。

溥仪多年的生活习惯是睡得很晚,起得也晚,但心中有事的时候例外。2月18日一早,天蒙蒙亮,溥仪就起床了。他怕影响别人,悄悄走出宿舍,冒着早春的寒气,在温室中间的小路上来回散步,急切地盼望着上班的铃声。溥仪当时的心情,在他9个月以后写的一篇感想中这样表述过:"当时我想,这将是我有生以来第一次和人民一起劳动,是最光荣的一件事情,心里的高兴是千言万语也难以形容的。但思想上也有矛盾的地方,也想到了另外一个方面:如果植物园的干部、职工都知道了我是谁以后,会不会因为我的历史罪

---

① 溥仪写于某笔记本上的一段话,依据李淑贤女士1980年向笔者提供的溥仪未刊手稿。

恶,对我产生憎恶和歧视呢？当我想到这里的时候,心中又不安起来。"①

显而易见,溥仪这种顾虑重重、忐忑不安的心情是非常真实的。可是,事实并不是像他想象的那样,所以他很快也就消除了不安。在那篇感想中他继续写道:"在一次干部会议上,园领导向同志们介绍了我,让我和大家见面。还在会上说明了我学习、改造的情况。从大家的态度看,对我没有丝毫的憎恨和歧视,反而表示非常欢迎我来植物园工作。同志们的关怀,又使我的心情激动和兴奋起来。"

到植物园的头两天,干部和工人对这位素不相识者所表现出来的热情与关心还曾使溥仪感到惊

溥仪亲笔撰写《在植物园劳动期间的思想总结》文稿一页

讶和奇怪。后来他又想:也许因为大家还不知道他就是当过宣统皇帝的溥仪,而以为是一个新调入的干部吧？经过这次干部会议溥仪明白了:原来同事们对于这位"宣统皇帝"是早就清楚的。人们对于他不但没有历史的成见,反而更加尊重他、理解他、真诚地愿意帮助他。事实使他不能不嘲笑自己最初的思想活动有多么愚蠢。从而,溥仪对同志们的关怀有了新的理解,他在上面提到的那篇感想中继续写道:"我清楚地感到,党和大家的关怀都是为了我加强改造,继续进步,成为一个真正的自食其力的劳动者,对社会主义事业作出贡献。"

对溥仪来说,这头两个上班日确实意义非凡。他本人这样记录了中国末代皇帝掀开历史新篇章的历程:"在 18 日,俞德浚主任和奚斌主任召开了一个全植物园各组同志的座谈会,介绍我和各组长见了面,互相谈了话。组织

---

① 溥仪:《在植物园劳动期间的思想总结》,写于 1960 年 11 月 26 日,未刊。

上安排我在温室工作,组长是吴应祥同志和孙可群同志。下午,吴应祥同志约我到温室,又和全温室组内各位同志见了面和谈话。19日上午,我到温室工作,组长、组员耐心地帮助我学习和工作,我太感动了。下午是政治和业务学习,政府给我买了《毛泽东选集》,业务方面吴组长给我三本书,一本是自然科学丛书《植物学基础知识》,一本是俞德浚主任编的《植物园工作手册》,一本是《华北习见观赏植物》。"①溥仪在信中提到的吴应祥是一位植物学专家,当时刚从民主德国考察归来。

从当天晚上起溥仪开始阅读、学习植物园主任俞德浚的《植物园工作手册》,他想,白天工人师傅向他介绍了那么多的植物,连它们的名称也还没有记住呢,更谈不到从主观上认识这些植物了。他感到自己太缺乏系统的理论知识,于是开始钻研俞主任的书。同屋住的年轻人对这位新来的老同志,产生了由衷的钦佩之情,因为他们每次深夜醒来,都看见溥仪在看书,并认真作笔记。迄今在溥仪的遗稿中,还保存着几十页当年他亲手摘抄的笔记。从以下摘抄的几段文字,可以看出溥仪钻研业务的一丝不苟和用功之深。

　　关于植物园的含义:"广义的植物园是一所完备的植物学试验研究机构,其中有实验室、标本室、博物馆、图书馆和栽培各种植物的苗圃、园地以及温室、花房等。它本身可供独立地进行调查、研究、试验、教学、讲演、编著等工作。狭义的植物园仅是一个有系统的栽培各种植物的场所,其中包括园地、苗圃及若干温室,供给大学或研究所、博物馆以及教学、研究或是展览所需要的资料。"

　　关于植物园的任务:"其一是引进并栽培国内外富有经济价值的植物,用以增加栽培植物的种类,扩大栽培植物的面积。其二是集合本国和世界各处的植物,组成一个大规模的展览区,普及植物学及园艺学知识于广大市民,启发爱国主义思想,使科学研究任务和教学任务密切结合起来。其三是解决绿化城市及其他居民区的理论和实际问题,以担负起改造大自然的某些工作。其四是广泛搜集植物育种的原始资料,进行杂交育种工作,以提高和改良农林园

---

① 溥仪1960年2月19日致金源的信,未刊。

艺作物的产量和品质。"

关于植物园的组成:"一般包括树木园、植物地理展览区、应用植物展览区、花卉园艺展览区、植物分类展览区、植物生态展览区、庭院设计展览区、苗圃和试验地、温室和冷室、博物馆、标本馆、图书馆、试验室和气象站等部分。"

关于植物园的经常工作:"主要是试验研究、采集调查、栽培繁殖、种苗交换、文化服务和教育服务。"

通过这次自觉的业务学习,使溥仪认识到:植物园是我国社会主义建设中一项不可忽视的科学事业,它在发展国民经济和美化、丰富人们的生活上,都能发挥重要的作用。后来,溥仪对植物园之所以产生了那么深厚的感情,这次业务学习是起到了奠基作用的。

二、"我参加了社会主义建设"

溥仪的崭新生活在植物园东侧大温室开始了,他觉得自己的一双手和伟大祖国的建设事业真正地连到一起了。

比较来说,大温室劳动的技术要求低一些,主要是浇浇水,搞搞卫生。这样安排当然是考虑了溥仪在总理面前提出的原则:先易后难,由浅入深。不过对他来说,连这种工作也是生疏的。溥仪的优点是比较努力,也挺谦虚。他不懂就问,有时提出些让人见笑的常识性问题,温室的干部和工人师傅并不笑话他,知道他没有经受过一般人的生活训练,主动地帮助他,耐心地向他讲解管理温室的各项技术知识。

在大家的帮助下,溥仪逐渐掌握了浇花的技术要领:譬如在什么情况下浇水最合适?哪种作物需要水分多些,哪种作物需要水分少些? 等等。在溥仪遗下的影

溥仪在温室浇花

集中,至今保存着他在植物园大温室里浇花的照片:穿着蓝色吊兜干部制服、并在左上兜挂着一支钢笔的溥仪先生,正双手拎着倾斜成60度角的喷壶,专心一意地浇花。千姿百态的各种作物把温室点缀得四季如春,而春风满面的"中国末代皇帝"也完全陶醉在这美好的环境之中。据溥仪1960年9月8日所写《在植物园劳动期间的思想总结》记述,正是劳动使一个原来对生产知识一窍不通的溥仪逐渐变成了智者。

1960年2月至1961年2月,溥仪是北京植物园的普通园丁,图为他在温室奇花异草中间

1个月以后,溥仪转到扦插繁殖温室。很明显,这次调换温室乃是对溥仪前段工作的明确肯定。这里要求的技术水平较高一些,溥仪更加努力了。他逐渐掌握了播种、移栽幼苗、上盆、换盆和松土等技术,甚至能够熟练地完成四季海棠等植物的移栽工作了。

3个月以后,溥仪又先后被分配到观察温室和繁殖温室劳动。他学会了修剪花卉的技术,如一品红、一品白和一品粉的剪枝,倒挂金钟的剪枝,庭桔瓶子花扶叶的剪枝。他也学会了盘子花的上盆,金点一叶兰和金边万年青的换盆,仙客来的换盆。甚至,溥仪还学会了龙牙花的嫁接等。他也曾努力地学习过难度很大的"高曲压条法",只是一直没能做得熟练罢了。总之,溥仪已经深深地爱上了植物学和花卉种植这门专业,对眼前的作物产生了浓厚的兴趣。溥仪在努力钻研业务的过程中,还多方搜集叶片,制成植物标本,久而久之积累了一大本。那五花八门、种类齐全的标本,无不倾注着溥仪作为园艺工作者的心血,好像这位前不久才开始辛勤劳动的公民,正在用汗水洗涤自己的心灵。

在溥仪遗留的一批资料中,还保存着那个由他自己题签《叶片标本一束》的叶片实物笔记本。封面上整整齐齐地写着时间:"1960年—1961年"。翻开本子,在凤眼莲叶、日本瓜叶、扶桑、凤凰木叶、含羞草叶楹、香椿树叶、齐墩果叶、油橄榄叶、黄花夹竹桃叶以及木棉、白兰花、梅花、洋凌霄花等标本下面，无不详尽地注明着它们的科属、产地、性质和特征。这位年龄已超过50岁，介于"知天命"与"耳顺"之间的园艺工作者是何等的孜孜好学啊！

劳动能改变一切旧的观念，对此溥仪有了切身的体会。1960年3月间，植物园开展春季爱国卫生运动，溥仪加入了挖蛹小组，积极投入到除四害的行列中去。想到当年在宫里，为了"不杀生"这条戒律，他连落在自己身上的苍蝇都不许打，溥仪自己也觉得十分可笑。现在，他敢于挖掘苍蝇的"祖坟"了。在小组学习会上，溥仪说："我在宫中口念佛经，手戒杀生，为了保命，贻害他人，其实都是糊弄人，也糊弄了自己。"

像溥仪这样一个人能够对劳动产生这样深厚的感情，尽管在抚顺战犯管理所曾经受到一定的锻炼，也够让人惊奇的了，因为在他的帝王生涯之中，劳动是完全谈不到的。

1906年旧历正月十四，溥仪出生于北京醇王府。从他呱呱落地时起，就被一大帮人伺候着。一名"看妈"，溥仪呼作"精奇"；一名"奶妈"，溥仪呼作"嬷"；一名"保姆"，溥仪呼作"水妈"，是专管劈柴、烧火、洗衣、做饭等杂事的。另外，还专为他调拨了一名太监。

溥仪3岁入宫后，开始了人间最奢华的帝王生活。宫中，为皇帝个人服务的单位就有48处。例如管做饭的叫"御膳房"，承做糕点、糖果的叫"御茶房"，掌管图书笔砚的叫"懋勤殿"，收藏冠袍带履衣物服饰的叫"四执事"，保管钟表的叫"自鸣钟"，专门在内廷抬轿的叫"尚乘轿"，从事音乐、戏剧的叫"升平署"或南府，执掌承宣工作的叫"奏事处"，保管宫廷档案并执行皇帝惩处太监命令的叫"敬事房"……这些机构都相当庞大。拿御膳房来说，负责管理工作的就有总管一名、各级太监百余名，担任烹调的厨师还有200多名。这48处在一名被称为"48处都总管"的高级太监统领之下，下设9个总管，每人分掌几个单位。

"48处"之外，还有供皇帝治病用的"御药房"和"太医院"。前者是贮存药材和配药的机构；后者是治病的机构，设有院长、副院长各一名，"御医"百余名。此外还有宫廷画家聚居的"如意馆"和管理宫外骑乘的"銮舆卫"等庞大臃肿的机构。

在溥仪身边的太监，设大总管一名、二总管一名，"带班"两名。"御前太监"共分两组，每组10名，他们在"带班"的率领下，轮流值日，服侍溥仪。此外还有好几十名"殿上"太监，负责打扫卫生或其他杂役。总之，数以千计的太监伺候着一个不过几岁、十几岁的帝王。虽然溥仪也曾在小朝廷时期大批遣散太监，但是，从他第一次在北京登极，到第三次在东北退位，始终维持着一呼百诺的局面。

有谁能够想象，在这样的环境中生活了整整40个年头的溥仪，竟在他跨进老年的时候，又重新学习栽培花卉的技术，挑沙铲土，播种、分苗、上盆，以普通劳动者的面貌出现于北京植物园，毫不吝惜地挥洒辛勤的汗水呢？

"真理所在，顽石也得点头！"这就是溥仪在总结自己由鄙视劳动到初步树立劳动观点这一转变过程时说过的一句话。其实，十年改造的经历早已帮助他建立了这一结论，不久后党中央的理论刊物《红旗》发表了一篇题为《在劳动中变成新人》的文章，以大量例证，论述了我国的劳动改造机关，不只是根据法院的判决，把犯罪分子监管起来，使他们不能在社会上继续作恶，更重要的是组织他们从事劳动生产，在劳动过程中对他们进行深入细致的政治思想改造工作和文化、技术教育工作，铲除他们的反动立场和观点，把他们改造成为对社会有用的人。文中特别提到"甚至连清朝末代皇帝、伪满洲国皇帝、战争罪犯爱新觉罗·溥仪，经过劳动改造，也已经改恶从善，能够自食其力"。①

全国人大常委会委员长朱德、最高人民检察院检察长张鼎丞、中国科学院院长郭沫若等国家领导人都到北京植物园来过，来了就一定要见见溥仪，一起参观温室中的热带花草，听他讲述参加劳动的感受，嘱他经受好新生活的考验。最高人民法院院长谢觉哉还在1960年4月初第二届全国人大第二次会议召开期间，以《把皇帝改造成为劳动者》为题发言说，溥仪从3岁当皇帝就一直是四体不勤、五谷不分的人，他说自己是一个"人间大废物"。在抚顺战犯管理所改造期间开始参加劳动，还学会了一点技术，特赦后主动要求劳动，现在他是植物园的工作人员。他表示，是祖国给了他新的生命。②

溥仪在植物园劳动期间还以极其深刻的体会写下一份思想总结，其中有这样一段话："几十年中我念的书都写着'劳心者治人，劳力者治于人'，'万般皆下品，惟有读书高'，向我灌输的是鄙视劳动的封建等级思想。现在，我第

---

① 李石生：《在劳动中变成新人》，载《红旗》1960年第18期。
② 依据谢觉哉在第二届全国人大第二次会议上的发言，载《人民日报》1960年4月。

一次学到了赞美劳动的理论,我才知道:原来是劳动创造了人类和社会。没有劳动,人类是一天也不能生存的,一切智慧都是从劳动实践中产生的,劳动也是每个人对祖国和社会应尽的责任,一切不劳而获,坐享其成的思想和行动都是可耻的。"

一谈到植物园的劳动,顿时从那字里行间透露出一个眉飞色舞、兴奋异常的形象来。溥仪写道:"今天,我和劳动人民在一起工作和劳动,我也成了伟大祖国的一名光荣的公民,搬一砖,弄一瓦,种一草,栽一木,都是为了加速社会主义建设,我的高兴和自豪决不是笔墨和语言所能形容的……"

当溥仪在周总理亲自为他选定的这个美好的环境中,愉快而舒适地度过了一年时光的时候,又从三个方面总结了自己劳动的收获。

第一,思想上有了新认识。溥仪从劳动成果来之不易想到帝王寄生生活的可耻,想到帝王奢侈浪费的无耻,想到他自己在前半生中吃人民喝百姓、反而祸害国家和民族的深重罪恶。

第二,身体素质增强了。溥仪说:"由于劳动,我感到身体越来越好了,吃饭越来越香了,睡觉越来越甜了。我自己确实是越活越年轻了。"

第三,掌握了一些本领。溥仪认为,他在前半生40年漫长岁月中,被造就成连生活也不能自理的废物。经过10年战犯管理所的教育,把一个末代皇帝改造成国家公民。现在,又把这个年近老迈的普通公民培养成有一定本领的社会主义建设者了。这可真是世界上的奇迹。①

应该说,溥仪自己的总结与植物园领导和同事的客观评价基本上是一致的。大家都亲眼目睹了溥仪的进步,认为他已经站稳了无产阶级的立场,树立了社会主义的思想,对自己的三度当皇帝的历史已有清醒的认识,对来自外界的影响也能分清是非,积极主动地参加劳动,认真地改造自己。大家肯定他的大节的同时,也指出了他在若干小节方面的缺点,主要是旧社会长期的腐朽生活作风,在他身上还时有表现,说明要根除这些很具体的毛病,也将是一个漫长的过程。植物园领导还特别注意到,溥仪有帮助别人的良好愿望,但他还不懂得要讲究方式和方法,常常因此把好事也办坏了。

---

① 依据溥仪写于1961年2月的《在植物园劳动期间的思想总结》。

三、集体生活

如果说,在与植物打交道的劳动方面,溥仪是一帆风顺地前进着;那么,在与人打交道的集体生活中,溥仪可不是一点波折也没有遇到。

溥仪一生中,有过形形色色的集体生活。当皇帝的时候,是在太监和宫女的包围之中,即使已成了闲居的寓公,身前身后也有一群群的随侍,那是一呼百诺的"集体生活";在伯力拘留所和抚顺战犯管理所,溥仪和当时互相称为"同学"的战犯们生活在一起,但那毕竟是没有政治权利的、被管制的"集体生活";特赦后溥仪加入了崇内旅馆的特别学习小组,那当然也是一种集体生活,不过,既然这个小组是由11名具有特殊身份和经历的人所组成,那种集体生活也就不能不带有一定的特殊性。只有到了植物园以后,溥仪才真正算是走进了最基层的普通劳动者所居住的房屋,和他们一起学习,一起劳动,一起生活,从而有了我们每个人都能有的那种集体生活。

在溥仪遗稿中还存有他从1960年7月15日开始参加温室集体学习的记载,这次学习主要是阅读《列宁主义万岁》一文,并自学毛泽东同志的《关于正确处理人民内部矛盾问题》和《矛盾论》等文章。同年12月中旬,溥仪还当面向中共中央统战部的领导汇报了自己的学习情况,说他不但与大家一起学习"毛选"四卷以及时事政策,也向工人师傅们学习植物的养护,重点学习了几种花卉的栽培技术。他深感歉意地告诉领导说:"总理原来让我学些数、理、化等自然科学知识,我是很想补补课的。因为时间限制,至今还没来得及学呢!"从这白纸黑字的记录中可以想象,溥仪和他的同事们一起,在办公室、温室和宿舍,讨论问题,交流看法,切磋技术,那种互教互学、水乳交融的情景是多么亲切啊!

溥仪在伪满当"皇帝"时也有"学习"的场合,称作"御前进讲",日本帝国主义为了达到永远霸占我国东北的目的,把"进讲"作为训练傀儡的一种形式。1937年5月,正值日本帝国主义发动大规模侵华战争之前,派遣著名的军国主义画家川端龙子到长春面见溥仪,奉命"御前绘画并进讲"。这位专门以所谓"太平洋"和"满蒙天地"为题材的法西斯画家,向溥仪"进讲"的题目叫做《未来的满洲美术》，"进讲"后即在长春设立"新京美术院"，川端龙子出任代理院长。到1940年3月，日本帝国主义决定对我国东北人民实行更加严厉的精神奴役，遂授意溥仪，让他趁着所谓日本神武天皇即位2600年纪念的机会，赴日"迎回"天照大神，以供我国东北人民奉祀。为此感到有必要让溥仪了解一点儿日本历史，乃派遣东京大学文学部国史科主任、教授平泉澄博士于溥仪访日前来到长春，在帝宫西便殿"进讲"日本历史，每天1小时，连续讲一周。这样的"进讲"，表面看来对溥仪很恭敬，其实无非是拿他当个应声虫而已。

　　可笑的是，这种"御前进讲"的学习形式直到溥仪当了俘虏仍在采用。溥仪一行在伯力收容所关押期间，有一天，所长捷尼索夫少校找万嘉熙和溥杰谈话，让这两个连马克思、恩格斯相片都没见过的被俘对象，担任"联共党史"的"讲师"，给包括溥仪在内的囚徒们开课。万嘉熙回忆说："我们共同商议，采取了变相的'御前进讲'的形式。事先把伪满大臣、将官们集合在9号室和10号室前面的走廊上，设一张讲桌，在讲桌旁为溥仪设一张椅子，然后由讲师去请溥仪，待溥仪到后，由讲师上前向溥仪报告'现在开讲'，然后再讲。所谓讲，就是照本宣读。捷尼索夫给我们规定讲一个半小时，我们就宣读一个半小时。到了时间，溥仪先走，然后大家解散。"①

　　溥杰也曾回忆当时学习"联共党史"的情景，与万嘉熙讲得大同小异，完全证明确是可靠的事实。并且，因为溥杰讲得更细致，那情节也更有趣了。他是这样说的："先就学习来说，在汉奸这方面，所方曾指派万嘉熙和我轮流担当领导学习的工作。我当时的心情是：让我干，我就干。反正讲的是在'唱戏'，听的也在'当差'，能糊弄过去就算了。讲解之前既无准备，讲时也只是照书一念，就算完成任务。我记得开始讲的是'联共党史'，照例是到了时间现吆喝人，等到伪满国务总理张景惠以次的文武'显宦'一个个搬椅坐定之后，再由溥仪的侄子去请溥仪。少时，便可看到溥仪领着三个侄子，一个'佣人'缓步走来，同时有一个人捧着溥仪专用的椅子，抢行几步，把椅子放在和讲师座位平行稍前的右方——紧靠半开房门的地方。这时，摆椅的人还向溥仪鞠一个比伪满时期稍浅些的'最敬礼'，我则正颜肃目地向溥仪报告一声：

　　①　万嘉熙：《我随溥仪在苏联》，《溥仪在伯力收容所》，文史资料出版社1980年版，第33页。

'现在开讲。'那些伪满大臣虽然对于溥仪的莅席、退场不起立,不行礼,但也都'习与性成'地乖乖地坐在那里等着。当时有一个叫杨绍权的汉奸(汪逆伪政权驻朝鲜领事)曾写了一首诗,颇有绘影绘声曲尽当时的情景之妙。诗云:'长廊短椅列公卿,御弟高声讲列宁。斜并讲坛安宝座,半掩龙门仔细听。'"①

在植物园的集体活动中,或者学习登在报上的国家大事,同志们你一言、我一语,热热闹闹地讨论发言;或者一起唱歌,《团结就是力量》、《我是一个兵》、《社会主义好》,这种平常而又平常的场面,对溥仪来说实在也是一种刺激。他想,在前半生那样的时代里,这怎么可能呢?

在共同劳动、共同学习的日子里,溥仪深深感受到集体的温暖。可是,集体生活总不能像天马行空,既可独往,又可独来,他也碰着几件别扭事。

溥仪在几十年中养成了唯我独尊、一意孤行的秉性,生活无规律、无约束、无节制,迟睡晏起已是积习。在伪满时代,如果没有接见重要人物等特例情况,溥仪一般要睡到上午十一二点才起床,到下午一两点钟"传膳"吃早饭,六七点钟再"午睡"一觉。每日两餐,晚饭一般在晚上9点到12点之间开,而熄灯睡觉时则往往已是凌晨两三点钟了。像这样极不正常的作息习惯,在囚居和改造岁月里当然不能不有所克服。但是,常言说得好:江山易改,秉性难移,直到特赦后来到植物园,在溥仪的同事们眼里,他的自由和散漫也很够"一说"了。

与溥仪同宿舍的两位年轻人都很勤快,又非常主动,清扫房间,擦桌抹凳,还常常帮溥仪铺被褥,打开水,有时还陪他到医务室看病。溥仪虽然很感谢,但自己的旧习惯还是一时改不了,例如到了就寝时间,他常常不愿熄灯上床,时间长了,人家当然有意见。而且,早晨又起不来,食堂开早餐了,他却忙着叠被子、洗脸,等他赶到食堂,已是饭菜售光的时辰,只好空着肚子去上班,结果仍然是迟到。因为肚子饿,不到午休又想去食堂吃午饭……真是一步赶不上,步步赶不上。人们都很习惯的植物园作息制度,对溥仪来说却像个背在身上的沉重包袱。在食堂窗口前买饭,常常理不清粮票和钱票,闹了不少笑话,还有一次把当月刚发下的餐券都丢了,自己悄声饿了一顿,被领导发现后,经过一番思想工作,他才接受了补发的餐券。

---

① 溥杰:《回忆在苏联的五年》,《溥仪在伯力收容所》,文史资料出版社1980年版,第54页。

四、中国人的骄傲

这年 9 月间,溥仪又考虑到另一件事,即作为中华人民共和国的公民,有责任和义务保卫祖国不受敌人侵犯。于是,他提笔写下一份要求参加民兵训练的申请书,递交给领导:"为了保卫伟大的祖国和社会主义建设事业,我志愿参加光荣的民兵师。保证听从指挥,服从领导,严守军事纪律。平时做好本职工作,战时即手执武器,消灭一切入侵之敌。这是我的决心,也是新生溥仪保卫祖国的神圣权利和光荣义务。"①

溥仪的申请书是递上去了,但是,55 岁的老人是否能够经得起出操、打靶,在泥地、山坡上翻滚跌爬的艰苦锤炼?按照规定,45 岁以上的干部即一律不再参加民兵训练,更何况身体素质一向欠佳的溥仪。

植物园的领导正想说服溥仪,让他自动撤回申请,想不到溥仪却兴冲冲地跑来询问参加民兵训练的事情了,那位准备说服溥仪的领导连预备好的一套辞令都急得忘了,他改口说,马上向上级请示,并且请他不要着急。

溥仪看出领导对他参加民兵训练一事存有顾虑,担心

溥仪在植物园要求参加民兵训练的《申请书》

---

① 溥仪在植物园要求参加民兵训练的《申请书》,写于 1960 年 9 月初,未刊。

他"吃不消",遂一再陈述其健康状况良好云云。到了9月15日,植物园全体民兵开始出操训练的这一天,溥仪真的沉不住气了。他三步并做两步地向主任办公室走去,打听参加民兵训练的消息。领导连忙让座,为他倒了一杯水,让他喘一口气再谈问题。可是,溥仪既不坐下,又不喝水,就站在那里,急着等待领导表态。

领导拗不过这位新来的"园艺师",只好对他说:"根据你的真诚请求,经过上级研究,破例允许你这位50开外的老同志参加植物园的民兵训练。但是,希望你一定要注意身体,量力而行! 不要求你像年轻人一样参加训练。"溥仪高兴地回答说:"我服从组织决定,感谢领导的关心。"

这位刚刚被批准参加民兵训练的老年民兵,连头上的汗水都来不及擦干,就转身出门,大步走进场上排列整齐的民兵队伍,开始了有生以来第一次军事训练,他觉得国产的半自动步枪并不重,背上它,走起路来更加精神、威武。考虑到溥仪的高度近视问题,领导让他参加一些不必摘掉眼镜就可以进行训练的项目,免得由于视力障碍而在基本训练中发生意外。

一两年后,溥仪写了一篇题为《中国人的骄傲》的短文,可以看出他当时的一点思想脉络:"以前,我曾认为中国人最无能,最愚蠢,只有洋人才最聪明。我的外国师傅给我拿来的平生第一次看见的铅笔,就让我在脑子里否定了祖国几千年来的文化。而今天,我才知道作一个中国人的骄傲……"[1]

不难想象,当溥仪手握国产武器,挺身站立在首都民兵的行列中时,在他记忆的荧光屏上,当然会出现在清宫"小朝廷"时代,那些带刀的"戈什"和手持德制毛瑟枪或美制来复枪的八旗和绿营兵勇;也会出现寓居天津时代,东洋门岗以及来自河北沧州的腰佩"自来德"手枪的保镖;还会出现背负日本三八式步枪,在"新京"帝宫前守卫的伪满"禁卫军"的形象。可是,历史的浪涛滚滚,向前奔腾。从唯我独尊的帝王,到自由、当家做主人的公民,再到站在天安门广场上的持枪保卫祖国的民兵,和亿万同胞同享"站起来了"的人民的欢乐,可真是来之不易啊!

溥仪在长期的帝王生涯中以奢侈浪费为荣,被俘后已经失去这样做的条

---

[1]　溥仪:《中国人的骄傲》,写于1962年。

件了,但是,他在特赦后仍是大手大脚地随意花钱,毫不顾及后果。溥仪在植物园每月有60元钱的生活费,尽管这在当时完全可以满足一个普通4口之家的全部费用,却不够他自己消费。在溥仪遗稿中有这样的记录:1960年11月份的生活费,溥仪竟在10月份就借光花完了,若问干什么花了?他自己也说不上。不过,买糕点的事他记得,并曾写进他的"思想总结"中。他说自己总是买各种各样的点心放在宿舍里,因为怕人家说"缺乏劳动人民艰苦朴素的生活作风",就背着别人吃。有一次,正在吃点心,有人走进来,他连忙把点心往抽屉里放。但是,桌面上的糕点碎末却忘记收拾了。

当祖国遇到困难、遭受挫折的时候,溥仪并不嫌弃,也没有牢骚,而是自觉地替国分忧,与艰难中的祖国同呼吸,共命运。

从1960年下半年开始,由于连续3年严重自然灾害的影响,又由于两三年前开始出现的那股极"左"思潮的干扰,我国的国民经济一度失去应有的平衡,加上国际反动势力又乘机合围,造成了我国粮食、蔬菜、肉蛋、棉纱短缺的艰难局面。这时,植物园领导为了解决生活困难,组织全园职工开展生产自救。在一次会议上,溥仪庄严表示:"没有新中国,就没有新溥仪,国家的困难就是我的困难,一定以实际行动替国分忧!"他的行动受到了赞扬,大家都增强了克服困难的信心。

在开展生产自救的劳动中,无论是抢种秋菜,还是拔草、挖菜,都没有落下过溥仪。这一年,植物园收了10多万斤秋菜,圈里的猪也个个膘肥体壮。大家都说,这些成果里也包含着"末代皇帝"的汗水。

8月25日下午,在植物园职工大会上,领导传达了号召在全国范围内实行增产节约的中央文件。会后,溥仪走进领导办公室,把一个小纸包交给主任。

"这里有15尺布票,因为衣服够穿,不必再添,就把它交给国家吧!关于粮食,我也有个节约计划,过去的定量标准是30多斤,已经足够了,来到植物园后又按技工标准增加了10斤,这部分应该节约,请组织按月扣除。"溥仪真诚地请求说。

"定量以内的东西还是应该自己用!"主任开始没有答应。

"国家当前有困难,应该送到更需要它们的地方去,请领导批准。"

主任明白了:溥仪既真诚,又坚决,是拗不过他的。①

溥仪在国家困难的时候,响应党的号召,自觉地节衣缩食,把省下来的布票和粮票献给国家,这很容易让人们联想起历史上"宣统帝"赈灾济贫的故事。当然,这是发生在两个时代的性质完全不同的事情,却可以说明溥仪改造的成功,尤其发人深思。

1923年9月初,日本发生强烈地震,生命财产都遭受巨大损失,溥仪也曾以个人名义捐出重款赈灾。当时的报纸对此事作过详细报道:"日本横滨东京间,此次发生亘古未曾有之大地震,复继以水、火、飓风等灾,因之伤亡甚众,情极惨痛。世界各国莫不同声为之悼惜,因皆急起捐款以资救济灾民。而我国朝野名流以及各界,于助赈一事亦极热心。甚至退位之清帝宣统亦有当仁不让,急捐赈济之举。闻清帝除派师傅陈宝琛及内务府大臣绍英代表,赴东交民巷日公使馆慰问外,复念清室财政艰窘,不能捐出巨款,乃将内库收藏之珍品提出多件,送交芳泽公馆变价,充作赈济灾民之用。其物品名目计有明朝万历间官窑大瓷瓶一件;清朝乾隆嘉庆两代官窑御制之兰花白地瓷瓶及彩花红地瓷瓶各数件;此外复有十八子珍珠手串一挂,其珠巨大光圆,为孝钦显皇后生前最喜爱、最贵重之珍品,其价值约值十余万元。"②

溥仪的助赈举措赢得国内外一片"皇恩浩荡"的赞誉之声。其后不久,溥仪又表示愿意把皇家御苑——景山开放数日,并捐献全部门票收入助赈,于是乎,报纸上加给溥仪的溢美之辞就更是不胜其多了。

诸如报纸上常常登出这类消息:"宣统帝善款待领"、"清帝帮穷人过年",还有两次显赫一时的"赈灾"之举:一次是1930年,陕西省久旱成灾。负责办理赈灾的朱子桥先生到天津静园面见溥仪。溥仪说:"我没有很多的钱,捐少了又无济于事……但是我必得要捐,请你后天下午再来。"朱子桥按时又来,溥仪交给他一张清单,在12个箱子里装满了玄狐貂皮及其他高贵皮张一千多件,价值十万元。另一次是在1931年,长江为患成灾。朱子桥又向溥仪募捐,溥仪见了朱,早已知道他的来意,便先开口说:"子桥,你又是为长江水灾来要我捐款吗?我现在连值钱的东西也没有了,但是,你在报纸上宣传,劝人捐3

① 溥仪:《在植物园劳动期间的思想总结》,写于1960年9月8日,未刊。
② 《清帝捐助东邻》,《顺天时报》1923年9月9日。

块钱就能救一条命,我无论怎么为难,总得帮助你救几条命,一两天怕筹划不好,请你三天后再来!"过了三天,溥仪把一张坐落于英租界的一座楼房的房契交给朱子桥,变价 6 万元。①

溥仪赈灾济贫的年月,正是他连做梦也想恢复大清帝国的时候。正像后来他在自己的回忆录中所说,他那样做"是由哪位师傅的指点,不记得了,但动机是很清楚的,因为我这时懂得了社会舆论的价值"。②

溥仪特赦后,在国家经济困难时期节衣缩食,其动机也是很清楚的,那就是对祖国的淳朴的爱!在一本题签为《北京日记》的粉红封面笔记上溥

1931 年 8 月 29 日《大公报》

仪写道:"党的每一个号召、每一项政策,都是从六亿五千万人民的利益出发的,都是从祖国大家庭的全局考虑的。作为人民中间的一个公民,大家庭的一个成员,有义不容辞的责任去实行党的号召和政策。我的节约数字是微不足道的,但能为人民的长远利益和幸福前途尽到我的责任,我引以为荣,感到自豪!"③

人们知道:溥仪从 3 岁的时候起就被千百万人称作"天子",奉为人间之神。他脸上的每丝笑纹,都被看做是了不得的吉兆;而他的每声啼哭,也必然被视为灾祸之警……可是,溥仪毕竟不是神,和我们一样,也是一个普通的

---

① 依据《东北工作团侦讯档案·文书卷》,原件藏中央档案馆。
② 爱新觉罗·溥仪:《我的前半生》,东方出版社 1999 年版,第 166 页。
③ 溥仪手稿,写于 1960 年,未刊。

1931年8月29日报纸刊出照片《溥先生所捐之房屋》

人，他不能没有缺点。共产党把他从皇帝改造成为公民，最大的成功就在于溥仪能够发现自己的缺点了。在植物园劳动期间，溥仪就看到自己还有未改造好的地方。他常对别人说："我是一个公民了，但这并不意味着改造的结束。"这确实是一句很有道理的肺腑之言。

不仅如此，溥仪也很快就看到自己与同事之间客观存在的具体的差距。他在一份思想总结中这样写道："由于来到植物园，我获得了和劳动人民一起生活的机会。老实说，我在主观上是极愿意和工人们一样，而不甘落在他们后面的。但实践告诉我，由于我在长期帝王生活中形成的坏作风、坏习惯，还未能完全改掉，和同志们相比，我到底是在许多方面被拉开了距离……"①

当溥仪以实际行动缩短或拉平了与同事的差距后，更加由衷地热爱植物园这个集体生活的优美环境了。就在前述那篇思想总结中，他还写了这样一段话："刚刚回京那时候，我见了不少亲戚朋友，他们中间不少人有了很大的变化。但我总觉得，好像有些人还不如我似的。见面总是那一套：介绍对象呀、请客吃饭呀、上跳舞厅呀，等等。一些旧朋友们也总有人爱提当年'过

① 溥仪：《在植物园劳动期间的思想总结》，写于1960年11月26日，未刊。

五关、斩六将',记得有人就得意洋洋地向我讲他当年带兵包围跳舞厅、掏出手枪吓唬人的故事。我觉得这样的环境,充满了资产阶级腐朽气氛,对自己没有好处。植物园可不一样了,在这里,我常常感到不如别人,要学习的东西太多。我在这里和劳动人民同吃同住同劳动,益处极大。我喜欢这个环境……"

随着溥仪的进步,他很快就适应了植物园的集体生活,园中上自领导,下至工人,都成了他的朋友。

俞德浚主任是位科学家,他是怀着报效祖国的远大理想从英国爱丁堡大学取得植物学学位以后回国的,溥仪仔细阅读过他的著作,对他极为崇敬,两人就此成为无所不谈的朋友。

田裕民主任是位"老革命",20 世纪 20 年代当过红军,30 年代曾带领游击队抗日,40 年代也打过老蒋,真是劳苦功高。当上植物园领导以后,对考古和文物的兴趣不减,溥仪来了,两人在这方面有共同语言,常在一起说南道北。

还有一位老干部胡维鲁,他本来只是在植物园养病的,但也有与田老一样很不平凡的革命经历,1955 年被授予大校军衔,在公安部队中任职。溥仪对他很尊敬,常常跟他学打太极拳,练习击剑,回城也常搭坐他的汽车。

溥仪离开植物园以后,这三位老干部仍与其保持着联系。此外,溥仪还有不少工人朋友,从他留下的影集中,我们找到一张年轻的解放军战士的着色照片,这是在植物园中与他同住一个宿舍并与之结下忘年之交的小伙子刘宝安。1961 年夏天小刘复员返回家乡青岛前,还特意照了一张四寸大照片赠给来植物园为他送行的溥仪,以表达纯真的情谊,还把琢磨挺长时间才想好的几句话写在照片的背面:"敬赠溥仪先生:相处虽短,情意深长。离别前夕,留此永念。您的年轻的朋友刘宝安。"①

溥仪对这位差不多比他年轻两倍的朋友,也始终怀着真诚的敬重之情。他不但宝贵地珍藏了小刘的照片,直到"文化大革命"之前一直与他保持通信联系,介绍自己的学习、工作和生活情况,寄去自己的近照,还给这位返乡务农的青年朋友寄过一本实用的《农家历》。然而小刘也许并不知道,他的"皇

---

① 依据李淑贤 1980 年向笔者提供的照片原件。

帝"朋友,为了买这本《农家历》跑了许多地方,好不容易找到了,就干脆买两本,一本寄到青岛,一本留在手边,并从是日起,在日历后的空格内,简略记载当天的重要事项,竟因而留下了1963年的完整的日记,后世溥仪生平研究者都将为此而感谢小刘呢。① 当中共中央统战部领导同志向溥仪了解他在植物园的生活和体会时,他还怀着感激地谈到小刘,说这位年轻的解放军战士、普通的共产党员,对他给予过很多有益的帮助。

在溥仪于1960年8月18日致族侄毓嶦的信中,有一段话反映了溥仪对生活在自己身边的劳动人民的新的看法,这足以说明在他的头脑中,周总理谆谆教导的劳动观点和群众观点已开始树立起来了。

溥仪是在写信的8月,回顾刚刚逝去的半年的往事。他写道:"过了春节以后,在2月,我已走上了光荣的工作岗位,现在在中国科学院植物研究所北京植物园内工作——劳动和学习。我和劳动人民一起生活,这真是我平生第一次最光荣、最愉快的事,在这里每天愉快地劳动和学习。同志们在工作中干劲十足,处处表现革命乐观主义情绪和国家主人翁的责任感。同时也表现了人对人互助协作的'我为人人,人人为我'的新社会人和人的关系。"②

五、溥杰回来了

溥仪特赦一年后,溥杰也获得了特赦。爱新觉罗家族的一对亲兄弟,如今以自由人的身份在北京喜相逢,欢乐之情自不待言。溥仪和溥杰,决不是一对寻常的弟兄。他们是在结束了半生的坎坷途程之后,又重逢在通向光明的新生路口上。回首往事,展望未来,谁能找到恰当的字眼儿形容他们此时此刻的心情?

1960年11月19日,中华人民共和国主席刘少奇发布特赦令,第二批获得特赦的战犯共50人,包括伪满洲国及伪蒙疆自治政府战犯5人、国民党战犯45人,溥杰名列其中。11月28日抚顺战犯管理所召开特赦大会,溥杰领

---

① 依据李淑贤1980年向笔者提供的《1963年农家历》原件。
② 《溥仪致毓嶦的信》,《吉林市文史资料》第1辑,第69页。

到了"1960年度赦字第34号"特赦通知书,12月6日离开抚顺,次日下午返抵北京。溥仪及其他亲属是在12月初接到北京市民政局的通知,从而得知溥杰将在近日返京的消息。12月4日,溥仪利用周日休息,从植物园回到五妹家中,还非常兴奋地与妹妹和妹夫谈到迎接二弟归来的准备事宜,但那时他们还不知道溥杰返京的日程安排。

等溥仪在植物园接到市民政局的通知而再度返回五妹家中时,溥杰已在这里候着他两三天了,落户的户口报过了,七叔载涛和弟弟、妹妹们也都见过了。溥杰回忆与大哥相见的情景说:"他见了我,上来叫了我一声:'二弟!'紧紧地拥抱我,就哭了。我也哭着叫他:'大哥!'我俩分别一年,欢庆自己的新生,情不自禁地流了热泪。此情此景,在场的弟妹都很感动。"①哥哥在庆祝团圆的家庭宴会上给弟弟斟满一杯美酒,恰好有位记者来访,于是这一富有历史意义的镜头被记录下来。从这张照片看,论身材哥哥比弟弟高出半个头,而论相貌则两人酷似一人,有趣的是他们还全都戴着"二饼"(眼镜)。可想而知,这一杯酒下肚,该是多么舒畅甜美呀!

1960年12月12日,遵照北京市民政局的安排,溥杰从五妹家搬到崇内旅馆,与同时特赦的范汉杰、罗历戎、李以劻、沈醉、董益三等一起居住,参观北京市区的工厂、学校、重要建筑、名胜古迹,以及郊区的生产队和水利工程等,又度过了一段以学习和熟悉环境为目的的集体生活。12月下旬,溥仪和溥杰分别接到了北京市委统战部的通知,这是一个令人兴奋的消息:周总理要接见他们哥俩。溥杰早就仰慕总理,因为正是总理亲自阅看了他女儿慧生的"上书",并因而批准关押中的他与妻子和女儿通信。虽然他极愿一睹总理的风采,以便当面致谢,却更加心情紧张,溥仪这时笑着说:"我头一次见周总理,心情也紧张,但总理平易近人,特别亲切,无论对谁都能让你在不知不觉中发生一种家人亲族间的轻松幸福之感,不必有任何顾虑,你见了就自然会知道的。"

接见是在临近年末的一个晚上,总理和蔼可亲,讲话真诚。他先问溥杰在抚顺时的生活和学习状况,以及回到北京后的感想,又谈到"政府实行特赦,是赦人不赦罪",继而对溥仪说:"你在清末当过皇帝,这不是归你负责。

---

① 爱新觉罗·溥杰著,叶祖孚执笔:《溥杰自传》,中国文史出版社1994年版,第141页。

1960 年 11 月 28 日,二弟溥杰特赦回京,哥俩碰杯相贺

可是在伪满那一段,那就完全是你的责任了。"然后又直截了当地问溥杰:"你希望将来做什么工作?"这其实正是溥杰心中盘算已久的问题,他遂根据在抚顺关押期间逐步树立的观念回答说:"我愿做一个自食其力的劳动者,上工厂,去农村都行。"总理笑道:"这我知道,可你要说心里话。"溥杰觉得心里热乎乎的,紧张的心情松弛了大半。他回想起从小熟读古书,喜欢诗词、书法、京剧、相声等,遂回答说:"我平生喜欢文艺方面的工作,如果可能,愿意从事文学创作、艺术实践或者历史研究。"总理点点头说:"还是干点力所能及的工作好。"

随后总理又把目光转向溥仪说:"根据你的体会,你说是不是先从事一点轻微的体力劳动,熟悉一下情况好呢?"溥仪说:"是的。我在植物园劳动,深感缩短了我和当前社会的距离。我通过劳动实践,接触到本部门以及社会上的事和人,我就了解了社会,感到祖国的可爱,增强了我作为新中国公民的责任感。"总理表扬溥仪说:"你说得很好。说明你这一时期参加工作,参加劳动,收获是很大的呀!"嗣后,溥杰被安排到景山公园管理处参加给蔬菜松土、施肥、浇水以及修剪果树的辅助性劳动,与溥仪一样,一年后也到全国政协文史资料研究委员会当了专员。①

溥杰特赦后遇到了家庭团聚问题,他的妻子嵯峨浩是日本华族(公、侯、伯、子、男,在日本被称作华族)嵯峨实胜侯爵的长女,也是日本天皇的亲属,

---

① 爱新觉罗·溥杰著,叶祖孚执笔:《溥杰自传》,中国文史出版社 1994 年版,第 142—143 页。

他们是在日本关东军的操纵下,于 1937 年 4 月在日本结婚的。关于他们的结合,溥仪有很详细的回忆。

溥杰毕业于日本陆军士官学校,从 1935 年冬天起,在长春的伪禁卫队步兵团当排长。当时,日本军国主义分子就鼓吹,让他与日本女性结婚。溥仪和溥杰对日本人的企图也有所察觉。有一天,溥仪对弟弟讲:"你如果和日本女子结了婚,往后可不好办了。"又说:"我可以负责从北京给你找个适当的对象。"嗣后即把婉容的一位亲戚叫到长春,打算撮合溥杰与他女儿成亲,经过几番磋商,双方同意。不料吉冈安直公然出面干涉,他把溥杰找去说:"现在,关东军方面很希望你能和日本女性结婚,因为这是有关'日满亲善'的重大问题,你应作这方面的'活模范'。这也是军方的意旨,所以,你先不要忙于和中国女子订婚。你的婚姻由我负完全责任,只管放心好了。"吉冈的话,实际是传达着关东军的最高命令,溥杰当然是不敢违拗的,连溥仪也不好再说什么,原拟的订婚只好告吹。

接着,吉冈又自告奋勇跑到北京,去找那个在三年前就与溥杰离异、但尚未办理法律手续的珍妃的侄女他他拉·怡莹,欲以关东军名义逼她写出"自愿离异"的"甘结",以便为溥杰的"日满联姻"扫清道路。吉冈来到怡莹寓所,即命随身日本宪兵把守大门,禁止出入,然后他就闯进内院。获悉怡莹不在北京,就找到她的两个弟弟,逼问怡莹去向。他们告诉吉冈说,怡莹已赴上海。而且,因为不满怡莹与溥杰离异,他们已与胞姊断绝了关系。蛮不讲理的吉冈厉声说:"姊弟关系断绝与否我不管,你们既是她的弟弟,就得给我写一张代姊承认与溥杰正式脱离夫妇关系的字据!"面对强暴威逼,这两个魂不附身的弟弟不但替姐姐立下并非情愿的"甘结",更荒唐的是,吉冈还把该地警察署长找来,逼他也在契约上签了名。

继而,吉冈又拿这张"情愿离婚,情愿不要赡养费"的所谓字据,回到日本去找那个发动九一八事变的罪魁本庄繁,还有事变当时身任日本陆军大臣、后来又当朝鲜殖民地总督的南次郎,溥杰结婚的对象正是由这两个重要的军界人物选定的。①

---

①　参见溥仪:《我的前半生》第一稿,1958 年写于抚顺战犯管理所。

　　每每忆及这一经过,溥仪都十分愤慨。他说,日本军国主义者利用这一结合,大肆鼓吹"日满亲善",而更恶毒的阴谋则是想要采取"偷梁换柱"的办法,以溥杰和嵯峨浩的混血儿第二代即帝位,以便捞取更多的便宜。为此在溥杰婚前一个月,由关东军起草的《帝位继承法》,便以伪政府的名义抛了出来。其中规定:"皇帝死后,由其子继之。无子时,以其孙继之。无子和孙时,以其弟继之。无弟则以其弟之子继之。"以弟之子即皇位,这正是本庄繁、南次郎、吉冈等日本军国主义者的最后目标和用心所在。

　　因此,他们对溥杰的婚姻是特别关照的。二人结婚时,特派伪宫内府次长日本人入江贯一和伪宫内府日本人高级职员加藤某前往东京操办婚礼。结婚一切费用均由伪宫内府开销,还破例从伪帝室财产中拨出 50 万元公债券,以其利息作为他们夫妇生活之用。尤为说明问题的是,当日本首相东条英机在 1942 年对伪满作闪电式访问时,还曾秘密送给溥杰一万元日币。

　　从溥仪的回忆中可以明显看出,溥杰和嵯峨浩的结合,乃是一种"政略婚姻"。溥仪从自身地位和安全出发,当时就极力反对这一婚姻,并由此形成一种偏见,直到在抚顺战犯管理所时,还曾动员弟弟离婚,这当然就不合适了。因为,一方面溥杰婚后和妻子互相信任,建立了深厚的感情;另一方面时过境迁,当时的政治因素也已不复存在,仍像过去那样看问题就错了。

　　溥杰与嵯峨浩婚后感情甚笃,其间溥杰先后出任伪满皇宫禁卫队步兵团第二营第三连连长、伪满驻日本大使馆武官室勤务、"新京"陆军军官学校预科生徒队第二连连长、伪满治安部参谋司第三科科员、日本东京陆军大学特别旁听生、伪满军事部参谋司第四科高级科员、伪满陆军军官学校预科生徒队队长等职,嵯峨浩则陪伴他来往于"新京"和东京之间,他们哺育慧生和嫮生两个女儿,过了几年甜蜜的生活。伪满垮台之际溥杰调任"皇帝"侍从武官室中校武官,逃亡途中只因为妻子和女儿苦苦哀求,他才收起了已经对准自己的手枪,不久即成为苏军的俘虏,而嵯峨浩与嫮生则经受一年多的流浪之苦,辗转回到日本,与生活在外婆家的长女慧生相聚。溥杰在伯力拘留期间,虽曾两度寄信试图与妻女联系,均无结果,直到 1954 年在抚顺时,由于周总理的帮助才恢复了亲人间的通信。妻子望眼欲穿地苦等丈夫十多年,中间又发生了爱女慧生自杀殉情的悲惨事件,大起大落,大悲大喜,尽在人生,溥杰再也不想让妻子的感情受到丝毫的伤害了。

溥杰获释回到北京的第三天，就收到了妻子自东京拍发的要求回国团聚的电报，几天后又收到了充满思念之情的妻子和女儿的来信，真想立刻见到她们，从而结束因战争带来的天各一方、家庭破碎的局面。然而，令溥杰深感困惑的是，大哥溥仪继一年前将要离开抚顺战犯管理所时对他的嘱咐，又一次明确表示了反对意见，劝溥杰跟嵯峨浩一刀两断。溥仪说，他一听到日本就有反感，加之嵯峨浩还有特殊政治背景，与这样的人同床共枕，会生出立场问题，会因为"枕边风"而陷入"特务"的泥潭之中，那就拔不出腿来了。虽然溥杰不认为这么严重，却说服不了大哥，而弟妹们这时也都顺从大哥，奉劝二哥少惹麻烦，不要为了一个身份复杂的妻子毁掉自己的半生前程。

思想苦闷的溥杰，向北京市民政局接待他的干部袒露了心事，诚实地述说了自己的愿望，也诚实地汇报了大哥的意见，这很快就引起了民政局领导及上级有关部门的重视，使溥杰得到了有力的支持。

1960年12月18日下午4时，中共中央统战部副部长薛子正召集载涛以及溥仪、溥杰兄弟等人谈话。副部长是从溥杰的特赦切入话题的，他祝贺爱新觉罗家族新的团聚。溥仪动情地说："没有党就没有这样的祖国，也就没有罪犯的改造，我也就不能成为中华人民共和国的公民，也就不能有这样的团聚。党这样的关怀和照顾，我真是感激极了。"溥杰接着说："这次被释放了，又能来北京与家属团聚，心里真是感激党，开始时内心还有矛盾，觉得这么多年一直在战犯管理所，乍一离开那里，还感到有些无依无靠，不知今后该怎么办。回到北京后得到种种关怀和照顾，确实觉得在党的光辉照耀下在哪里都是一样的。我的生命是党给的，今后一定要听党的话，迈开大步向前走。"

载涛也几次以族长的身份代表爱新觉罗家族讲话，他说："一个封建统治者能够改造成为自食其力的劳动者，这是史无前例的奇迹，说明党的政策伟大。我们的家庭今天得到了团聚，没有共产党是不可能的。我代表家族感谢党，感谢毛主席。"就在这"团聚"的气氛中，薛副部长又把话题转到嵯峨浩回归上来了。溥杰说，他已把被释放的消息告诉了在日本的妻子，并表示今后要多向她介绍新中国的情况，帮助她进步，因为要实现团圆，首先要在步调上

1960年冬,溥仪和溥杰看望七叔载涛

达到一致。

说到这儿,溥杰侧目看看大哥,但溥仪表情严肃,毫无放松之意,这一切自然已被薛子正副部长看在眼里,他只是轻轻地一语带过说,嵯峨浩女士今后可能有机会来,但目前因为中日两国的关系,事情不那么简单,还要从长计议。①

10天之后,也就是前文提到的那个临近年末的日子,周总理亲自接见溥仪和溥杰兄弟,其间除了谈到溥杰的工作定向安排外,还重点谈及他和妻子家庭团聚的问题。显然总理在事先已有认真的准备,他已看过日文原版的《流浪的王妃》,对嵯峨浩女士的政治立场和思想观点是有客观评估的,他还知道溥杰尚未回复妻子最近的来信,没有对她回国团圆的要求给予明确的答复。当然,总理更清楚的是,由于溥仪持反对态度,几乎全家人都反对这个可能出现的美好的团圆。

周总理单刀直入,先问溥杰是否希望妻子回来,还有哪些顾虑?溥杰老实承认他盼望着家庭团聚,但也必须尊重大哥和弟妹们的意见,他们都担心嵯峨浩的思想能否和大家保持一致?同时还担心她从日本优裕的生活环境下来到中国能否适应的问题。总理继而转向溥仪,溥仪坦率地说,他仍然认为二弟和弟媳的结合是日本军国主义者的阴谋,他对嵯峨浩的政治背景和个人立场都不能放心,所以反对他们重圆旧梦。

总理于此找到了开锁的钥匙孔,他温和地劝导溥仪说,人是能变化的,已经十多年没有见面了,你不能按老样子给人家下结论,日本军国主义者曾经想利用她,但本人不见得就被利用,何况人家也是可以改造好的。总理态度

① 依据相关档案,原卷存全国政协档案室。

明朗,又把目光转向溥杰说,你应该给浩夫人回信,就说中国政府同意并且很欢迎她回来团聚。当然,你经过改造已是一个平民了,她也只能以平民的立场回来,因为在中国已经没有人与人之间的不平等了。至于她回来后能不能生活得很习惯,这要由她自己考虑,政府也会帮助她,也可以有所照顾。会见结束时,总理握着溥仪的手,又一次嘱咐说,你要做好家族里的工作,帮助二弟实现夫妻团圆嘛。

总理在溥仪心目中的位置是崇高的,然而,历史上那桩"政略婚姻"在溥仪的记忆中留下的阴影也是很难抹掉的,虽然总理已经说了,可他内心深处的疙瘩还未能解开。周总理又指示中共北京市委统战部长廖沫沙,请他继续做好爱新觉罗家族的工作,帮助溥仪转变态度。

1961年2月3日,廖部长召集溥仪的四弟溥任以及几位妹妹和妹夫,在全国政协文化俱乐部座谈,议题自然还是应否允许嵯峨浩回国团聚。座谈统一了家族内的看法:不能把嵯峨浩与日本军国主义分子等同起来,她与溥杰有很深的感情,因此应该欢迎她回来,生活方面还会得到政府的关照,是可以安定的,家族内的亲属也都能够帮助她。现在最突出的问题是要转变大哥溥仪的态度,由于他的固执和偏见,此前溥杰一直没敢明确答复妻子回国团聚的请求。

溥杰回忆自己当时的心情说:"他是我的长兄,弟妹们对他都无可奈何,我也惴惴不安,深恐我写信邀请浩回来的事会惹怒大哥,因而不敢轻易写这封邀请信。"他又说:"座谈会上我的弟妹都主张兄嫂应该团聚。会后润麒和三妹、老万和五妹就来到崇内旅馆我的住地。商量用他们几个人的名义向浩发出一封邀请信,告诉她我已特赦回京,欢迎她回国与我团聚。他们也敦促我向浩写信,诚恳地请她回国。"①

时机渐趋成熟,时间也临近旧历年的年底了,北京的胡同和四合院里洋溢着春节的气氛,那是1961年2月12日的下午,周总理邀请载涛以及溥仪和他的弟弟、妹妹、妹夫们来到中南海西花厅他的家中共进晚餐,再度商谈溥杰和嵯峨浩的家庭团聚问题。这回溥仪的弟妹们都明白表示说,让二嫂回来团

① 爱新觉罗·溥杰著,叶祖孚执笔:《溥杰自传》,中国文史出版社1994年版,第145—146页。

聚,这是人之常情,理该如此。七叔载涛还回顾了嵯峨浩在伪满年代和伪满垮台后"流浪"期间两度来到北京与载沣和他相见的情景,称赞了侄媳的贤惠和聪颖。总理趁热打铁,又谈古论今地就这一题目说了许多话,到底把溥仪说服了,他一边吃饺子,一边真诚地表示,完全同意让嵯峨浩回国团聚。①

　　总理很高兴,仍用商量的口吻与在座的溥仪等家族成员说:"人是可以转变的嘛!我们把嵯峨浩接回来,有两个可能:一是她与溥杰生活得很和谐,这就是好事;一是彼此失望,她再回去。她如果想回日本随时可以走,来去自由嘛。嵯峨浩要是来了,大家要帮助她进步。她是从一个不同社会制度的国家来的,对于我们的社会,不会一下子就理解。大家要耐心地帮助她,不要操之过急,不要有什么顾虑,要多和她接触,让我们来试试看吧。"西花厅总理家的这餐稍稍提前的"年宵饺子"一直吃到晚上7点多钟才撤桌,到晚上8点半才结束会见,人人都感到尽兴。

　　那天晚上溥仪被送回五妹家休息,不大一会儿,中共北京市委统战部长廖沫沙和北京市民政局副局长王旭东就上门来了,是周总理让他们再来征求溥仪的意见,总理不知溥仪的思想是否真通了,特别对他提到,如果一时还不通,也不要紧,可以保留意见。溥仪非常感动,连忙表示自己确实已经想通了,真心希望弟妹早日归来,给爱新觉罗家族的大团圆增添新的色彩。总理得知溥仪的这一态度非常高兴,还特意给他打电话,表扬了他,说他能够转变态度,是顾全了大局的,至关重要,这件事情做得不错。又说:"你已经改造成为新人了,当然就应该具备新的思想和新的观念。"

　　同样是那晚上,溥杰又是怎样想、怎样做的呢?他回忆说:"我在整个接见过程中,一直没有说话,但心情激动。总理在日理万机的繁忙事务中为我们夫妇俩的团聚而操劳。总理对我的恩德真是比天还高,比海还深。总理对我的恩情我没齿不忘。就在那天晚上,总理亲口嘱咐我邀请嵯峨浩回来。我回家后含泪给浩写了封信,我写道:'我们现在有了伟大的共产党,有了恩人周总理,我们可以团聚了。您回来吧!弟妹们在盼着兄嫂团聚,我也在盼我们夫妻重逢。我已经等了十六年,即使等白了头,我也要等你回来,把一个

---

　　① 详见王庆祥著:《毛泽东周恩来与溥仪》第21节"共度年宵",人民出版社1993年版。

支离破碎的家庭重建成一个幸福美满的新家庭。等着您的答复。'"①

溥杰写好的这封信,以及由老万执笔代表亲属们写给嵯峨浩邀请她来京的信,都是由总理请人带往日本,亲自交给浩,并当即征求了她的意见,她欣然接受,随即就整装待发了。在此前后,总理还先后托请率团赴日出席鲁迅先生纪念活动的许广平,以及应邀访日的中日友好协会会长廖承志,给嵯峨浩带口信,或带一份寓意深刻的"双鸟栖樱"贝雕画礼品,表示中国政府非常欢迎她回国定居。总理还让来华访问的日本经济使节团团长山本熊一郎转达他对嵯峨浩夫人的问候,也曾托请经常往返于中日两国的日本友好人士西园寺公一转送溥杰致嵯峨浩的信件。

这些中日两国的知名人士,在转达信息的同时,还客观地介绍了新中国的真实状况,以及溥仪、溥杰和爱新觉罗家族的实际处境,从而驱散了"新中国即洪水猛兽"一类宣传带给嵯峨浩及其父母全家的困惑,最终促成了嵯峨浩和嫮生母女的回国,实现了溥杰的家庭团圆之梦。

1961年5月17日,嵯峨浩与嫮生母女,取道香港来北京,同来的还有母亲嵯峨尚子和妹妹町田干子等,遵照周总理的指示专程前往广州迎接的溥杰和万嘉熙也同车返京,弟妹等亲属全到车站来接,唯缺溥仪一人。他当然不是放不下架子,只是不那么放心,为此他还暗中向弟妹了解情况,询问浩的种种表现。只隔了一天,嵯峨浩和嫮生母女由溥杰陪同走进全国政协的大门来看望大哥了,他们以日本的名茶和糖果等为见面礼,叙旧话新,亲情缕缕,气氛融洽。

当天晚上,溥仪和弟妹们以家族的名义在前门全聚德烤鸭店设宴,为嵯峨浩和母亲嵯峨尚子、女儿嫮生、妹妹町田干子和友人宫下明治一行接风洗尘。这次嵯峨尚子还带来了天皇裕仁的礼盒,但因溥仪事先曾明确表示不接受任何人依伪满年代老关系而赠送的礼物,才未便拿出。5月23日,溥仪又在北京的四川饭店主持晚宴,招待嵯峨浩等人。

6月6日,中日友好协会会长廖承志,在东交民巷新侨饭店设宴款待嵯峨尚子等日本客人,中共中央统战部和中共北京市委统战部的领导都来了,溥

---

① 爱新觉罗·溥杰著,叶祖孚执笔:《溥杰自传》,中国文史出版社1994年版,第148页。

仪也应邀出席作陪。在这一连串的活动中，嵯峨浩等人亲眼目睹了新中国的变化，也看到了溥仪、溥杰和整个爱新觉罗家族的变化，真有太多的感受。嵯峨尚子说，当年她曾在"新京"和东京"觐见"过"康德皇帝陛下"，这次在北京初见溥仪，一时想不出应怎样称呼和行礼，非

溥仪、载涛、溥杰与家族人士浓浓的亲情

常拘谨，当她感受到溥仪是以亲属中的长辈而尊敬她，才逐渐放松下来。嵯峨浩最感激为她回国做了许多具体安排的周恩来总理，对大哥溥仪盛情欢迎的态度也心中有底了，遂毅然决定长期留在中国。

在北京市西城区护国寺附近有一栋四合院式的恬静住宅，那是清末摄政王载沣分给溥杰的房产之一。溥杰特赦后，政府决定翻盖这栋房产，并重新归还给溥杰。当时还考虑，让溥仪也住在这里，以便互相照应。然而，多年受制于日本人的溥仪，偏见毕竟未能在一时间除净，不愿兄弟俩长期同住。以后，随着中日交流的增加，溥仪对日本人的看法才逐渐有所改变。

1961年6月10日上午11时30分到下午4时30分，周总理在中南海西花厅举行招待会，招待溥仪和溥杰全家。在京的爱新觉罗家族成员以及溥杰的岳母嵯峨尚子、妻妹町田干子、西园寺公一先生、宫下明治先生等，出席了招待会。

在长达5个小时的招待会中，总理侃侃而谈，从历史上的清朝讲到今天的日本，从溥仪、溥杰讲到嵯峨浩以及她的两个女儿……几年以后，溥仪还常常说起这次招待会，他又一次看到了无产阶级革命家的气魄和人格力量。

周总理说，清朝统治中国，有三件事做得很好：疆土扩大了，除元朝外，清朝的疆土比以前各朝代都扩大多了；减轻农税，使人民生活富裕了，人口因此增长很快；满汉文字并用，文化一时出现了兴盛气象，尤其是康熙、乾隆时期。

为祝贺溥杰全家团圆,家族宴会即将开始

1961 年 5 月,亲属团聚在溥杰的新居护国寺街 52 号宅院内

但也做过一些不好的事,宣统不能负责,因为宣统即位才3岁。载涛做过清朝大臣,应负一部分责任。溥仪要负"满洲国"的责任,清朝是正统,"满洲国"是不能承认的。

接着,总理谈到中日两国应当友好相处。他说,日本天皇的爱国心情大概比日本内阁人员要高些。日本人需要天皇制,那是日本人自己的事,中国不想干涉日本内政,也不想要日本一寸土地。中日人民应当把近50年来两国的矛盾忘掉,今后和平共处、互相亲善,文化交流,彼此通商。这对东亚和平是极重要的贡献,对世界和平也有很大的影响。这时,总理转向溥杰的岳母嵯峨尚子说:"尚子夫人,你回到日本见到天皇、皇后,请替我说'中国总理向他们问候'。"

周总理的话题继而又转到党的改造政策上来了,他强调说,人是可以改变的。溥仪做过清朝皇帝,溥杰是皇帝的弟弟,其他弟弟妹妹都是皇族。而现在,都有了工作,参加劳动,自食其力。溥仪在植物园劳动,溥杰在景山公

1961年6月10日,周恩来总理在中南海西花厅接见溥仪家族等(前排右起:溥杰、嵯峨浩、周恩来、嵯峨尚子、载涛、老舍、溥仪。后几排中有:廖承志、童小鹏、罗青长、廖沫沙等)

园劳动,其余弟妹有的是政协工作人员,有的是工人,有的是教员,有的是画家,说明人是可以改变的。总理还说,浩子是日本嵯峨侯爵的后人,在座的西园寺先生也是西园寺公爵的后人。现在,日本贵族都取消了,这是美国人做的。西园寺先生放弃了贵族身份,并和一个平民的女儿结了婚,来到中国做一个和平人士,这是很令人钦佩的。

溥杰的妻子嵯峨浩在日本居住期间,曾写过一本名为《流浪的王妃》的书,细致地抒写了她在日本投降、丈夫被捕以后,辗转各地、颠沛流离的生活,也写了因爱情的烦恼而自杀的长女慧生。此书在日本再版了 7 次,并被拍摄成电影。周总理直率地谈到自己对该书的看法。他面对浩子说,你写的那本《流浪的王妃》和拍摄的电影,我已经看过了。你的著作揭露了日本军国主义的一些事实,很好,很勇敢。但有一些涉及八路军的事情不真实,我们已做过调查。当时党中央是有意争取伪满人员的,一些下级官兵还不知道,进到东北后对你们和日本侵略者未加区分,从一个地方转移到另一个地方,走了很多处,那也是很自然的情况,你那本书和电影有些刺激中国人民的东西,暂时还不能在中国出版或放映。总理开诚布公之论感动了浩子,她表示一定尊重历史,修正自己的著作。

在这次招待会上,周总理还谈到慧生生前的一件事:溥杰转移到抚顺不久,年仅十二三岁的女孩子慧生,瞒着母亲和嵯峨氏全家人,用中文给周总理写了一封信,请求允许她和在押的父亲通信。总理收到信,答应了她的请求。正是这封信,开创了在押战犯与家属联系的先例,小姑娘得到中日两国很多人的尊敬。总理说,我很喜欢这样勇敢的孩子,年轻人是需要勇气的。

周总理不但十分关心溥杰与嵯峨浩夫妻团聚,并且过问得具体而细微,他为看到这种团圆而高兴,而且还关注着这个家庭的变化,随时帮助他们解决出现的新问题。当时,浩子已决定留在中国,溥杰夫妇也想把嫮生留在身边,但嫮生因从一懂事就生活在日本外祖母家,仍想回日本,父母与女儿之间发生了矛盾。在这个问题上,溥仪是站在溥杰夫妇一边的,在他看来,嫮生是爱新觉罗家的后代,当然应该留在中国,应该在这里安家立业,他甚至固执地说,如果嫮生一定要回日本,他就不认这个侄女了。由于当时中日两国尚未建交,而日本政府对嫮生又有相当严格的签证要求,如果不按照签证时限返回日本,可能就将永远失去进入日本国门的资格了,所以她必须在去留问题上作出抉择。

左起：嵯峨浩的母亲嵯峨尚子、溥杰次女嫮生、溥仪、载涛

周总理了解到这件事，在讲话中明确地表示了自己的意见，他说："嫮生愿意回去，可以让她回去，不要勉强她留下。青年人变化多，以后想来，随时都可以申请护照。如果不来中国，同日本人结婚，又有什么不好？唐太宗把公主嫁给西藏王，汉藏通婚。嵯峨家把女儿嫁给爱新觉罗家。爱新觉罗家的女儿又嫁给日本人，有什么不好呢？"接着他又转向嫮生说："我是同情你的。"总理继而又谈到浩夫人："浩子想回日本看父母也可以回去看看。嵯峨浩这次到中国，正赶上两年连续天灾，物资供应多少有一些紧张。但也没什么问题，可以照顾一些，等日后再慢慢和大家一样吧。"最后，总理又风趣地对嫮生说："来中国前大概想总理是多么不讲人情吧？现在你应该知道了。"这些话使嫮生和浩夫人都非常感动，嫮生的眼泪早已像断了线的珠子簌簌地落下来。临别她还深情地对总理说："我从心里尊敬您！"因为总理讲得有道理，溥仪也服气，不再固执己见了，也能够理解侄女的心情了。嫮生回到了日本，并结了婚。1979年，她还和丈夫一起，领着4个孩子来北京探望父母。他们欢度天伦之乐的时候，谁也不会忘记一个人，那就是周总理。

　　招待会结束后，溥仪和家族人员以及其他日本朋友一一向总理告别，离开西花厅。数月以后，溥杰与第二批特赦留京的其他5位人士一起走进了全国政协文史专员办公室。

第三章
文史工作者

　　1961 年 3 月,我结束了准备阶段,走上了为人民服务的
正式岗位,在全国政协文史资料研究委员会担任专员职务,
我做了一名文史工作者。

——爱新觉罗·溥仪

　　溥仪从事文史工作的过程中,不仅在各方面的支持和关
怀下完成了他的自传体长篇著作《我的前半生》,还以极大的
热情和认真严肃的态度,进行着他在文史资料研究委员会
"北洋组"的本职工作。

一、走进专员办公室

　　1960 年 2 月 16 日到 1961 年 2 月下旬,溥仪在植物园整
整工作了一年时间。在此期间,他对植物园产生了深厚的感
情,亲昵地称之为"第二个家"。他说:"抚顺战犯管理所的孙
所长、金所长以及管教科李福生等同志为我的改造操碎了
心,他们是我的亲人,管理所是我的第一个家,植物园则是我

的第二个家。"他认为，在植物园的一年中，最大的收获是初步实践了总理提出的四个观点。

当溥仪即将结束一年植物园生活时，他全面地总结了自己的思想发展进程。其题目是《我在北京植物园一年来的劳动锻炼和几个观点的初步实践》。总结是这样开头的："回顾在植物园的一年生活，无论学习还是工作，都有

1961年春，溥仪在工厂参观

进步，有收获。当然，也存在不少缺点。现在加以总结，对我今后的思想改造是有教益的。来植物园之前，周总理亲切地接见第一批特赦人员，恳切地勉励我们，要求我们要牢固确立四个观点，即民族立场(爱国主义观点)、阶级观点、群众观点、劳动观点。现在，我高兴地看到，自己经历了上述观点的初步实践。我认为，植物园为我建立和确立这些观点，提供了最好的环境……"①

1961年初，第二批特赦人员正在崇内旅馆集中学习，溥杰也住在那儿，溥仪常去看他，从而结识了与溥杰同时获赦的沈醉②等新朋友。春节前夕，北京市民政局和中共北京市委统战部，为两批特赦在京人员举行盛大宴会。这次宴会上已经透露出对劳动满一年的首批特赦人员将另行安排工作的消息。

溥仪刚特赦时的心情颇为复杂。一方面因为获得新生而满心欢喜，另一方面想到前途又忧心忡忡。人民政府已经把他从罪犯改造成为合格的公民，

---

① 引自溥仪未刊手稿，依据李淑贤1980年向笔者提供的原件。

② 生于1914年，病逝于1996年3月18日，享年82岁，逝世前担任第八届全国政协委员、全国政协文史资料委员会专员。1984年6月，经最高人民法院重新审定，他被认定属原国民党起义人员，撤销1960年特赦通知书。

他想用这后半生报答"再生父母"的大恩大德。可又一想,自己一向只会消费不会生产,现在能做什么呢?

1960年初周总理接见溥仪,就他的工作安排征询本人意见。在谈话中溥仪的忧虑心情已经流露出来。总理了解他的基础和技能情况,正如溥仪对自己的回顾:数理化"一窍不通",英文会几句"也忘了",干工业活儿又是"700度近视",干农业活样样不会,到伙房又不会烧菜……溥仪无限悔恨地说:"旧社会把我造成一个大废物,只知道坐吃享乐。"现在,身无一技之长,何以报效国家? 自从溥仪被安排到北京植物园一边学习一边劳动,他已下定决心要在植物园度过后半生了,其间种种表现完全能够证明他是确实下了这种决心的。

然而,周总理从那次谈话中引出的结论和溥仪的结论并不一致,总理没把溥仪看成"废物"。当谈到溥仪写回忆录的情况时,总理若有所思地对他说:"你的记性还不错!"溥仪似乎并不懂得这一句平常话所包含的意义,然而在总理那深邃而博大的头脑中,已经打上重重的烙印。从而,一种已被历史验证是完全正确的安排,开始孕育、成熟。"记性还不错",对于溥仪那曾有过关系到国家、民族与整个社会的重要经历的人物,这一点很珍贵,可以秉笔直书,撰写亲历见闻,遗万世后人以第一手的历史真迹啊!

溥仪到植物园以后真的制订了"三年计划",也打算要"从头学习数、理、化"的。杜聿明、宋希濂等前国民党的将军们也做了充分打算,要把后半生留在郊区劳动。他们中间也有的人具体问题多一些,这些人的猜测也决不超越如下范围:也许能重新安排在市内某家公园,当个大门看守或是扫扫庭院,这当然也是很大的照顾了。可是,谁人曾料:日理万机的总理也曾分神研究这些人员的基础和能力,并早已为他们选择了一条既有事可为、又力所能及的为人民服务的光荣出路!

那年春节的正月初四,中共中央统战部设宴招待留京的两批特赦人员。李维汉、徐冰和薛子正、童小鹏等领导同志参加了宴会。宴会前,李维汉部长根据周恩来总理的亲自决定,宣布了对溥仪、杜聿明等7名首批特赦人员的工作安排,全部调到全国政协文史资料研究委员会任专员,待遇由劳动期间每人每月发放生活费60元提高到100元。

据沈醉回忆,溥仪当时很激动,当场向主持宴会的几位领导表示了他发自内心的感激,并一再说这一安排和待遇,实在出乎意料。因为那正是三年自然灾害期间，一般人的工资收入只有几十元，还要负担孩子们的生活，而100 元的工资比国家 17 级干部还多一点点。副部长徐冰听了溥仪的话之后对他说："你们这些人过去都是享受惯了的，今天当然不能让你们过和从前一样的生活，但也不能让你们过一般人的生活，而是让你们能在新中国过上中等以上水平的生活。如果有特殊需要，你们还可以提出来，也可以考虑临时补贴。"①

溥仪虽然很高兴，但内心还有自己的想法，他特赦回到北京没有几天，周总理第一次接见中就谈到了写回忆录的问题，实际已把他和文史工作联系起来了。又过去三四天，中共中央统战部副部长兼全国政协秘书长徐冰与溥仪谈话时，也嘱他与政协内的文史资料研究委员会常联系，把亲见、亲闻和亲历的史实写出来，留给后人，总结历史教训。直到此前不久周总理单独接见他和二弟溥杰时，已经透露了工作安排将有变动的信息，溥仪当即表示在北京植物园这一时期的工作和生活都很顺心，他希望能在这里干下去。当李维汉宣布了新的工作安排、而他本人也表了态以后，还曾向北京市民政局提出要求，希望能允许他在全国政协按编制领取工资，而本人仍留在北京植物园参加劳动。虽然他的这项要求没有得到满足，但破例允许他每周可以抽出一天时间到植物园劳动，他满意了。其他几位同事对于这样优厚的安排，也都出乎意料，他们真有喜出望外之感了。

第二天，全国政协文史资料研究委员会的干部及刚刚宣布任职的专员，与中央文史馆的馆员举行联席座谈会，全国政协主席周恩来、副主席陈毅和李维汉、陈叔通两位常务副主席，都出席了会议。溥仪在会上又遇见了一年前以"前大清翰林院编修"身份向他呈递"请安"折子的陈云诰，那时溥仪很生气，竟把陈先生撵出门去，不久却在北海公园的书法展览会上，看到了陈先生写的称颂祖国社会主义建设的楷书对联，看法已经有所转变，而这次气氛更加不同了，一个是全国政协文史专员，一个是中央文史馆馆员，两人握手言欢。

10 天以后，尽人皆知的宣统皇帝和一批蒋介石手下最亲信的司令长官杜聿明、王耀武、宋希濂、杨伯涛、郑庭笈、周振强 7 人，一起走进全国政协文史资

① 沈醉：《皇帝特赦以后》，香港《新晚报》1981 年 3 月 9 日。

料研究委员会的专员办公室,时为 1961 年 3 月初。

专员办公室,那是青砖黑瓦、坐北朝南带顶柱和走廊的一套正房,坐落在全国政协大院即清朝顺承郡王府的东院——一个环境幽雅的小四合院里。室内有办公桌、卷柜、沙发、茶几等一切必备的工作室用品,溥仪恰与杜聿明坐对面桌,从明亮的玻璃窗望去便是幽静的庭院、粗大的树木、石板铺成的小路、别致的房檐雨搭以及那下面的古色古香的月亮门。

溥仪深知这座王府的历史,它是努尔哈赤之子礼烈亲王代善的孙子——第一代顺承郡王勒克德浑的府邸,这位郡王也是清初八大“铁帽子”王爷之一。① 到了民国初年,北洋军阀将领徐树铮、汤玉麟都在这里住过,后来成为西北边防总司令部的办公处,再以后又被张作霖购得,成为东北军的“帅府”,张作霖和张学良父子先后在此统兵。新中国成立后,全国政协机关坐落于此,而成为政协干部的溥仪又走进了这个院落。当然,这已不是昔日的王爷府邸,也不是称霸一方的军阀司令部,在里面工作的人更不是历史上的帝王将相了。

文史资料研究委员会是在 1959 年 4 月间成立的。当时,正是中国人民政治协商会议第三届全国委员会开会期间,周总理召集委员中 60 岁以上的老人座谈,建议大家“把亲身经历记录下来,传之后代”。不久,全国政协和各省、市、自治区政协以及将近 400 个市、县政协,先后成立了文史资料研究委员会或文史资料工作组,开始征集、整理、编写文史资料的工作。这种由当事人或见证人撰写亲身经历和所见所闻形成的文史资料,是有事实根据的“活资料”,可以补充书刊文献之不足,为历史研究、教学部门和各有关方面所重视。

在全国政协内,除了文史资料研究委员会,当时还有学习委员会和联络委员会,前者则是规模上最大的。不过,直到溥仪等 7 人报到为止,在这个以我国著名历史学家范文澜为主任委员的委员会内,负责具体领导工作的是全

---

① 清朝顺治定鼎北京后,发展清初的封爵制度,选封努尔哈赤的八个儿子和孙子为“世袭罔替”的“铁帽子”王爷,意即代代都有王位继承人,他们是睿忠亲王多尔衮、礼烈亲王代善、郑献亲王济尔哈朗、豫通亲王多铎、肃武亲王豪格、庄亲王舒尔哈齐、代善之子克勤郡王岳托、代善之孙顺承郡王勒克德浑。到清朝晚期,又陆续新封了四位“铁帽子”王爷,即怡贤亲王允祥、恭忠亲王奕䜣、醇贤亲王奕𫍣、庆亲王奕劻。

国政协副秘书长申伯纯①。开始时在委员会之下只设一个西北军史料组，1961 年以后增添了新的力量，又设置了国民党军事史料组和北洋军阀史料组等。全国政协常委、民革常委、前国民党国防部参谋次长刘斐为军事组组长，杜聿明、宋希濂、王耀武、杨伯涛、郑庭笈和周振强 6 人都是该组成员。溥仪则参加了以全国政协常委阎宝航为组长（继由革命老干部廖华接任）、武志平和张述孔为副组长的"北洋"组的工作。

文史资料研究委员会下设文史办公室，米暂臣为主任，姜可夫为副主任兼《文史资料选辑》总编辑。这本《选辑》在当时还是"内部发行"的，原罗隆基的秘书王述曾、原张治中的秘书万枚子、蔡锷之子蔡端、名记者彭子冈等都是它的编辑，溥仪等专员们也参与审稿工作。

彭子冈曾撰文忆述当年她与溥仪一起工作时融洽相处的情景："当我 1960 年开始在全国政协编辑文史资料的时候，溥仪是我们委员会里的专员。我们经常一处开会，空时也常一起聊天。他见面总是'彭大姐'、'彭大姐'的，十分和气。记得有一回同在机关食堂吃中饭，我向他问起当年在故宫中生活的感想。溥仪并没有直接回答，只告诉我一件事——为了在宫廷大院中可以骑车驰奔，畅通无阻，他命太监把几个宫门的木头门槛都给锯掉了，因此遭到了太后的申斥。我问他是否穿着龙袍马褂骑车，他说下午给我看一张照片。后来，我在他和杜聿明、王耀武、宋希濂诸位集体使用的专员办公室中，看到这样一张背景是宫廷的小照——溥仪斜倚着一辆自行车，他头戴鸭舌帽，身穿浅色西装衣裤，白皮鞋，浅色高统袜直穿到膝盖下……我当时心想：评价溥仪这一生，是领导上和史学家们的事；如仅从为骑车而锯断宫门门槛和敢于拍便装小照这两个行动来看，溥仪还真有点实用主义和反抗精神。这两个行动与我当年的那个遐想，算是吻合到一块去了。"②

分配工作以后，随之而来又有了新问题，因为溥仪和杜聿明等人都没有乐而忘忧。他们想，全国政协可不是个简单的部门，新中国成立之初连中央人民政府、国家领导人和各项国家大法，都是在政协的大会上产生的呢！能在政协

---

① 生于 1898 年，病逝于 1979 年 7 月 13 日，享年 81 岁，当时担任第五届全国政协常委、全国政协文史资料研究委员会顾问。

② 子冈：《紫禁城遐想》，载《紫禁城》1981 年第 4 期。

机关工作并且给予"文史资料研究委员会专员"的名义，都感到喜出望外。可是，这些著名人物的个人历史也是无人不晓，免不了受到周围同事们的歧视，这种情况一旦出现怎么办？再说，溥仪当了多年傀儡皇帝，自己执笔写文章的事并不多；杜聿明、宋希濂等人虽然指挥过千军万马，可这三寸笔杆也还没有好好摆弄过，现在老之将至，又要去打这文房四宝的交道，能行吗？怕干不长吧？①

他们怀有这样那样的顾虑，完全是可以理解的。不过，实践是最能教育人、说服人的，他们的顾虑最终被实践打消了。因为实践中根本就没有歧视二字，他们 7 人中间无论谁，连一句风凉话也没有听到。而实际感受到的，是政府的关怀、人民的爱护、集体的温暖和工作的乐趣。

杜聿明先生讲述当时的心情说，刚分配工作时，溥仪和他自己都有"戒心"，怕受"白眼"。其实这完全是"多余"。在不到一年的时间里，周总理几次接见他们，统战部和政协的领导更常常来到他们中间促膝相谈。杜聿明说，当时一看到领导那样和蔼可亲、平易近人，早把什么"担心"、"戒心"一股脑儿地抛到九霄云外去了。②

溥仪等人当时还只是一般的文史资料专员，可是，组织特意安排他们和政协委员一起参加政协直属小组的学习活动。这个直属学习组系由新中国成立初期的学习座谈会演变而来，到 20 世纪 60 年代初已形成东城和西城两个分组，在京的全国政协委员自愿报名参加，要来便来，不来也可告假，人称"神仙会"。溥仪等专员参加的西城组原有 15 人，由王克俊和于树德任组长，每逢周二或周五的下午集中学习，或讨论，或漫谈，形式自由，气氛轻松。起初，他们还感到不好意思，认为不配和那些在历史上有功劳有贡献的委员们坐在一起，经过一段时间才逐渐习惯了。政协那时还经常组织学习理论或时事政策的报告会，有时邀请出国访问归来的领导同志谈国外情况和观感，每次也都吸收溥仪等参加。随着认识的提高，他们越发感到理论知识的不足，便主动提出要求，要到社会主义学院去旁听马列主义基础理论课程，也获得了组织的支持。

在文史资料研究委员会内，副主任委员申伯纯等老同志，和溥仪等人一

---

① 《关于溥仪、杜聿明等特赦人员来全国政协工作后的情况的综合报告》，原件存全国政协档案室。

② 依据作者 1980 年采访杜聿明的笔记。

溥仪参加政协直属小组的学习（左起：刘斐、张治中、邵力子、李觉、范汉杰、宋希濂、杜聿明、王耀武、溥仪）

块学习中国近代历史。在探讨历史发展规律的学习中，他们主动批判自己的反动经历，抒发爱祖国、爱人民的思想感情，在认识上切切实实地提高了一步。

二、重理旧事

溥仪所在的"北洋组"，组稿和审稿的范围是清末和北洋政府时期，前后有十六七年时间。众所周知，这是一段令人头疼的历史：从宣统皇帝退居"小朝廷"，而"大朝廷"的主宰者也像那走马灯上的匆匆过客，袁世凯、黎元洪、冯国璋、徐世昌、曹锟，以及段祺瑞与皖系、吴佩孚与直系、张作霖与奉系、孙传芳与五省联军，还有他们之间的轮番混战、残杀……对溥仪来说，这倒是一段很熟悉的往事。想当年紫禁城里那个名义皇帝，曾为了大清的复辟事业，仔细研究过走马灯的转动法，并与其中的许多重要人物发生过种种联系。今天"重理旧事"，还是有脉络可循的。

曾任伪满"外交大臣"的谢介石，在20年代后期曾给溥仪的管家写过两封信，以便"代达圣上"。当时溥仪身为天津日本租界内"张园"的寓公，却每天接待很多人的"叩拜"，收到大批信件、电报。这位复辟心切的被贬旧君，关心军阀混战中的每一细节，当然是为着有一日能乱中取利。谢介石的两封信向溥仪报告了直系军阀与奉系军阀交战中的进展态势。

第一封信是寄给堂郎中①佟济煦（字揖先）的，信中写道："揖先仁兄：执事刻接北京电报，吴佩孚军已于昨日占领郑州（北京电报亦有不实之时，此事真伪明日即可证实）。毕庶澄所统鲁军兵舰，由小站南方上陆，孙岳十分惊惶，速派第七混成旅长耿锡金率三千兵赴小站应敌。乞代奏为叩。"②

第二封信是寄给溥仪的身边近臣胡嗣瑗③的，信中写道："济南二十四日来电，李景林军二十三日下午八时，前队至青县，左翼占领深县。北京电，国民军二十三日在京畿警备司令部会议，决定将现在马厂一带之国民军，全部撤至杨村附近，即在该处设防。此举因恐奉军亦进攻天津，中断其退路。右两电乞代奏，或令金宝善上闻亦可。手颂琴初仁兄大人道安。"④

1961年夏，在全国政协组织的香山郊游活动中，溥仪与中央统战部副部长金城（左三）等人在一起

① 在溥仪的"小朝廷"内管总务。
② 《清废帝溥仪档》卷47，原件藏中国第一历史档案馆。
③ 字琴初，1903年在殿试中点翰林，溥仪在天津期间，胡为"行在"大管家，伪满初年又出任伪执政府秘书长。
④ 《清废帝溥仪档》卷47，原件藏中国第一历史档案馆。

现在,这段向往复辟的历史已成陈迹,然而那时代和环境留给他的印象是深刻的。从事文史资料工作,熟悉历史固然方便,但并不能因此消除工作的全部难度。溥仪参与的组稿工作就是一项很不容易的抢救性工作。北洋时期重大事件的亲历者虽有幸存,但已不多,且都七八十岁了,身体不好,动笔写作很困难。加之这些人接受党的教育和影响较少,封建意识深厚,思想保守,顾虑重重,不可能轻而易举打开局面。在这方面溥仪做了不少工作,有些人士掌握重要资料却不愿写出,经溥仪说服终于拿起了笔。比如曾参与张勋复辟,后又为张作霖手下重要将领的苏锡麟,起初不肯动笔,后来听说溥仪希望他写出在张勋复辟中的经历,遂写出《我在复辟之役中的亲身经历》一文,很快就在《文史资料选辑》上刊出了。审稿方面,溥仪分担晚清宫廷部分的稿件,内容涉及皇帝、后妃、太监以及王公贵族的政治活动及生活情形。溥仪认真提供审稿意见,并逐篇写出内容概要的备查卡片,发挥了自己特殊经历的作用。

杜聿明等6位专员也和溥仪一样,他们在军事组,一方面积极撰写在反动统治阶级内部的亲身经历,提供了许多一向不为人所知的重要史料;另一方面参与有关国民党军事史料的征集、核阅和初步整理工作,从而更广泛地运用他们的经历,为搜罗近代历史资料服务。

在不到一年的时间里,文史专员们写出几十万字的资料,成绩斐然可观。溥仪遵照申伯纯副主任的安排,把主要精力投在长篇自传《我的前半生》一书的写作与修改上,并陆续在《文史资料选辑》第26辑、第29辑和第39辑上,以《复辟的形形色色》、《我怎样当上伪满"执政"的》和《我第三次做皇帝》为题,先行发表了书中部分章节,反响很好,得到了毛泽东等中央领导人的首肯。杜聿明写了《中国远征军入缅对日作战述略》、《蒋介石破坏和平进攻东北始末》等文章,宋希濂写了《远征军在滇西的整训和反攻》、《我参加"一·二八"淞沪抗战的回忆》、《我参加"讨伐"十九路军战役的回忆》、《第五次"围剿"中的朋口战役》等文章,王耀武写了《莱芜蒋军被歼记》等文章。他们几位根据个人所掌握的情况估计,连续写下去,三年五载怕也写不完。其余几位专员也力所能及地做了这方面的工作,如杨伯涛写了《蒋军对中央苏区第五次围攻纪要》,郑庭笈写了《国民党军队屠杀广州暴动群众目击记》,周振强写了《"四·一二"事变点滴》等文章,这些文章也先后在《文史资料选辑》上发表了。他们还有许多熟人、过去的同事，感到自己在提供组稿线索、核阅和整理稿件方面，也有许多事情可做。在迄今保存着的当年的审稿单上，仍能看到他们留下的字体工整的审读意见。

经过一番实践，特别是周总理又几次接见并谈话以后，专员们的心踏实了，对工作树立了饱满的信心。他们说："这样的文史工作，过去拿枪杆子的也能干啊！""将来还可能成为专家呢！"

大凡六七十岁的东北人还能记得，在伪满的反动年代里，收音机里常常播出《今上起居恭记》之类的"放送词"。那是专门颂扬"康德皇帝"溥仪的，把他描写成工作勤恳、生活俭朴、性情美好的完人。1936年2月，为了"庆祝"溥仪的生日，伪满《盛京时报》又登出一篇阿谀文章，其中有段话专写溥仪埋头政务，真够"伟大"的了："上每晨起，即御缉熙楼西便殿，裁览章奏。九时后，接见臣工或外国人士。常迟至下午一二时始进午膳。膳毕，略事休息，御植秀轩，有敕裁事件，随时裁决，一无留滞。臣下因事请见，亦随时召入，几务余暇，则浏览书报，间打网球或躬课园役，浇种花木。晚膳后必静坐一二时，复勤披览，每至夜分。楼曰勤民，室曰无逸，皆上所钦定，勤政之意，于兹可见。上召见臣下，从容温语，常脱略如家人。且多命坐，俾得尽情陈奏，置有日记册子，遇言可采择者，亲以铅笔记入，以备遗忘。近臣每有谏奏，率皆虚怀听纳，手自批答，一无所忤。"

然而，这连篇的鬼话有谁相信呢？莫论当时的东北人民，就连文章的起草者也明白是胡诌。溥仪后来回忆说，那时每天不到中午是决不起床的，而且"裁览章奏"，一向是坐在马桶上，而不是坐在办公桌前。这是多么辛辣的讽刺啊！

作为60年代的文史工作者，溥仪对工作的认真和负责，却是有案可查的。董

溥仪与漫画家叶浅予（左）、电影演员王人美（中）夫妇在一起

益三先生1963年12月31日日记中有一段非常有趣的记述,在这个公历新年即将来临的"除夕日"的白天,他暗自观察了办公室内每位专员的动态,并认真笔录下来:"今日是1963年的最后一天了,昨日已把有时间性的工作赶完,今日我自己轻松地把革命时期文稿抽看了几部分,顺便整理了一些,主要是抽出其中的人物卡片。上午休息的时候,老郑向我提出:目录打印太多了,装订成一本则太厚,如果分别装订,是否把主要内容也附进去? 我考虑可以分装三大册:清末、辛亥、北洋三个时期订为一册,国民党时期订为一册,金融业、工商业、交通运输业、文教、社会生活和人物订为一册,等明年大体计算一下数字后再决定。下午,人们都不约而同地早溜回家了。第一是老郑(庭笈),其次是老李(以劻),第三是宋(希濂),第四是杜(聿明),第五是廖(耀湘),第六是范(汉杰)、罗(历戎),第七是杨(伯涛),第八是溥杰,最后是我,5点15分退。溥仪在食堂吃饭,饭后才回家。"①这段记述真实地反映了溥仪等文史专员当年的业务工作,同时也能看出溥仪埋头本职工作的实干精神,一直做到全年最后一刻。

三、在政协大院里

1962年5月28日,又有6名新伙伴走进全国政协大院里的专员办公室。他们是第二批获得特赦的前战争罪犯,经过一年的郊区劳动和半年的集中学习、参观,现在也走上了正式的工作岗位。

5月31日下午,在一间会客室里,文史资料研究委员会副主任申伯纯,文史资料研究委员会办公室主任米暂沉、副主任吴群敢等,与6位新专员亲切会面。

"溥杰,你是'皇御弟',掌握很多第一手资料啊!"申伯纯首先亲切地向前"满洲国皇帝"侍从武官溥杰这样说道。

"我可以写写伪满那一段,也可以写清末的醇王府。"溥杰回答说。

---

① 依据董益三先生1982年向笔者提供的日记手稿,未刊。

"还可以从事你平素喜爱的文学工作嘛！和夫人嵯峨浩一起搞点儿中日文学作品的翻译……"领导同志很了解自己的愿望,溥杰非常钦佩。

接着,申伯纯的目光转移到原国民党东北"剿匪"副总司令兼锦州指挥所主任范汉杰①身上:"你的经历都很重要啊！"

"材料很多,就怕我的手笨——写不好。"范专员确实有顾虑。

"没关系！有困难可以找帮手代笔。"米主任在一旁插话,让老范松了一口气。

前国民党陆军第五军中将副军长兼独立第五十师师长李以劻②看到申伯纯的目光又转向自己,就主动地汇报了自己的想法:"我对蒋经国、薛岳有所了解,还参与了十九路军淞沪抗战,愿意逐步写出有关的见闻。"

熟悉他的人都知道:老李性格开朗,说话实在,又爽快,又利落。就在这一个月之前,著名的淞沪抗战英雄蔡廷锴将军还曾邀请他和范汉杰两人赴家宴——当年4月23日是蔡将军71岁寿辰,特邀两位旧部聚一聚。也许老李要写的关于十九路军的题目,在蔡家的宴席上就已开始酝酿了吧！

申伯纯对老李的题目有兴趣,连连点头赞许:"很好！很好！"

当申伯纯那寄予希望的目光又落在原国民党"军统"特务头目、国防部保密局云南站站长沈醉的头上时,老沈当即面呈了自己的撰写资料书面计划,其中也包括对曾震惊中外的那些重大暗杀事件内幕的揭露。申伯纯很满意,看过又转给在座的其他领导传看,连声说:"我看很好嘛！很好嘛！"

最近一两个月,沈醉心急如焚地盼望着分配工作。他认为自己还比较年轻,想在后半生干点儿有益于人民的事业。他的这一想法是完全真实的,有一个很说明问题的实例,不久前他在公共汽车上见义勇为地做了一件好事。当汽车进站停稳后,一个身穿工作服的年轻人不交票就要下车,被售票员拦住后又冒充"电车公司工人",竟蛮横地跳下车去夺路便走。沈醉见状心中愤愤不平,只见他动作敏捷地跳下车,运用十多年前常练的"擒拿术",把那个损害国家利益而不知羞耻的无票乘车者,像老鹰抓小鸡那样结结实实地一把拽

---

① 生于1897年,病逝于1976年,逝世前担任第四届全国政协委员、全国政协文史资料委员会专员。

② 生于1913年,病逝于21世纪10年代。

了回来并推上车去。关门开车后,乘客们和售票员一起议论怎样处理这件事,售票员提出罚款一元以示警戒,有的乘客以为稍重,希望听听沈醉的意见。老沈见那人已有认错的表示,就说:"念他初犯就罚他买张全程车票算了!"大家表示同意,不过都认为应把他带到总站去教育一下,以体现"教育为主,惩罚为辅"的精神,就这样决定了。

如果说沈醉盼望分配工作还有其他原因,其实也可以理解:经历10年关押,现在已获特赦,他恨不得马上能和昼思夜想的爱妻栗燕萍团聚。解放前夕,妻子带着儿女和婆母到香港去了,在那里生活了十多年。沈醉特赦后,他们虽已沟通信息,但关山相隔,又怎能畅言尽意?莫非妻子对经过共产党改造的丈夫,以及他的特赦、处境还存有怀疑吧?老沈一想到这儿,更希望早些把工作固定下来,以便建立起稳定的生活环境,再把住在长沙的小女儿接来。这样会有助于消除妻子的疑团,也许她要插上双翅飞到北京来的。现在,他果然当上了全国政协的文史资料专员,多理想啊!不久,在周总理关于让特赦战犯"度过一个幸福晚年"的指示下,沈醉的16岁的女儿沈美娟破例由长沙七中转到北京女六中读高中,从此生活在父亲身边。

申伯纯又面对曾任前国民党陆军军长的罗历戎说:"老罗!你也有很多值得记述的经历吧?"是呀,罗专员曾是蒋介石"王牌军"第一军副军长和第三军军长,他曾指挥军队封锁延安,也曾在石家庄与我军决战,那次战役失败后他被俘并受到聂荣臻将军接见的照片,迄今还陈列在军事博物馆中。不过,这位身经百战的将军想到将要摆弄三寸笔管,总有点"打怵",他诚恳地告诉申伯纯说:"我这个人很笨,写不出什么文章来,还是让我做点儿事务工作吧!"

"老罗!可不许没上阵就鸣锣收兵哟!"申伯纯说了不少给罗专员鼓劲儿的话。

最后,申伯纯请前国民党第十五绥靖区司令部第二处处长董益三①谈谈。与老董有过接触的人都知道,他曾专攻"军统"系统内的电讯联络,是位无线电专家,但为人虚怀若谷,对自己要求严格。

_____

① 生于1904年,病逝于20世纪90年代初,时年近九旬,担任第六届全国政协委员、全国政协文史资料委员会专员。

溥仪、溥杰、杜聿明、宋希濂在谈工作

　　"我和他们几个人的情况有所不同,他们都带过兵,我在'军统'内搞了10年电讯工作,与军政隔门,与军统的其他部门也隔门,没有太多可写的事情。如果参加组稿、审稿工作,也恐怕搞不好,因为对军事不熟悉,既不知其人,又不知其事。所以,我个人的意愿,是在机关内搞点儿服务性的劳动。"

　　"机关内的工作当然多得很喽!譬如现在,机关礼堂就需要一名管理员,但怎么能放你去呢?"申伯纯微笑地看着老董说。

　　"老董写的那篇《襄樊战役》很生动!"米主任插嘴说。

　　"我早就知道老董是个好写手,自己要写,还要帮助别人写。"申伯纯说。

　　"老董的英文很好,还可以搞翻译!"一位新专员介绍说。

　　"他的数学基础很厚,是工业专门学校毕业的……"另一位新专员说。

　　"我知道,老董可以搞的事情多着咧!"申伯纯说得很实际,领导同志对分配到政协的每位新专员的情况都了如指掌,因此,对他们的安排无不恰如其分。

　　溥仪和这几位新伙伴一年前就已经相识了,当第一批特赦人员刚分配到政协工作的时候,范汉杰等第二批特赦人员正在崇内旅馆集中学习,溥仪常到那里去。中央和北京市的统战、民政部门，也常常组织两批特赦人员一起活动，如座谈、参观或是参加宴会。

拿沈醉来说，他和溥仪早已是相知的朋友了，他们一起游逛景山，谈天说地，这在沈醉的回忆中都有记载。现在，能与溥仪一起工作，他特别高兴。当他回忆刚分配工作的心情时这样写道："不久，我与留京劳动的几个人都被安排到了全国政协文史资料研究委员会任专员，和杜聿明、溥仪在一起。这个职务是周总理亲自安排的。当时专员每月 100 元工资，国内物价又低，这真不算少了，完全可以生活得非常好。安排第一批特赦人员的工作时，我们第二批特赦人员也在场，我很羡慕杜聿明他们能得到这样优厚的待遇。想不到一年之后，我也得到了这种优待，心里有说不出的高兴和感激。"①其他专员也都怀着同样的心情，李以劻更高兴地奔走相告：这回要和"宣统皇帝"共事了！

随着前战争罪犯一批一批获得特赦，全国政协内的这支文史资料专员队伍也不断扩大。在政治学习方面，他们由参加政协委员的直属学习小组，转为单独成立学习小组，由申伯纯领导，宋希濂、王耀武两人轮流掌握会场，溥杰、沈醉和董益三轮流担任记录。溥杰回忆当时专员们学习的情景说："学习小组讨论文件时发言热烈，勇于暴露思想、联系实际，常常争论得面红耳赤。我觉得那一段政协领导下的学习生活对我帮助很大，弄清楚很多问题，确实提高了思想认识。我和溥仪发言一向比较谨慎，事先都写好了发言提纲，照着提纲说，有些重要的问题甚至写好稿子，一字不差地念。在长时期的学习中，我发现大哥通过抚顺长期的改造以及这一阶段的工作实践，他的思想确实有不少提高。"②到 1964 年 11 月，溥仪、杜聿明、宋希濂和范汉杰当上全国政协委员以后，又参加了直属学习小组的活动。

政协机关不但在政治上关怀专员们，而且在生活上热情地帮助他们，无微不至地照顾他们，溥仪的感受尤深。

作为中国末代皇帝，溥仪过了大半辈子"衣来伸手，饭来张口"的生活，一旦离开了被众人服侍的地位便"六神无主"了，甚至连最起码的生活常识也很缺乏。申伯纯副主任就常常告诫大家说："溥仪是圈在紫禁城里长大起来的，

①　沈醉：《我这三十年》，湖南人民出版社 1983 年版，第 139 页。

②　爱新觉罗·溥杰著，叶祖孚执笔：《溥杰自传》，中国文史出版社 1994 年版，第 158 页。

就像温室里的鲜花一样,并没有见过风雨世面。而其他几位专员则是久闯江湖、饱经世面的,所以大家要多多帮助他。"溥仪确实感受到了同事们的热情帮助,如果没有这种帮助,在特赦后独身生活的阶段,他简直就没法生活。

沈醉回忆 1961 年国庆节,他和溥仪等专员参加国庆观礼和焰火晚会的情形时说:"白天大家一同站在观礼台上,随时都注意不让溥仪走散,晚上看晚会更得留心他。否则一走开,他就找不到回去的路了。"①

当年别的专员都住在政协大院以外,唯独溥仪被留在院内。因为这样对他的生活方便些,吃饭到食堂、用开水到水房就可以了,院内还有浴室和理发室,要读书看报到阅览室,想下棋打台球去游艺室,每逢周末礼堂内或放映电

溥仪、溥杰与家族人士和政协机关工友赵华堂(右一)在一起

影,或安排文艺晚会,生活内容很丰富。领导还特别安排一位也住在政协大院内的老工友赵华堂照顾他,帮助他买东西,整理"内务"。溥仪称呼他为赵大爷,管他老伴高宝珍叫赵大妈,与这老两口相处得像亲人一样。在他所居住的政协宿舍东楼的邻居中,还有个老干部叫连以农,当时担任全国政协秘书处副处长,也是在生活方面对溥仪最关照的一位。尽管如此,这位"皇帝"

————————————

① 沈醉:《皇帝特赦以后》,香港《新晚报》1981 年 3 月 11 日。

还是笑话百出。

沈醉讲过溥仪与专员们一起参加晚会的故事，1962年过春节，专员们都被邀前往人民大会堂参加联欢晚会，有的人看电影，有的人看京剧和杂技，也不知溥仪爱看什么，挤来挤去挤散了。原来大家约定好散会后都到附近的崇内旅馆集合，到了12点多钟，联欢会已经结束了，十多人都陆续回到旅馆，而溥仪却一直没有回来。大家都着急了，身体好一点的便分成两路去寻找，沈醉和两个人围着人民大会堂转圈圈，终于把他找到了。因为他也在转圈，想辨别一下回去的方向。不过，后来他经常到外面去走走，慢慢地也能分得出东西南北了。他常常以此自鸣得意，知道天安门的正面是南方，故宫的背面是北方了。①

沈醉还讲过一个溥仪上机关食堂吃饭的故事，那简直能让你笑破肚皮。溥仪自己不会做饭，总得上食堂去买吧，买东西得给钱，这是小孩都懂得的常识。到机关食堂买饭菜，必须先把钱和粮票换成食堂用的内部钱票和粮票，买饭菜得拿这种内部钱、粮票去买。溥仪的内部钱、粮票是别人替他兑换好了的，只要带去买就行了，他却经常忘记带，肚子饿了，便向食堂走去。炊事人员开始以为他故意找麻烦，后来知道他的确记不住，也能原谅他。在他没有带这些票的时候，便给他记上，要他下次补上。有时他带了饭票，又弄不清数目，该给多少完全不知道，常常是把一大把钱、粮票从口袋里抓出来，弄得乱七八糟地向食堂窗口一放，让炊事员自行捡出，余下的又向口袋里一塞，好久都分不清楚这些票的种类、数目。还经常发生这样的事，炊事员把菜或饭递给他之后，他有时把菜先端走，放在一张桌子上，回头再来拿饭，却记不得菜是放在哪张桌子上了。食堂有几十张方桌，他端起一碗饭找了一下，找不到，又去向炊事员要菜，说炊事员没有给他。谁都知道他一定是忘记了，而不是想占便宜，便再给他一份。等到大家吃完饭都走了时，往往会发现有一份菜放在那里，不知是谁放的。当然，除了他，不会有第二个人。②

沈醉的女儿沈美娟当年十六七岁，常随父亲到文史专员办公室玩，专员们视她如同自己的女儿。她说，除了杜聿明外，给她印象最深的要数溥仪、溥

---

① 沈醉：《皇帝特赦以后》，香港《新晚报》1981年3月11日。
② 沈醉：《皇帝特赦以后》，香港《新晚报》1981年3月13日。

杰老哥俩了，这两人虽是同父同母的亲手足，但外貌、气质都有很大差别。溥仪高大挺拔，却直爽忠厚，不懂人情世故，显得有些笨头笨脑，常常因为缺乏独立生活能力而闹出许多笑话。他常常自嘲说："皇帝是最没有用的人。"其实，这完全是自谦，他的优点也很多：毛笔字写得漂亮极了；口才也好，每次应邀去中央广播电台对中国台湾、海外播音时，别人都要重复录音两三次，而他却能一气呵成，从不停顿。溥杰则身材瘦小，举止文雅，待人接物总是彬彬有礼，谦和恭让，独立生活能力也比其兄强得多。①

　　然而，溥仪进步很快，溥杰回忆他们哥俩在专员办公室"值日"的情形说："文史专员上班后，也排班值日，要打扫屋子和灌开水。我们哥俩排在一班，我俩都觉得很合适。大哥那时就住在全国政协机关内，离得近，轮到值日，他总是先去收拾屋子，用湿布擦抹办公桌，等到我从护国寺赶到时，往往他已经擦完桌子了，该我做的事，就是提着暖壶去开水房打开水了。"②

1981 年 3 月香港《新晚报》连载了沈醉的文章《皇帝特赦以后》

---

①　沈美娟：《"文革"前的文史专员室》，《纵横》1997 年第 7 期。

②　爱新觉罗·溥杰著，叶祖孚执笔：《溥杰自传》，中国文史出版社 1994 年版，第 159 页。

就生活方面而言,溥仪确是个特殊人物。政协机关不但对溥仪,对其他专员也都多方面的关照。比如先后帮助宋希濂、杨伯涛、郑庭笈和周振强4人安了家。他们中间,有人眷属在农村老家,政协帮助接来;有的原已离婚,政协帮助"破镜重圆";有的则重新结婚,组成了新的家庭。这些专员安家后,心也随之安定下来。再如1961年正是我国经济困难时期,政协对溥仪等7位专员尽量在物质待遇方面予以照顾。这些人每月除工资外,撰稿另给稿费。对于重新安家购置备品有困难的专员又酌情予以补助。在物资供应方面也有所照顾,每位专员发一张文化俱乐部的入门证和一些内部就餐证,凭之购买市场上短缺物资或在内部食堂改善一下生活。按量供应的肉类等副食品也比一般市民丰厚些。

专员们的种种顾虑都已化为乌有,一心一意地投入到工作之中。据沈醉的女儿沈美娟撰文介绍,随着文史专员的增加,申伯纯根据专员们的不同经历及历史背景,又把他们扩编为三个组:一为政治组,组员有沈醉、杜建时、康泽等;二为北洋组,组员有溥仪、溥杰、董益三等;三为军事组,组员有杜聿明、宋希濂、廖耀湘、范汉杰、郑庭笈等。军事组的人最多,撰写和审校、征集的战争史料也最多。

溥杰回忆他与大哥溥仪一起在全国政协文史专员办公室工作的情景时也说:"文史专员的工作是撰写自己的回忆录,即亲历、亲见、亲闻的资料,同时要审阅一些稿件。那时全国各地投向文史资料研究委员会的稿件很多,都是由我们这些专员审阅。我们阅稿后先确定稿件的价值,能不能刊入《文史资料选辑》?稿件内容有哪些差错?哪些稿件是酌发纸笔费留存起来?纸笔费发多少?我们都要在稿件上详细地写个意见。由于我们在旧社会都有特殊的经历,一般说来都能胜任评阅稿件的工作。至于写自己的回忆录,我们这些人的经历确也可以写出有价值的史料。"①

那么,作为20世纪60年代文史工作者的溥仪是个什么样子呢?这当然是人们都愿意知道的。1961年9月,我国著名诗人肖三的夫人叶华曾记下了文史专员溥仪留给她的印象:"一个金色的九月份的上午,我和儿子维加站在

---

① 爱新觉罗·溥杰著,叶祖孚执笔:《溥杰自传》,中国文史出版社1994年版,第158页。

政协大礼堂的台阶上，等待着给我们介绍和溥仪见面的人。太阳晒得很热，我闭着眼睛又回到了小时候的想象：皇帝——虽然他早已不是皇帝——一定长个山羊胡子，戴个满清帽子……不一会儿，政协礼堂的大门打开了，走出来两位穿干部服的男人，一个年轻人，另一个年龄较大戴着眼镜。两位都很热情地欢迎我们。我们问：今天能见到溥仪先生吗？那位戴眼镜的说：'我就是溥仪。同志们，到里面去喝杯茶，谈一谈。'和几十年前一样，我觉得非常奇怪，这位谦虚、朴素的人，难道就是过去那个娇生惯养、轻率、奢侈直到8岁还喝奶妈的奶、自己的父亲应当称呼他'皇帝陛下'，兄弟应当称呼他'万岁'的小男孩子？难道就是那个他学习不好时，一个为他服务的男孩子替他挨打，以及无缘无故命令鞭笞别人的臭名远扬的皇帝溥仪吗？这真是难以相信的事。①

叶华还看到溥仪参加劳动、和同事们亲密相处的情景，以及他回到"政协大院"的家里变成童心犹在的"孩子王"的动人场面。这些不能不使叶华感到惊讶：那个高高在上，骄奢淫逸的皇帝，难道真的是眼前这个热情、善良、朴实的人？

溥仪当上文史专员以后，有一次，书画大师丰子恺到京，想见溥仪，陪同人员与其乘车来到全国政协机关时，已是下午5时以后了。值班员说："老溥已经下班了，明天来吧。"丰先生听到称呼末代皇帝为"老溥"，顿觉意外新鲜，可见这位当年"至尊"，已经非常平民化了。后来值班员获悉来访者乃是丰先生，遂和颜悦色地改口说："这样吧，老溥家离此不远，就用你们的车把他接来，很快就能见到，怎么样？"两人果然得以相见，互道久仰，交谈融洽。

问到生活起居时，溥仪说："我一切很满足，上班、下班，生活很有规律，每天晚餐，几杯老白干也是一乐。"丰先生也很感兴趣地说："我们同好，我也爱喝酒，不过我喝的是绍兴黄酒。"又问到平日应酬是否很多？溥仪说："多、多、多，每逢星期天和节假日，过去的'遗老'、'旧臣'，不断来'朝见'我，有人还要行旧礼，都被我说服制止了。他们异口同声地表示：'皇上，您如今出来了，我们都愿意跟着您走，您走到哪里，我们就跟您到哪里。'我说：'那好，我现在

---

① 叶华：《关于中国皇帝的童话》，《人民画报》1979年。

跟共产党走,你们都和我一起跟共产党走吧。'"①

又有一次,陈铭枢②曾往专员办公室向溥仪核实一件史实,他在30年代淞沪抗战后代理国民党政府行政院长期间,曾给伪满"执政"溥仪发了一份电报,这是蒋介石企图暗中拉拢溥仪的"策略",但当时没有下文。这件事涉及国民党与伪满之间的复杂关系,虽然事过数十年,陈铭枢还想问个究竟,到底溥仪是否收到了电报?为何采取不予理睬的态度?溥仪说,他根本就没见到这份电报,作为政治傀儡,他当年确实不能决定任何实质性的政治问题。

还有一次,仇鳌③在四川饭店宴请溥仪、载涛等人,席间经载涛介绍,溥仪与毛泽东在《蝶恋花·答李淑一》一词中提到的李淑一女士相识,他深表敬仰地说:"毛主席答您的那首词形神兼备,很有气魄。"载涛还曾介绍溥仪与历史学家白寿彝相识,白教授握着溥仪的手说:"您成为公民,实在是历史上的一大奇迹。"溥仪谦逊地说:"创造奇迹的是中国人民,今后还要请您多多指教。"后来在《我的前半生》一书修改过程中,白教授也曾认真审读并提供了颇有价值的修改意见。④

像这样令人难以置信的事实并非绝无仅有。在溥仪那样经历过身心巨大变化的人们中间,有过去显赫一时的将军、总司令,也有不可一世的内阁成员:部长和大臣……这些人长期以来曾经是人民的死敌,后来在王朝崩溃的日子里,一度成为人所不齿的历史垃圾。但是,经过一番痛苦的自我改造,他们在阳光下变成了新人,得到人民群众的谅解。作为一位充满苦难和斗争的近现代史的见证人,他们走到一起来了,大家都为留下或是抢救珍贵史料而努力。

四、撰写回忆录

《我的前半生》一书的出版,是文史工作者溥仪先生的最重大的成就。这

---

①　胡治均:《丰子恺与溥仪的一次会面》,《新民晚报》1988年9月2日。

②　病逝于1965年,享年76岁,逝世前担任全国政协委员。

③　病逝于1970年3月9日,享年91岁,逝世前担任全国政协委员、民革中央委员。

④　郑怀义、张建设:《从皇叔到平民》,文化艺术出版社1991年版,第191页。

部轰动世界的著作,至今还一版接着一版地发行,当我们面前摆着这本书的时候,怎么能够忘记溥仪为它所花费的心血和付出的劳动呢?

追本溯源,溥仪这本书的写作动议产生在抚顺战犯管理所,早在1954年开始的对日伪战犯的侦讯工作,就迫使溥仪以口供和笔供的形式,片片断断地回忆伪满年代罪恶的经历了。1956年,记者潘际垌专程前往抚顺采访溥仪,写出《末代皇帝传奇》一书,很快由通俗文艺出版社出版,该书以"宫廷轶事"、"寓公生涯"、"傀儡滋味"、"囚居境遇"和"狱中见闻"五章的篇幅,粗线条地描述了溥仪的生平。到了1957年,抚顺战犯管理所在押战犯们,按照所方要求拿起笔来总结自己的过去,从而留下一批真实而生动的认罪材料,溥仪也在几年来陆续回忆的基础上付诸行动了。据其自述,起初他也只是想写一份系统的检查材料,并把题目定为《我的前半生》,从家世起笔,写到1957年随战犯管理所前往东北各地参观为止。

皇帝写自传,古今中外没有先例,自然引起了战犯管理所领导的特别关注,为了给溥仪创造较好的写作条件,让溥杰给他当助手,帮助记录,又找来阮振铎(原伪满洲国外交部大臣)、王子衡(原伪满洲国滨江省省长)、谷次亨(原伪满洲国交通部大臣)、王光寅(原伪满洲国第二军管区少将军法处长)、甘珠尔扎布(原伪满洲国第九军管区中将司令官)、正珠尔扎布(原伪满洲国第十军管区少将参谋长)等原伪满大臣和知情人,帮助提供回忆线索和历史情节,还特意到辽宁省图书馆借了一些清史和民国史方面的参考书,同时又把伪满大臣们在押期间按系统分别忆写的伪满各方面资料,调出来供溥仪参考,45万字的书稿写成后,又经战犯管理所领导审查、提出改写意见,并几经修改,终于脱稿。

溥仪说:"我写这本书是忏悔过去,是为了要把我那丑恶的前半生,赤裸裸地暴露在祖国人民面前,说它是自传也可以,说它是我的一篇忏悔录也无妨。因为我的主要目的,就是要把我那见不得人的过去,一切一切,原原本本地叙述出来,以便把那主要病根所在,以及由于这一病根而发生、成长,以至结成恶果的一系列经过,一一加以比较有线索可寻的罗列。"①溥仪在另一篇

---

① 溥仪:《我的前半生》第一稿编后记,1958年写于抚顺战犯管理所。

文章中还谈到,他写《我的前半生》,一方面表达"向祖国人民低头认罪和忏悔的衷忱",另一方面是"让读者从自己切身体验的新旧对比里得到公正的结论"。

大约在1958年底或1959年初,书稿经战犯管理所油印,分送给国家公安部有关领导审阅,引起公安部办公厅负责人刘复之、席国光、王仲方、凌云等的重视,他们认为溥仪出于沉重的悔罪心情写出这本书,用意是好的,也是不容易的。能够看出一个皇帝发生的变化,也能从近80年的动荡复杂多变的历史中大略看出社会前进的轨迹,但还存在着思路混乱、史实未经核实等缺点,如能加以适当整理,将溥仪的思想转变脉络厘清,就很有公开出版的价值,这实际成为这本书得以修改和出版的最直接的契机。①

关于这本书的修改过程,溥仪曾做过如下概括的说明:"我从1957年下半年开始准备,过了不久即着手零星片断的写作。在写作过程中,由于不断地有新的感受,又不断地修改、增删,以致重新着手。特别是1959年来临的出乎意料的特赦,使我把前半生公之于世的愿望变得更热烈,而对自己已写出的东西却又更加不能满意,于是又重新思索,重新起稿。这样,用了四年多时间,才把它写成。"②

溥仪所说"特别是1959年来临的出乎意料的特赦,使我把前半生公之于世的愿望变得更热烈"一语,完全符合历史事实,而愿望的实现则得力于周总理。

1959年12月9日,溥仪获赦回到北京,14日就受到周总理的接见。谈话中间,溥仪受到那"热烈愿望"的鼓舞,告诉总理说,他写了一本书,叫做《我的前半生》。总理很感兴趣,马上追问是在哪里写的?溥仪回答说,是在战犯管理所写的。另一位在座的领导当即问明管理所的具体地址,并认真记在小本上。溥仪又向总理汇报说,这本书还只是草稿,虽经两次修改,但还没有整理好。

接见以后,溥仪又有些担心了:他知道这本书已经引起了总理的重视,总理很可能要调来阅看。可是,那本草稿字迹潦草难辨,太让总理费目力。于是,溥仪立即给管理所金源代所长写信,请求帮助"抄写印出来",便于总理和

---

① 凌云:《〈我的前半生〉是怎样问世的》,《炎黄春秋》1993年第7期。
② 溥仪:《我的前半生》第三稿前言,1962年写于北京。

其他领导阅看指正。

正像溥仪预料的那样,时隔未久,即 1960 年 1 月 26 日周总理接见溥仪和他的家族成员时,总理不但已经调来了溥仪那本《我的前半生》草稿,而且已在日理万机的情况下,抽暇阅看了大部。尤使溥仪感动的是,总理从政治大方向的角度,充分肯定了溥仪的书,并决定先用 4 号字印出来,再请作者修改,直到改好,改到在历史上、在世界上都能"站得住脚"。

周总理是第一个最热心的读者。中国新闻社记者访问溥杰先生的时候,他还谈到总理对《我的前半生》初稿提出的一条意见。他说:"溥仪在抚顺战犯管理所写的《我的前半生》,当时是我记录整理的。那时每写一件事后面都跟着一大篇检讨。周总理看后笑着说,不要这样,按历史事实写就行了。"①

周总理当面鼓励溥仪说,你写的东西很有价值,作为未定稿用 4 号字印出来后送你一本,你再改,改为比较完善的。这是旧社会的一面镜子,旧社会结束了,你也转变成为新人。这本书改好了就站得住了,能交代了,别的皇帝就不能交代。

对于修改书稿,总理也提出了方向性的建议,要求溥仪首先要尊重历史,实事求是,核实每一条材料,做到准确无误,更要有战斗精神。总理热情地向溥仪说,你的东西基本上是要向旧社会宣战,彻底暴露。这是不容易的事,末代皇帝肯这样暴露不容易。沙皇、威廉的回忆录都是吹自己,英国的威尔斯亲王也是吹自己。历史上还找不出这样的例子,你创造了一个新纪元。②

彭真看过《我的前半生》书稿,也提出了和总理同样的意见,不赞成把回忆录写成长篇检讨。他说,溥仪是个皇帝,不也改造过来了吗? 他写了《我的前半生》,前一半我看了,检查太多。当宣统皇帝还是娃娃,住托儿所的年龄,有什么罪呀? 列宁说过"上帝允许青年人犯错误",何况是个娃娃,糊里糊涂当上皇帝就算了……③

首长们支持溥仪先生暴露自己,向旧社会宣战,同时也严格要求他尊重历史,实事求是,这正是对待历史的马克思主义的态度。

---

① 王世敏:《溥杰近况》,香港《大公报》1983 年 3 月 31 日。
② 依据 1960 年 1 月 26 日周恩来接见溥仪全家时的谈话内容。
③ 依据彭真 1960 年在一次会议上的讲话内容。

　　回忆当时的情景，溥仪在一封致友人的信稿中十分激动地写道："总理对我的家族说我的学习很进步，说他看见了我的著作《我的前半生》，又说：'你能够用革命精神向封建宣战，能够把你们家里头的老家底全抖搂出来，这很不简单。你们（指我的家族）也许受不了。你们应当向他学习，你们可别扯他后腿。'在午饭时，总理又和我及我的家族讲了许多话，可以说对我家族每个人的教育都是很大的。"①

　　根据周总理指示，由中共中央统战部副部长徐冰具体安排，《我的前半生》草稿很快便用 4 号字排印成为 16 开白皮本，分三册，共印 400 套，呈送中央领导和少数相关人士阅看，请他们提出修改意见。溥仪在 1960 年 2 月初看到这三册稿本后，非常认真地给抚顺战犯管理所金源代所长写了一封信。除了述说他"把前半生公诸于世"的"热烈"愿望外，也反映了他"对自己已写出的东西""不能满意"了。不久，出版社又根据这三册稿本，印制了上下两册的大 32 开灰皮本，限定在政法系统和史学界内部发行。周总理的关怀和鼓励给溥仪增添了信心，公安部办公厅以及出版社负责人也参与了修改书稿的具体安排，他决定"重新思索，重新起稿"，一部震惊世界的奇书，从此进入了从孕育走向成熟的阶段。

　　当然，从 1960 年那本初稿到 1964 年正式出版，又不知费了几番周折，溥仪以及帮助他写作的同志，都付出了巨大劳动。

　　为了这本书的写作，溥仪经常反复地回忆、努力追逐那些早已逝去的时光，以及和这些时间相联系的事件。原来，溥仪有一个好习惯——天天写日记，即便是伪满时期，在日本人的眼皮底下，他也曾记下大量日记。还有其他反映溥仪生平的历史资料。很可惜，那些已被摄取的历史镜头，却又大量地被历史吞没了，溥仪在伪满垮台向通化逃亡前夕，命人全部烧毁了有关自己的纪录影片和照片。

　　溥仪后来回忆说，烧毁影片和照片，"这倒不是为了日寇，而是为了对祖国人民湮灭自己的罪证"，由此，"险些把'缉熙楼'付之一炬"。从历史上看，这是一大损失，对个人也很不利。而更加不利的是，溥仪逃到通化大栗子沟

①　1960 年 2 月 19 日溥仪致金源的信，未刊，原件存中央档案馆。

以后，又命毓嵣和毓嶂把他的一小皮箱亲笔日记，有天津时代的，也有长春时代的，全部烧掉了。这却是防备日本人的一招儿，因为那些日记里面，有不少"忠顺奴仆"抱怨"主子"的话，溥仪怕日本人发现后饶不了他。①

数年之后，当溥仪写回忆录的时候才感到，当年烧掉的东西具有多么珍贵的价值！设想如果溥仪1931年出关那天的日记还能存留，那可以少费多少唇舌，又能让多少读者解除疑惑呀！现在，只能靠回忆了。好在正如周总理称赞过的，溥仪的"记性"还不错，想起不少东西。加上二弟溥杰在特赦前后都努力帮他回忆、记录，并共同讨论、认识一些过去的事件，曾任伪满经济部大臣的阮振铎也帮他回忆了一些情节。

写作过程中溥仪翻阅了大量可供借鉴的历史资料，其中有中央档案馆和故宫明清档案馆（后改称中国第一历史档案馆）的档案资料，有溥仪亲友保存的光绪、宣统两朝的历史文物、文字和照片资料，以及他们的口述记录，而最具价值的资料是摄政王载沣及当年重臣郑孝胥的日记，20年代、30年代和40年代著名遗老张勋、金梁、罗振玉、康有为、胡嗣瑗等人的奏折，还有当年溥仪与吴佩孚、张作霖、刘凤池等军阀之间信函往来的档案资料和战犯管理所提供的伪满战犯及日本战犯供述的资料。溥仪还查阅了报道有关事件或清室新闻的中外报刊，翻译并阅读了在世界各国出版的用英文、日文或中文写成的有关自己生平的著作。

据有人统计，仅在溥仪修改过程中，有关部门和出版社就组织了十六七人帮助他搜集资料，搞到的资料有一吨以上，为了使用方便，协助他修改书稿的人员还编写了几十种专题大事记，字数近百万。② 1962年12月，溥仪出席全国文史资料会议期间还曾前往故宫明清档案馆参观，他写书时翻阅过的那些档案大部存放于此。

溥仪的原则是：以当事人的身份，实事求是的标准，一丝不苟地鉴别并核实所有历史资料，取其实，弃其虚。在《我的前半生》一书初稿和其他手稿中间，溥仪留下了足以说明问题的例证。

在初稿中，溥仪写了"太后的三顿饭"一节文字。对于自幼"生于深宫，长

---

① 溥仪：《我的前半生》第一稿，1958年写于抚顺战犯管理所。
② 吕耀光：《写〈我的前半生〉使用资料一吨》，《北京晚报》1984年8月27日。

于阿保之手"的溥仪,应该是很顺手的,然而他无论如何不能从回忆中找出明确的数字,去说明太后三餐的"丰盛"。后来他看到潘际坰先生所著《末代皇帝传奇》一书,才唤起了溥仪的具体回忆。该书引用了曾在宫中服役25年的老太监信修明写的《宫廷琐记》手稿材料和曾在逊清"小朝廷"内任内务府大臣的金梁写的《清廷史略》材料。前一条材料写"两膳房(指太后和皇帝用的两个厨房)积弊",详细开列了太后每日三餐使用猪、羊、鸡、鸭以及各种主食、鲜菜和调料的比例数字。后一条材料写照明费和燃料的开销,列出了各种蜡和各种炭的消耗数字。溥仪认为这些材料是很真实的,当时皇帝、后、妃都各有厨房、茶房。茶房是专门给太后、皇帝等准备两饭之间吃零食用的一个单位,需要有专门技术,负责给太后、皇帝制造和加工糕点、蜜饯、干鲜水果、糖饴以及各种奶制食品。

溥仪又根据潘书所写宫中层层中饱、上下分肥的事例,联想到自己听说的一个实例:有一个绰号叫"胡吵子"的太监说,宫中例有"尝膳"(即在食前先由指定的太监到厨房遍尝每个菜之后,再把它端到太后、皇帝的面前来,以防有人投毒)制度。可是,太后宫中最有权势的总管李莲英的"尝"法却与众不同,他把太后差不多同等的饭菜成桌地摆到自己的居室,而由他"尝"到肚饱为止。[①]

溥仪把这些资料融会贯通,"太后的三顿饭"一节才得以成篇。不过最后成书时并没有直接采用这段文字,而在此基础上,溥仪进一步扩大思路,同时查阅了宣统元年的《爵秩全览》、《宣统二年九月初一至三十日内外膳房及各处等每日分例肉斤鸡鸭清册》、《宣统四年二月糙卷单》、《宣统七年放过款项及近三年比较》等材料,形成"帝王生活"一节,作为定稿。

溥仪深受其英文教师庄士敦的影响,对这位"洋教习"非常尊崇。溥仪到天津和长春,庄士敦都曾专程前往探望,师生感情可谓欢洽。庄士敦回到英国以后,回忆"帝师"生活,写成《紫禁城的黄昏》一书。他就用这本书的版税,在苏格兰买了一个小岛。晚年在这个小岛上生活,直到"寿终正寝"并埋葬在那里。

---

① 溥仪:《我的前半生》第一稿,1958年写于抚顺战犯管理所。

　　溥仪写《我的前半生》时，参考了庄士敦的著作。当溥仪阅读《紫禁城的黄昏》，发现这位英国老师为了炫耀自己并吹嘘溥仪而歪曲事实时，即在读书笔记上指出这种不实事求是的地方，同时把事实真相写进自己的书中。

　　在《我的前半生》第三章第七节里，溥仪写了"小朝廷"在"出洋"问题上内部冲突的真相。当时王公大臣为了保住"优待条件"和自身地位，一致反对出洋。而溥仪感到处境很危险，同时，为了闯一条"复辟大清"的新路，在庄士敦的引导下和二弟溥杰的支持下，经与荷兰公使欧登科联系，秘密研究了逃出紫禁城的计划。结果，由于以醇亲王为首的王公大臣的发现和阻拦而告失败。

　　庄士敦写这件事的时候故意歪曲事实，他绘声绘色地叙述事情经过，把自己说成与此事毫无关系，说他只给荷兰公使写过信，并没有"参与"溥仪出洋这个"极其孟浪"的计划。其实，与荷兰公使欧登科联络的具体办法正是庄士敦告诉溥仪的。溥仪指出，庄士敦"捏造许多事实，耸人听闻，以显示自己的'高明'"。同时，庄士敦也极力替溥仪开脱。

　　溥仪在自己的笔记上摘录了庄的原文，并逐句加括号予以批驳或澄清："皇帝对这次失败，不如我所想象的那样沮丧，他对这件事的态度更是轻松的（庄只看外表，轻轻掩饰了我的本质）。如果他那时候就想逃出皇宫的束缚，他决不能有这种态度。开始的时候，我对这个感到迷惑，但是在我们的谈话结束之前，我觉得这个计划最初不是他搞出来的（这是歪曲事实），而是另有其人。我相信他不过是听人怂恿，带头干起来罢了（纯粹是臆断捏造，故意为我开脱，而转嫁责任于旁人）。我深信（为什么不说我确实知道，而说"深信"）真正的角色（不仅为我开脱，更主要是为帝国主义者开脱，为某公使开脱），就是那个我不愿提名道姓的亲王，若不然就是幕后还有别人（此言暴露他并不摸底而是胡猜，故作惊人之笔，转移读者视听）。"①

　　括号内溥仪批驳的言辞不但尖锐、深刻，而且极有说服力，他把这件事情的真相写进《我的前半生》一书，从而订正了这段史实。说明作为文史工作者的溥仪，已经站到了历史唯物主义的立场上，站到了客观事实的立场上，站到

①　依据李淑贤1980年向笔者提供的溥仪笔记原件，未刊。

了暴露自己、揭发真相的人民的立场上,他尽到了一个历史见证人和一个文史工作者的责任。

从北京植物园到全国政协文史资料专员办公室,到处都留下了溥仪为修改书稿所付出的劳动。他与奉上级指派参与修改工作的助手一起,在植物园附近的香山饭店,在出版社的工作间里,一章一节地讨论,一段一句地斟酌。谈到在紫禁城内,在天津日本租界,在伪满"宫廷"里的生活环境,他会以速写的笔法很快画出一张草图,以求描绘出历史真貌。谈到日本关东军司令官与自己的关系,他更加谨慎,他的切身体会是,在傀儡的政治地位这一根本性的问题上,日本人是毫不含糊的,对他不会有丝毫的松动,但在利用傀儡发挥其作用方面,还是留有余地的,也能注意到不时地给他一个面子。因此,溥仪发表"政见"时,也从来不敢违背"主子"的大政方针,在桌面上摆出最尖锐的问题。根据这个最真切的体会,他修改了书稿中相关而不确切的叙述。

为了达到精益求精的效果,溥仪和他的助手反复商量研究,决定舍弃第一稿本的骨架,另起炉灶,重新结构,在前后 4 年的时间里数易其稿,其间又两次印行 16 开大字本,在内部征求意见,一次是在 1962 年 6 月,分为上篇、中篇和下篇共三册印出,总篇幅已超过 50 万字,其中仅中篇第七章《玲姑娘——"福贵人"》就有 16000 余字。另一次是在 1962 年 10 月,分上、下两册印出,篇幅与前一次差不多,书后附有《关于光绪"病重"的两封信》等 23 篇历史资料和溥仪的《五十三年大事记》。

许多中央领导人都关注着《我的前半生》一书的修改进程,并在繁忙的工作中随时调阅修改稿,他们都肯定这是一件极有意义的工作,同时也提出了中肯的修改意见。

1961 年 6 月在中南海西花厅,周总理当面提醒溥仪说,你的书还应该修改一下再出版,因为那里边的自我批评太多,事情已经过去,新中国成立 11 年了,中国人民对清朝的残酷统治和压迫,印象已经淡漠,能记得的人不多了,但历史还是要按照事实来写。清朝亡了,说明它不好,这一点历史已经做了结论。

1962 年 1 月在中南海颐年堂,毛泽东在湘味家宴的餐桌旁对溥仪说,你那本书的初稿我看过了,"检查"太多,看了一半就不想看了。你过去是帝王,是压迫人民的,而现在是公民了,是人民中间的一员了。直到 1963 年 11 月

15 日,即《我的前半生》一书出版前不久,毛泽东主席接见阿尔巴尼亚总检察长阿拉尼特·切拉时,还曾谈到他对《我的前半生》一书初稿的意见。他说,现在这本书还没有公开发行,我们觉得他这本书写得不怎么好,他把自己说得太坏了,好像一切责任都是他的。其实,应当说这是一种社会制度下的一种情况。在那样的旧的社会制度下,产生这样一个皇帝,那是合乎情理的。这是毛泽东对书稿提出的一条意见,也是他对一位经历丰富的历史人物的一种看法,是令人信服的理论结合实际的科学评价。这个评价体现了党的改造罪犯的政策以及统战政策,体现了 1959 年公布的那个震动世界的"特赦"决定。

《我的前半生》一书,既凝聚着中央领导同志的心血,又饱含着许许多多人的辛勤劳动。正如溥仪在他的笔记中所写:"我的工作单位给了我种种便利,供给我许多宝贵的文史资料,我在许多外界朋友的热情帮助下,看到了许多图书、档案部门的宝贵材料,得到了许多专门调查材料。有的材料是不相识的朋友给我从珍贵的原件中一字一字抄下来的,有的材料是几位老先生根据自己的亲历目击认真回忆记录下来的。"

溥仪提到的"几位老先生",就包括当时还活着的清宫"小朝廷"时代首领太监张谦和,以及溥仪在天津张园时期的英文翻译察存耆,他们提供并核实了许多重要史料。除此还可以再补充一个例子:溥仪在《我的前半生》一书初稿中,曾写了在抚顺战犯管理所期间的改造经历和思想转变过程,还写了他与其他在押战犯一起,参观抚顺、鞍山、沈阳、长春、哈尔滨等地的观感,怕靠回忆写成的初稿不细不准,由上级指派协助溥仪修改书稿的同志,从 1960 年7 月 18 日开始,用两个半月时间,走访了抚顺战犯管理所和当年溥仪参观过的地方,对所写的人和事进行了全面核实。

溥仪不但在搜集材料过程中得到很多帮助,而且在修改定稿过程中也得到很多帮助。像著名历史学家翦伯赞、侯外庐、黎澍、刘大年、邵循正、翁独健、何干之、杨东莼、李侃等人,都曾参加由全国政协文史资料研究委员会举办的讨论该书初稿或修订稿的座谈会①。他们对该书涉及的历史背景、社会

---

① 这次座谈会由全国政协文史资料研究委员会副主任委员申伯纯主持,于 1962 年11 月 27 日在全国政协礼堂召开。

矛盾、重大事件和重要人物，各自发表了意见，这对溥仪从宏观上把握他所经历的那个时代的本质极为有益。国防委员会副主席张治中、水利电力部部长傅作义、中共北京市委统战部长廖沫沙、北京市副市长吴晗，以及曾经出任远东国际军事法庭审判官的国际法学家梅汝璈等，直接向溥仪提供了书面参考意见。

当接近定稿的《我的前半生》摆放在文学家老舍先生的写字台上时，他在该书封皮内侧写了一段意见："全书甚长，似可略删节。应以溥仪为中心，不宜太多地描绘别人而忘掉中心。"在另外一份相关的材料里，也记载着老舍先生为《我的前半生》一书修改润色的情形："老舍是从文字和写法上提出意见的。他在书上做了文字修改（平均每页均有批改），凡错、别、漏字及有问题的句子大部分作了改正或批上记号，并且指出可以删掉的地方……"这份材料还留下了老舍先生对该书的认识与评价，他说："我对这本书总的印象是很好的。看了之后，认识了很多人，都是原先想不到的；原来那些人是这种样子，很有教育意义。溥仪这个人的变化，真是了不起，真是不容易。"他的这些意见与评价，不但给溥仪的著作增加了光彩，作为富有代表性的满族人士，也给我国满族文学史增添了一段佳话。①

这本书正是在反复修改中不断完善的，只要翻开初稿目录，再与定稿目录相对照，就可以看出，前者的材料是零零碎碎的，想到一件事就立一个题目，许多题目完全偏离了主题，例如"肃顺"、"庚子事件"、"李莲英和小德张"等；前者的结构是不系统的，看不出全书的主要线索，材料之间缺乏应有的内在联系，不能给人以完整的印象；前者在行文上也不统一、不严密。

《我的前半生》一书，从溥仪特赦后又经历了将近5年的漫长修改过程，虽然不能说已经尽善尽美、毫无纰漏，但上述毛病总算是一一得到了克服。因此，当它于1964年3月问世后，便以特有的姿态轰动了世界。

当然，这本书所以能够引起轰动，从根本上说还在于内容，在于"作者溥仪的一生中，到处充满了复杂、离奇的成分"，奇就奇在皇帝写自传是古今中外头一遭，奇就奇在这自传中还充满了自我批评和自我剖析，奇就奇在皇帝

①　《老舍为〈我的前半生〉改稿纪实》，《北京晚报》1984年9月15日。

居然能从金碧辉煌的宫廷平静地走入民间。正如溥杰所说："这本自传式的书，完全是通过他本人的亲身感受，原原本本地写出来的。他怎样由一个普通的孩子，登上了末代皇帝的宝座，怎样在幼年时期度过'人上人'的生活，怎样受到封建的最高教育；怎样形成了他惯于倒行逆施的思想、行动……总而言之，他是把自己所受到的种种污染的重要部分，抱着惩前毖后的心情如实地写出来。"① 如此现身说法，必能使亿万读者得到不同程度的启发和教育，这就是本书的成功之处。

个人经历恰能覆盖溥仪生平时代的著名记者徐铸成，这样评价《我的前半生》一书："在这部回忆录中，溥仪不仅详细地描述了他的家世，记录了他三岁'登极'后的'小朝廷'生活，以及后来

老舍为《我的前半生》改稿纪实

北京晚报　1984.9.15

群众出版社总编辑于浩成在《新文学史料》1984年第3期发表《老舍先生为〈我的前半生〉改稿一事纪实》，文章说：

我清楚地记得出版社编辑部曾将《我的前半生》初稿送请老舍先生审阅提意见，特别是在语言文字方面提出宝贵意见。在出版社书籍档案中还保存了两份材料，可以大体上说明一些情况。

一份材料的题目是《老舍谈"我的前半生"》，是李文达手写的一份谈话记录，谈话时间是1962年11月26日。记录中记载老舍在《前半生》的封皮里写了

全书甚长，似可略删节。应以溥仪为中心，不宜太多地描绘别人而忘掉中心。

以及其它意见。另一份是铅印的材料《各方审阅〈我的前半生〉书稿的意见》，是群众出版社编辑部1962年12月6日印发的。其中有一段是老舍先生审阅书稿后的意见：

老舍是从文字和写法上提出意见的。他在书上敬了许多文字修改（平均每页均有所批改），凡错、别、漏字及有问题的句子大部分作了改正或批上记号，并且指出可以删掉的地方。……

他最后说："这部书总的印象是很好的。看了之后，认识了很多人，都是原先想不到的，原来那些人是这种样子。很有教育意义。溥仪这个人的变化，真是了不起，真是不容易。"

溥仪这部自传的成书和出版包括了许许多多人的辛勤劳动，其中也有老舍先生的一份功劳。这件事情给《我的前半生》增加了光彩，而且也给文坛，特别是我国满族文学史增添了一段佳话，因为老舍先生和作者溥仪都是满族人。　　宇摘

1984年9月15日《北京晚报》刊出《老舍为〈我的前半生〉改稿纪实》

如何被日本军阀、浪人挟持到东北当傀儡的经过，而且相当坦率地记述了他各个时期的复辟阴谋和阴暗心情，包括他对人民的敌视，对侵略者的献媚，以

---

①　溥杰：《古今中外的奇事》，《群众书讯》1984年3月30日。

及对共产党的仇恨、恐惧，乃至在挽救他时还百般怀疑、欺骗的经过，都直言不讳地写了出来。这本书的可贵，不仅因为撰写者的特殊地位——中国两千多年封建专制统治的最后一个皇帝，后来又被日寇扶植为侵略中国的工具，可以提供别人所无法提供的宝贵史料；而且能够以'觉今是而昨非'的悔恨心情，把他近五十年在旧社会的亲身经历和所见所闻，包括宫廷生活和王室、贵族制度，以及遗老遗少、军阀官僚、流氓骗子和外国侵略者等各色各样的反面人物的嘴脸，细腻而生动地描绘了出来。它像一面镜子，反映出解放以前各个时期最黑暗的剖面，也反映了中国人民在黎明前所经历的深重灾难。"①

1965 年出版的《伦敦东方及非洲研究学院公报》载文反映了英国学界对《我的前半生》一书的评价："溥仪自传的出版，不仅对于汉学家和史学家，而且对于社会学家和政治学家来说，都是一个非常重要的大事。因为书中包含着十分丰富而宝贵的资料，涉及中国的昨天和满洲朝廷中特别是作者本人的生活，以及中国共产党人所采用的政治教育方法。本书是难能可贵的文献，它是第一本中国君主的自传；这位君主的一生，始自爱新觉罗的封建王朝，迄于毛泽东的共产主义。在人类历史上的国王和皇帝中，无人有过像他这样变化多端的经历。就凭能够如此历劫不死，他本身就与众大不相同，由于他的书的开诚布公的态度，他对一劳永逸地消除落后人们脑子里所有关于'龙种'的神话，给予了一臂之助。"又说，"本书在历史事实上也是准确可靠的。细节都经过仔细核对，事件巧妙地编排得顺畅有序，每一事实和观点都经过掂量并用历史唯物主义来作出解释。"②

还应该谈到的是，当时担任国务院副总理兼外交部长的陈毅元帅，也非常关注溥仪这本书的外文版的出版。他指示外文出版社昼夜兼程，突击翻译，加班印制，迅速出版了该书的英文版和德文版，嗣后又陆续出版了日文版、匈牙利文版、意大利文版、法文版、阿拉伯文版、乌尔都文版、印度文版、西班牙文版，其中有的由我国自行翻译出版，有的由外国直接翻译出版，与

---

① 徐铸成：《溥仪其人其事》，《旅游》1979 年创刊号。
② 《中国的末代皇帝》，转引自《群众书讯》1983 年 3 月 30 日。

此同时,中文繁体字版也在香港和台湾①发行了,《我的前半生》就这样走向了世界。②

五、给后世留下信史

文史资料专员溥仪在工作上有一股执著追求的进取精神。

周总理亲自为溥仪和他的同事们安排了适宜的工作,大家的心情是愉快的、舒畅的。在不长的时间里,每位专员都作出了自己的贡献,溥仪也写出了他的回忆录。可是,人们顺利时往往也会遇到波折,近现代史料最大的特点就是涉及许许多多活在世上的人,要不要为贤者讳? 为亲者讳? 为自己讳? 面对这严肃的课题,有人怯笔,有人彷徨。大家都认为溥仪感激党的心情最真诚,然而,连他在这个应否避讳的问题上也曾苦闷、犹疑过。还有其他问题随之而出,一位专员在他撰写的回忆录中列出他曾向蒋介石建议的作战方案,言外之意甚明:如果他的方案不被否决,国共内战胜负未卜。在这里,显然流露出不服气的思想。

周总理总是在关键时刻出现。1965 年 3 月 18 日,总理在四届政协第一次常委会上作了一个半小时的重要讲话。总理强调说,工作方向要对、要存真,实事求是,又说,文史资料要搞好,对以后研究历史很有帮助,不要哗众取宠,故作惊人之笔。

总理讲话传达后,文史资料研究委员会下设的几个组都热烈地进行了讨论,溥仪所在的北洋组也于 3 月 29 日、4 月 29 日和 5 月 8 日,3 次讨论了总理的讲话。文史资料研究委员会副主任兼北洋组组长沈德纯说:"总理讲文史资料要'存真',存真并不容易。有人是不想拿出第一手材料的,拿出来要暴露他自己。例如某某就不愿意写某次惨案是他下令开枪造成的。"在讨论中,各组都表示要实现总理的希望,从 52 辑开始就来一番改革。为此,北洋组对

---

① 台湾金川出版社发行该书时删掉了书中关于"改造"的内容。
② 依据《外文出版社翻译出版情况》和《〈我的前半生〉国外翻译出版情况》,《群众书讯》1984 年 3 月 30 日。

组稿和审稿都重新做了安排,溥仪也热烈地响应总理的号召,他把总理的指示抄在本子上,积极地投入了工作。

为了提高《文史资料选辑》的质量,溥仪参加了制订新的组稿计划工作。根据北洋组领导的安排,先请专家何干之搞一个系统的历史提纲,再由溥仪等熟悉这段实际情况的人员制订具体组稿计划。

溥仪认真研究了何老的提纲,充分地提出了自己的意见。他认为必须在薄弱环节和空白点上加强组稿,还多次提出具体的组稿题目,有一次他提出下列各题:清帝退位前的御前会议;小站练兵;袁世凯和奕劻的关系;袁世凯与小德张的关系;清廷罢黜袁世凯的经过;小德张与奕劻的关系;宋教仁被刺及赵秉钧之死;袁世凯与朱尔典的关系;赵恒惕与吴佩孚的关系;张勋徐州会议。溥仪每提出一个题目都经过认真的思考,反复斟酌。

在溥仪遗留的工作笔记上,他曾记下"清室王公内部矛盾"这样一个题目,同一页上还保存着他对这个题目反复推敲的痕迹,从那些横竖不一、显得乱糟糟的字,可以看出他正思考中的关于上述题目的几个要点:第一,贪污;第二,溥伦在"洪宪帝制"活动中与袁世凯的关系;第三,溥伟的皇帝欲;第四,辛亥革命后清室活动内幕。笔记中也有关于组稿对象姓名的记载,溥仪正充分利用自己的种种优越条件,把组稿工作做得更好。①

溥仪还积极参加了拟定审稿条例的工作,并提出了一些建设性的意见,例如他认为审稿应在工作中善于发现线索,澄清史实。他留下的笔记资料能够证明,在讨论和制订《文史资料工作若干问题的意见》的过程中,也发挥了自己的一份作用。作为新中国第一代文史资料工作者,溥仪所做的,不少都是开创性的工作。

1965 年,溥仪已经是一个进入晚期的癌症患者了。他不得不施行切除左肾的外科手术,身体更趋衰弱;他也不得不长时间住在医院的病床上,离开心爱的文史工作;他还不得不遵医生之嘱,居家静养,而不准许跨进那熟悉的专员办公室……他真着急呀!

文史工作者溥仪身患绝症以后,没有躺倒,没有颓废,他与病魔争时间,

---

① 王庆祥整理注释:《爱新觉罗·溥仪日记》,天津人民出版社 1996 年版,第 297—339 页。

与生命争工作,活得那么顽强。溥仪这个时期的日记令人感动。

1965年4月26日:上午审稿6件后交张述孔复审,我又审新稿数件。

1965年7月2日:杰二弟和郑庭笈来,谈到沈老让他们转达给我的话:"老溥可安心休养,不要急于上班。"

1965年7月27日:上班。领导都关心我的身体,劝我继续休息一段时间。

1965年7月28日:看书。我向领导要求参加摘写卡片。

1965年8月23日:审旧稿。邀溥雪斋来办公室,谈对商衍瀛遗稿中有关珍妃事迹的质疑。

1965年8月25日:下午,看《关于文史资料工作若干问题的意见(草案)》。现在征求各组意见,以备修改。

1965年9月1日:上午,北洋组讨论《关于文史资料工作若干问题的意见(草案)》。大家对征集史料的范围、重点,以及组稿等问题都提出了修改意见。张述孔和沈德老作了说明。

1965年10月8日:下午,各人分别制订组稿计划,拟定题目和写稿对象。按分工,我和溥杰负责清末部分,要求下星期四把计划交给沈老,星期五讨论。

1965年10月12日:上午,到溥雪斋家,见到他,向他组稿。

1965年10月27日:上午,北洋组研究,准备召集担任过中国国会议员的人开个座谈会。

1965年11月20日:上午,同张述孔一起整理北洋时期稿件的分类和编目。

1966年2月10日:从本日起,在政协召开文史资料研究委员会全国会议。

1966年4月29日:下午到协和医院和吴德诚见面,我要求上班,请吴写一证明。

1966年4月30日:到政协见沈老,申老适来。又遇李金德秘书长,约到党委办公室谈话,张刃先亦来。组织上让我暂不上班,如可能,只参加学习。沈老又说,可以不发言,听听。还说,你应保养身

体,我们如果对你的身体照顾不好,会受批评的,总理很惦念你。我
要求上班,张刃先让我听大夫的话,暂不工作。他说,等你病好,你
想不工作,我们还要叫你工作呢!

关于溥仪对本职工作的热爱和对办公室的深厚感情,沈醉在自己的回忆
录中曾有一段轻松愉快的说明,可与溥仪日记相佐证:"还有一年冬天下大
雪,政协领导担心我们这些专员们上班时滑倒跌坏,便要我们不要上班,和学
校一样放寒假(夏天我们也放暑假的)。有少数人觉得在家里反而不如上班
好,因为在家都是当了祖父的人,说话和举动都得有点做祖父的派头,而上班
和同事们在一起,便百无禁忌,天南地北随便乱扯,过去吃喝嫖赌的事也无所
不谈,所以专员们凑在一起总有谈不完的话。我住得很近,感到家里还不及
办公室温暖舒适,总是早点去收拾一下办公室,看看书报,审查旧军政人员写
来的文史资料,核对一下与当时的历史事实是否有出入等等,这就是专员们
一天的工作了。溥仪住得也不太远,他也是在家呆不住,放假也爱来来,愿意
坐坐便坐一会儿,想回去就可以走。"①

溥仪和他的专员同事们把身心融入本职工作中,从而获得极大的乐趣,
通过实践的锻炼,觉得这脚下的路正越走越宽。他们谁也没有忘记曲折的个
人经历,但已经懂得:一定要给后世儿孙留下一部信史,得以从那曲折的经历
中引申出光明的未来!

---

① 沈醉:《皇帝特赦以后》,香港《新晚报》1981 年 4 月 11 日。

第四章
黄昏之恋

过去，我从来不懂得什么叫做友谊，更不懂得什么叫做
爱情。只有"君臣"、"主仆"，没有"夫妻"、"朋友"。如今我
有了朋友，有了真正的伴侣。1962 年的五一节，我和李淑贤
建立了我们温暖的家，这是我平生第一次有了真正的家。

——爱新觉罗·溥仪

一、前半生的婚姻悲剧

溥仪在他的前半生中，先后娶了 4 位妻子，而在爱情的舞
台上却始终扮演了一个悲剧的角色。

溥仪的皇后——郭布罗·婉容，字慕鸿。她是达斡尔族
人，原籍黑龙江省东布特哈莽鼐屯（今讷河县龙河乡新生活
村），其曾祖父长顺曾任清代吉林将军，其父郭布罗·荣源曾
任小朝廷"内务府大臣"，其母爱新觉罗·恒香乃是皇族毓朗
贝勒的侄女。婉容恰和溥仪同年，册封为皇后时年方 17 岁。
这位出身高贵的名门闺秀，是旗人中闻名遐迩的美人。她杏
眼玉肌，黑发如云，亭亭玉立，姿色迷人。婉容不但相貌娇

好,而且仪态不凡:举止端庄,谈吐文雅,棋琴书画样样都通,是百里挑一的有教养的才女。

这位晚年极其悲惨的中国末代皇后,是 1922 年 12 月 1 日入宫的,但她所进入的决不是一座幸福之宫。

婉容是一个时髦女子,曾从美国女教师任萨姆学习英语,溥仪还特意为她取了一个英文名字:伊丽莎白,与英国女王同名,真够"摩登"的。有人谈到婉容在清宫中的生活时,说她"打扮得很漂亮,开汽车,坐摩托脚踏车,讲英语,有种种招摇的行动……大有明星皇后的资格"。这未免夸张,但可以想象当年婉容的"摩登":一位美丽的少女,骑一辆德国或东洋的小赛车,或是骑一匹四川好马,在紫禁城的高大围墙之内驰骋,谁能相信竟是一代皇后呢? 头几年溥仪和婉容的感情还好,当皇后和淑妃文绣之间发生矛盾或钩心斗角的时候,婉容总能得到皇上的偏袒。

然而,这一切都是虚假的。宫廷的皇后生活本来就极其乏味和苦闷,婉容不愿意脱离宫廷,是因为太看重"皇后"的身份。自从溥仪被驱逐出紫禁城,婉容就已失去了"皇后"的名分,却依旧保持着她那极端强烈的虚荣心。1934 年 3 月 1 日,溥仪披戴上特意从北京取来的龙袍龙冠前往杏花村祭天,即位称"康德皇帝"。当时自然是热闹非凡,却没有婉容的一席之地。因为日本人说她的父亲曾经商,自降了门第之格,不堪皇后之显。可婉容则并不示弱地采取了行动,在"康德"即位的次日,邀请全城的满蒙贵妇,参加她所举行的茶话会,名为庆祝,实则借以证明自己的身份。①

可是,"身份"消除不了心灵的空虚和寂寞。自从婉容挤走文绣,他们中间的裂痕已经无可弥补得愈来愈大了。溥仪想起这事就要怪婉容不好,对她逐渐反感,很少和她说话,不愿意听她述说自己的心情、苦闷和愿望。有时溥仪也到婉容卧室坐一会儿,一到夜深便拂袖而去。他没事儿似的走了,婉容可气得发疯,没有别的办法发泄,便把屋中陈设物品东扔一个、西扔一个。无限的空虚、冷漠和寂寥在婉容的内心郁结成疾,久而久之精神失常了,起初还很轻微。

---

① 时敏编:《还我河山》第 7 章,中国自强学社 1933 年版。

对婉容来说,致命的伤痛与其说是来自溥仪,不如说是来自伪满,来自囚徒般的人身束缚和侮辱性的政治压抑。婉容很快就发现,原来她钻进了新的鸟笼子。溥仪后来在东京国际军事法庭谈到伪满的人身束缚时,虽然没有使用"鸟笼"一词,却说出了"老虎嘴"几个字,他说,尽管婉容曾作最后一次绝望的、争取自由的搏斗,"但我的头已经伸进了老虎嘴里",没有退路了。

失去自由又没有退路的婉容,"无聊得直淌眼泪,除了睡觉,时间都花在一支接一支的烟卷上,花在和贴心的仆人闲聊上。每天下午抽鸦片,房里烟雾缭绕,浓重的甜甜的鸦片烟味让人喘不过气来,那空气仿佛可以用刀砍得开……"从当年外国记者的描述可以想见,一个失去自由的人多么痛苦! 作为女人,婉容承担的太多:丑恶的现实、病态的心理,再加上一个不健康的丈夫!

"长时期受着冷落的婉容,她的经历也许是现代新中国的青年最不能理解的。她如果不是在一出生时就被决定了命运,也是从一结婚就被安排好了下场。我后来时常想到,她如果在天津时能像文绣那样和我离了婚,很可能不会有那样的结局。"溥仪在《我的前半生》一书中继续写道:"后来她染上了吸毒(鸦片)的嗜好,有了我所不能容忍的行为。"

溥仪本想废掉"皇后",却不料受到日本关东军司令官菱刈隆的干预,自己当不了家,离婚不成。溥仪又想出以赴旅顺"避寒"为名甩掉婉容这个包袱的主意,为此伪满宫内府已在1935年1月14日发出"第一号布告",结果被婉容本人看破,她不肯去旅顺,也只好作罢。

溥仪惩治婉容的最后一招儿就是打入冷宫。那是比珍妃囚居之所还要冷的真正的冷宫,她的一举一动都处在不堪忍受的监视之中,连娘家亲属也一律不许进宫会面了。从1935年到1945年,可怜的婉容在人间地狱般的冷宫中度耗了漫长的10年光阴。"皇后"成了盘旋在伪宫上空的幽灵,经受着毒品的无情摧残,花容月貌的婉容凋败了,变得谁都不敢多看一眼,不忍见她一脸烟容,一身孱弱,人不人鬼不鬼的模样。

到伪满末年,她的两条腿已不会走路,甚至完全不能动了,她的眼疾也几乎近于失明,由于常年圈在屋中,双眼均不能见光,看人时以折扇挡住脸,从扇子的骨缝中看过去。谁能想象这便是当年那个倾国倾城的"明星皇后"呢?

1946年6月20日晨5时,婉容病死在延吉,结束了抑郁、痛苦的一生。

溥仪的淑妃——鄂尔德特·文绣，又名蕙心，比溥仪小 3 岁，是满洲鄂尔德特氏端恭的女儿，当她刚刚 14 岁的时候，就在清宫的最后一次"大婚"中与婉容一起入宫了。

淑妃入宫的程序比皇后简单很多，按清朝祖制，文绣应在大婚前夕入宫，以便皇后入宫时行跪迎之礼。溥仪还算开通，临时传谕免去了跪迎的仪式，但是这个天真烂漫的少女，并没因此得到幸福，事实上一踏进那红色的高大围墙，便失去了一切自由。她在一篇短文中自比为"悲鸣婉转"、"奄奄待毙"的"哀苑鹿"，她说："……鹿在园内，不得其自由，犹狱内之犯人，非遇赦不得而出也。"说的确属实情。

如果说末代皇后婉容的命运已很悲惨，文绣的处境更为艰难。这位老实厚道的妃子，还不得不常常对霸道的皇后的欺侮表示容忍。皇后与皇妃互相妒忌，这本来是情理中事，可她们常发生公开的对抗，甚至逼"皇上"出面"断官司"，却是历代后宫中少有的事！

文绣进宫第一年，溥仪对她还算可以，给她聘请了汉文和英文教师，有时也到她住的重华宫去聊聊，还关心文绣的学习上进。逐渐地这种情况起了变化，在婉容与文绣的钩心斗角之中，溥仪越来越偏袒皇后，而与文绣日见疏远。正如溥仪自己所说："差不多我总是和婉容在一起，而经常不到文绣所住的地方去。"

总之，溥仪对婉容和文绣已经产生了感情上的差异，这种差异又逐渐发展。据溥仪回忆："……到了天津，这种'厚此薄彼'的情形，也就更加严重起来，当时文绣的处境确实很痛苦。有一天，因为某件小事，婉容误会文绣是在诉骂她，就要求我派遣手下佣人，郑重其事地到文绣处'奉命斥责'。文绣受此不白之冤，便要到我住的房间来，向我当面诉苦，而我却狠心地给她来个'拒而不见'。同在一个家庭之中，同住一幢楼房之内，竟会形成'咫尺千里'般的人为隔绝，真是现代人头脑中不易理解的怪事。"①

论外貌，文绣的确不如婉容美丽。我们曾看到她的这样一张照片：在隆起的发髻上插了三片玉饰，就像戴了三朵白花。一张椭圆形的脸，显得有点

---

① 溥仪:《我的前半生》第一稿,1958 年写于抚顺战犯管理所。

儿胖,眉毛浓重而眉梢扬起,眼睛不大不小却似乎缺乏神采,口鼻之间也不像婉容那么秀气。但是,文绣性格倔犟,向往自由和独立的生活,而不愿做豢养在御园中的囿鹿,从这一方面说来,她又是远远超过了婉容的。如果说,婉容是太看重了她的"皇后"身份,那么,在文绣的思想深处,则有一个比"皇妃"的身份更重要的东西,这就是自由。她要求有一个普通人的家庭生活,然而,她这一合情合理的正当要求,在帝王之家却根本得不到满足。

这正如后来的小报上所载的,"文绣自民国十一年入宫,因双方情意不投,不为逊帝所喜,迄今九年,独处一室,未蒙一次同居。而一般阉宦婢仆见其失宠,竟从而虐待,种种苦恼,无术摆脱。"①

带着一种叛逆的思想,文绣曾几次自杀,未能遂愿,终于在1931年8月25日,由胞妹文珊陪伴,离家出走,并自请律师,毅然到天津地方法院投诉,要求与溥仪离婚。当时,《皇妃离婚》《清废帝闹婚变》的头条社会新闻,轰动了海河两岸,成为华北老百姓茶余饭后的一大话题。

文绣的行动惹怒了当时从长城内外到大江南北的封建遗老遗少,那些封建礼教的卫道者们,如黑云压城般向这位不愿再当皇妃的青年女子压了过来,而打前阵的"勇士"不是别人,却正是文绣的族兄文绮!妹妹受苦,他无动于衷,但"皇上受辱"他却暴跳如雷了。

文绮一而再地在报纸上发表给文绣二妹的信,大骂她"糊涂万分,荒谬万分",甚至说她是受人怂恿,为了几个"赡养费",可以说是坏话说尽。其实,溥仪后来付给她的5万多元赡养费,中经律师、家人和中间人等层层克扣,实在已经所余甚微了。②

文绣离婚后,返回北平娘家,当过小学教员,成了一名自食其力的公民。那笔"赡养费"也被人骗光,竟沦落到在街头摆摊卖烟卷,至1946年改嫁一个国民党军官,新中国成立之后成为"反革命家属",1953年死于惨境,享年45岁。

溥仪后来忆及文绣时,不无感慨和内疚地写道:"现在想起来,幸亏她早日和我离了婚,到后来才没有成为婉容第二。我认为这不但是她的一个胜

① 《庸报》1931年9月7日。
② 《北平晨报》1931年8月29日。

利,也是她平生幸福的一个起点。"①

溥仪与文绣离婚之报道

溥仪的"祥贵人"谭玉龄(原名他他拉·玉龄),是在婉容被打入冷宫后,由溥仪的亲属在北京替他挑选的,1937 年结婚时只有 17 岁,正在北京的中学堂里念书。

贝勒毓朗的女儿立太太,向溥仪介绍谭玉龄时用的那张全身"玉照",一直到这位皇帝成为公民之后,还完整无缺地保存在一个透明的赛璐珞票夹内,并且贴身携带,由通化带到伯力,又从伯力带回抚顺,最后带回北京,说明溥仪对谭玉龄的怀念之情是极其深切的。

今天人们还可以清晰地看到照片上那位少女的模样:一位满脸稚气的初中女学生,站在花园内"月亮门"前,梳着齐脖短发,穿着 30 年代流行的短袖

---

① 引自傅功清的回忆资料。

旗袍,两只裸露的小臂很自然地交叉在胸前,白皙的脸上很文静地微露笑意。照片的背面是溥仪亲笔写下的几个字:"我的最亲爱的玉龄"。见到那工整而秀气的字体,就不难想见溥仪对他的"祥贵人"倾注了多少爱慕和柔情。

溥仪为册封谭玉龄而在1937年4月6日(旧历二月二十五日)举行了册封典礼,正如溥仪所说,这以后就像养一只鸟儿似的把她养在宫里,一直养到1942年8月13日死去为止。当然,与婉容、文绣一样,溥仪也为她延师施教,陈曾矩一直是她的汉文老师。

谭玉龄入宫后,溥仪立命腾出原为召见室的缉熙楼一楼西侧几个房间归她使用。卧室南窗下摆着一张双人用沙发软床,床前挂着芭蕉叶式的幔帐,而靠北墙放着一张赐宴用的小桌,从整个布置看,典雅、大方。溥仪常在白天到这房间来,与谭玉龄说说笑笑,却气坏了东侧房中的婉容,那个独处空闺、冷冷清清的泪人,天天闻听皇上的笑语,却年年不见"圣人"的金面,何等可怜!

溥仪很喜欢摄影,伪满垮台后曾有人根据从宫中散落的《相片玻璃版簿》统计过溥仪留存的照片,其中谭玉龄露脸的照片要比婉容露脸的照片多几倍,可见溥仪是喜欢谭玉龄的。

随着历史的颠簸,今天已无法找到那些三四十年代的镜头了。幸运的是还有这样一张照片保存下来:画面上的墙壁镶嵌着深棕色的木制围屏,地面上铺着带有菱形大花的地毯,房间中央放一把软座靠背椅,谭玉龄就侧坐在这把椅子上。她没有把头发像满族女人那样高高地隆起在头上,而梳着当时流行的式样,左耳旁插着几朵小花。两弯细细的眉,一张俊美的脸。右臂自然垂放在椅背上,那腕上的金表和指间的戒指闪闪发光。左臂弯曲地靠在身前,而那白色带小方格的短袖旗袍一直垂拖在地毯之上。整个画面的气氛并不是"皇妃"的森严,却充满了年轻人的朝气。

这张照片是溥仪保存下来的,20年之后当他和李淑贤结婚时,为了表示爱情的忠贞和专一,他决定把这张照片交给李淑贤,让她烧掉。但是李淑贤没有这样做,历史就是历史,为什么要烧掉呢?于是,她代替溥仪担负起保存它的责任。

凡是见过谭玉龄的人,都说她既时髦,又稳重,虽说入宫时不过是十几岁的孩子,却长出一副成年人的模样,文静而通情达理。

据溥仪自述,他和谭玉龄感情甚笃。"祥贵人"性情温柔,对溥仪体贴入微,宛然解语之花,使这位处在日本关东军控制之下的傀儡皇帝格外喜悦。有时溥仪受了日本主子的气后,回到寝宫时心情烦闷而暴躁,往往无缘无故地对谭玉龄大发脾气,有一次甚至把"祥贵人"身穿的旗袍撕得粉碎。然而谭玉龄不仅能够容忍,而且还能劝慰丈夫,使他心平气和。因此,对于前半生中的4个妻子,溥仪最喜欢"祥贵人"。可惜好景不长,仅与"皇帝"过了5年"恩爱生活"的谭玉龄,却病死于22岁的华年。

溥仪深信谭玉龄系被日本军国主义分子暗害的,这不是没有根据。40年代的东洋医学水平,把一个患伤寒病的女子,在一夜之间就治得呜呼哀哉,当然是一件十分奇怪的事。更何况日本顾问吉冈安直一向认为谭玉龄有"反日思想",怕她影响"皇上",对她相当反感。

谭玉龄死后,溥仪决定行使"皇帝"的特权,追封谭玉龄为"明贤贵妃",并择定"吉日",举行册封仪式,亲自书写了"封谭玉龄为明贤贵妃"的谕旨,放入"贵人"棺内。丧礼参照《大清会典》的记载,按"贵妃"丧礼之格进行。溥仪还传谕,命载涛为"承办丧礼大臣",特地从北京赶来主持丧仪。

在帝王身上,往往缺乏那种人间的感情。溥仪对婉容、对文绣可以说是冷漠的,近于残酷的,而他对谭玉龄却很难忘情。谭玉龄死后,溥仪命将她的卧室原样保存,直到伪满垮台始终不用,借以寄托哀思。

溥仪在逃亡中,甚至被俘后也没有忘记停放在长春护国般若寺内谭玉龄的遗体。有位记者不知从哪里探得消息,在1946年8月,相当准确地报道了下面一段话:"(谭玉龄)死后遗体厝于般若寺,派有专人看守。至光复,溥仪被迫走通化,对此死贵人仍眷恋不舍。嘱看守人遇有必要,可以火葬之。之后,溥仪被俘去苏,仍嘱从苏联归来的人带信,命将贵人遗体火葬。看守人得信,据云已照溥仪之意办理,骨灰或许仍为溥仪保存云。"①

事实正是如此,谭玉龄的骨灰被送到北京的族人家中。溥仪特赦后便恭敬地又把骨灰接回自己家中,可他虽让李淑贤看过照片,却不肯告诉她还有骨灰的事。由此,还引出一段故事来呢!李淑贤回忆说,有一次她在溥仪存

---

① 《中央日报》1946年8月。

放杂乱物品的小屋里看见一个木匣，就问溥仪是什么盒子？溥仪这才告诉她是谭玉龄的骨灰。李淑贤觉得有点儿害怕，1962 年 7 月的一天晚上，忽然梦见从小屋里走出一个女人，穿一身雪白的衣服，还披着轻纱。只见这女人一直向床上摸来，面目也越来越真切，和她见过的那张谭玉龄的照片一模一样，吓得她大叫起来，一下子惊醒了身边的溥仪。李淑贤醒过来，才知是做梦，竟吓出一身冷汗，连褥单也湿了。溥仪问她，她就说出了梦中的情景，溥仪才决定把骨灰盒送到小瑞家存放。[①]

　　谭玉龄尸骨未寒，溥仪出于政治上的"自卫"，又匆匆忙忙把李玉琴娶进伪满帝宫，"册封"为"福贵人"。当时溥仪悲痛异常，本来无心再作"新郎"，可是吉冈却死皮赖脸地拿来许多日本女子的照片，强迫溥仪从中选择。溥仪担心：娶一名日本妻子，无异在床头替关东军司令官安一个耳目，遂决定找一个年幼的中国女孩子作为结婚对象。吉冈居然给他拿来 60 多张当时伪满中、小学校的女学生照片，供其挑选，结果选中了南岭女子国民优级学校的李玉琴。当年她才 15 岁，是个小学生，既不懂人情世故，也没有社会经验，溥仪仅仅是把她当做任意摆布的家庭玩物而纳入"宫闱"的。

　　关于溥仪选"妃"的过程，作为目睹者的毓嵣回忆说："李玉琴进宫前，吉冈安直送来成册的女子照片，每张照片下还贴着一张卡片，上面写着该人简历。吉冈走后，溥仪就把我们几个'宫廷学生'叫到书斋，一页一页翻着，让我们帮助他挑选可心的人。有的指着这张照片说'看样子挺忠厚'，有的指着那张照片说'此人一定老实'。然而，别人看好的溥仪全没相中，最后还是他自己选定了李玉琴。因为看这张照片，她天真、单纯、幼稚，这正是溥仪所需要的，而且简历上显示，这是个年龄最小的孩子。"[②]

　　溥仪的这种选择决不是在正常心理状态下作出的，如果说 1937 年的溥杰婚姻是"政略婚姻"，那么 5 年后的溥仪婚姻则是另一种意义上的"政略婚姻"。从前一次婚姻中日本人想捞到点儿什么，而后一次婚姻则是溥仪存心防备日本人的捞取。李玉琴便是这种"政略"旋涡中的牺牲品。

　　李玉琴的"册封"典礼颇为新颖，并未全照清宫旧规办，按旧制要行"六肃

---

　　① 　依据李淑贤的回忆资料。
　　② 　依据笔者 1981 年采访爱新觉罗·毓嵣先生的笔记。

礼"，而伪满已改为"三跪九叩"了。早年册封谭玉龄，在"贵人"二字前加了一个"祥"字，溥仪希望贵人能带来吉祥，如今又要册封李玉琴，应在"贵人"二字前冠以什么字呢? 溥仪看了胖乎乎的玉琴一眼，对她说:"你是很有福气的，就叫福贵人吧，以后遇到什么不吉利的事情，用你的福就可以克住了。"其实，能谈到什么"福"呢? 有一张"福贵人"当时的照片留了下来:她站在大朵大朵的盆栽后面，穿着带有一片片树叶形状面料的深色旗袍，刷肩短发又厚又密，白胖胖的脸微笑着，五官端正、憨厚，一个多么淳朴的女学生。然而，当她住进富丽堂皇的宫殿之后很快就明白了，这宫殿就是一座监牢，把一个天真活泼的小姑娘禁锢起来了。

溥仪每娶一个"妃子"，都让她写"笔据"，也就是立规矩，对李玉琴尤为苛刻，显然是因为她"出身贫贱"。溥仪命李玉琴在佛前焚烧的便是这份笔据，他后来曾从自我批评的角度，对这份笔据作了如下说明:"我为了完全控制她，首先订出了让她永远不能翻身的21条，主要内容是:强迫她必须无条件地完全遵守清王朝的祖制;必须从思想深处绝对服从我，一切言语行动都得顺从我的意旨，任何事情都不得擅自处理，即使与父母通信也要先得到我的批准;要以'三从四德'、'三纲五常'的封建道德为准绳，忠实地伺候我一辈子;只许我对她不好，不许她对我变心，即使思想上偶然起了不该起的念头，也得立即自我揭露并向我请罪，否则就是'大不敬'，要甘受处分;不许给娘家人求官求职，不许回家和亲人见面;不许私蓄一分钱，不许干预政治、打听外事;不许撒谎，不许隐瞒，甚至还有见我不许愁眉苦脸之类。总之，都是束缚她，防范她的办法，从肉体到精神都作了周密的规定。对李玉琴的父、母、家属也制订了6条限制办法:不许他们对外泄露和我的关系;不许求官、求职、求金钱;不许来看望李玉琴，也不许李回家探亲;不许假借我的名义办事;如果我有什么命令必须绝对执行。"

溥仪为她制定的守则有21条之多，而其内容却可以用一句话来概括，那就是:对皇上必须绝对服从。此外还有更让李玉琴感到痛苦的专为她的娘家家属所订的6条。那正是让李玉琴与自己的亲人断绝情义的"规矩"。不准她回娘家，父母来探望女儿也必须经过御笔朱批，才能在宫中会见。

据李玉琴后来回忆，她这个听任溥仪摆布的"宫廷玩物"，每天的任务就是伺候溥仪，使他高兴。"他有时说:'唱个歌给我听!'我就得唱一个。我还要每天听他讲庭训格言、佛经,听完之后还要我复述一遍,讲不好,溥仪就生气。有时候关上灯,叫我跟他'打坐',一坐两小时,坐着坐着我睡着了,他又是生气、骂我。"

"每逢佳节倍思亲",愈是来到年关节期,李玉琴愈是思念父母兄弟姐妹。她说:"在宫里过第一个春节,我非常想念娘家,娘家虽穷,但一家人相互间真诚、和气、团结、欢乐,决不像宫廷生活那么空虚,那样虚伪,见面只有无谓的应酬话。"①

溥仪回忆当年那段生活说:"我和李玉琴结婚以后,仍把她看做是一个无知无识的小孩子,摆出一副封建专制的君主和家长的威风。高兴时就去搭理搭理她,不高兴时根本不把她放在眼里,有时还严厉呵斥她,后来索性不和她同居。因此,我们两人之间根本谈不到一般夫妻之间的情感,换句话说,我和她的关系,也就是统治者和被统治者的关系,是用压力凑合到一起的。"②正是这种没有爱情基础的婚姻关系,终于酿成了15年后的离异。

溥仪在沈阳机场成了俘虏,被苏联红军押赴伯力以后,与李玉琴长期断了音讯。在艰难困苦之中,李玉琴等待溥仪多年,据她说这是靠着一种迷信力量的支持,一直认为"一切是命定的"。

1955年6月,抚顺战犯管理所允许在押战犯与家属通信。不久,溥仪就收到了李玉琴自长春寄来的信,说她要去抚顺看望他。当时李玉琴尚无固定收入,于是千方百计节约开支,预备旅费,为溥仪购买日用物品和书籍。后来,李玉琴6次到抚顺去找溥仪会面。有一次,她给溥仪带来两套旧毛衣裤和背心,使这个正在被改造中的"末代皇帝"感到温暖。溥仪曾这样写道:"从第一次会面起,我忽然懂得了什么叫做夫妻,什么叫做爱情。当1956年的春天降临时,我真感到了春天。政府的宽大,人民的宽大,妻子的爱情,这就是我的春天,我的希望。"③

然而,无论如何溥仪是没有可能,也缺乏能力来弥补过去在李玉琴和他之间存在着的巨大裂痕。既然历史的误会本是由神佛维持的,而当神佛破灭

---

① 依据李玉琴1985年向笔者提供的口述资料。

② 溥仪:《我的前半生》第一稿,1958年写于抚顺战犯管理所。

③ 溥仪:《我的前半生》第一稿,1958年写于抚顺战犯管理所。

1955 年初夏李玉琴就把这张照片寄到了抚顺战犯管理所

以后,情况也就发生了根本的变化。

1956 年 12 月中旬,李玉琴第 5 次探望溥仪。当溥仪照例走进接见室时,也照例看见李玉琴从沙发上起立相迎,她脸上照例还浮现着微笑。但溥仪坐定后,李玉琴开口便说:"今天咱们研究一下生活上的事吧!"

溥仪先是不明白有什么生活上的事情要研究,沉思了一会儿也就明白了:"你对我现在虽然很不错,可是我们从年岁差得这么多,兴趣就很难一致,我喜欢的,你不一定喜欢;你喜欢的,我也不一定喜欢……想来想去,还是离了的好……"

李玉琴这番话就像一桶凉水,直浇到溥仪头上,一年半的往来,忽然有了这样的结果,真是难以令人相信。因为事出突然,溥仪毫无思想准备。他开始是不同意的,但是,这位历经沧桑的末代皇帝的思想认识,确实是今非昔比了,经过反复思索后,还是同意了李玉琴提出的合理要求。

既然如此,溥仪最后表示:"这是勉强不了你的,我也不能把自己的幸福建筑在你的痛苦上面,只希望离开之后,我们还是好朋友,好像兄妹一样……"双方就此和颜悦色地分手了,李玉琴仍继续寄信、寄东西安慰溥仪,并在信中说,如果溥仪能早日出狱,她还可以等待一个时期。

按照革命人道主义精神和对战犯改造的原则,抚顺战犯管理所的领导也曾为挽回溥仪的婚姻巨变做了大量努力。管理所所长对溥仪说:"让她来,再谈谈好不好?"李玉琴收到溥仪的来信很快就来了,管理所领导经请示中央,破例批准这对强扭在一起的夫妻在监狱内同居,以期出现转机,破镜重圆。

但商谈的结果,溥仪仍不得不尊重李玉琴的意志,双方同意离婚,并经人民法院办理了正式离婚手续。

溥仪后来回顾这段往事时写道:"我明白了,这是不能挽回的事。不但我没有这个力量,热心肠的所长和慈爱的母亲(指溥仪的岳母,李玉琴的生母)也都没有办法。她有了完全属于她自己的意志,她真的变了。这是我当时唯一想到的结论。"当时,所长还语重心长地对溥仪说:"一切都在变,你也在变,溥仪,不把自己的幸福建筑在别人的牺牲上,这是对的!"①

在溥仪前半生传奇般的经历中,有后,有妃,还有两位贵人,唯独没有爱情,没有幸福。

二、黄 昏 恋

1962 年五一国际劳动节前夕,成为公民的 56 岁的爱新觉罗·溥仪,和一位普通护士李淑贤结婚了。

这次为世人所瞩目的婚礼,是在 4 月 30 日晚 7 时在北京南河沿政协文化俱乐部礼堂举行的。首都名流,民主人士,各方领导纷纷赶来祝贺,真是冠盖云集,蔚为大观。亲友中有载涛夫妇、溥杰夫妇、溥仪的几位妹妹和妹夫等,还有郑洞国、覃异之、杜聿明、范汉杰、王耀武、廖耀湘等。新娘李淑贤的同事和亲友,也有多人参加。

婚礼的司仪是政协总务处处长李觉,而主婚人是溥仪的七叔载涛。溥仪在婚礼上的即席讲话,表达了对人民和政府的感激之情,李淑贤也在掌声中述说了她对新生活开始的喜悦心情。

溥仪高兴得两片嘴唇始终没有合拢,此时此刻,他的头脑里除了新生活的幸福感,就不可能再有别的了。然而,参加婚礼的不少老人,都是饱经历史风云的知名人士,他们肯定会有许多联想。比如主婚人载涛,40 年前当溥仪以"大清皇帝"的身份,在清宫举行大婚仪式时,他就是"承办大臣",很自然地

---

① 溥仪:《我的前半生》第一稿,1958 年写于抚顺战犯管理所。

溥仪和李淑贤在婚礼上

溥仪和李淑贤的结婚证

要把这两次婚礼联系起来。多么伟大的历史变迁，多么了不起的社会进步！

今天，溥仪与李淑贤结婚，固然不再是什么皇帝迎娶皇后，而是两个平等的公民，因为有了"共同的语言和共同的兴趣"，才高高兴兴地"建立起一个劳动之家"。

当年宣统帝大婚，他虽然只是一个 17 岁的孩子，却必须摆出"人君"的架势，在各国来宾面前致辞，有人还记得他用英语讲过的几句话："朕见各国代表咸集于此，甚为欣悦，热烈欢迎。朕祝诸君同享健康与幸福！"

今天溥仪新婚，已是年过半百的老人，却再不必拘泥礼节，他咧着嘴笑，连给客人们点烟倒茶，也统统丢到脑后去了。

参加婚礼的 200 多位宾客，只有几位人士颇悉底细，而大部分人都想知道这对新人到底是怎么变成恋人的？有人很纳闷：溥仪为什么就看上了李淑贤，而李淑贤又怎么相中了溥仪呢？提起溥仪找对象，可有一大套的理论和实践，溥仪最后找到李淑贤，谈何容易！

从日记里可以看出，溥仪经常回忆起 1962 年在毛泽东家中做客的情景。处理婚姻问题时也总是想到主席提出的慎重原则。他常对别人说："主席告诉我要慎重,找不到理想的对象我就不结婚了。"

溥仪找对象,开始就碰上了复杂、棘手的问题。那是1961年初,溥仪还在植物园劳动。一天,有位从长春来的女同志找他,据传达员说,30岁左右,中年妇女。他恍然大悟,知道来人是谁了。

见不见呢? 溥仪很犹豫。说句老实话,他想看看这位分别了五载的人。那年他们客客气气地分手,也有约言:离婚以后仍以朋友相待,兄妹相处。但是后来,他听说她已重新结婚,为了她的家庭和睦,决心永不与之来往,但心中还存着怀念之情。现在,她真照约来看望老朋友了。溥仪想了想,让传达员转告,"就说我不在,我不想见她了"。可是,传达员指指窗外:"喏,她已经进来了!"溥仪这才急忙迎出去。

"你好! 什么时候到京的?"溥仪和她握了手。

"我已来了几天,以朋友的身份看看你!"她注视着溥仪,似乎要从他的脸上看出什么变化的痕迹。

会面中两人谈到分别后的情形,溥仪关心地问候了她的妈妈和她的爱人。她这次是为了撰写文史资料而来北京的,呆了相当长一段时间。他们曾多次谈心,还一起吃过饭。有时相约在城里见面,当时溥仪在政协院内也有一间宿舍。他们谈工作,谈理想,就像老朋友那样。人生的道路是曲折的,有些情形也许不能说很正常,却可以理解。就在她离京的前夕,两人又在一起畅谈感想,都十分珍视这即将到来的惜别。

"早知道特赦,我也可以等待。"

"你已经建立了新的家庭,不也是很幸福吗! 过去,我也曾想到过复婚,但现在,这当然是不应该的。10年改造使我懂得了应该尊重别人,特别应该尊重你,还要尊重你的和睦家庭。你说对吗?"

"很对。今天我亲眼看到了你的变化和进步,我满意了!"

第二天,她登上返回长春的火车。以后一段时间里,两人时有通信。溥仪给她寄过食品、茶叶、钢笔和绸布等物品,她则寄来自己孩子的近照,因为溥仪喜欢小孩子。他们实践了离婚时的约言:像朋友和兄妹那样真诚相处。①

---

① 依据李淑贤1980年向笔者提供的回忆资料,未刊。

这件事说明溥仪处理婚姻问题,已经摆脱了自我为中心的出发点,他想到了别人,想到要尊重别人的幸福和社会公德。对于曾是一代帝王的人来说,这难道不是令人惊奇的变化吗?

还有人煞有介事地到处传播"内部新闻":"嘿!你可知道李淑贤者何许人也?那是'将门之女',宣统与李淑贤那才是'门当户对'呢!"其实,传播这条"新闻"的人完全不了解情况。

李淑贤是一位遭遇十分不幸的女人,从小尝尽人间的辛酸苦辣。她生于杭州,8 岁丧母,在幼小的心灵中深深打上了悲戚的烙印。其后,在上海中国银行当职员的父亲,便带着她离乡赴沪,继母进了门,她的处境更惨了。用她自己的话说,"就像童话里的灰姑娘,扮演受气包的角色"。14 岁那年,父亲又去世了,凶狠、刁诈的后娘更放肆地欺侮她,不但虐待、役使她,还要把她卖给阔佬作妾。苦命的姑娘再也无法忍受,便只身投奔北平一个守寡的远房表姐,寄人篱下的日子自然也不好过。熬到北平和平解放,她先进一家文化补习学校,随后又到护士专修班学习护理业务,从而走上独立生活的道路,成为北京市朝阳区关厢医院的护士。

李淑贤的身世足以证明"门当户对"说的毫无根据。有趣的是溥仪特赦后真碰上一位可以称作"门当户对"的女士。婉容的亲属中有位 50 岁的老姑娘,也曾经闯入溥仪的生活,因为生长在贵族家庭,从小娇生惯养,一身阔小姐作风,新中国成立这么多年还是不愿参加社会工作。在婚姻上更是高不成、低不就,贻误了青春。溥仪特赦后,她通过一位亲属传话,愿意交朋友,没想到竟被一口回绝。

一次李淑贤与丈夫谈笑:"老溥!你为什么看不上她?她家几代都是清朝大官,娘家也是满族名门大户,又有丰厚的祖上遗产,你们不正是'门当户对'吗?"

"贤,你想错了。她中意的人不是我,而是那个'宣统帝',今天的溥仪配不上像她那样'高贵'的女子。"原来,溥仪早就不把自己的出身划在帝王门庭之列了。他是以普通劳动者的身份寻觅知音。

作为传奇性的历史人物溥仪,虽然特赦后只是一个普通公民,但他的一言一行、一举一动总是受到世人的瞩目。人们打听他,观察他,甚至猜测着他。好奇者们一看见李淑贤的照片在报刊上登了出来,就又下了一条结论:

溥仪娶李淑贤是看中她年轻美丽。

李淑贤确实有这条优点，可溥仪不单单为了这个，如果说溥仪倾心于年轻貌美，那么，七叔载涛的干女儿真可说是正相当。溥仪特赦不久便认识了她，看模样30岁左右，很年轻，打扮入时，李淑贤见过本人，她这样描述其人的外表：头顶上有珠宝，脖子上戴项链，脸上还涂着一层厚厚的香粉，说话纤声细气，举止百态千姿。如此动人的女性，又十分主动乐意地追求溥仪，却遭到了拒绝，那些好猜测的多事者大概又要迷惑不解了。

原来她追求溥仪是有历史因由的。她的爷爷本来是个农村孩子，光绪年间家乡受灾，随着难民逃到京城。一天，正碰上醇贤亲王（溥仪的爷爷）的轿子，差人在轿前鸣锣开道，行人纷纷退避，但那个没见过世面的农村孩子竟在慌乱中落在道上手足无措。差人正欲鞭笞，醇贤亲王掀开轿帘看这孩子相貌英俊，就吩咐带进王府。经查问，孩子确实聪明伶俐，讨人"喜欢"，就留下伺候王爷了。以后又让他给儿子当伴读，学业亦甚好，后来被提拔当了官，自己又购买煤矿找人经营，逐渐发了大财。总之，他们是靠"皇恩"起家的。

溥仪为什么相不中她呢？后来他对李淑贤说："我喜欢朴朴实实的人，跟她恐怕很难生活到一块儿。她来找我，或要报答'皇恩'，但也许不会真心爱我。"

溥仪终于找到了合乎理想的女朋友，那就是李淑贤。他们一见倾心，真诚相处，精心浇灌着茁壮生长的爱情之花。溥仪能看中她，首先是因为深深同情她早年的不幸遭遇，说明两人都有一份劳动人民的思想感情。还因为她温柔、善良、好学上进，这样的性格对溥仪自然有强烈的吸引力，相形之下，那些"门第高贵"的女性实在并没有多少可爱的地方。更因为她是一名普普通通的国家职工，溥仪立志要建立一个和北京绝大多数市民们差不多的家庭：靠劳动吃饭的双职工的家庭，今天才如愿以偿。溥仪尤其感到高兴的是，爱人还是一位白衣战士，这就使两人有了更多的共同语言。溥仪在抚顺战犯管理所时，就爱读医药方面的书籍，还正式学习过中医，也曾在所里的医务室帮助搞过护理工作，一般说来，打针、试体温、量血压等都已掌握，这无疑能在两人中间增加更有兴趣的一致话题。由于这些因素，使溥仪在相处几个月的时间里便深深地爱上了李淑贤，这原是完全可以理解的。

　　溥仪选择李淑贤的时候特别慎重,同样,她也并非一下子就相中了溥仪。她到底喜欢溥仪哪一点呢?有人说,溥仪毕竟是位有名望的人物,找到这样一位伴侣,她自己也能留名青史了吧?其实,这样想过的人一定是完全不了解李淑贤其人的。据媒人沙曾熙说,当二人尚未见面时,恰恰是这个太豁亮的名字几乎把李淑贤吓住了,后经再三解释才同意见面,如果那次处理得不好,也许这出中外瞩目的婚姻早就夭折了。

　　还有人怀疑李淑贤贪图"荣华富贵",其实此时的溥仪早已不再是"宣统",更不是"康德",从宫中带出的珍宝也一件不剩地全部交还国家。总之,当溥仪走出改造10年的战犯管理所,除去身上穿着的一套管理所发给的棉袄制服外,可以说是身无长物了。而且,当上全国政协文史资料研究委员会专员的溥仪,工资也不过100元,荣誉更是谈不到的,因为那时候溥仪还不是全国政协委员。从溥仪来说,实在谈不到"荣华富贵",而这一切,与他相处了半年的李淑贤又是一清二楚的。

　　李淑贤为什么能爱上溥仪呢?她说,开始也感到好奇,不知道当过皇帝的人究竟和一般人有些什么不同。一旦见了面,她几乎完全忘记了溥仪的历史身份,逐渐发现他热情、和气、忠厚、诚实。李淑贤是在人生和爱情的道路上经历了种种坎坷与磨难的,当此之际,半老之身多么想找一个能寄托感情的可靠之人啊!溥仪的真诚使她感动,让她深信不疑,有了思想上的共鸣,两人的爱慕之情油然而生,并且迅速发展起来。他们是在平等谅解、互敬互爱的感情基础上结为伴侣的,两人都感到满足,因为各自从中得到的慰藉,极大地弥补了他们在历史上令人遗憾的婚姻生活。

1962年4月30日,溥仪和李淑贤在全国政协文化俱乐部举行婚礼

　　在文化俱乐部

的大厅里,溥仪与李淑贤的婚礼仍在热热闹闹地进行。本来他们以为当众致了辞,便可以应付过去,然而,这么多熟识的同事和朋友,怎会放过他们? 尖声尖气的郑庭笈夫人冯丽娟吵得最欢,她指着溥仪的鼻子嚷嚷:"你喜欢医学,又娶了白衣战士的娘子,自己遂了心愿,却不想坦白恋爱经过,那可是办不到。"结果,在座的人一哄而起,一定要李淑贤讲那不好意思开口的故事。正当她感到十分难为情的时候,溥仪早在大家的鼓动下说开了。不过他讲得粗枝大叶,人家不满足,一定让李淑贤再讲细致些。盛情难却,新娘子娓娓地叙述了与溥仪相识、约会、互相考验以及风波的发生与平息等动人故事。参加婚礼的贵宾高朋都怀着极大的兴趣,倾听这一篇恋爱演讲。他们中间的大部分人都没有想到,中国这位年过半百的末代皇帝,原来还有这样非凡的经历。

就在这时,不知哪位冲着新郎提出了要求,让新郎也说说对新娘的爱情,这种建议一经提出,当然立即赢得大家的赞同。溥仪红了脸,可并不笨拙,随口讲述了一个小故事,竟轻易把满堂宾客搪塞了过去。

溥仪所讲述的故事就是前一天,即4月29日发生的事情。溥仪和李淑贤原拟去颐和园游玩,作为恋人最后享受一次它的湖光山色。当然,末代皇帝在特殊历史时期的一切行动,都无例外地绝对没有保密的可能。新华社、中国新闻社和其他报刊、电台的记者,都神奇地通过种种渠道获悉了这一消息,趋之若鹜地纷纷去抢这条新闻。

在这节骨眼上,偏偏新娘子病倒了。由于感冒,加上筹备新家庭而过于劳碌发起烧来,嗓子也嘶哑了。在这种情况下,溥仪当然不让她再去,可他知道那些感兴趣的记者们肯定早就跑到颐和园去傻等了,难道就这么扔下他们吗? 溥仪反复琢磨了一阵,决定让新娘子卧床,自己则径赴颐和园去应酬记者们。他想,这样大概能够两全其美了吧。记者们哪里肯依,他们发现只有"皇上"只身而来,有"龙"无"凤"岂不扫兴? 大家你一言我一语地嚷嚷着追问溥仪为什么不带夫人同来? 溥仪就一遍又一遍地解释说,她确实病了。记者们却认为是溥仪打了"埋伏",不相信她会突然生病。为了证明自己是诚实的,只好满足大家的要求,带记者们到李淑贤家里去。

溥仪本来没说谎,记者们一迈进李淑贤家的门槛,就明白了一切。她在病榻上看到一大群背着相机、擎着闪光灯、捧着录音话筒的男女记者，随着溥仪冲进门来。开始吓了一跳，随后马上意识到今天自己就是被采访对象，于是就以主人身份热情地接待这些提前来"闹新房"的新闻界朋友。因为这一热闹，李淑贤发了一身汗，倒觉得身体轻松了，似乎病已经好了一大半。① 溥仪在婚礼大厅所讲的这段故事把来宾都逗乐了，整个婚礼的气氛真是热闹非凡。

不过也有一件事新郎惹得新娘很不高兴，因为溥仪在婚礼的场面上，完全不懂得主动地招待客人，新娘当场也不便向新郎发脾气，只是忙个不停地为客人们点烟敬茶抓喜糖。直到晚上9点多钟，这对儿新人才由"月下老人"周振强和老沙陪伴回到政协新房。这以后又有一伙一伙的人来"闹新房"，等最后一批客人离开新房的时候，已经快到深夜11点钟了。

溥仪新婚，从自由恋爱到建立起幸福家庭，作为一般人来说，自然不足为奇，但对于末代皇帝，其意义就大不相同了。从"真命天子"的什么"三宫六院七十二嫔妃"，到自愿结合的一夫一妻制小家庭，这是一个多么巨大的历史飞跃，又怎能不引起国内外人们的赞叹和重视呢？

一位60多岁的英国记者从报纸上看到有关溥仪新婚的报道，千方百计来到北京采访新郎和新娘，终于在政协会客厅里见到了溥仪和他的妻子。

李淑贤还是头一次会见外国人，又要当场回答提出的问题，不免心情紧张。溥仪安慰她说："不用担心，有我在呢!"英国记者详细询问了溥仪在宫中生活的情况，全部录了音。又问李淑贤的情况，听说新娘的父亲是一个普通银行职员异常惊奇。他说："一位皇帝居然能和一位职员的女儿结婚，这在英国是不可想象的。我想，您起码应该找一位王公贵族的小姐作伴侣。"溥仪回答说："在封建社会中，那个身为皇帝的溥仪确实不可能娶一位职员的女儿。但是，您面前这个获得新生的溥仪并不是皇帝，而是一个经过改造的普通公民，我们的结合是自由恋爱的结果。"英国记者走了，溥仪向妻子说："他和我们的立场不同，来采访我们也有个人的目的，他回到英国会赚一大笔钱。不过，也许他永远也不会理解我们的结合。"②

---

① 依据李淑贤1980年向笔者提供的回忆资料。
② 依据李淑贤1980年向笔者提供的回忆资料。

　　溥仪的新婚确实是意义非凡的。他以公民的身份,挑选了一位普通职员的女儿,建立了最一般的双职工家庭,从而构成中华民族肌体上的一个简单细胞。说明这位经历40年帝王生活和10年改造的中国末代皇帝终于能理解究竟什么是幸福家庭的真正基础。

　　一个星期的婚假即将届满,丈夫向妻子建议到天安门前金水桥上留影,纪念美满婚姻的开始,李淑贤欣然同意了。显而易见,溥仪选择天安门前金水桥作为拍照的地方,并不是眷恋那紫禁城里的往日帝王生活。他热爱的是新中国,一个为一切从旧社会污泥浊水中过来的人提供新生活的新中国。人们都记得,新中国的第一面五星红旗,就是在金水桥对面的白色旗杆上升起来的。

三、"蜜　月"

　　一位按照历史传统可以由"三宫六院七十二妃"伺候左右的君王,一旦变为平民,他会怎样对待自己的爱人呢?溥仪和李淑贤结婚以后,他们的夫妇感情还像恋爱时那样甜蜜吗?已经获悉中国末代皇帝在40年帝王生活中所经历的婚姻悲剧和发生在60年代的新婚喜剧之后,人们势必提出如上的问题,并将以深厚的兴趣寻求答案,那是情理中的事。

　　溥仪与李淑贤由相知的朋友,发展为情真意切的恋人,最后成为幸福的伴侣,这一切实在是美好之至。在溥仪看来,妻子是理想的女性,而在李淑贤看来,丈夫也是难得的男子。如果

溥仪夫妇双双离家去上班

说"蜜月"是他们进一步恋爱的开始,大概并不过分,有大量的日记、信札和图片可以证明。

溥仪珍藏一本家庭影集,装潢虽一般,但那已销声匿迹的往事却在这里留下许多美好的形象。以下是其中几帧:1962年5月,欢度蜜月的溥仪夫妇,在春光明媚的清晨,穿戴整齐地离开寓所,欢欢喜喜上班去;1963年9月初,溥仪夫妇在自家院子里乘凉,手拿报纸的溥仪,似乎从中发现了什么有趣的事情,大声哈哈地笑着,并把趣闻告诉妻子,李淑贤则停下手中的针织活计,极有兴味地倾听爱人讲述;1964年五一节,溥仪身穿雪白的衬衫,一手搭在妻子的肩上,李淑贤正在调整收音机的波段,找寻心爱的音乐节目,"末代皇帝"则笑得连嘴巴也合不拢,他们正分享劳动人民盛大节日的欢乐;1964年深秋,在寓所卧室门外廊下,穿着中山装的溥仪正在钻研理论著作,他又像往常一样,悟出一些道理的时候,就把妻子找来交流

1964年五一劳动节,溥仪夫妇在收听收音机里的节目

心得,李淑贤则站在身旁听他娓娓地述说。①

每逢看到这些照片,李淑贤就情不自禁地回忆起与溥仪共同生活的美好时光,更不能忘记在那些时光中凝聚起来的深情厚谊。她说过,她与溥仪婚后虽然只有短短5年半的时间,但是溥仪把她当做掌上明珠,把全部的爱心都投到她的身上了。

溥仪生前曾充满深情地对妻子说:"我从来不知道爱情为何物,只是遇到你,才晓得人世间还有这样甜蜜的东西。"这些话,若出自别人之口,人们会感

---

① 依据李淑贤1980年向笔者提供的家庭影集原物。

到很可笑。今天,溥仪说出这样的话,却是他的肺腑之言,道出了"末代皇帝"心中的喜悦和隐痛。是啊,当他"贵为天子,富有四海"的时候,他以"至尊"之身怎么可以用"天子"的感情去爱别人?"万岁爷"爱奴婢——在他看来天下之人无一不是他的奴婢——那岂非荒唐无稽?反过来也一样,人们只能像拜神一样向他三拜九叩,又怎么敢向他奉献人间的爱情?可是,当"末代皇帝"变成新中国的普通公民之后,事情就大不相同了。溥仪不仅接受妻子真挚的抚爱,也把自己的全部感情献给了妻子,对此李淑贤的回忆录中有许多生动感人的篇章。①

"说来不怕大家笑话,溥仪这个人好像总也离不开我。每次我上街他都愿意陪着,我在家里,他也总是跟着转。我洗脸时,他就看着我洗完;我在厨房做饭,他前边后边地跟着,笨手笨脚地帮着忙。我就故意逗他:'你怕我跑哇!'他却嘿嘿地笑两声。"

李淑贤继续回忆说,她在医院值夜班,溥仪往往一夜打好几次电话来问寒问暖,甚至亲自乘电车到朝阳门外的关厢医院看望妻子,有时送件衣服,或带点吃的东西。由于妻子的工作单位离家很远,每天早晨6时便要出门上班,直到晚上八九点钟才能回到家里,溥仪总要等到妻子回来才一同吃饭。

全国政协经常发些影、剧票给溥仪。但是,遇到李淑贤身体不适,不能去观看文艺演出时,溥仪就割舍心爱的京剧节目,呆在家中陪伴妻子。他坦率地说:"你不去看,我也不去了。把你一人留在家里,我的心就不踏实。"

1963年夏季。一天,北京大雨滂沱,积水漫过马路路面,公共交通一度为之受阻。溥仪下班后,就携带雨伞,冒着倾盆大雨趟水去接妻子。但没接到,很着急。在往回走的路上,溥仪发现一处没有盖的下水道口,由于积水过深,人们已无法辨认洞口的确切位置,而这里却正是李淑贤每日上下班必经之路。于是,出于对妻子的关心爱护,溥仪就像一名警卫战士那样直挺挺地张着伞站在那里警戒,唯恐妻子不慎跌进去。这件事,溥仪的日记里曾有8个字的"起居注"式的简略记载:"晚,雨。接贤,贤已到家。"②

有一次,李淑贤所在医院的班后会议改期了,她到王府井去烫发,临时没

---

① 以下回忆内容依据李淑贤1980年向笔者提供的口述资料。
② 王庆祥整理注释:《爱新觉罗·溥仪日记》,天津人民出版社1996年版,第175页。

1963年8月7日溥仪日记载请海军总医院顾问张荣增到家中为李淑贤诊病

1963年8月14日溥仪日记记载"晚,雨。接贤,贤已到家"

有告知溥仪。溥仪发现妻子并未开会,也没有回家,急得团团转,甚至跑到五妹家中,请五妹夫老万帮他寻找,到处找不到,随后就用电话向各公安派出所报告、询问。当李淑贤晚10点多钟回家时,发现丈夫正坐在沙发上急得落泪。

不论是溥仪所在的全国政协,还是李淑贤工作的朝阳区关厢医院,人们都知道溥仪对妻子好。他们形影不离的事,一时传为美谈。忆及那些甜蜜美好的往事,李淑贤总结式地说道:"我觉得溥仪真心爱我。"

遗憾的是,这一对恩爱夫妇体弱多病,欢乐和幸福的共同生活的日子实在太短暂了。当然,疾病往往也是考验对方感情的试金石,溥仪对李淑贤百般呵护,病痛反而加深了他们诚挚的爱情。对此李淑贤回忆说:"在我们共同生活的几年里,溥仪和我都得过几场大病,他已是几次要被病魔夺去生命的人,我也几度面临死亡的边缘。在长时间的住院生活中,我们感受到爱情的温暖,增加了战胜病魔的力量,克服困难的决心,通过互相照顾,互相关怀,更加深了夫妻之间的感情。我们这一对病魔缠身的弱者,由于爱情而获得了生活的乐趣,同时,爱情在这里也受到严峻的考验。"

翻开 1963 年 10 月份的溥仪日记,有很多非常有趣的记载。①

"10 月 8 日:贤服岳(大夫)②药,头晕转加,减生姜。"侍奉爱人服药,溥仪还能运用自己的医学知识,仔细观察效果或反应,并且主动配合医生,作出某些有把握的施药调整,这个人是多么肯于动脑啊!

"10 月 15 日:早 4 时,乘三轮到'协和'挂号。7 时,贤来诊,没有什么结果。"这位一向迟睡晚起的末代皇帝,竟在日出之前已为爱人奔波了几个小时,他又是多么肯付辛苦呀!

"10 月 22 日:上午,和贤找蒲辅周③诊病。蒲说是贫血、气血亏,从而心、肝、脾衰弱,以至胃液少,肝虚火上升。下午,同贤找马和大夫看病,马说是贫血、神经衰弱、肾盂炎,为贤开两星期假。"溥仪陪爱人同时请中、西医大夫分别作出诊断,记载病况和诊断情况又如此详细,他是多么慎重,为爱人考虑得何其周到啊!

尤其让李淑贤不能忘怀的是,1965 年她患子宫瘤以后,溥仪倾注了那么多的心血。她回忆说:"我的病尚未确诊时,溥仪特别担心,一连数日吃不下饭,睡不着觉。有几回竟自己掉起眼泪来,我问他为啥哭,他说怕我的病是癌症。记得那是 8 月下旬,溥仪托请人民医院院长钟惠澜介绍一位妇科专家,钟院长立刻给当时协和医院门诊部主任林巧稚大夫④写了一封信。这样,林大夫为我的病整整治了半年,并建议我动手术。于是,溥仪又请协和医院杨院长介绍一位专治疑难病症的宋教授,为我实施了手术。手术住院期间,他每天都到医院看我,晚上也来。由于他当时也手术不久,切除了左肾,又有点儿

———————————

①　王庆祥整理注释:《爱新觉罗·溥仪日记》,天津人民出版社 1996 年版,第 190—193 页。

②　即岳美中,病逝于 1982 年 5 月 12 日,享年 83 岁,逝世前担任第五届全国人大常委、第五届全国政协医药卫生组副组长、中华医学会副会长、中华全国中医学会副会长、中国中西医结合研究会顾问、中医研究院中医研究生班主任、教授。

③　病逝于 1975 年 4 月 29 日,享年 89 岁,逝世前担任周恩来总理的保健医生、第四届全国政协常委、第四届全国人大代表。

④　病逝于 1983 年 4 月 22 日,享年 82 岁,逝世前担任第五届全国人大常委、中国科学院学部委员、全国妇联副主席、中国医学科学院副院长、北京市妇产科医院名誉院长、首都医院妇产科主任。

累着了。而且右肾又发现问题,出现尿血现象。当他已经很难步行来医院的时候,就雇出租汽车(为了个人私事他从来不向政协要车)坐着来,直到我在'十一'前伤口愈合出院为止。"①

关于李淑贤手术前后的经历,溥仪日记中均有记载,与李淑贤的回忆正好相互印证。这些原始、可靠、毫无修饰的记录,足以反映溥仪对爱人的真挚而深厚的感情。

8月25日　星期三

早,伴贤赴协和医院,研究是否连卵巢一并手术?王大夫主张,如果卵巢无恙,尽可能毋割去,但仍须检查时决定。

拟礼拜五、六上午手术。贤住第八楼地窖子妇产科病房37床。

我托张芬兰同志代向医务部要求允许我晚间前来看贤,我提出这个要求是因为有时候白天学习或开会,不能到医院来。下午,又打电话询问医务部,答复说,领导已许可我晚间探病。

8月27日　星期五

下午一时半到车站,二时登车赴协和医院看贤。见到病房王大夫,王大夫说:今早7时到11时手术,实际只用了一小时半。宋大夫为主治医,王大夫和包大夫为助手,手术经过良好,因出血很少,未输血。采用半身麻醉和静脉注射葡萄糖加安眠剂。

看到贤时她尚在睡。李姓病号已把较适的床位让于贤,她明天出院。我昨晚曾对护士长谈到,希望李出院后让贤移住该床,不意今天即移居。说明医院的大夫、护士重视病号,而李姓病号愿意移开,说明新社会人与人的新型关系。

与同室的病友闲聊。据李姓病号讲,宋大夫医道很高明,仅次于林巧稚。

晚,又到协和看贤。

8月29日　星期日

本日贤发烧,仍未食。连日均注射葡萄糖。贤的体温和脉情:

---

① 依据李淑贤1980年向笔者提供的口述资料。

上午,体温 37 度,脉 107;下午,体温 38.2 度,脉 170,血压 110/65。

8 月 30 日　星期一

早,5 时起。6 时许,到协和看贤。贤体温 37.5 度。下午,学习。

晚饭后,6 时许赴协和看贤。她本日早,食粥一小碗;午,一碗鸡汤;晚,一小碗蛋羹。晚上她又发烧,38 度,换用退热针而不再用青霉素。

9 月 1 日　星期三

打电话给协和,向吴大夫问贤近况,其言今日已拆线,吃东西也好,体温 37.1 度。

晚,雨,到协和看贤。今日可下地,上厕所。体温:早 6 时 37.1 度,10 时 37.4 度,下午 2 时 37.5 度,晚 6 时半 37 度。

9 月 5 日　星期日

下午,到协和看贤,愈。

9 月 11 日　星期六

下午 3 时,到协和医院,戴大嫂同去,接贤出院。①

溥仪的日记颇有"起居注"的味道,行文可谓简而赅,然而,字里行间也流露出溥仪对妻子的无尽疼爱。那部珍贵的日记手稿中,倾注着李淑贤对丈夫的缠绵和心血的字句也比比皆是,俯首可拾。

漫长的宫廷生活早已糟蹋了溥仪的体质,特赦后,他仍是经常处于病态之中。与李淑贤共同生活的 5 年半时间里,溥仪先后 9 次住院,到最后半年,连生活也完全不能自理了。就在那一段浩劫中的日子里,李淑贤白天挽扶爱人步行就医,晚上给爱人擦身洗脚,溥仪去世前流着泪对她说:"没有你给予我爱情的温暖,我是活不到今天的。"这扎根于现实生活中的一片深情,难道不比欣赏风花雪月的恋人,戏弄棋琴书画的情侣,更美好也更缠绵吗?

在溥仪的晚年,却获得了类似年轻人那种热烈的初恋般的感情,似乎与众不同,然而,对于中国末代皇帝来说,这又是多么自然啊!溥仪常对爱人说,皇帝无爱情。他自己的前半生是这样,他的当过皇帝的两位大爷也都是

---

① 王庆祥整理注释:《爱新觉罗·溥仪日记》,天津人民出版社 1996 年版,第 405—416 页。

这样。

溥仪常给爱人讲同治帝和嘉顺皇后的故事,同治17岁娶嘉顺皇后,不久,又娶了慧妃、瑜嫔、珣嫔和缙贵人。不过两年,同治帝因病少亡,当时皇后只有21岁,万没料到慈禧竟把同治之死归罪于她,说什么"同治的病本不至于死,因为受了嘉顺皇后的'引诱',致使病情恶化才丧了命的"。于是,就在慈禧严厉吩咐之下,不得给嘉顺皇后送饭吃。皇后父亲崇绮闻讯进宫,父女相向痛哭一番,崇绮奉劝女儿说:"请皇后'尽节'升天吧!"说毕,掩面而去,不幸的皇后遂活活饿死。"皇后殉夫"的"美谈"就这样被残酷地制造出来,溥仪讲到这里总是怒在心头,他似乎向历史发出质问:"难道这是爱情吗?"

溥仪也给爱人讲过光绪与隆裕皇后的婚姻是慈禧以压力生拼硬凑的。这对光绪来说并非得了一个佳偶,而是添了一双慈禧监视他的眼睛。据曾经服侍过光绪的一名老太监说,光绪憎恨隆裕,每当经过她住的地方,常带着几只哈巴狗,看它们往宫殿的台阶或门帘上撒尿为快,还让随从太监故意跺着脚一阵风似的走过去,借以发泄潜藏已久的愤怒和爱情上毫无自由的苦恼。

光绪亲政后直到被幽禁,有近10年的"黄金时代",他深深地爱着珍妃。珍妃年轻美丽,性格活泼,会弹琴,能唱歌,又敢于突破宫廷中的清规戒律。有时她穿起皇帝的服装,扮作光绪皇上在宫中行走;有时她穿着太监的服装,陪着皇上在养心殿办事,光绪越发宠爱她了。醋意钻心的隆裕皇后,依仗亲姑慈禧的权势,寻找借口把珍妃责打几十大板,降号为嫔,贬入坐落于紫禁城御花园东北角的冷宫。连仅有的两个窗户都钉上了木板条,门上有一根很粗的铁链连着三把大锁。由于王香等忠心太监的协助,光绪帝才得以在一些情景凄凉的夜晚,隔着木板缝隙,与心爱的珍妃说几句知心话……

今天,中国的末代皇帝却得到了真正的爱情。"认识了你,我才赢得了初恋,和你结婚,我才懂得了爱情,而这一切则是因为我成了公民!"溥仪向妻子讲出这凝聚着痛苦与幸福的结论。

四、难言之隐

溥仪能在其晚年得到幸福的爱情生活,实在很不容易,回首一生经历的四次婚姻,心头便会蒙上一重难散的阴影,"皇后"婉容精神失常,"淑妃"文绣走上反叛之路,"祥贵人"谭玉龄华年早逝,"福贵人"李玉琴依法离婚,"平民"妻子李淑贤虽然与溥仪厮守终身,却没有得到她所向往的孩子,而抱憾以殁。

当17岁的逊帝溥仪按照清朝皇帝大婚之典,把同时迎娶入宫的婉容和文绣分别册封为"皇后"和"淑妃",并依礼同食"子孙饽饽",行"合卺宴,饮交杯酒",又进"长寿面"之后,溥仪却没像历代清朝皇帝"大婚"典礼之后那样,与其后或妃在坤宁宫内那被称作"龙凤喜床"的很大的暖炕上共度温柔而甜蜜的花烛之夜。

他后来回忆说:"进入这间一片暗红色的屋子里,我觉得很憋气。新娘子坐在炕上,低着头,我在旁边看了一会儿,只觉着眼前一片红:红帐子、红褥子、红衣、红裙、红花朵、红脸蛋……好像一摊溶化了的红蜡烛。我感到很不自在,坐也不是,站也不是。我觉得还是养心殿好,便开开门,回来了。"又说,"被孤零零地扔在坤宁宫的婉容是什么心情? 那个不满14岁的文绣在想些什么? 我连想也没有想到这些。"①

大清皇帝新婚初夜逃离洞房,这件事很快就捅到外界去了,有人说是因为"婉容脾气大,对溥仪免去淑妃'跪迎凤舆'之礼不满,而给他吃了闭门羹"。还有人说是"小皇上"闹着出宫留洋,故意不跟"小皇后"同房,以便让王公大臣们企图用婚姻圈住溥仪的计划落空。更滑稽的说法是"花烛之夜偏值皇后月事"。然而这显然都是毫无根据的猜测。

溥仪自愿放弃花烛洞房决不是偶然行为,此后漫长的婚姻生活中,他既不亲近婉容,也不与文绣恩爱,闹得两位佳丽相互猜疑嫉妒,各自以为皇帝不在自己身边的时候,必是在另一个那里,其实这许许多多的夜晚,溥仪既不去婉容所居的储秀宫,也不去文绣所居的重华宫,而只是住在自己的养心殿里。

婉容太看重"皇后"的身份,"宁愿做个挂名的妻子,也不肯丢掉这块招牌",②还渐渐染上了吸毒(鸦片)的嗜好,终于在伪满初年闹出了溥仪"所不能容忍的行为"。

---

① 爱新觉罗·溥仪:《我的前半生》,东方出版社1999年版,第138—139页。
② 爱新觉罗·溥仪:《我的前半生》,东方出版社1999年版,第378—379页。

文绣与婉容不同，她不愿意埋没自己的青春年华，而敢于向旧势力抗争，追求应该属于自己的那一份婚姻幸福。照溥仪的说法，"在文绣的思想里，有一个比封建的身份和礼教更被看重的东西，这就是要求一个普通人的家庭生活"。① 1931年8月25日文绣离开溥仪的"行在"——天津静园，公开向报界披露出走的原因和要求，"且述事帝九年，未蒙一幸，孤衾独抱，愁泪暗流。今兹要求别居，溥应于每月中定若干日前往一次，实行同居"。② 其间，文绣还屡屡向人声述，说她"九年来饱受凌虐"，婉容"不许其与溥仪接近，已断人生之乐，更无夫妻之情"，她还在溥仪的律师林廷琛面前掩面啜泣说："我到现在还是一个老处女。"③她向天津地方法院提出的要求依法调解的诉状也写得明明白白："声请人前于民国十一年，经清逊帝溥浩然纳为侧室，九年以来不与同居，平素不准见面，私禁一室，不准外出，且时派差役横加辱骂。"④

对于文绣的背叛，事过30年以后，溥仪也有一段自白："说起文绣和我离婚这一段，我想起了我的家庭夫妇间的不正常的生活。这与其说是感情上的问题，还不如说是由于张园生活上的空虚。其实即使我只有一个妻子，这个妻子也不会觉得有什么意思，因为我的兴趣除了复辟，还是复辟。老实说，我不懂得什么叫爱情，在别人是平等的夫妇，在我，夫妇关系就是主奴关系，妻妾都是君王的奴才和工具。"⑤

1937年4月6日，溥仪作为伪满的"康德皇帝"，又把新娶进伪宫的17岁的北京某中学女学生谭玉龄"册封"为"祥贵人"。据说他们两人"感情甚笃"，其实，谭玉龄也是把苦楚往肚里咽，两人"白天在一起说说笑笑，晚间仍各自回房"，当女伴们交口奉承"贵人的福气大"时，她却叹口气自言自语道："我还不是守活寡。"⑥还有一次，女伴杨景竹生下第一个孩子后，进宫给"祥贵人"请安，谭玉龄苦笑着向她表示祝贺，很伤感地说："生小孩子这种事，我

① 爱新觉罗·溥仪：《我的前半生》，东方出版社1999年版，第378页。
② 《北平晨报》1931年8月29日。
③ 《北平晨报》1931年8月30日。
④ 《清废帝溥仪档案》卷321，原件藏中国第一历史档案馆。
⑤ 爱新觉罗·溥仪：《我的前半生》，东方出版社1999年版，第262页。
⑥ 周君适：《伪满宫廷杂忆》，四川人民出版社1980年版，第116页。

今生算是不能了……"①溥仪对此是承认的,说谭玉龄也是"牺牲品","挂名的妻子",把她找来只是"为了表示对婉容的惩罚,也为了有个必不可少的摆设"。②

1943年5月,溥仪又把15岁的李玉琴"册封"为"福贵人",他偏要找个单纯幼稚、情窦未开的小女孩,显然是有用意的。

据李玉琴回忆:"册封典礼之后,溥仪留我在他的寝宫睡下,却不像是花好月圆的洞房之夜。以后隔一两天,他晚上来一次,在我的卧室或书房里玩两个钟头又回去了。有时候也传谕召我到他的寝宫去,不过他太忙,几乎腾不出时间来和我同床共枕。我那时年幼无知,愿意他常过来聊聊、玩玩,至于在一块儿睡觉,倒不觉得有那个必要。有时夜深人静,他懒得走动,便在我床上睡下,我得一宿保持着在他身边的姿势,连身都不敢翻,总怕影响了'圣体'的'安歇',那才不自在呢!"溥仪还教育他的"福贵人",说什么"决不可贪恋尘世生活",为了达到"西方极乐世界",夫妇在一起,除诵经念佛、打坐入定外,不能想其他事,此之谓"神仙眷属"。又说,"色即是空,空即是色",因此一定要过"白骨关",就在这种虚无缥缈的追求中,李玉琴忘记了自己是一个女人,有当妻子、做母亲的权利。

到了50年代中期,李玉琴虽然一连五次到抚顺战犯管理所探望监押中的丈夫溥仪,而且经公安部批准破例在狱内同居,但她还是向法院提出了离婚的申请,溥仪真诚地希望她留下,她却向溥仪说:"保留这种有名无实的夫妻关系,对你有什么好处? 对我却有种种危害,那又何必呢! 再说你有病,我们在一起也不过像兄妹和朋友那样,将来还不是孤苦伶仃剩下我一人,叫我怎么过?"③

几十年后改嫁生子的李玉琴细想当年事,认为那时的做法还是明智的,她回忆说:"谭玉龄怎么死的? 还不是死在溥仪身上! 溥仪很会表演,对谭玉龄、对我都那么缠缠绵绵的,真像是情侣恋人,可实际上就像对婉容和文绣已经做过的那样,正无情地吞噬着我们的青春。他有病,是一种十分苦恼又难

① 依据杨景竹1981年向笔者提供的回忆资料。
② 爱新觉罗·溥仪:《我的前半生》,东方出版社1999年版,第379页。
③ 依据李玉琴1985年向笔者提供的回忆资料。

以启齿告人的病,这病剥夺了他在全部含义上行使夫权的能力。但他不肯面对现实,为了所谓'圣朝大统'而极力掩盖,也不管对症不对症,便自作主张地乱投医用药,每天打一针男性荷尔蒙,然而根本不解决实际问题。这样,我和同病相怜的其他三位女性,便都成了溥仪的夫权点缀品和感情牺牲品。"①

从"册封"李玉琴算起又过了20年,特赦成为公民的溥仪与李淑贤结为平民夫妇,新婚蜜月的第一周,可能因为白天活动太多,年已56岁的溥仪一上床便打着呼噜睡去,新娘对此并不计较,但蜜月的第二个星期又开始了,晚上还是各盖各的被子,李淑贤当然觉得奇怪,莫非当皇帝的都有特殊"涵养"?

当她发现新婚丈夫每天要到医院打针时,才有所警觉,经了解得知他所注射的是一种增强男性性欲的激素类药,遂借着这个题目盘问丈夫,是不是有病?溥仪哭着承认自己确实有病,本以为孤身独处多年,加之在抚顺参加了一些体力劳动,饭量大增,人也胖了,自觉身体状况颇佳。再说特赦后由于周总理等中央领导人的过问,曾做过全面体检,认为旧病可愈,继而先后接受著名中医施今墨②、岳美中、张荣增等老先生的诊治,感到不会有太大的问题。有位政协领导曾问他病好了没有?他还说已经好了,又有这种自我感觉,他才考虑结婚的问题,然而,现在看来当时的感觉还是错觉。

溥仪又说,他不是有意欺骗谁,因为太喜欢淑贤了,怕失去她,甚至扑通一声跪下,声泪俱下地请求李淑贤不要弃他而去。妻子含泪答应了他,就像小妹照顾大哥那样,与他共度了五年多的很不一般的夫妻生活。③

溥仪与李淑贤结婚前曾说:"我先后有过四个妻子,按当时的说法,就是一个皇后,一个妃,两个贵人。如果从实质上说,她们谁也不是我的妻子,我根本就没有一个妻子,有的只是摆设。虽然她们每人的具体遭遇不同,但她们都是同样的牺牲品。"④溥仪特赦后的婚姻生活当然与以往有了本质的不同,然而他们之间同样没有肌肤之爱,用李淑贤的话来说,就是两人"从来不

---

① 依据李玉琴1985年向笔者提供的回忆资料。
② 病逝于1969年,享年88岁,我国近代著名的中医临床家、教育家、改革家,北京四大名医之一。
③ 依据李淑贤多次向笔者提供的回忆资料。
④ 爱新觉罗·溥仪:《我的前半生》,东方出版社1999年版,第378页。

曾合盖一床被子"。

　　溥仪有病,生理缺陷,这是可以肯定的,那么究竟患的什么病呢?

　　"名人行为医学研究专家"曾以《溥仪的性问题透视》①为题发表高见,认为溥仪"无疑应是素质性同性恋者"。他引述溥仪的性心理发育过程说,他3岁入宫,即完全脱离了父母的养育,其性心理认同是在宫廷内形成的。他吃乳母王焦氏的奶到9岁,视其为母亲,依恋愈来愈深,由此而对女性的了解胜于男性;除乳母外,童年溥仪的亲密伙伴就是太监了,他们服侍溥仪的起居衣食,陪他游戏,给他讲故事,朝夕相处,既是他的奴隶,也是他最早的老师。有鉴于此,溥仪的性别偏好、性别定型是在完全没有男性的情况下完成的,乳母王焦氏和太监们无疑始终是溥仪的性别角色示范者和性别化行为的强化者。众所周知,太监是一种被阉割了的男性,他们的性心理、性生理状态已不同于正常男性,因此他们不可能起到男性角色示范作用,他们对溥仪所施之性别认同强化作用,也必定是畸形的。于是溥仪的性心理的正常发育受挫,以致性别定型女性化,性心理认同发生颠倒,而当他进入青春期以后必然会对女性无动于衷,甚至厌恶,产生性心理变态。那位医学研究专家还从溥仪的性心理行为特征加以分析,说明在溥仪身上既存在着对异性的排斥与反感,又存在着对清一色年轻男性如贴身随侍和"宫廷学生"的宠爱和亲近。

　　早在伪满年代就有人怀疑溥仪的同性恋倾向了,当时称之为"男风",著名日本影星山口淑子(李香兰)在其回忆录中就说过:"皇帝好男色,与秋鸿皇后婉容也不睦,据说皇后因此才沉溺于抽烟。"②然而,溥仪的随侍李国雄却坚决不同意这种说法,他认为溥仪连人生大道理都不懂,根本谈不上"男风"。③

　　溥仪从青年时代就注射荷尔蒙,到了精力旺盛的中年时期仍对荷尔蒙无时或离,以致后来溺血,发展成为肾癌,这恰恰可以证明他不仅是阳痿患者,而且对异性一直保持兴趣,不过是存在来自生理方面的障碍而已,说明他正属于那种"继发性阳痿者",而不属于完全丧失性观念的"原发性阳痿者"。据李淑贤回忆,她和溥仪婚后不久,晚间上床后确实缺少那种新婚夫妇的恩爱,

---

①　参阅《良友周报》1993年第10期。

②　《我的前半生——李香兰传》,世界知识出版社1988年版,第120页。

③　依据李国雄1987年夏天向笔者提供的回忆录音资料。

她则以女性特有的腼腆保持着沉默,然而当她迷迷糊糊入睡后,又往往被一股热气烤醒,睁开眼睛就看见溥仪手持台灯照她的脸,细细观瞧,她就说:"都下半夜3点钟了,你还不睡觉,点着100度的大灯泡,还不把我的脸烤焦了?"溥仪这才悄悄睡下,一连几天都如此。李淑贤渐渐生出一种无以名状的烦恼,每到入夜,一听到丈夫那震耳的呼噜声,就更加无法入睡,终于忍不住,索性独自搬到外间房内去睡,不料溥仪又跟了过来,妻子问他为什么也睡在这里?他蛮有理由地说:"挡着你呀,要是你一个人睡着,掉下床去怎么办?"由此可见,他并非不喜欢自己的妻子,也不会没有性的观念。①

沈醉在香港报刊上撰文也谈到溥仪的病,说溥仪跟他聊天时说过,10多岁时住在故宫里,服侍他的太监怕他晚上跑出去,而自己也想睡觉休息,便经常把宫女推到他的"龙床"上,教他干坏事,一直弄得筋疲力尽,才让他睡觉,第二天常常头昏眼花,看到太阳都是黄色的。然而,太监们又弄来春药给"小皇上"吃,旦旦而伐之,对付那些如饥似渴的宫女,结果伤害了肌体,大婚后却力不从心了。沈醉曾依据秘方给他配过药,据说多少有些效力,但最终还是不解决问题。按他的说法,溥仪还是属于继发性阳痿。

溥仪究竟患了何种男性病?是心理性的"男风"?还是器官性的"继发性阳痿"?这恐怕将成为历史之谜。

溥仪有病,李淑贤是在婚后才知情的,她很难过,哭着去找媒人周振强,媒人很懊悔地说:"本来是要做好事,无意中却把你坑了。"因为她盼望能有个孩子,想当母亲,所以感到很委屈。溥仪跪在她面前,哀求她别离婚,"就是找男朋友也不嫌"。在这以后的日子里,妻子心甘情愿地陪伴他恩恩爱爱度完一生,这当然是因为两人在生活中,在治疗和住院期间,在特殊的"文化大革命"年代,相濡以沫,培植了纯真而深厚的感情。此外,李淑贤婚后不久便动了连卵巢及子宫一并摘除的妇科大手术,这在客观上也与两人婚姻关系的维系有一定关系,因为他们都能把生活情趣更集中在两性关系以外的夫妻生活中去了。

---

① 依据李淑贤多次向笔者提供的回忆资料。

第五章
家庭生活

诚然,对我个人来说,今天的吃食穿着比不上从前的"御膳房"和"四执事库",但从前那是"鬼"的生活,而现在是真正的人的生活——享用自己的劳动果实,在互助友爱中进步,内心里充满了未来。

——爱新觉罗·溥仪

公民爱新觉罗·溥仪和他的妻子李淑贤结婚以后的生活,也许是人们十分关心的。溥仪不再是"万岁爷",不再是被改造的战犯,他的夫人也既非皇后又非嫔妃。作为普通百姓的家庭,他们生活得究竟如何呢?

一、衣、食、住

按照封建传统观点,帝王生活集人间荣华富贵于一身,是世间最快乐的人。经过改造的溥仪早已转变观点,他现在认为宫廷婚姻生活不仅无幸福、温馨可言,反而充满辛酸和痛苦,就连那奢侈、豪华、令人目眩的物质生活,也只是等级森严制度下的虚情假意,可以说没有一点人间烟火味道。这一切溥仪早已厌腻,他向往、羡慕另一种生活,即衣、食、住、行等都像普通公民那样简朴、愉快的生活。

溥仪从不张罗添置新衣。在他留下的日记手稿中,只在 1963 年记有两处与添置服装有关的事情:2 月 10 日记载"和贤取衣";6 月 9 日记载"和贤到王府井买裙子"。不过,这都是给爱人添衣,并非为自己。国家经济困难时期,溥仪正在植物园劳动,曾把发给自己的半年布票全部交还国家,他说自己的衣服够穿,应把布票送到国家急需的地方去。溥仪结婚前,领导特许他用公款买些穿用衣物,他却一件也不买。1964 年 3 月,在上海一家有名的大商店里,李淑贤相中一双男式亮面牛皮鞋,想给溥仪买下,可他说什么也不要,硬拉着妻子向儿童玩具部走去,并说:"你看那个大胖娃娃多好玩,还是买它吧!"真让李淑贤哭笑不得。

可是,溥仪当皇帝的时候完全不是这样。作为一代帝王,登极坐殿自然要穿龙袍,什么"黄贡缎绣流云十二章全龙立水袍"呀、"天清江绸绣流云四章四正全龙褂"呀,袍褂上一针一线都不许错位的。即使是在平常之时,溥仪穿衣也相当考究。一位从"小朝廷"时代就给溥仪当随侍、专门伺候起居的仆人严桐江,曾回忆溥仪当年穿衣的情况,他说:"溥仪在北京故宫时,经常是便服、便鞋、长衫、马褂。1927 年在天津时开始穿用西装,尤其对于领带一项十分讲究,花色条纹必须与西装相符合,因此每次穿西装时,都要捧出一大抽屉领带来挑选。在长春时也穿西装,但更多的时候是穿陆军军服,而溥仪最喜欢穿的是一种军服颜色的学生装。"①

据毓嶦先生说,这种学生装的式样是溥仪亲自动手设计的:藏蓝色的裤子、草绿色的上衣,西服式,绿领带,在黑色大绒地的领章上还镶着由金丝银丝织就的领徽。这充分证明溥仪对穿衣原有一整套自己的审美观点。②

溥仪不但对穿着已经发生根本观点的转变,在饮食方面也一样。早年在宫中一声"传膳"便要摆出四张八仙桌子,不一会儿就在上面放满了各种菜肴,品种之多有时吃完了饭,菜还没有上齐。到天津和长春后菜品减少了,口

---

① 摘自严桐江档案资料,未刊。
② 依据 1981 年笔者采访爱新觉罗·毓嶦先生的笔记,未刊。

味上却更讲究,溥仪的厨师们千方百计地投合他的兴趣,以便讨赏,但这实在是很难的。

　　溥仪特赦后建立了小家庭,对日常饮食的要求又如何呢? 据李淑贤回忆,溥仪吃饭很随便,既不考究,也不讲排场,平常爱吃面食,特别爱吃玉米面贴饼子和玉米面、白面"两掺"的所谓"金银糕"。

　　溥仪也承认,吃惯了好东西的嘴巴是挺馋的。所以常与妻子一起到外面吃饭,有时到政协或文化俱乐部的内部食堂就餐,有时就到街上小饭馆吃,并不多要菜,一盘炸鱼,一盘油酥鸡,再加一杯生啤酒,吃得津津有味。

　　溥仪也没有废除多年养成的吃西餐的嗜好,提起西餐来,还是婉容教他学会使用刀叉的呢!"大婚"后不久便在养心殿门外设立了"番菜厨房",也叫"洋膳房"。在天津,他更常常偕后带妃到利顺德、起士林等著名餐馆吃"洋饭"。到了长春,又有大和旅馆专门为他制作西餐,他和面包、奶油、龙须菜、荷包蛋以及土豆酱拌黄油等是常打交道的。特赦后,到了发工资的时候,他便会想起"洋菜"来,于是便和妻子来到莫斯科餐厅,或是东安市场的和平餐厅,美美地吃上一顿西餐。在这种场合,溥仪总是非常尊重妻子的意见,买哪样菜,喝哪种酒,都要李淑贤拿主意。当然,她也很尊重丈夫的这一嗜好。拿吃点心来说,李淑贤知道溥仪爱吃甜点心,总是预备各种各样的糕点,放在床边几上的专用小花筐里,以便溥仪坐在床上时也能伸手就够得着。

　　溥仪日记中有不少在小饭馆吃饭的记载,他是作为普通人走进小店的,可那是个群众场所,人们对于当年的"小皇帝"还是好奇,他因此常常"惹是生非"。沈醉讲过一个溥仪吃早点的故事,那是 1963 年下半年的事。

　　溥仪每天早上,照例在他住所附近的一家小吃店吃早点,吃完后才去政协上班。开始,那家小吃店发觉这位衣着普通的近视眼便是"小皇帝",很感兴趣,知道他每天必去,便给他留一个座位。消息很快传开了,过去他住在政协院里,想看他的人很不容易,现在有机会看到这位末代皇帝,便一窝蜂似的拥去该店。有些人从很远的地方骑着自行车绕道几十里,在上班前赶到那里去看他一眼,附近许多老头、老太太、小孩,从不去那家小吃店吃早点的,也凑热闹赶去看看。当时北京的商店都是国营的,生意做多做少,甚至一天没有一个顾客上门,他们也是照样月月领工资。开始对这突然增加好几倍的顾客,饭店还感兴趣,后来一传十,十传百,到这里来吃早点看"小皇帝"的越来越多,店员也越来越忙碌,他们慢慢讨厌起来了,所以每当溥仪走去想找个座位时,都找不到了。有几次还是别的顾客想多看他几眼,便站了起来,把座位让给他坐下。

溥仪一般总是吃一碗豆汁,这种豆汁和豆浆的味道不同,带着酸味,也不放糖,而是就咸菜吃,北京很多人爱吃它,南方人则根本吃不惯,溥仪却很喜欢吃。有时没有豆汁,他就喝一碗加糖的豆浆,再加两个油炸的油饼或豆沙包一类的东西。别人让座给他,他总以为别人吃完了,所以总是不客气地坐了下去,可是别人要代他付钱买东西时,他总是严词拒绝,从来不肯接受。由于想看他的人越来越多,饭店里的职工就越来越不希望他去。有几次他走进去,服务员很不客气地叫他到外面去排队等候,他完全不知道这是在拒绝他去那里吃东西,因为他不再去的话,小吃店的生意又会恢复到以前一样没有多少顾客光临,那些靠"铁饭碗"做工作的店员,又可以轻闲一些,店内收入多少与他们毫无关系。当时溥仪完全不懂这个道理,后来经人指点,也就不再去那里吃东西,而改在家里吃早餐,或在上班前到政协食堂去吃,那些想看"小皇帝"的人,只能等在他住的地方附近去看看他了。①

其实,溥仪并没因此而"洗手不干",甲家小吃店不去了,乙家饭馆子还是要进的。在1963年11月3日的日记上溥仪写了一笔:"去王府井吃馄饨。"据李淑贤回忆,那天,溥仪和妻子拜访老中医张仁甫大夫归来,随便走进王府井一家小饭铺,买了几碗馄饨。正吃着,想不到同桌吃饭的一老者,竟意外地认出了"宣统皇帝"的"御容",那位捋着山羊胡子的老者与溥仪摆开了"龙门阵",他们从种花谈到画画,又从养金鱼谈到下棋,周围吃饭的顾客都围拢来听他们对话,并且议论起眼前的"新事物"来了。

肯到街上小饭铺吃饭,说明在溥仪的思想深处已经发生了极大的变化,起码又向劳动者靠近了一大步。小饭铺也好,机关食堂也好,都有很多群众,他们都想看看当年的皇帝,愿意与他攀谈。

溥仪也常在机关食堂用餐,有时买一菜一汤,有时买两盘菜。一天,溥仪买了一盘炒肉,一盘炸鱼,独自坐在靠西南角的一张饭桌上吃得很香。这时

---

① 沈醉:《皇帝特赦以后》,香港《新晚报》1981年3月16日。

过来一位炊事员，见此情景就跟他开了一个玩笑："一饭两菜，有鱼有肉，你这位皇帝还是挺讲究哇！"溥仪却很认真，脸都红了。事后他郑重其事地向李以劻等好几人讲过这件事，很严肃地表示应该接受炊事员的"批评"，打那以后他真的每餐一菜了。

熟悉溥仪的人都知道，他在饮食卫生方面非常敏感，原来宫内给他端食盒子的人都要经过严格消毒。可是，60年代的小饭铺哪会有这么讲究呢！于是，一件滑稽可笑的事情发生了。溥仪在1963年9月7日的日记中写道："早，在某某斋吃油条，一服务员用手点票又抓食物。午，胃疼……夜，疼才止。"①是不是溥仪的"皇帝架子"还没放下来呢？大概不能这样说。溥仪批评那位服务员不讲卫生、不文明也是完全应该的。当然，把"胃疼"和这件事情联系了起来，其中不免有神经作用的成分。

不过，确有另外一种情形，若说是溥仪在吃饭当中又流露出"皇上架子"，那也不算过分。溥仪在前半生中"用膳"时的"吃相"实在是"与凡人殊"的。别的不讲，就拿"抢菜"来说吧，据在伪满"帝宫"中常常"侍膳"（溥仪喜欢让身边亲属陪自己进餐）的侄儿毓嶦说，溥仪有"抢菜"的习惯，每餐摆上桌子以后，他总是和几个陪餐的亲属先抢一个菜吃。如果是大家都愿吃的，就命随侍再添，不然就算了。"抢"完第一个菜再"抢"第二个菜，直到全部"抢"完为止。②

总之，溥仪自己愿吃的东西是只管埋头大嚼，而从不顾及别人。对于溥仪的这一"帝王习惯"，溥杰夫妇就十分理解。据沈醉说，溥杰和嵯峨浩都很照顾兄长，他们知道溥仪爱吃紫苏，便在自家院子里种了一些。当溥仪来吃饭时，浩子一定要吩咐家庭保姆去采几片紫苏叶，洗干净后，裹上鸡蛋和面粉，放在油锅里炸成焦黄色，然后端上来就放在溥仪面前，让他美美地吃个够。

可是，别人并不了解溥仪的"吃相"，当然一定是看不惯的。他自己逐渐也"觉悟"了，也有所转变。沈醉先生讲述的一个故事，惟妙惟肖地描绘了溥仪的"吃相"及其开始变化的情景。

1960年11月28日，即沈醉等由战犯管理所搬到北京市崇内旅馆的第二天，中共北京市委统战部和北京市民政局设宴招待他们，特别把第一批特赦

---

① 王庆祥整理注释：《爱新觉罗·溥仪日记》，天津人民出版社1996年版，第180页。
② 依据1981年笔者采访爱新觉罗·毓嶦先生的笔记，未刊。

人员也邀去作陪。沈醉和溥仪第一次同桌吃饭,溥仪给沈醉的印象是"目中无人",他爱吃的菜,也不等主人请,便不停地吃起来,一会儿就饱了,也不向主人和其他人打个招呼,就把筷子一放,离开饭桌坐到旁边沙发上抽烟。当主人告诉他后面还有菜时,他满不在乎地回答一句:"我已吃饱了!"可是等到后来上一道甜点心,主人问他要不要再吃一点,他又坐上桌边来,不等请,也不让让别人,便先给自己盛上一碗,吃了起来。沈醉说,他当时的确很反感,心想,过去见过的大官也不少,连蒋介石请客也要请一下别人,自己才动手,哪有这样没有一点儿礼貌,完全不管别人的人?

宴会之后,沈醉曾就此询问第一批特赦的人,他们说溥仪就是这样惯了的,领导上要大家慢慢帮助他,不要操之过急而使他产生反感。以后逢年过节常在一起吃饭时,沈醉发觉他逐渐在改变这种习惯,也不再是菜一上桌就不顾旁人地大吃起来,也懂得让一声:"大家吃!"自己才动手。溥仪的帝王"吃相"开始在变了,到后来竟变得令人惊讶。①

历史上的溥仪,所居之处都有名堂,本是尽人皆知的。北京的紫禁城无需说了,在天津时住过张园和静园两处,也都是著名的私人花园。到了长春似乎不好了,人们传说是住在一家旧盐仓里,十分简陋。当时的报纸广播也借题发挥,企图把溥仪描绘成"仁义皇帝"。其实,当年的长春不过是刚刚兴起的一个小城镇,全市没有几栋像样的楼房。所谓"旧道署"占据的几栋小洋楼,要算当时长春市内最好的建筑群了,尽管它和紫禁城无法相比,甚至也不及天津张园的望远楼壮观,但在长春也只能选择这里。

楼内房间也都布置得富丽堂皇,仅以缉熙楼二楼西侧溥仪的"寝宫"为例:房内四壁均以淡绿透黄的绢绣裱糊,上面布满圆形图案花饰,棚顶雪白,地毯是银灰色的;西墙北侧设有写字台,旁边是一把大型弹簧转椅;西墙南侧摆着深红色硬木大衣柜;东南角上装有一架太阳灯,以便溥仪能随时取得人工的日光照射;太阳灯两侧是大小高矮都与真人无别的一对男女人体模型,那大概是帮助溥仪研究医学的用品吧;贴东壁靠南安放着溥仪使用的带弹簧床垫的咖啡色新式钢丝床;床头有个小柜子,还有一台带唱机的两用超短波

① 沈醉:《皇帝特赦以后》,香港《新晚报》1981年4月3日。

收音机和为应急而安装的三只警铃;小柜前面是用于遮蔽"龙床"的日本式屏风,在它那喷了黑漆的木架上,挂着绿绢围屏,屏上绣有一枝梅花;寝宫的东北角上是一架穿衣镜台,它前面还有一张咖啡色两屉木桌,上面常放些钢笔、手表、打火机等生活用品。

"寝宫"的布置说明溥仪对居住环境曾经有过相当严格的要求,特赦后,他只能得到普通公民的居住条件了,对此他能满意吗? 回答是肯定的,溥仪住在一般平民的房屋里毫不挑剔。当然,政协机关对他的住房显然还有相当的照顾。

溥仪新婚后头一年就在原自己的独身宿舍临时安了家。那是位于政协大院内的一所平房,里间是卧室,约有 20 平方米,摆着一个写字台、一对儿单人沙发和一张沙发床,还有圆桌和几把椅子。里间另有一道小门通卫生间,溥仪来此之前本没有这样的设备,政协机关为照顾他起居方便而添置的。外间作为客厅,看上去比卧室还要大些,有办公桌、书架和半圆形的沙发茶几。后来,全国政协秘书处决定给溥仪调换一处大些的房子。连以农处长对溥仪开玩笑说:"过去你住在紫禁城内,有那么多大房子。现在一定不习惯吧?"溥仪却认真地说:"我觉得现在住的房子还很不错嘛!"又说,宫里的房子虽大,但天地狭小,现在的房子虽小,但天地却无限广阔。

1963 年 6 月 1 日,溥仪夫妇搬进了西城宝禅寺东观音胡同新居。这里的条件尚佳:两间卧室,两间客厅,一间饭厅,还有卫生间、厨房和库房;院落呈长方形,相当宽敞,种着青松、翠柏、梨树和海棠,还有茂密的榕花树等。这对生活俭朴的夫妇,在此一直住到 1967 年末。溥仪病逝后,剩下李淑贤自己,不便再住这么大的院子,加之处于"文化大革命"期间经济拮据,就向政协机关要求调了房。

二、文化情趣

与李淑贤结婚后,溥仪步入了人生的新阶段。作为普通公民,溥仪的物质生活和精神生活都是幸福的,广泛的兴趣更体现了他对生活的无限热爱。

溥仪好读书。他从五六岁起就在陆润庠、陈宝琛等名师的教导下诵读了"四书"、"五经"、"唐诗"、"宋词"等典籍,十六七岁时已有了遍览《四库全书》

的愿望。他的英文家庭教师庄士敦也曾撰文描述这个好学的弟子,当然,其中许多是美化和颂扬的文字,似乎溥仪只研究政治和军事书籍,专攻"帝王之学"。其实,作为一个青年,他当时读的书也很杂。诸如《段祺瑞传》、《黄天霸演义》、《千金药方》、《美人千态图》、《梅福结婚记》之类,也都摆在"燕喜堂"——溥仪的小书房里。①

在旧中国漫长的年代里,溥仪无论当皇上还是做寓公,都设有专门的藏书楼,垄断一大批传世珍本书籍,特赦后的溥仪没有这样的条件了,但读书的习惯不废,仍涉猎各类书籍。遗稿中存有不少读书心得笔记,是溥仪阅读了重要的马克思主义经典著作后写下的。在家里,他经常阅读我国古典文学作品和历史文献。李淑贤回忆说:"溥仪常常夜里起来看书,我一觉醒来,发现他还在灯光下看得很有兴味。《红楼梦》、《三国演义》,还有一些文言古书他都看过。"1963年6月12日的日记中记载了溥仪借书的书目,包括《唐诗选》上、下册,《左传选》一本,《资治通鉴》一套,《太平天国》一部。②

溥仪也愿意写字。他的书法是从小经名师指教练成的,加上天分,实在是极有功力的。一篇写于20世纪20年代初的文章,对溥仪从小习字有生动的记述:"帝之书法乃学欧阳修、虞世南,四岁时曾书'正大光明'四大字,左右近侍咸惊服不已。"

这里说溥仪4岁能书,或有夸大之嫌,但他确实很早就写仿、写匾、写大字,六七岁时能向臣下颁赐御笔,不过那时是用"漏笔描字"的办法书写。以后几十年中,他常以习字为乐事,临摹苏东坡、柳公权的字,更景仰列祖列宗的御笔。伪满首任宫内府大臣沈瑞麟描述过溥仪爱好书法的情景:"上善书法,日必临摹古帖与列圣御笔,时写擘窠榜书,龙翔凤翥,笔势飞动。赏赐臣下及外国人士,无不珍为至宝。上年文化展览会,御书乾坤正气四字,大皆逾尺,瞻览者皆钦服不已。"③

溥仪特赦后,向他索字的人多极了,有亲戚、朋友、同事,还有一批批的国际友人,更有从远方慕名而来的不相识者。在旧中国,封建的遗老遗少们为

① 据中国第一历史档案馆:《清废帝溥仪档》。
② 王庆祥整理注释:《爱新觉罗·溥仪日记》,天津人民出版社1996年版,第165页。
③ 沈瑞麟:《皇上乾德恭记》,1935年3月伪满报刊。

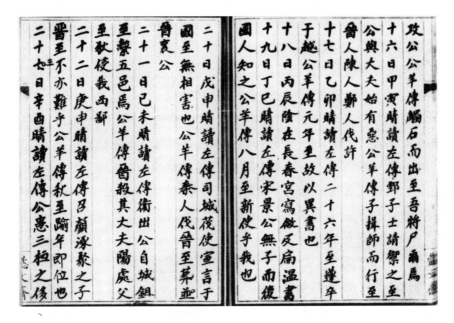

溥仪 10 周岁时写的日记

了得到"宣统帝"颁赐的一块匾、几个字,宁可捐出半壁家业,视之为无上荣耀。现在人们来索字,当然也仰慕他的名气,更因为他的字确实写得好。一般说来他是欣然应允的,可是对于个别欲收藏"皇上御笔"的人,他有反感,不希望任何人再把他看做"普通"以外的人,他说:"这没有什么意思!我的题字、签名有什么价值?"

　　1966 年内乱开始后,他虽然仍是朝夕之间展纸研墨,却不再为索字者挥毫了。1967 年 4 月间,有两位国际关系学校的教师访问溥仪,他们自带了宣纸、毛笔和墨盒,请他题字,溥仪断然拒绝。他在当天日记中记下了答复索字者的几句话。他说:"我是一公民,字没有什么特殊。如果因为过去当过皇帝,则更不是了。过去的封建皇帝多么丑恶、肮脏,如果你们把我的字悬在屋中,让别人一看,对你们、对我都不好。你们为什么悬那么丑恶、肮脏的人的字?我们彼此应当是新的人与人的关系。我们做任何事,都要对党、对人民有利,无利的事不做。"①溥仪所反对的只是别人继续炫耀他的皇帝身份,他认

---

　　①　王庆祥整理注释:《爱新觉罗·溥仪日记》,天津人民出版社 1996 年版,第 663 页。

为自己早和那个"皇帝"决裂了,至于真正出于切磋书法的,他也不会反对。不过,内乱期间不能不增添一层担心。

据说溥仪在伪满宫廷中为自己安设了一架十分高级的超短波收音机,夜阑人静的时候能够清晰地听到伦敦的格林尼治报时钟声。在他特赦以后的生活里,仍然离不开收音机,他爱听新闻,也爱听音乐、戏曲,结婚后,溥仪首先想到要添置一台收音机,于是和妻子商量这件事。李淑贤本是勤俭持家、计划度日的好手,虽然很支持丈夫的想法,但她必须从家庭开支的全局出发,作出切合实际的安排。1963 年 5 月 26 日,溥仪与妻子怀着喜悦的心情上街去选购收音机,先到百货大楼、东安市场,又转到西四。溥仪说,主要考虑实用,"买台便宜点儿的就行"。最后选中一台,比较满意,只花 88 元人民币。打这儿以后,每天收听广播,占去了溥仪不少的时间。

溥仪体质较差,当然与衣来伸手、饭来张口的帝王生活有关。他在青少年时代本来是喜欢运动的人,特别爱好球类运动。网球、高尔夫球等都打得不错,在天津时还常与侍从们对局,对于一个不愿放弃帝王称号的人来说,这已经"逾格"甚多了。但那时,溥仪毕竟还要受到严格的限制,特别是当上伪满傀儡皇帝以后,身体不能超越内廷一步,"既感狭隘,又不易出外。高尔夫球、郊外散步俱不能行,主要运动仅为网球及庭院间之散步"。① 在抚顺改造期间,溥仪才得到机会,按统一要求有计划地参加各项体育活动,逐步养成了锻炼身体的习惯。与李淑贤结婚后,生活的兴趣更加浓厚,锻炼身体的劲头也更足了。每天早晨,他都在院子里打一阵太极拳。有一次外宾来访,溥仪正在练拳,对方就悄悄拍下了一些珍贵的镜头。

溥仪喜欢散步,按北京人的说法叫"遛弯儿",他每天早晚都偕妻"遛弯儿"。溥仪更喜欢骑自行车,提起这事儿能讲出一大串故事来。

溥仪小时候在紫禁城内学习骑马,身边的封建遗老都很赞同,因为马术是大清皇帝的家学,"小朝廷"既然存在,"宣统皇帝"的尊号也保留着,当然一切要照祖宗家法办。

有一次,一个名叫小李三的人进宫表演骑车术。溥仪竟被他那精湛的演

① 沈瑞麟:《皇上乾德恭记》,1935 年 3 月伪满报刊。

技深深吸引住了，决心要学会驾驶这神奇之物。一位美国记者后来追述说："小皇帝发现一种新玩意儿——脚踏车，决心要一辆，但顽固分子们反对，理由是'有失体统'。在庄士敦的协助下，他获得了胜利，此后人们便可以看见他骑着脚踏车，快活地在庭院遛来遛去。"

那时候溥仪已懂得使用权力了，当时又没有一位像慈禧那样能够挟制皇帝的人，他确实"胜利"了。众所周知，为了骑车他命人锯断了宫内的许多门槛，以便畅通无阻地穿行各宫，这真是数百年来宫闱之奇了。据宫廷账目记载，仅1928年上半年，溥仪就购进英、德等名牌自行车17辆，其中除一部

天津时期网球场上的溥仪

分用以赏赐臣下外，余下便是溥仪的玩物了。

不料这段历史故事在几十年后竟成了溥仪"骄傲"的资本，不过转而又变为"惹祸"的根苗，这其中的情节，沈醉先生曾经述及。

溥仪看到沈醉上下班都骑着自行车，自由自在，十分方便，开始眼热起来，从表示羡慕逐步升级，最后也想买辆车骑骑。沈醉考虑到他的深度近视，劝他千万别弄这种玩意儿。沈醉说，北京有几十万辆自行车，来来往往如同穿梭，随时都有被人撞倒或把别人撞倒的危险，特别是从来没有骑过自行车的人，更不要去冒那个险！溥仪一听，竟把他看成是"从来没有骑过自行车的人"，很不服气，便笑着对沈醉摆起资格来："我骑自行车的时候，你可能还刚刚学会走路呢！"沈醉当时还完全不知溥仪那段宫中骑车的历史，反问道："此话怎讲？"溥仪也就乘机打开了话匣子，倚老卖老地与他斗起嘴

来了。

"你才比我大六七岁,你学骑车时我也不会刚学走路哇!"沈醉用推理的方法表示不服。

"那时你顶多是在上幼儿园罢了!"溥仪仍是"倚老卖老"。

可是,一两天后溥仪却完全换了一副模样,满面愁容地来找沈醉了,这回他不但不摆"老资格",反倒尊称沈醉为"沈老"。沈醉看他急匆匆而来,上气不接下气,知道准是碰上难事,便让他坐下慢慢谈。

原来还是那次互不服气的争论引起的。那天回家后溥仪还想着,认为老沈不该轻视他,正巧有位亲戚骑车来看望,他让妻子招待客人,自己却把自行车推到大门外骑了起来,高兴时又像儿时淘气那样耍起花样来,这当儿忽然迎面走来一位老太太,说时迟那时快,他躲也躲不及,急忙捏了刹车把,可是这停也停不住的车还是把老太太撞倒了。溥仪吓得汗珠子也涌了出来,急忙扶起老太太赔礼道歉,诚恳地表示愿送老人去医院检查,并负担一切医疗费用。老太太见是"宣统皇帝"撞了她,便拍拍身上的灰土,连声说:"没有事,没有事!"实际只是被刹车后的惯力冲了一下,并没出什么毛病。溥仪又请老人到家里休息,这对老太太说来真是求之不得:平时虽说是邻里住着却没有机会这样接触呢!她询问了溥仪特赦后的生活情况,就心满意足地告辞回家了。然而,溥仪觉得心里的一块石头并没有就此落下,担心老太太的儿女知道后也许还会来找他,便向沈醉问计求援来了。沈醉当即把事情原委向政协领导反映,又到老太太所在的街道办事处,请他们再帮助做些工作。

沈醉叙述他去办这件事的过程很有意思,他写道:"我去了一看,那位街道主任也是老太太,早就知道这件事了。因被撞的那位老太太是街道治安保卫组成员,不但不会去找麻烦,还认为能结识溥仪夫妇感到很高兴,此事正作为街道新闻在流传。我把经过情形告诉溥仪,让他放心。他还是过意不去,又买了些点心送到那位老太太家里,使她高兴得不得了。后来听别人告诉我,那位老太太是清朝晚期出生的人,宣统皇帝登极时,她还给设在家中的皇帝万岁牌位磕过头,脑子还没有忘记这位'真命天子',到了老年能被'皇帝'撞一下,并由'皇上'亲自扶到家中休息,和她聊天,她十分高兴,也十分珍惜那盒点心,特地请了几位亲戚去品尝'皇上'亲自送上门来的食品,据说几位老人都郑重其事地每人吃了一块且感到很高兴,他们都曾做过宣统的臣民,只有他们的孙子们吃了以后才说：'这有什么稀奇，还不是和爷爷奶奶买回的一样味道。'"①

　　溥仪吸取了教训，知道"老资格"摆不得，骑车上街是冒险的。后来，李淑贤曾与丈夫商量，要买一辆自行车，她以后骑车上班，省得天天挤公共汽车。溥仪一听连连摆手坚决反对，唯恐妻子骑车发生意外，并且说："你如果买车，我会得精神病的。"

　　溥仪喜欢海阔天空地聊天，既常谈国内外形势，也爱谈往日宫闱趣闻。他曾向妻子详细介绍清宫那些烦琐、复杂的礼法，从打千请安到正式跪拜，都亲身示范。他还喜欢唱歌，特别爱听郭兰英演唱的《南泥湾》。1963年3月，他把《国歌》和《国际歌》的歌词全部抄下认真学唱，收音机一播送，他也跟着哼哼，总是唱得不准，但他还是主动报名参加了政协机关的合唱队。

　　溥仪虽然50多岁了，有时就像年轻人，很逗，经常与妻子开玩笑，但在更多的场合下是别人开他的玩笑，因为这位刚"入"社会的"皇帝"，不知不觉就会闹出很多笑话，从而给人留下话柄。沈醉先生讲过一个发生在理发店里的故事。

　　溥仪50年代呆过的抚顺战犯管理所曾组织战犯到东北各地参观，溥仪在哈尔滨百货公司第一次看到理发用的吹风机不知何物，商店服务员就给他表演了一番，他恍然大悟，知道这东西一开动就来风了。特赦后他到北京理发店理发，那天他穿衣服太多，满头大汗，于是灵机一动，让理发员先摘下工具台上挂着的吹风机，给他来点风，把头上的汗水吹干，然后再理发。理发员知道他是没有吹过风的"土包子"，便开玩笑说："这玩意儿只能理好发、洗干净了才能吹，不洗干净先吹，会把头发全吹掉！"溥仪吓坏了，赶紧说："那先理发，洗干净再吹，不要把头发吹掉了。"后来这件事传开了，连全国政协礼堂三楼理发室的师傅也知道了，每逢溥仪去那里，理发师傅一拿起吹风机就要跟他开句玩笑："溥专员，别害怕，我要在你头上变戏法了！"溥仪则笑着回答说："你变吧！现在我不会害怕了！"②

　　还有的时候溥仪发现了有趣的事，便要前仰后合地笑个不停。在这方面

① 沈醉：《皇帝特赦以后》，香港《新晚报》1981年4月6日。
② 沈醉：《皇帝特赦以后》，香港《新晚报》1981年4月9日。

沈醉也讲过一个例子,一个下雪后的清晨,马路路面结冰了,溥仪出门走向政协时,看到许多骑自行车上班的年轻人纷纷滑倒,感到很好笑,便一路笑着走着。忽见一辆滑倒的自行车横在马路上,后面的自行车也因路滑而一辆接一辆地倒下来,溥仪看到这景象笑得腰都弯了,稍不留神,也一屁股坐到地上。他穿着硬底鞋,刚站起,又一溜坐了下去,边笑边站,几次都站不起来,他那又急又滑稽的动作,也惹得过路人和他一起笑起来。后来有两个过路的解放军把他扶起来,想护送他回去,他说要去政协上班,于是很小心地把他一直送到政协门口才走。溥仪便从门口一路笑着走进来,沈醉忙问他:"什么事这样好笑?"他便叙述了看见别人滑倒爬不起来觉得好笑,没有想到自己也滑倒了爬不起来,还是两位军人送他来的经过。沈醉看到他大衣后面都是冰屑和泥巴,怕他摔坏了,要他去医务室检查一下,他边脱大衣边不停地笑着说:"没事,没事!根本没有摔伤,只是看到马路上的事可笑,自己爬不起来也可笑!"①

溥仪10多岁的时候,作为紫禁城"小朝廷"的主人,也常向太监等寻开心。不过那时候,他往往是借助皇帝的权威,拿别人的痛苦充做自己的笑料罢了。

有一天,溥仪叫了两个大夫诊脉。按宫中惯例,皇帝把两手分放在两个枕头上,两名御医长跪左右,各诊一脉,然后交换位置,最后共同说明症状并各自写出处方。诊毕,溥仪心血来潮,命太监把御医带进犹如迷宫一般的养心殿西暖阁,并在外面反锁了门。结果,两位大夫在拐弯抹角的小房间之中,左冲右突,屡屡碰壁,就像两只迷途的羔羊,连"太医"身份也顾不得了,急得大哭,溥仪这才传谕送他们出去。

还有一次,溥仪拿毓庆宫一个绰号叫"和尚"的太监开心,指着地下一堆脏物对他说:"你不把这块干狗屎橛子吃下,我就打你!"溥仪原想看看"和尚"为难时的狼狈样儿,却没想到那个可怜的太监一把捡起就放在嘴上,闭着眼睛咬了一口,这反倒引起了溥仪的恶心,赶紧走了。

又有一次,溥仪把一个大包裹派人送到醇王府,当"天子"的使者正颜肃

---

①　沈醉:《皇帝特赦以后》,香港《新晚报》1981年4月11日。

目地宣布"赐"给溥杰时，溥杰磕头拜受，然后高高兴兴地打开包裹。他左一层右一层地剥开，又剥去几层纸，才觉出是软糊糊的东西，剥到最后，忽然臭气扑鼻，只听溥杰"哎呀"一声便把"赐物"摔到地上了，原来是一根"大屎橛子"。①

溥仪成年后，要装模作样地时时表现出神圣不可侵犯的皇帝权威，不便乱开"金口"随意恶作剧了。他实在憋不住想开玩笑时，就给居于外地的妹妹们写封信，或是模仿别人的口气，或是干脆在信封中装些点心末子之类的东西。

溥仪自己说，经过改造他已"恢复了人性"，舒展开朗的性格，撷取生活的乐趣，尽情地欢笑了。当然，现在他开玩笑和从前不一样，自己高兴，也让别人高兴。从前是自己高兴，让别人痛苦。

溥仪最喜欢热闹，经常带着妻子参加多种多样的文化艺术活动。1962年旧历八月十五日，溥仪挽着新婚妻子的手臂，到全国政协礼堂三楼参加一年一度的中秋赏月会。在1963年5月1日的日记上，溥仪写道："晚，在天安门看焰火，同贤以及杰夫妇、嫮生等在一起。"每年的"五一"和"十一"，溥仪夫妇差不多都是在天安门看台上欢度节日之夜。又据溥仪日记载，1963年2月8日，溥仪夫妇还应"民革"中央的邀请，参加了庆祝元宵节的活动。最有意思的是溥仪兴致勃勃地参加了妇女节活动。他在1963年3月7日的日记中写道："下午，贤、浩、二、三、四、五、六、七妹，同赴政协，参加庆祝三八妇女节。"

溥仪夫妇都喜欢跳舞，每次政协举办交谊舞晚会，都可以看到他俩的身影。溥仪还是个戏迷，他十几岁时就多次把梅兰芳、杨小楼召进宫中演戏，还赏赐乾隆鼻烟壶等，这些事已为人们所熟知。后来在伪满宫中，因为受到日本人挟制，不能随意调入戏班，溥仪就大量搜求名角的戏段唱片，反复播放玩味。在北京的晚年生活中，凡有名角演出的京剧，溥仪也是向来不轻易放弃机会的。人们经常看到他偕妻一同欣赏演出，还常见他在商店购买各种京剧脸谱。

溥仪也喜欢与文化艺术界有造诣的人士交往。1961年春天，当上专员不久的溥仪，参加机关组织的潭柘寺野游活动，经全国政协联络委员会副主任

---

① 依据《我的前半生》第一稿，1958年写于抚顺战犯管理所。

1963 年中秋节,溥仪夫妇在全国政协举办的赏月晚会上

委员金城介绍,结识了著名电影演员王人美和她的丈夫漫画家叶浅予,他们沐浴着明媚的春光,品尝着野餐的美味,笑谈着不尽的话题,留下许多值得纪念的镜头。溥仪还在政协活动中,有缘与著名国画家陈半丁先生成为朋友,并往陈家欣赏主人收藏的珍贵的字画。后来曾帮助溥仪润色书稿的文学家老舍先生,其实在 1961 年 6 月周总理接见溥仪、溥杰和嵯峨浩等人时就已经见过面了,而且一见如故,令老舍先生感慨大发:"一个'皇上',一个'穷人',在一起相会,真是世道大变!"此后他们又有多次接触,特别是 1965 年下半年至 1966 年上半年期间,两人都参加了孙中山先生诞辰一百周年纪念活动的筹备工作,一件事情做完,老舍常请溥仪乘坐自己的接班车回家,两人一路攀谈,有时还到溥仪家里坐一会儿,聊一聊,两位满族人,成了一对很要好的朋友。

对于妙趣横生的两口之家,溥仪虽然颇有满足之感,可是想到身边缺少一个活蹦乱跳的孩子,还是有点儿酸楚。为此他多次与妻子商量,想抱养一个别人的孩子,朋友们也关心这件事,有了消息便来告诉他,因而在溥仪的日记上曾出现"某街某路有小男孩一名可商领养"之类的记载。但是,羸弱的妻子却认为,以她的体质去照料一个孩子怕是不胜其负担,溥仪也就未再坚持。从李淑贤的回忆中可知,溥仪爱孩子,喜欢与孩子们在一起谈笑打闹、讲故事、做游戏,人们都说他是个大孩子头。溥仪遗留的影集内有这样一张照片:在公园长椅上,溥仪正把一个活泼可爱的小男孩抱在怀中,紧紧地贴着脸。据李淑贤说那天政协机关组织郊游,一位政协委员把孩子带来了,溥仪见着孩子亲也亲不够。

　　溥仪在政协大院住的时候，就是个专门招小孩的"孩子王"。一些顽童总是毫无恶意地喊他"小皇上，小皇上"，他一点儿不生气。迁居东观音寺胡同后，溥仪邀请的小客人更多了，他买糖果、糕点，还预备玩具、绘画纸、蜡笔和彩色铅笔，供小朋友们使用。有一天，李淑贤提前下班回到家中，房门启处，只见满屋都是戴着花脸面具的大大小小的孩子。他们玩得非常热闹，其中一个身材较大的"孩子"见到李淑贤进来，突然停止打闹，还摘下了脸上的张飞面具。原来这个"大娃娃"就是年过半百的爱新觉罗·溥仪、当年的逊帝宣统……在此以前，李淑贤每晚回家发现家具有些异常现

溥仪喜欢孩子，他把别人的孩子抱在怀中就像抱着自己的孩子

象，摆设稍有凌乱，总是有些纳闷。如今，闷葫芦总算揭开了——原来是溥仪带头淘气，把自己的家变成了"儿童俱乐部"。李淑贤对丈夫如此喜爱儿童的心情是比较了解的，因此她也并不恼怒。溥仪每见盛装的儿童，总是打心眼里喜欢，也许是忆及被关在宫墙里的阴暗童年所留下的心灵创伤，那只能用新中国儿童的笑脸和欢歌才能加以治疗。

三、与凡人殊

　　溥仪与李淑贤结婚后确实过了几年舒心的日子，可是这也不等于说他们诸事遂愿，比如女主人就曾有过许多不满意的时候。

　　谈恋爱的时候，每次见面，李淑贤都看到站在眼前的"末代皇帝"衣帽整洁，发型优美，还以为他很会生活呢！婚后不久，妻子发现丈夫原来是个粗心大意的人，搞卫生、收拾房间、上街买东西、招待客人等，几乎都不会。但他会

作自我批评,总说自己"笨",甚至承认自己是"废物"。不错,溥仪连叠好一床被子,扫干净地面,生着火炉,烧好一锅米饭之类的简单劳动,都感到困难万分,甚至会闹出笑话来。溥仪在日常生活里丢三落四,从工作证、出席证到钞票、粮票、布票,几乎样样都丢失过。至于说丢掉衣服、手绢之类,那更是常有的事情。溥仪之所以在这些方面格外不争气,很明显是与他童年、少年,直到青年时期"贵为帝王",事事有人伺候,过着衣来伸手、饭来张口的生活是分不开的,久而久之变成一个不折不扣的"饭桶",这只能归咎于罪恶的封建制度和"与凡人殊"的帝王生活。

溥仪缺乏最起码的生活常识,特赦后他过了两年半的独身生活,在那段时间里,必须像普通人一样接受一切生活细节的考验。结果证实,让他独立生活下去实在太困难,这显然也是大家都用力帮助他找对象的重要原因。沈醉先生记述了溥仪在那个时期留给人们的深刻印象。

溥仪一个人很少外出购物,买东西总有人陪着,有时没烟抽了自己去买,要么拿了烟就走忘记付钱,要么给了钱不等找回余钱就走了。溥仪手上经常是这里一块,那里一块,贴着胶布。他去开门也好,用刀削水果也好,甚至开抽斗等动作时,都会不留心把手碰破。他自己总想学做点日常生活上的事,但又总是不小心。有些人问住在政协宿舍的孩子:"谁是溥仪?"孩子们总是笑着回答:"那个两只手上贴满了橡皮膏的人便是溥仪!"这也几乎成了他的一个特征了。因为经常有些外国人想见他,政府便给他做了一件很好的狐皮大衣,每次穿上它去政协礼堂休息室会客时,服务人员都要提醒他,走时不要忘记了穿大衣回去,也不要把大衣穿错了。如不提醒,他往往会不记得穿或者随便穿一件就走。因为溥仪自己不会照料生活,所以政协领导便劝他结婚,好找个人照顾他。①

溥仪和李淑贤结婚后,有了一位心爱的人照料自己,处境好得多了。可是,"特别笨"的"末代皇帝"就难免有的时候要把妻子惹"翻"了,不过,李淑贤很快就会暗自好笑而一下子消了气。每逢回忆那一段难忘的新婚生活,她都会生出一种甜蜜而温存的感觉,她说,溥仪在宫里让人伺候惯了,什么都不

① 沈醉:《皇帝特赦以后》,香港《新晚报》1981年3月13—14日。

会,完全不懂得生活,在很长的一段时间里,她都感觉不习惯,要像教小孩似的慢慢教会自己的丈夫。

1962年五一节那天,新郎官溥仪一起床就想自我表现一番——主动叠被子,新娘一看哭笑不得,不过是折成个团团堆在床头了。妻子颇有耐心,一遍遍教他,丈夫也学得十分认真,可叠出的被子还是没棱没角。

溥仪心眼挺好使的,总想能给妻子当个帮手,尽量减轻些爱人的家务劳动负担。他自知太复杂的活计干不来,擦擦桌子、洗洗茶杯总可以对付吧?可是溥仪一伸手,十有八九出毛病。他擦过的桌子,妻子一定还要重擦一遍;他洗过的茶杯,没有打破,李淑贤就心满意足了。

想起共同生活的年月,李淑贤说了一句充满疼爱的气话:"我家老溥哇,连洗脸、吃饭也得替他操心呢!"这话不假,溥仪总是不在意,新换的衣服没过两小时已经洒上菜汤,洗脸却连上衣也会湿一片,简直就像不知事的孩子。

1963年6月的一天,溥仪自告奋勇生火炉,却弄得浓烟滚滚,从厨房散布到客厅,弥漫到庭院,而煤炉还是没有点着。这时李淑贤下班回来,还以为家中失了火,细看才在厨房发现了急得满头大汗、正在使劲扇火的溥仪。由于他曾用手擦抹脸上的汗水,未经化妆也变成了"花脸溥仪"。原来,住在政协大院的时候,总是由工友赵大爷帮他生炉子,这破题儿第一遭的狼狈相,又何足为怪呢?

一个星期天,溥仪在家里"帮厨",妻子特意为他做了几样浙江风味的小菜和一锅香喷喷的米饭,让"帮厨"把饭锅和笼屉里的小菜从厨房端到饭厅,可是谁又想得到溥仪连用一块布垫着再去端蒸锅、免得烫坏手这点小常识也不懂。结果端了几步,就被烫得撒手不顾了,饭菜撒了一地。溥仪自知闯祸,不等夫人开口,赶紧自我批评,难为情地说:"我太笨了,什么事都不会做!"立即动手收拾残局,主动洗那些被菜汤弄脏的衣裤,他那种将功补过的心情以及表现出来的傻样子,又怪可笑的。

溥仪真是个"马大哈"。大约是1967年五六月份,有一天吃完早点,他主动收拾饭桌,却完全不注意看看桌面上是否还有什么东西,一掀台布,把李淑贤放在桌上的一块价值260多元的进口手表摔到水泥地面上,碎了。妻子见他很着急就安慰说:"一块表摔就摔呗,不算什么。"溥仪却一再发誓说:"我一定要给你买一块新的,比这块更好的表!"

更可笑的是,50多岁的溥仪上街时还不辨东西南北,常常迷路。他在植物园工作一年,很有感情,到政协以后,每周都回植物园一次,说是"回娘家",结婚后也一样,每逢星期四晚上或星期五早上就到城外去,一般周末下午就回来。来回一路上,溥仪只记几个换车的站名和汽车线路,其余一概不知,有一次直到晚上七八点钟也不见他的人影,怎么回事呢? 打电话询问,植物园说早就出来了,大家都很焦急,李淑贤更急得团团转。9点没有回来,10点没有回来,夜愈来愈深了,等待在溥仪家客厅中的几位亲属一筹莫展。直到11点左右,溥仪才自己拖着两条疲惫不堪的腿走进家门。问他时,说连晚饭还没有吃呢! 原来是换车时糊里糊涂地坐到别的路线上去了,绕来绕去走了几个小时,后来遇上一位好心人,问明他的家庭住址,画了一张路线图,他便拿了图,先让售票员看看,不错了再上车,总算是打听着回到家中,一场虚惊结束了。打这以后,植物园也不敢放他单独回家了,总是安排他搭上适当的进城车,一直送到家门口。他要上植物园时,政协也一定要派车送他去。

溥仪的同事们也记得许多有趣的故事。

溥仪从植物园回家

巨赞法师讲了一个故事:有一年国庆观礼,他和溥仪同在西三台。按规定,汽车把他们送到中山公园西门。下车后走向观礼台的途中,溥杰和嵯峨浩再三嘱托法师,让"领着"溥仪一块儿走。当时法师还挺不理解,未免太着意了吧!果然,登上观礼台后,溥仪就随着溥杰等向另外的看台走去,法师发现后急忙去拽他,并"领着"他来到西三台,法师这才领悟了溥杰夫妇相嘱的含义。

杜聿明先生也讲了一个故事:有一次,溥仪的亲属到崇内旅馆找他一起上街。他们在公共汽车站上等车,来车后乘客们上上下下,溥仪很讲礼貌,总是要等别人先上。他的亲属上车了,乘客也都上车了,最后只剩下他和售票员,溥仪还是礼貌相让。售票员误以为他并不乘车,于是立即关门发车,把溥仪留在了站台上。他的亲属发现后下车返回去找他,只见他已经让过了几趟车,还等在那儿呢!

杨伯涛先生也讲了一个小故事:溥仪不会料理自己的生活,大家都曾注意到他常常忘记扣上衣服或裤子上的纽扣,就和他开玩笑说:"谁再不系衣扣可要罚款了!"溥仪这才笑着系好。

在常人看来很普通的事情,就连六七岁的娃娃也能做,到了溥仪这里就不懂不会了。好在溥仪肯学习,他常说:"不会就从头学起嘛!"反映了他的不服气和要争气的心理,也表现了谦虚的美德。事实上,溥仪每天都在努力地学习着,以便能像一个普通人那样去生活。溥仪在1963年3月31日日记上写道:"下午,同贤买粮食、物。"同年6月30日又写道:"和贤到朝外市场。"溥仪,这位中国的末代皇帝在20世纪60年代,以妻子为师,学习购物买菜。①

起初,溥仪生火炉变成大花脸,后来还真把这"技术"学到手了,有一天,一位朋友来,刚好碰上溥仪生火炉,又看到他的狼狈相,就动手帮忙。这位朋友很理解溥仪,给他讲解要领,溥仪则趁机认真学艺,懂得了应放多少引柴,烧到什么程度再加煤等。

有人向李淑贤问起她的丈夫,她总是说溥仪这个人"特别笨"。到后来,由于实际情况的改变,她不再讲丈夫"笨",而总是说:"溥仪嘛,还可以。"

---

①　王庆祥整理注释:《爱新觉罗·溥仪日记》,天津人民出版社1996年版,第140、167页。

　　与溥仪相处过的人都能发现,他有很强的自制力,能够时时约束自己,不断改正多年不正常生活铸就的不良习惯。1962年秋冬之际,地质部副部长、全国政协常委何长工在政协舞厅遇见了李淑贤,便问她:"你和末代皇帝在一起生活习惯吗?"她回答说:"溥仪的生活习惯是很特别的,我们婚后确实感到很难生活在一块儿,我从来没见过这样的怪人,想法、做法简直让人摸不着头脑。但是,时间长了,发现他也有不少优点,听话,愿意改正,他在实践中把许多长年形成的旧习惯改了。"

　　溥仪当了几十年"万岁爷",习惯于接受文武百官的"三拜九叩"。当臣下向他叩拜的时候,他的形态是高高在上,岿然不动。特赦后过上家庭生活,情况不同了,朋友们来访,当然不会再把他当皇帝看待,而他也应该礼貌待客,可是他哪里会懂得这一套呢!

　　有一次,李淑贤所在医院的一位大夫来"串门儿",溥仪只管坐在沙发上不动,也不起身,也不让座,自己抽着烟,喝着茶水,却不知道向客人让一让。客人走了,妻子批评他说:"你这样待人是很不礼貌的,不了解你的人会说你瞧不起人。有客人来,应该立即起身,让坐、让茶、让烟。"这几句话在丈夫的心底扎了根。几天后又有位政协委员来访,溥仪想起妻子的批评,立即起身,对客人说:"您请坐吧!"又倒茶水,又拿糖和水果。这位曾经来过的熟客颇感惊讶:"老溥!你这一套学得不错,会招待客人啦!谁教给你的呀!"接着又打趣说:"现在应该跟你算账了,以前我来,你一向不招待!"溥仪笑着回答说:"欠账就请你一笔勾销吧!"打这以后,谁再来做客都能受到热情招待,赶上饭时也一定留吃饭。

　　当然,溥仪一做就错的时候也还不少,遇上这"当儿",他就说:"别急嘛,我慢慢一定学得会。"等他做出点"成绩"来,也决不"埋没"自己,他会情不自禁地问问爱人:"学得怎么样?"

　　一次,溥仪洗了一件衣服,叫妻子检查领口,李淑贤看看挺干净,就夸奖几句,他很得意。还有一回,溥仪一定要烙饼给妻子吃,烙出一张,前后看看还像个样子,就拿来让妻子瞅上几眼,并等待着夸奖,好像妻子的几句话也挺值钱似的。可是,总有三分之二是烙糊了的,只好悄悄吃掉,其实这一切早在妻子眼里了。

　　溥仪常说:"习惯也可以改嘛!"可是专员们都知道,李淑贤就更知道:溥仪丢三落四的习惯始终没有改。有人问他："你把不少毛病都改了,为啥丢东西这一条总是改不了?"溥仪笑笑说:"丢了东西也别急,它会回来的。"这是一句笑话,却道出一个事实:溥仪丢了很多次东西,真都回来了呢! 有的自己找回来,有的别人送回来。

溥仪特赦不久住在五妹家,有一次在服务站使用公共电话,把放钱和粮票的小公文包遗落在安设电话的小桌子上了,随后又转到一家副食商店买烟卷,掏不出钱来,还觉得奇怪:"咦! 真糟糕——怎么没带钱就出来了?"于是,赶紧回家取钱,服务站的同志这时已把小公文包送了回来,他这才想起自己原是带了钱出门的。

沈醉先生留心过,溥仪在半年之中就丢了 3 个手提包。因为他过去从来没有自己拿东西出门过,所以一提着手提包出去,只要一放下,临走一定记不得再拿起,便头也不回地走了,等到要用时,又到处找,不知弄到什么地方去了。好在手提包内没有值钱的东西,不过是一些学习用的书和笔记本之类。后来沈醉向他建议,在手提包里面写上"全国政协文史专员溥仪"和专员室的电话号码,这样一来,谁拾到便送回来或打电话通知他领取。有几次都是拾到的人亲自送回来,目的是想看看这个皇帝什么模样,他总是客客气气地道谢,亲自送出大门。差不多过了两年,他才慢慢地记得,提了手提包出去要记得带回来。①

以后几年,溥仪不再随便扔手提包了,但类似的事儿还是接二连三地发生。据 1965 年 9 月 3 日日记载,溥仪探望住院的妻子后乘三轮车回家,"钱包和粮票遗失在三轮车上,赵某及三轮车夫同志特意在深夜来两次,送回钱包。本人非常感动"。② 在溥仪遗稿中,还有他在 1966 年 9 月 25 日给电车公司寄出的一封表扬信底稿,是表扬 5 路无轨 652 车售票员李淑华的。信中写道:"9 月 20 日,李淑华同志在车中拾得全国政协文史资料研究委员会专员溥仪的工作证,毫不迟疑地立即交予阜外西口失物招领处,使我重新获得这个工作证。为此,我表示衷心感谢,一定学习李淑华全心全意为人民服务的精神"。③

---

① 沈醉:《皇帝特赦以后》,香港《新晚报》1981 年 3 月 13 日。
② 王庆祥整理注释:《爱新觉罗·溥仪日记》,天津人民出版社 1996 年版,第 412 页。
③ 依据溥仪手稿,未刊。

溥仪深深地懂得:他争得了为人民而工作的权利是多么不易啊！所以珍惜自己的工作证,视之如同生命,不慎失落,急得坐卧不宁。这在他的日记中也有简略记载:"1966年9月20日:在中医研究院发现工作证丢了,急与医院联系,又到牛街派出所和19路右安门站联系,又和19路车西直门站联系。下午,打电话与11路、5路无轨车西直门站联系。5路车车站同志告诉,可以问问阜外西口失物招领处。联系结果,得知工作证正在失物招领处。""1966年9月22日:下午,到政协人事科领取介绍证明书,到阜外西口失物招领处领回工作证。据失物招领处同志谈,系5路车652车售票员李淑华拾得交予失物招领处的。"①溥仪不过是记下这件小事的始末经过,然而,他那找不到工作证的焦急神态,以及失而复得的喜悦心情,全部跃然纸上了。

溥仪真幸运,差不多丢掉的东西又都一件件长出翅膀飞了回来。可是,我们不能因此原谅他,他不保管物品的"帝王遗风"至死没得到彻底改造。然而,我们也应该原谅他,他想改,有诚意去掉那些坏毛病、坏习惯,有些改得不错,有些还没完全改好。就在这改好与尚未完全改好中间,充满了生活的情趣,这是溥仪从皇帝变成公民以后才能得到的乐趣,正如中国古语中的一句话:乐在其中。

溥仪的乐趣,中国"末代皇帝"的幸福在于:它不仅有一般人所向往的恩爱夫妻、美满家庭以及丰富而高尚的物质和文化生活,而且还有脱胎换骨的痛快、步步向前的欣喜。已经记不得有多少国际友人先后来到东观音寺胡同22号,采访这个幸福家庭了。在回答外宾们提出的问题时,溥仪常常谈到自己从家庭生活中获得了各种各样的乐趣。

1964年10月11日上午,日本广播协会中国特别采访团又来到这里,外宾们询问"皇帝"和"皇后"的生活,溥仪回答说:"那个皇宫中的溥仪早已死去,你们今天见到的是一个新的溥仪,新的家庭。我们夫妻之间,互相关心,互相帮助,充满了友爱和愉快。"

现在,20世纪60年代也已变成历史陈迹,然而,人们仍然能够清楚地看到一个事实:在中国"末代皇帝"的晚年生活里,旧溥仪身上的旧东西每天都

---

① 王庆祥整理注释:《爱新觉罗·溥仪日记》,天津人民出版社1996年版,第539页。

1964 年 10 月 11 日,溥仪夫妇在家里会见了日本广播协会中国特别采访团

在死去,而新溥仪身上的新细胞每时都在生长,正是在这一死一生中间,"宣统皇帝"找到了自己的归宿。

"能够谈谈您是怎样创造了这个幸福家庭的吗?"外宾这样问道。

"这是我多次回答过的问题。去年春节,我在对台湾同胞的讲话中,说过这样一段话:'是中国共产党、毛主席使我懂得了生活,懂得了人的尊严,懂得了真理。是党和毛主席使我感到了越来越浓烈的人生乐趣。'我还愿意用这段话回答你们的提问。"①

———————————

① 依据李淑贤的回忆口述资料,未刊。

第六章
畅游山川

参观所到之处，工厂、农村、学校、各种展览会、城市建筑以及人民的精神面貌，到处是朝气蓬勃、欣欣向荣的景象。看到祖国今天的一切，不能不使我由衷地感到，作为中华人民共和国公民的无比光荣和自豪。

——爱新觉罗·溥仪

溥仪爱逛公园，可是，在他成为新中国公民以前，能够随意观赏游玩的园林只有两处：一为北京紫禁城内的御花园，一为长春伪帝宫的西花园。

"小朝廷"时代的溥仪年轻好胜，真想遍览北京园林风光。虽然也有几次走出紫禁城的宫墙，到过颐和园、北海、景山等地，但是每次成行都须预先作出周密的保卫和开支计划，几十辆汽车随行，各种各样的仪仗，他感到很不自在。

出任伪满"执政"后，起初溥仪似乎还没有意识到自己的政治囚徒的实际处境。有一天他来了兴致，带上婉容和两个妹妹乘车出宫去逛"大同公园"，不料惊动了日本宪兵警察，霎时之间，一串串汽车、一批批军警从四面八方赶来，把个小小的公园置于水泄不通的警戒网中。至此，溥仪才感到问题的严重性，原来御体是不能随意移出"帝宫"一步的。

至于在苏联伯力和东北抚顺，身为战争罪犯的一段日子里，溥仪曾随战犯参观团到过东北的几处公园，如沈阳的北陵公园、哈尔滨的太阳岛、兆麟公园和哈尔滨公园等。然而，邀友偕侣，自由自在地四出览胜，那当然是谈不到的。①

由于前述的历史经历，重回北京成为公民的溥仪，对于畅游山川湖海，遍览名胜古迹，参观园林、博物馆以及城市和农村的社会建设项目，就格外感兴趣了。

一、旧地重游

对于自己第一次"登极"当皇帝、"继承大统"，并且度过童年和少年时代的地方——北京紫禁城，这位已经成为新人的末代皇帝，有一种与众不同的怀旧之情，那是可以理解的。

作为明、清两代统治过紫禁城的 24 位帝王之中的最后一个，溥仪从 1924年被逐出故宫后，再没来过这个地方。30 多年以后重游紫禁城，溥仪的心情是忏悔、自责，还是感到悲伤和无限怅惘，抑或百感交集？

溥仪在 1961—1962 年间常为杜聿明、沈醉等人导游故宫，据说来到故宫门前，沈醉去买门票时，溥仪竟脱口说道："我还得买门票？"原来在他的意识中，故宫就是他的家。站在一旁的杜聿明连忙解释说："现在故宫对外开放，买门票的钱用来作为维修和管理费用。"溥仪这才不再说什么了。走进故宫以后，他便滔滔不绝地介绍起来：每栋建筑的用途，修建年月以及发生过的事件、流传下来的故事等，他都能讲得绘声绘色。②

沈醉说，他认为让溥仪"当一名故宫游览的讲解员或向导是最合适最理想的了"，接着便滔滔说下去："我和他去故宫时，他能闭着眼指出东西南北是什么地方，那里曾经发生过什么样的重大历史事件。他指着一只大铜鹤告诉我，说鹤身上一块凹进去的地方，是乾隆皇帝一箭射成那样的。这又使我感到这个人太老实忠厚了，他对太监们编的许多神话般的故事，都深信不疑。

---

① 　依据《我的前半生》第一稿，1958 年写于抚顺战犯管理所。

② 　沈美娟:《"文革"前的文史专员室》,《纵横》1997 年第 7 期。

如说那只铜鹤是乾隆下江南时，飞去保驾，结果被乾隆误为普通白鹤，一箭射去，虽没射死，却自讨没趣地又飞回来了。我说这是编出来的，可能是太监、宫女搬东西时不小心撞了那只铜鹤，所以编一套神话来掩饰自己的过失，他却坚持说是真的。我还认为乾隆时代是否就有那些铜鹤，还值得怀疑，但他总想说服我相信那是千真万确的事。我仔细一想，他为什么会相信铜鹤保驾的神话呢？他可能还认为，像他那样的'真命天子'是会受到神鬼保护的。"①

更多的场合，溥仪是与妻子踏着当年的石板"御路"，信步在画栋雕梁和琼楼玉阁之间，望着那玉阶金瓦、朱碧辉映的雄伟富丽的古建筑群，他不由得发出深深的叹息声，对妻子说："只有现在我才意识到，它是古代劳动人民的艺术杰作啊！多少年来，我却一直认为它是属于我个人私有的家产呢！"

溥仪夫妇也曾流连于太和、中和、保和等"外朝"三大殿。在太和殿，他又一次看到了安设在装饰着一条戏珠蟠龙的藻井之下的宝座。依稀在梦中吧，一个不满3岁的男孩子被父亲硬放在这个雕龙髹金宝座上，接受一群文臣武将的朝贺，他被陌生人们的叩拜仪式和呼喊"万岁"的声音所惊扰，咧开嘴巴哇哇大哭起来。据说，这哭声和摄政王载沣"快完了、快完了"的"劝驾"话语，成了"大清"覆灭的不幸谶语。后来溥仪被逐出"皇城"，继由天津逃到伪满"新京"，当上"康德皇帝"，再以后被苏联红军押到西伯利亚，最终又交给中国人民，而今他回到了"故宫"。历史对宣统和"康德"似乎无情，但对爱新觉罗·溥仪有情，甚至多情。溥仪的存在，以及自由自在地重游紫禁城本身就是明证。

从南到北，越过那一对威武勇猛、虎虎有生气的鎏金铜狮守护着的乾清宫，就是溥仪十分熟悉、一度梦牵魂绕的"内廷"了。内廷又称"后三宫"，是以乾清宫、坤宁宫和交泰殿为主体的一组古建筑群，它是封建帝王的生活区，也是"大政所出"的地方。

乾清宫是明代和清初皇帝的寝宫。溥仪清晰地记得，作为逊清皇帝，他曾经在宫内宝座上，接受民国大总统袁世凯特派礼官的祝寿。总统向退位的前朝皇帝行臣子之礼，祝贺"万岁爷"寿诞，真是天下稀有的荒唐事！宝座前有一对形状奇怪的独角兽。为了写作《我的前半生》，溥仪曾经陪同出版社的

---

① 　沈醉：《我这三十年》，湖南人民出版社1983年版，第219—220页。

编辑和博物院的专家一同参观故宫,他指着这对独角兽讲解说:"它叫獬豸,据说这种动物最正直,能分辨是非,一旦皇帝处理问题不公正,它敢用猗角去顶皇帝。这简直是欺人之谈……"说着,溥仪放声大笑起来。[①]

坤宁宫原本是明代皇后的寝宫,改朝换代后,用做皇帝结婚的洞房,平日则以祭神。当溥仪偕妻子来到这里时,不能不想到他的"皇后"和"皇妃"的悲惨命运。

"后三宫"的两侧是"东六宫"和"西六宫",这里长期以来就是幽禁少女、少妇的樊笼,数以百计的嫔妃居住于此。"三千宫女胭脂面,几个春来不泪痕",从明永乐到清宣统的五百多年间,不知多少宫女在这后宫红墙内耗尽了青春,其中当然包括溥仪那四位可怜的"皇额娘",也包括他的婉容和文绣……

西六宫的南面就是养心殿。自雍正皇帝以后,变成"万岁爷"问政、读书和居住之地,溥仪太熟悉了,更难忘满脸泪痕的袁世凯抽泣着向隆裕太后和他提出退位问题那一历史时刻,也记得逊位后,"辫帅"张勋来此向他叩拜请安并演成逆历史潮流之"丁巳复辟"丑剧的往事。他抬头望着那副依然如故的对联"惟以一人治天下,岂为天下奉一人",忍不住大笑:"什么话? 一人治天下? 靠一个人治理国家,完全是胡说!"那次溥仪和出版社、博物院工作人员同游,他还纠正了光绪寝宫中陈设的两处差错:一件是宝剑的位置,另一件是把摄政王载沣的照片误为光绪帝了。

溥仪幼时读书的毓庆宫位于东六宫之南,与皇室家庙"奉先殿"毗邻,这里的环境,一草一木,给他留下的印象太深,所以每次来,他都显得特别活跃。那次为了寻找回忆线索和写作灵感而来,溥仪曾引导大家观看一棵又大又老的桧柏树,他说:"当年在这棵树上,爬上爬下都是些大蚂蚁。这里的蚂蚁与众不同,我可以一蹲好半天,观察它们的活动……真是可笑!"

那次参观是由故宫管理部门特批的,当时毓庆宫内尚未清理,宫中陈设还杂乱地堆放在一起,可溥仪仍能清楚地记得,哪里摆过条几,哪里摆过八仙桌,哪个桌上摆设过什么东西等。他对同游者回忆说,帝师陈宝琛如何进来,向他行注目礼,然后他坐在哪里,溥杰和毓崇等伴读坐在哪里。参观中溥仪

---

① 文达:《溥仪游故宫追记》,《旅游》1979年创刊号。

发现一道隔扇门，就高兴地推开它说："不错，这是放毛凳（马桶）的屋子。每逢我乱发脾气胡闹的时候，总管太监张谦和就指挥两个小太监，把我'押送'到这屋，反扣上门，让我哭闹一阵，说这是让万岁爷败败火呢！哈哈……"

溥仪说，从皇宫对年幼的皇帝，到各王府对年幼的世子，都是用这个法子对付那些最淘气最胡闹的"调皮鬼"。照当时的解释，孩子胡闹就是肝火太旺，哪来的"肝火"？无非娇惯过度罢了。可是，当他们胡闹"闹"出事来的时候，却又要抓伺候他们的"奴才"来承担责任。所以，太监、奶妈这些人采取那种近似残酷的办法，让那些养尊处优的王孙子弟"败肝火"，原也无可指责。溥仪打开话匣子就讲个没完了，不时引来同游者一阵阵笑声。

毓庆宫北墙上，有一个相当于圆桌面的时钟盘，上面刻着罗马数字，看来相当古老。有人问溥仪，为什么这里用这样大的钟？溥仪注视它好久摇摇头，说记不起来了，连这里有这个大钟都记不得了。

"你的书房里的钟这样大，一定是上课很注意时间了？"同游者这样问了一句。

"不对，"溥仪连忙摇头说，"时钟虽然不小，可是那时宫里的人，是最没有时间观念的。想想看，让我读的都是什么书？已经是 20 世纪了，已经发明飞机、电话了，可我读的还是 18 世纪以前的书，只听说天圆地方，不懂得加减乘除。"溥仪说这话时是不愉快的。同游者描述他当时的心情说："原先的那些轻松感似乎又溜走了。显然，往事中使他愤慨的东西，又回到他的心头。"这个伴有童年之无忧无虑的地方，毕竟也是向他灌输一切毒害思想之所在。

故宫的一草一木无不凝聚着溥仪的遗憾和悔恨。从宫廷御膳房走过，他悔恨自己任意糟蹋劳动人民的血汗成果，他对妻子说，自己从小爱吃甜点心，宫中每天要做许多样，端来后也只吃一块半块，大量的只是摆摆样子；在天禄琳琅，溥仪万分懊悔地想起当年盗运古物的事情；在一座座太妃们当年住过的宫殿前，溥仪痛恨自己从小养成的那种恣意骄横的性格，他告诉妻子说，我从小就敢和这些太妃们闹别扭，她们想约束我，我不服，向她们发脾气，心想：我是皇上，要谁管呢；当经过没有门槛的宫门时，溥仪一边指给人们看，一边笑着说，这是我的"成绩"，为了骑自行车，我敢于锯掉连列祖列宗也不敢动弹的门槛！

后三宫之北，便是恬静幽邃的御花园了，这里原是皇帝和妃嫔们游憩之所，景色缤纷，别有风味。居中为钦安殿，供玄武神，10 余座富丽堂皇的亭台楼阁分列两侧,左右对称。园内到处矗立着明清两代遗留迄今的参天古树,苍劲挺拔,郁郁葱葱,神态各异,蔚为奇观。靠东侧叠石而起的堆秀山更是俊秀巍峨,山中有洞,山顶有亭,每逢秋高气爽的重阳时节,皇帝驾临,钻洞登亭,凭栏远眺,吟诗抒怀。

这御花园内有石山、有水泉、峰回路转,曲径通幽,游客至此,无不陶醉。每次溥仪和妻子来到这里,总要在长凳上休息一下。对于这位举世皆知的末代皇帝来说,这里不单是景色美丽,更有动情的回忆和无尽的对比。他在《我的前半生》一书中写道:"御花园里,我看到那些在阳光下嬉戏的孩子,在茶座上品著的老人。我嗅到了古柏喷放出来的青春的香气,感到这里的阳光也比从前明亮了,我相信故宫也获得了新生。"①

溥仪看到嬉戏的孩子们发出笑声,老头儿捋着胡子在石桌上品茶、对弈,而情人们则恋恋于古雅的连理柏前,也许正在诵读"在天愿为比翼鸟,在地愿为连理枝"的名句,然而此时的溥仪,所思所想与游客们不一样,他并非不喜爱眼前巧夺天工的美丽景色,只是痛恨那高大的宫墙,正是这道墙曾把他与人民、与历史无情地割断了。

溥仪从3岁入宫到19岁出宫,在大墙里生活了整整16年,而这些岁月又正是末代皇帝青春年少的美好时光,却像一只鸟儿被关在笼中不得展翅,像一条鱼儿被罩入网内不得遨游,怎么能不苦闷?也有几次争得了一点儿可怜的自由,游览了颐和园、景山等名园胜地,那时他简直就像一匹脱了缰的野马,撒起欢来了。

溥仪回忆当时的心情说:"这时我已经渐渐对于那种'宫廷小圈子'生活感到厌倦,总想看一看紫禁城外的新鲜景色,但陈规旧矩处处拘束着我。有一次老师陈宝琛病了,我便以堂堂正正的'探问师病'为理由,尝到坐汽车走大街的快乐滋味。于是又一步一步地试探着扩大访问范围,如探望父亲以及叔叔等,最后则把范围扩大到游颐和园和玉泉山了。当然,我每次出门,都得编成一列几十辆的小汽车队,开支也大得惊人,但我不管,目的不是开开眼界吗,达到这种愿望,便心满意足了。最滑稽的是有一次赴颐和园,我命司机把

---

① 爱新觉罗·溥仪:《我的前半生》,东方出版社1999年版,第567页。

汽车加速行驶,并屡次催促,竟达到每小时 60—70 公里的速度,把随行的'内务府大臣'绍英老先生吓坏了,据说他在车中紧闭双目,拱手作揖,高声大念'南无阿弥陀佛'不止。"①

特赦以后情况完全不同了,8 年之中溥仪几乎游遍了北京市内大大小小的名园胜地,这是他与同事、爱人或朋友们自由自在的观赏游玩,而不是像小朝廷时代前呼后拥、仪仗威严,那也实在是太难受了。

颐和园本是慈禧太后挪用海军军费为自己修建的避暑花园,坐落于风光秀丽的万寿山、昆明湖中间,又依山傍水筑起高台崇阁、长廊亭榭,园中有奇花、怪石,湖内有堤坝、岛屿,是座不负盛名的古典园林。

按照清朝政府与中华民国所订清室优待条件,宣统皇帝本应在暂居紫禁城后移住颐和园,但未能实行。1924 年 4 月,溥仪又把颐和园交给英文师傅庄士敦管理,直到他被逐出宫,失去皇帝尊号,颐和园也才由私家园林转归国家。

1963 年初夏,溥仪偕妻子特意到颐和园吃活鱼,午餐过后,他们又到东山漪澜堂,凭吊当年慈禧幽禁光绪的地方。这位光绪帝的继任者凝视着西殿里面那道牢固的青砖墙,缅怀改制变法奋发图强的先帝,他心情沉痛,由眼前这从地面一直砌到屋顶的砖墙,联想起紫禁城那高大的宫墙,同德殿那阴森的院墙,还有心目中那道长期与人民隔绝的痛苦之墙……溥仪喃喃地告诉爱人说:"本来没有这堵墙,是西太后为了幽禁光绪才砌起来的,光绪皇帝住在这里多么痛苦呀!"

在一座大殿内,溥仪夫妇看到高高的慈禧油画像,那是"圣母皇太后"当年特邀美国画家卡尔女士画的。善于阿谀逢迎的画家,把年近花甲的老太婆画成端庄的少妇模样,这又引起溥仪的回忆,对妻子说:"每年一开春,慈禧就由数十名轿夫抬着,从城里一步一步走过来,连轿夫也是'脚不沾地',因为地毯是要从紫禁城一直铺到颐和园的,天一凉又回城了。"

溥仪是最末一个曾以帝王身份"巡幸"北海的人,也是唯一以公民身份游览北海的中国"帝王"。1962 年 6 月的一个星期天,溥仪夫妇邀请他们的"大媒人"周振强和侄女——溥修的女儿毓灵筠同游北海公园。

<hr />

① 溥仪:《我的前半生》第一稿,1958 年写于抚顺战犯管理所。

北海与中南海一起共同组成了北京城内最大的一处风景地区,过去都属于帝王宫苑,一般游客难得涉足。西山、玉泉山的金水河流过来形成大湖,琼华岛耸立于南部湖面中,岛上除白塔外,到处是石洞、隧道、假山和太湖石,还有永安寺的成组的殿堂、碑楼,风光秀丽。

溥仪与同游者站在太液池边的汉白玉栏杆前,远望湖上的绿漪清波、牌楼后面的朱廊翠瓦和琼华岛上如同用玲珑白玉雕琢而成的西藏式白塔。继而,沿湖岸而行,来到一座寺院,这里有"须弥春"琉璃牌坊、天王殿、大慈真如宝殿和琉璃阁,外面还有一处设计奇特、闻名国内外的"九龙壁",溥仪看着那飞舞腾翔于波涛云气之间,形态生动、色彩艳丽的九条大龙,欢喜极了。他一手拉着侄女毓灵筠,那只手则在空中比画着说:"这里原来也有一座殿堂,早就毁了,只剩下这道照壁,很有价值啊!"

"那时候,我来一趟北海,毡铺地,人抬轿,还要鸣锣开道,可那又算什么自由?现在我可以和爱人、朋友一起来游玩,喝茶吃点心,多随便呀!这才是真正的自由。"溥仪这话说出了真情实感。

这天,他们还乘了游船,并登上琼华岛。顺着永安寺两旁的爬山磴道迂回而上,一路怪石嶙峋,崖洞幽邃,经若干处小亭、曲廊、山楼、古阁,到达白塔之下。远望故宫、景山和中南海的景色连成一片,天安门前的新建筑和古老的琉璃世界交相辉映。①

在明、清两代数百年间,景山始终是皇帝的"禁苑"。明成祖时代开挖皇宫护城河,堆起了这座小山,取名为"万岁山",是由 5 个很整齐的山峰构成的。清代乾隆年间,在每个山峰上修一座美丽幽雅的古亭,还在山后修建一座用以供奉历代皇帝和帝后遗影的"寿皇殿"。

溥仪记得,他在紫禁城当"退位皇帝"的年代,景山仍与宫内御花园一样,属于皇家私产,不对百姓开放。民国二年(1913 年),景山破例对外开放一天,当时溥仪才 7 岁,不知是什么原因。到 1923 年秋天,日本东京发生大地震,当时有个叫"中国华洋义赈救灾总会"的组织,向还拥有皇帝尊号的溥仪请求举办"游园大会",溥仪允其所请,开放景山 5 天,"售票助赈",社会舆论齐声颂

① 依据李淑贤提供的回忆口述资料。

扬这位末代皇帝"仁至义尽、可钦可敬"。

当年除皇宫御花园外,景山是溥仪到过次数最多的园林了。仅以游园助赈那年夏季为例,据当时报道,溥仪连续三次游景山:第一次在7月31日,第二次在8月3日,第三次在8月4日。溥仪那时游景山,是承继了明朝以来历代帝王的观点,他们认为景山是"风水之地",并在"万岁山"下豢养了成群的鹤和鹿,据说崇祯皇帝每逢重阳佳节都要来此登高眺望,以求消灾延寿。

溥仪特赦后也多次来此游玩,那可不是来找"风水",也不是为了"消灾延寿",他每次来总要登上最高点——万春亭,从苍松古柏的淡烟轻霭中俯瞰伟大祖国的首都,他还忘不了去看看山坡上那棵弯弯的老槐树,当年李自成打进北京,崇祯皇帝就选择这里作为自己的死地。溥仪总是若有所思地看着这棵树,并留心听游客们七嘴八舌地议论。当只剩下两人的时候,便轻声对妻子说:"这位崇祯是明朝的末代皇帝,他当时被包围,走投无路了。皇后、妃子纷纷自杀,还有的被他亲手砍杀,然后他就跑到这里吊死了。这件事发生在1644年3月19日,说明压迫人民的皇帝终究不会有好下场。崇祯也似乎不得了,李自成打进北京,他就什么办法也没有了,如果不是建立了新中国,弄不好,我也一定要跑到这棵树下吊死的……"

溥仪认为,在这棵老槐树下进行今昔对比、清朝末代皇帝与明朝末代皇帝的对比,能够更深切地体会到自己后半生生命的意义。沈醉先生永远忘不了与溥仪一起游景山、看老槐树的情景。他们走到崇祯上吊的那棵歪脖子树下面,溥仪便停下脚来,好久好久都一语不发地看了十来分钟,才找到附近一个坐的地方。他说过去只听说崇祯吊死在煤山,今天才亲眼看到他上吊的树,心里的感想真是千千万万。沈醉问他究竟有何感想?可不可以谈谈?他把帽子摘下来,当扇子一样扇了几下之后,慢条斯理地畅谈起来。他说,中国历史上的末代皇帝,下场大都是很悲惨的,所以崇祯皇帝自杀前,还用宝剑先砍杀自己的儿女,要他们不要再生在帝王家,看来很残忍,其实他当时的心情,是别人不容易理解的。溥仪年轻时被赶出故宫,后来在东北当了俘虏,押赴苏联,又被送还中国,经历这几次巨大变迁,也悔恨自己不该投生在帝王家,不如做一个普通百姓好。沈醉说有些末代皇帝也有好下场的,溥仪摇摇头表示不同意,他说南唐李后主被俘后,只是因为填词中有"小楼昨夜又东风,故国不堪回首月明中",便惹来杀身之祸。沈醉说谁叫他还去怀念故国,不填那样的词,包管不会被毒死。溥仪反驳说,蜀后主刘阿斗,不但不怀念故国,还说"此间乐,不思蜀",还不一样被害死了?接着他又谈到汉、隋等朝的末代皇帝也没有一个有好下场,说罢站了起来,摸摸自己的头,把帽子戴好,才高兴地对沈醉说,我这个末代皇帝却得到了好下场,是值得庆贺的。

沈醉说:"溥仪在学习发言时,联系自己的思想,也不止一次地谈到那次游览景山公园的感想,作为清朝末代皇帝能够去看看前一朝末代皇帝上吊的地方,这是值得一谈的。可惜那次我没有带上照相机,要能在那棵歪脖子树下面给溥仪拍一张照片,我想也是蛮有意思的。"①

"小朝廷"时代的溥仪虽然也多次来游景山,而且也知道崇祯吊死于此,却从来不看,也想不起来看这棵老槐树。特赦后,他不但一次又一次来,还一次又一次谈感想,这是多么深刻的思想感情的巨变啊!

溥仪喜爱古典名园,也很愿意看动物,他们位于西城的家又离动物园较近,溥仪夫妇也就成了动物园的常客。

动物园内到处印有溥仪夫妇的足迹,密林和花圃,草地和土丘,以及那点缀在猴山和象房之间的小巧别致的轩、堂、亭、榭……每隔一段时间,溥仪一定要来看看他的"老朋友"们——生活在红栏绿栅中的来自世界各地的珍禽异兽,印度的大象、北极的白熊、四川的熊猫、东北的猛虎……每次去,还要买些价廉的水果或饼干之类,切成小块块带着。他喂熊,熊能用两条后腿站起来合掌致谢,这场面让他笑得连嘴都合不拢了。

溥仪从小接受敬天法祖思想的教育,与清朝历代皇帝一样,过年过节或是列祖列宗的忌日,都无例外要到设在养心殿东配殿内的佛堂叩拜,而且,他刚即位时,摄政王载沣就照祖制的规定,给他选派了"替僧",命太监孙虎代他出家当喇嘛。鹿钟麟"逼宫"时,他在忙乱中却不忘把宫藏的一粒"舍利子"②随身带走。他到天津后,思想里的神佛色彩更加浓重,并开始读佛经,遇事常在佛前占卜吉凶。在长春伪宫中更是每天念佛,因为傀儡生活太无聊,他却因此读了不少佛学书籍,产生了研究兴趣。后来被俘,那一粒"舍利子"还秘藏在他随身携带的皮箱夹层内,以求得到佛的保佑,直到1950年8月1日引渡回国

---

① 沈醉:《皇帝特赦以后》,香港《新晚报》1981年3月11—12日。
② 佛骨火化后的结晶物。

前夕,被苏联押送人员发现并没收,溥仪为此还沮丧了好长一段时间呢!

溥仪当上文史资料专员以后,参加政协委员直属学习小组活动时认识了巨赞法师①,并获悉广济寺藏有一颗佛牙舍利,便很想前往一观,遂应法师的邀请,带着妻子李淑贤于 1963 年 2 月 10 日来到平时并不开放的佛教寺院——广济寺参观。终于在法堂二楼的舍利阁内,看到了那颗约有一节小拇指的三分之二大小的佛牙。②

短短几年中,溥仪还同妻子、同事分别畅游过香山、碧云寺、卧佛寺、八大处和天坛等处名胜和古迹。这些自由自在的游览,使他真正感受到作为一个新中国公民的美好、丰富的生活。

二、江南览胜

1963 年 11 月 10 日周总理在人民大会堂福建厅接见并宴请前四批特赦

1963 年 11 月 10 日,周恩来总理接见特赦人员和家属

---

① 生于 1908 年,病逝于 1984 年 4 月 9 日,享年 76 岁,逝世前担任第六届全国政协常委、中国佛教协会副会长、中国佛学院副院长。

② 关于溥仪参观广济寺的细节及佛牙传世情况详见李淑贤口述,王庆祥撰写:《我的丈夫溥仪》。

留京人员及其家属时，就向大家宣布了一个好消息：明年春暖花开的时候，所有在京的特赦人员，可以携带家属到祖国东南和西北参观游览。他还再三叮嘱中央统战部和全国政协领导人，要好好安排，不要弄得太紧张，太疲乏。

1964年2月29日，中共中央统战部和全国政协领导人，邀请在北京的文史专员们，在全国政协礼堂第四会议室座谈，与会者都是前四批获得特赦的前战犯，大家聚在一起，高谈阔论，人声鼎沸，而溥仪显然是其中的活跃分子之一。

出席座谈会的领导有：徐冰（统战部部长兼政协秘书长）、张执一（统战部副部长兼政协副秘书长）、申伯纯（政协副秘书长）、辛志超（政协副秘书长）、梅龚彬（政协副秘书长）、连以农（政协秘书处副处长）以及冯廷雄（政协人事科科长）。

这次座谈的内容是大家非常感兴趣的，根据周总理的指示，具体商谈到江南参观的问题。在鸟语花香的日子里，游览长江南北的美丽风光，多么开心呀！专员们一个个笑逐颜开。

周恩来、陈毅同特赦人员和家属亲切交谈

经过热烈的讨论，确定了这次南行的路线：沿京沪线在南京、上海停留，然后转浙赣线去杭州、新安江水电站、黄山和井冈山，最后转到京广线上，经长沙、韶山、武汉返回北京。

对于旅途的生活起居，领导都有精心、周密的考虑，并向大家宣布说：路费、宿费由公家报销，伙食按每人每天1.5元标准安排，个人只从腰包里掏0.5元，其余仍由公费补助。溥仪等专员们特别满意的是允许携带家属，还给每位专员补助200元，作为随行家属的开支费用。溥仪可与新婚妻子同行当然很高兴,还有宋希濂的新婚妻子易吟先,杜聿明的刚从美国归来的老伴曹秀清,杜建时的新婚妻子李念淑,郑庭笈的重圆老伴冯丽娟,李以劻的从香港归来不久的妻子邱文升……这是多么美满又多么有趣的旅行啊![①]

周恩来总理接见溥仪夫妇

座谈结束后,有聚餐和电影晚会,放映《新兴力量运动会》和《彩蝶纷飞》。尽管都是十分精彩的体育项目表演和歌舞表演,可溥仪的心早就飞回东观音寺胡同的家里去了,他想着应当如何把这一激动人心的消息告诉妻子。在历史上他曾三次当皇帝,但还从来没从北京向南走过一步,更不要说下江南了。

应该承认,江南对溥仪的吸引力相当大,这当然不仅仅是一般的旅游心理。熟悉清朝历史的人都知道,在溥仪的列祖列宗当中,就有好几位因"南巡"而在中华史册上,留下了"巍巍盛典"的记载,其中最著名的,当然就是康熙和乾隆了。

从 1684 年到 1707 年,康熙先后 6 次巡视江南。这位雄才大略、披荆斩棘、开山创业之君,下江南并非游山玩水,而是带着治国防患的政治目的,"为

---

① 　依据董益三先生的日记手稿,未刊。

百姓阅视河道,咨访间阎风俗",在历史上留下佳话。

能诗能画、纵情玩乐的才子皇帝乾隆,也从1751年至1784年六下江南。他游山水成性,嗜园林有癖,主要是为了享乐,"眺览山川之佳秀,民物之丰美",遍历"甲于天下"的"江南名胜"。

从小熟读《东华录》的溥仪,对祖先的行止自然是十分羡慕。他曾想树立康熙的雄心,也想拥有乾隆的浪漫,但这都已成为历史了。现在,溥仪对下江南仍是兴致勃勃,这决不是被"巡幸"之心所激发,而是怀着一颗普通中国公民之心,要饱览祖国壮美山河,要亲眼看看祖先们足迹所至的地方,看看那里的春光春色⋯⋯

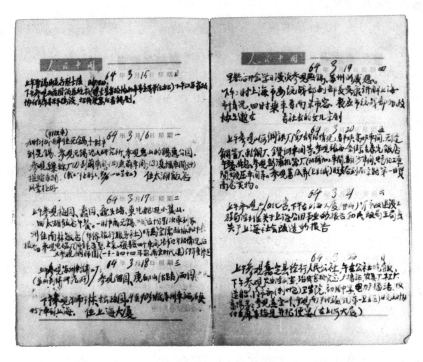

1964年3月,溥仪在赴南方六省一市参观访问时写下的日记

座谈会以后,专员们为下江南做了多方面准备工作。一个颇具规模的南下参观团正式成立了。这可是一个很有气魄的参观团,沈醉描述它的阵容说:"政协虽把它叫做文史专员参观团,而有人却戏称之为'帝王将相'参观

团,因为有当过皇帝的溥仪,当过亲王的溥杰,还有指挥过淮海战役的杜聿明,指挥过锦州战役的范汉杰,国民党名将宋希濂、廖耀湘、王耀武,前天津市长兼北宁铁路护路司令官杜建时,以及国民党军的军长罗历戎、郑庭笈、杨伯涛、李以劻,还有与戴笠齐名的特务头子康泽,伪满洲国的大臣王子衡和我共10余人,连眷属20余人。眷属中也有几个为人所注目的,如日本电影《流浪的王妃》主角、天皇亲戚、溥杰夫人嵯峨浩,世界著名科学家杨振宁的岳母大人、杜聿明夫人曹秀清,以及杜建时的新婚夫人、名画家李念淑等,所以,这个参观团所到之处,也成为被人观看的传奇人物。"①为了照顾专员们及其家属的生活,政协领导特别派了一位医生和若干机关工作人员随行,还有中国新闻社的记者跟踪采访。

1964 年 3 月 10 日是溥仪所盼望的启程的日子,上午 9 点多钟,政协送站的大客车,由"事务官"沈醉领车从政协大院开出来,先到东观音寺接溥仪夫妇,再到护国寺胡同接溥杰夫妇,又到和平里、箭厂胡同等地接杜聿明、宋希濂等人,然后开到北京火车站。专员们 10 点 30 分登上列车,10 分钟后南行的车轮就启动了。

参观团的二十几人包了两节软卧车厢,一个个兴奋异常。沈醉和康泽都穿上了新买的夹大衣,而廖耀湘和李以劻也各穿一件刚刚翻改的大衣,他们都是容光焕发,喜在眉梢。溥仪呢?穿一身笔挺的制服,若有所思地坐在车窗前面,时而与妻子及同居一室的宋希濂夫妇倾心交谈。

在车厢里,溥仪望着窗外:一望无际的华北平原,地里还是有垄无苗,小河里结着冰碴,道旁的杨柳还没有长出绿叶,这里正是早春时节。可是当溥仪夫妇一觉醒来,草也绿了,花也开了,禾苗也生长出来了。很快,便看得见那滔滔的长江了。

参观团所乘坐的列车是 11 日上午 10 时半左右抵达浦口车站的。渡江的船也是江苏省政协专门为了迎接他们而预备的,江的南岸,还停放着参观团的专车。开往福昌饭店的路上,省政协的几位同志交头接耳,不用问,他们当然是在对末代皇帝作初见的评论,这完全可以理解。当天中午,溥仪等专员

---

① 沈醉:《皇帝特赦以后》,香港《新晚报》1981 年 3 月 17 日。

们在福昌饭店五楼餐厅美美地吃了一餐。午后又听省政协唐秘书长介绍南京的情况，溥仪十分用心地作了记录。

第二天是游览南京的"高潮"日，溥仪等专员们游览了中山陵、灵谷寺、明孝陵和梅花山。溥仪总是紧紧地跟着解说员，没完没了地问这问那，在别人看来那情形实在滑稽。当时跟在溥仪身边，一切都看得很真切的沈醉回忆说，溥仪是第一次到江南，看到什么都感到新奇，都要问个仔细，并且很恰当地联系自己的思想，大家临时便给他取了一个诨名叫"每事问"。当他看到明朝开国皇帝朱元璋的陵墓

溥仪和同事们来到南京梅花山，右三为沈醉

那么大，而明朝末代皇帝在北京十三陵中是最小最小的，便感慨万分。参观梅花山时，有人告诉他，汪精卫死后埋在那里，抗日战争胜利后，国民党政府还把汪墓炸掉了，因为汪当了汉奸，不配葬在那里。他听了更是刨根问底。他对孙中山的陵墓工程保存那么完好，国民党许多大官在陵墓上题的字都没有弄掉，也很感兴趣。后来沈醉又提议去看看志公殿，溥仪问是不是"志公说法，顽石点头"那个志公，沈醉说正是，溥仪马上同意。他说我们这些顽石虽没有听过志公说法，而只读过马列主义，也同样点了头，这个人还是值得去看的。

在南京的几天里，溥仪等专员们还参观了南京汽车制造厂、南京化学工业公司、艺新丝织厂和南京友谊服装厂。

南京汽车制造厂，无论从规模和生产能力来看，都远远不及长春第一汽车制造厂。但在溥仪看来，这个厂也有自己的特点，它是在新中国成立前相当可怜的破烂摊子上发展起来的、复杂而又可观的机器制造厂，能够反映中国人民的民族精神。

南京化学工业公司位于大场镇，参观团坐了一个多钟头的小火轮赶到那里，这是归化工部直接领导的万人以上的大公司，年产化肥60万吨。公司杨

经理介绍了情况,看了氮肥厂、磷肥厂、硫酸厂、硫酸铵厂和化工机械厂部分车间。中午,公司招待大家吃了一顿可口的午餐,而工人们则让出自己的寝室请大家休息,真是上上下下一片温暖。

在艺新丝织厂和友谊服装厂,溥仪既看到了原始的木机和手工操作,又看到了经过技术革新的电机操作,他很有感触地对同伴们说:"看来,工业的前途在于政治和技术的双重革命啊!"

溥仪特别感兴趣的是参观紫金山天文台,他站在1800多年前张衡发明的浑天仪前细细观瞧,随后又来到我国当时最大的一台望远镜前,透视蓝蓝的天空。

溥仪夫妇来到南京原国民党总统府内蒋介石的办公室参观

在南京,有一条很有名气的街道,大家都想去看看,于是,载着参观团的大客车便在一个空隙时间里开到了"夫子庙"。溥仪并未见到秦淮河边那妓馆林立、流氓充斥的旧社会景象,却充分地享受了夫子庙今天的热闹。

3月15日是参观团在南京的最后一日,上午到雨花台晋谒烈士陵园,下午驱车前往江苏省政协,在这里参观原国民党的总统府和蒋介石办公室。接着观看太平天国天王府和孙中山就任临时大总统办公处两处遗址。参观后出席茶话会,省政协李副主席以及省、市统战部的领导同志与大家见面,在愉快的气氛中共进晚餐,又在世界剧场观看锡剧,溥仪高兴极了。[1]

---

[1] 王庆祥整理注释:《爱新觉罗·溥仪日记》,天津人民出版社1996年版,第215—221页。

溥仪夫妇在南京原国民党总统府西花园

　　参观团于 3 月 16 日中午到达南滨太湖、西倚惠山的美丽的无锡市，下车就来到生产"惠山泥人"的工厂和无锡泥人研究所，溥仪很喜欢那造型精美、神采生动的彩色泥塑，与妻子商量说："买几个带回去吧?"妻子同意，于是他们挑了几个古装美人的泥塑。

　　从泥人研究所出来，游览了风光明媚的锡惠公园。接着，又参观很能反映无锡特点的工厂——无锡市第

溥仪夫妇等在南京雨花台革命烈士纪念碑前

一缫丝厂。晚上，溥仪夫妇在下榻的太湖饭店观看彩色纪录片《无锡风景》，正是坐在太湖看太湖，别有一番滋味。

　　次日上午，溥仪夫妇和同伴们，由梅园到蠡园，再到鼋头渚，又乘汽艇游

小箕山。太湖,烟波浩渺,72 山峰隐约湖中,风帆点点,景色壮丽,令游人心旷神怡。据李淑贤讲,溥仪曾在笔记本上写过咏太湖的诗稿,可惜已不得见。①

　　下午 1 时 30 分,这些"帝王将相"们又乘上火车,一个多小时后到达苏州,下榻南林饭店。苏州市政协秘书长马宗儒介绍了本市情况,随后参观电磁厂,游览网师园。溥仪夫妇站在"竹外一枝轩"廊下,凭栏赏景,这个始建于南宋时期的小园,布局紧凑,厅堂廊榭,位置适宜,似断似续,处处贯通,有纡回不尽之致,令人陶醉。

　　世界闻名的苏州园林,到处都留下了溥仪夫妇的足迹。

　　溥仪来到拙政园。这个在明朝嘉靖年间由王献臣所建的小园,在太平天国时期曾是忠王李秀成王府的一部分,园内水面宽广,亭台殿阁皆依山傍水,别有风味。

溥仪夫妇、溥杰夫妇和李以劻(左二)及其夫人丘文昇(左三)在苏州拙政园

　　溥仪来到西园。在戒幢律寺他看到罗汉堂陈列的五百罗汉塑像,在放生池边他兴致勃勃地观看那清澈见底的池水中游动着的大鱼和大鼋。

　　溥仪来到留园。从庄严古雅的林泉耆硕之馆到湖光石影、绿阴相映的明瑟楼外,房屋古雅,装饰别致,曲折变化,层出不穷。在留园楠木厅,溥仪看到有破坏的残迹,经打听才知道,原来在内战时期,国民党军队驻扎在这里,并以该厅为马圈,竟连楠木柱子都给砍伐了。

　　①　王庆祥整理注释:《爱新觉罗·溥仪日记》,天津人民出版社 1996 年版,第 223 页。

溥仪来到狮子林。进园前他就对园名刨根问底，导游告诉他，元代至正年间(1341—1368年)天如禅师到苏州来，为了纪念老师中峰和尚而创建此园。中峰原住天目山狮子岩，园中很多石峰形似狮子，因以名园。溥仪非常喜欢园里的假山，这里石峰甚多，有"含晖"、"吐月"、"玄玉"、"昂霄"等名称，最高的叫做"狮子峰"，为诸峰之主。峰下有石洞，而每一洞景象不同，旧时有"桃源十八景"之称。整个假山全用湖石垒成，外观雄浑，内部玲珑剔透，巨大的峰石都在洞的上面，石缝里还生长着百年大树，景致之奇特令人难以想象。劳动人民的智慧和创造力，使这位从小长于紫禁城中对雕梁画栋习以为常的溥仪又有了新的体会。

溥仪来到虎丘。看过春秋末年吴王夫差埋葬父王阖闾的陵墓后，溥仪夫妇登上仅有36米高的小山，来到剑池边，觉得有如登临万仞之巅，气势雄伟壮观。由此溥仪想起苏东坡的一句话，意谓到苏州而不游虎丘乃是憾事，现在他有体会了。

溥仪走一处，看一处，记一处，留下自己的行踪和感想。他还参观了"苏绣"的生产过程，对于苏绣技艺也特别感兴趣。①

3月18日午后4时40分参观团离开苏州，晚6时45分抵达上海。由上海市政协招待，下榻于黄浦江边上的上海大厦。

晚饭后，溥仪和爱人挽着手臂在大厦外散步，在外滩眺望黄浦江，那里停泊着我国和世界各国的巨轮，而南京路上有耸立的高楼、五颜六色的霓虹灯和千变万化的广告商标，从外滩对面不断传来海关大钟的悦耳之声。据李淑贤回忆，溥仪以旧社会的外滩与紫禁城相比，颇有感触，这里是帝国主义者的赌场，那里是皇家的享乐之地，都不许一般人涉足，回到房间他还写了一首诗呢。

在上海的几天里，溥仪和同伴们参观的工厂有上海第一钢铁厂、彭浦机器厂、上海手表厂、上海塑料制品第三厂、上海第一印染厂、上海吴泾化工厂和上海微型轴承厂。参观的农村有嘉定县徐行人民公社。参观的街道有被称作"上海龙须沟"的张庙新村，现在这里建起了一排排漂亮的职工宿舍，还

---

① 王庆祥整理注释:《爱新觉罗·溥仪日记》，天津人民出版社1996年版，第224—230页。

有番瓜弄和梅村——嘉定一条街。参观的文化单位也不少,如上海工人文化宫、上海工人运动史陈列馆、上海青年宫和上海博物馆等。特别是上海市对外贸易局举办的上海出口商品展览,给溥仪留下深刻的印象,他在日记中写道:"又参观出口商品陈列厅,五光十色,目不暇接。过去都是进口,现在轻工业、纺织工业都出口,作为中国人民感到自豪。"①

后来,溥仪又在《我头一次到江南旅行》一文的末尾处,集中谈到他在上海参观中获得的总印象。他写道:"最后,我想说说上海这个世界闻名的大都市。解放前,它是帝国主义侵略的基地,是'冒险家的乐园',也是官僚资产阶级的'安乐窝'。那时候,外国货充满市场,帝国主义侵略者耀武扬威,随心所欲。我们住的上海大厦,过去就是美国'顾问团'专用的场所,黄浦江上帝国主义的军舰来来往往。今天大厦是中国劳动人民居住的地方,黄浦江上再没有外国帝国主义的军舰了,五星红旗高高飘扬。在旧上海,赌场、鸦片馆和妓院林立,帮会、乞丐、地痞、流氓、妓女,非常之多。解放后短短的10多年,这个畸形发展的消费城市已经变成了生产城市,不仅建设面貌焕然一新,精神面貌以及人与人的关系也完全改变了,帝国主义侵略势力连根拔除了,游民、流氓等也被改造成为自食其力的劳动者了。上海和全国一样,成为人民自己的新上海了。"②

参观团在上海游览了八九天,是江南行停留时间最长的一站。对于这个"冒险家的乐园","帝王将相"们都有很深的感受,在座谈中,他们从历史谈到现在,再谈到未来,似乎都有说不完的话。还常常争论,脸红脖粗,相持不下。比如谈到上海的发展就明显分出两派意见:廖耀湘认为可以无限制地发展大上海,造就世界第一流的城市;董益三则反对这种看法,他认为从国民经济的观点、缩小城乡差别的观点以及战略的观点看,对上海这类大城市的发展应有所控制,而把力量投放到发展有经济价值的中、小城市方面,他说,发展大庆那样的城市就比发展上海更有利。杜聿明、范汉杰等人都以自己的主见支持了一方,溥仪却不知如何是好,双方意见似乎都有道理,显然他已经爱上上海,希望看见它有更伟大的发展,可是老董讲得又头头是道,有理论、有政策,

---

① 王庆祥整理注释:《爱新觉罗·溥仪日记》,天津人民出版社1996年版,第234页。
② 依据溥仪未刊手稿,曾在中央人民广播电台播放。

他实在是无所适从了。①

离开上海的时候,溥仪在心里为这个哺育过妻子的城市默默地发出了最美好的祝愿。3月26日下午6时30分,参观团从上海大厦出发,到闸北车站上火车前往杭州,晚10时到达,杭州市政协派来的接站车把他们送到西子湖畔的杭州饭店,溥仪夫妇正好住在一间面对湖面的房间,站在窗前,观看西湖夜景,山影逶迤,水光月色,清秀安谧,十分迷人。

次日下午,畅游西湖,专员们偕夫人分乘几条摇船,荡于西湖之上。与溥仪夫妇同船的,有溥杰夫妇和杜聿明夫妇,还有随行记者。大家说说笑笑,心情十分愉快,溥仪是从来不玩扑克牌的,在这条令人陶醉的大船上,也加入到小圈子里,尽情地玩了几把。

西湖中有著名的苏堤和白堤,而把湖面划为外湖、里湖和后湖三部分,与白堤相连的孤山是湖中最大的岛,外湖有三潭印月和湖心亭两个小岛,里湖有花港观鱼和金沙堤,后湖在夏季是一塘美丽的荷花。

西湖两堤,溥仪小的时候从国画中见过,

溥仪夫妇在杭州游览"三潭印月"

今天已在眼前。白堤原名白沙堤,从断桥往西,过锦带桥,经孤山,直到西泠桥为止,全长近4华里。溥仪偕爱人漫步在桃柳成行烂漫如锦的大堤上,堤南的外湖风光和堤北的后湖景色,无不使他们赏心悦目。一位同行的专员,深知这堤的掌故,他告诉溥仪,唐朝诗人白居易曾任杭州刺史,因治洪救民,很受群众爱戴,后人为纪念这位诗人,将白沙堤改名为白堤。苏堤是宋代诗人苏东坡做杭州知州时发动人民疏浚西湖、利用挖出来的湖泥筑成堤,全长5华里半,中经映波桥、望山桥等6座桥,沿堤种植桃柳,景色优美宜人。后来,溥

① 依据专员座谈会发言记录,未刊。

仪乘坐大船经过苏堤映波桥时，大家停船登堤，来到映波桥与锁澜桥中间的大鱼池。池中有数以万计的红色金鱼。由此漫步"牡丹园"，那里有美不胜收的奇花异草，这就是闻名中外的"花港观鱼"。

在这个愉快的下午，专员们遍游了西湖名胜，如"平湖秋月"、"柳浪闻莺"、"三潭印月"、"保俶塔"、"九曲桥"，还到过民族英雄岳飞、女侠秋瑾和名妓苏小小的墓地。

后来溥杰在其自传中还曾回忆起当年游湖的一个细节，他说："我们在花港观鱼，龙井喝茶，岳庙谒坟，到柳浪

溥仪夫妇和李以劻夫妇等来到西湖"花巷观鱼"

闻莺公园散步时，意外地发现那儿有一块乾隆御笔亲题'柳浪闻莺'四个字的石碑，我和溥仪都恋恋不舍地在那里徘徊踯躅，用手摸了又摸。清王朝已经结束了，但是人们仍然正确地评价乾隆皇帝的功绩，也妥善地保护着有关他的文物，我俩很受感动。"①

晚饭后，溥仪夫妇尚感游兴未尽，又邀宋希濂夫妇来到繁华的市区，呈现在他们面前的杭州，是个极为清洁的城市，商业繁盛，物品丰富，街面上的小商店，一直持续开到深夜。

第二天一早，"帝王将相"参观团乘汽车行160余公里，来到著名的新安江水电站。这是我国自己设计、自己制造、自己安装的第一座大型水电站。溥仪及其同伴们听取了郭厂长的介绍，参观了厂房、大坝以及变电所和开关

---

① 爱新觉罗·溥杰著，叶祖孚执笔：《溥杰自传》，中国文史出版社1994年版，第160页。

站台,还通过电站模型了解了全貌。当晚,下榻于水电站招待所。

次日上午,溥仪和同伴们游湖,董益三在日记中真实地记下了当时的场面和人们的心情:"早餐后,太阳升起、山雾渐散的时候,我们乘车到水库,转乘专备的电站小火轮游湖,看水库的风光。这个人工湖群山围抱,烟波浩渺,天蓝水蓝,天水一色,湖山如画,人在画中,使人流连忘返。近11时返回水坝,照了几张集体照片后回招待所午餐。"①

溥仪、李淑贤夫妇和杜聿明、曹秀清夫妇在杭州六和塔前

当天下午参观团返回杭州,溥仪颇觉遗憾的是,妻子因身体不好,不能乘长途汽车,没去新安江,遂把新安江所见所闻讲给妻子听,替她补上这一课。

3月30日游览灵隐寺。这座由印度僧慧理创造于东晋咸和元年(326年)的寺院,位于灵隐山麓,是杭州最大的佛寺。溥仪和爱人在大雄宝殿内看到一尊用樟木雕刻的释迦牟尼像,又看到殿前的两个经塔,无限赞叹祖国的雕塑艺术。嗣后游览了灵隐寺外景,并在苍翠挺拔的"飞来峰"前留影,又到"冷泉"小亭观山看水,还一同钻进"通天洞",从左侧石罅观望天光一线,即所谓"一线天",再出洞观看雕刻在石壁上的玄奘取经故事图,最后来到飞来峰附近的理公岩,据说从前僧慧理常常在此休息,后来有个和尚在岩石周围雕刻了一些佛像和罗汉像,理公塔就在这里,岩上有唐朝人用篆书写的"理公岩"三字。

走出灵隐寺,溥仪一行又到玉泉寺观鱼。听导游说,原来这里有很大很

___

① 依据董益三先生向笔者提供的日记,未刊。

溥仪夫妇和溥杰夫妇在杭州竹林

大的鱼，日军占领杭州后都捞出去吃掉了，这使前"康德皇帝"颇觉惭愧。现在，鱼池里养着三种鱼：红色的是鲫鱼，黄色的是鲤鱼，黑色的是青鱼。

下午先参观都锦生丝织厂，返回饭店的路上又顺便游览了位于西湖东岸的"柳浪闻莺"，熟悉此地的专员告诉溥仪说，这块风摆柳条似浪、春来绿草如茵的地方，在旧社会除了两棵柳树、一把椅子外什么都没有。

在杭州的最后两天里，溥仪和同事们参观了龙井茶的家乡——梅家坞大队，以及有特色的浙江麻纺厂。同时还游览了黄龙洞、石屋洞、静慈寺、六和塔、虎跑公园和钱塘江大桥。杭州参观结束后召开了南行以来的第四次座谈会，专员们总结收获，溥仪发言说："上有天堂，下有苏杭，自己不来看看，还以为只是形容词，现在看起来，至少比过去皇帝住的故宫要好上几十倍，难怪乾隆皇帝要六次下江南。我相信那时他来玩，肯定没有我们玩得这样痛快！"①据说，连带队的陈老对溥仪这番言论也有相当好的评价。

参观团于4月2日上午7时离开杭州饭店，乘汽车前往黄山。由于道路不平，汽车颠簸动荡，像摇煤球似的。连以农知道李淑贤晕车，就让她坐在自己的小车里。下午1时40分到达歙县，在徽州旅社用午餐并稍事休息，然后继续行进，下午5时50分抵达黄山宾馆。晚饭后，专员们观看了黄山风光纪录影片。

4月3日下着雨，专员们在宾馆听黄山管理处杨处长介绍黄山概况。从9

---

①　沈醉：《皇帝特赦以后》，香港《新晚报》1981年3月19日。

溥仪等参观由我国自行设计安装的新安江水电站

点钟开始，这些"帝王将相"分组爬山了。自以为体壮如沈醉者决心攀顶，就列在第一组，信心不算太足又跃跃欲试如溥仪、董益三者，则自报在第二组，他们也很想能达到"光辉的顶点"。

黄山位于安徽南部，秦朝时称为黟山，唐玄宗下谕改名为黄山，以示中华民族的先祖黄帝曾经居此。山中至今还流传着许多有关黄帝的神话，像轩辕峰、炼丹峰即是。

历史上到过黄山的名人很

溥仪夫妇在杭州灵隐寺笑佛前

1964 年 3 月 31 日，溥仪来到龙井茶的家乡——梅家坞生产大队参观访问

多，如唐代诗人李白、贾岛；宋代吴龙翰、鲍云龙；明代诗人唐寅，画家朱露、丁云鹏，旅行家徐宏祖，文人潘世恒；清朝有民族气节的文人沈寿民、熊开元，画家渐江、石涛等人，有的长期住在黄山写诗作画，有的把黄山当做与封建王朝不合作的避难场所。

黄山自古就以雄伟挺秀闻名于世。山中有 36 大峰、36 小峰、16 泉、24 溪、5 海、2 潮，以及岩、洞、潭、瀑等名胜，奇松、怪石、云海、温泉称为黄山四绝，松、石、云称三奇。

尽管溥仪心盛好强，毕竟年近花甲，爬这样险要的黄山，实在是力不能支，于是在迎客松前照几张相，就下山返回黄山宾馆了。

据沈醉回忆，溥仪后来听说第一组的人已爬到黄山最高的地方，并在北海宾馆下榻，目睹了黄山千变万化的云雾，非常羡慕。又听到"五岳归来不看山，黄山归来不看岳"的传统说法，真是后悔极了，下决心今后再来一定要攀顶。

以后溥仪并没有再来，其实即使有了再来的机会，以他的体质而论，攀顶也是相当难的。就拿董益三来说吧，他和溥仪一样报在第二组，但很有决心要攀顶。而且，他已经一马当先地登上了海拔 1110 米高的立马桥，又进而到达海拔 1200 米的打鼓洞。可是当他在那儿暂避风雨的时候，攀顶之心发生动摇,他在日记中记下了当时的心境。溥杰和嵯峨浩夫妇起初也满有信心,但爬了一上午才到半山寺,下午费了很大劲也才到达文殊院,遂想起"不到文殊院,黄山未见面"那句俗语,觉得也算见了黄山面,便接受了别人的劝阻,放弃攀顶的念头,而与杜聿明、宋希濂等一起下山了。由此可知,溥仪的半路下山原是很自然的,登顶不易。当然,能像沈醉那样攀峰达顶,纵览美妙风云,激发诗兴,挥笔成篇,确实是很幸福的。

　　4月4日,溥仪夫妇等游览了宾馆附近的各处名胜,当然也要爬一段山路。他们从温泉至览胜亭,仰观紫云峰壁上"大好河山"石刻,顺着石刻下面的石阶上行,两旁古木参天,绿阴中鸟语花香,自成幽趣。又经疗养院,沿桃花溪而行,溪旁巨石楼,长满了绿苔和古藤,石上刻有"气贯群山"四字,下面则是青龙潭,潭水翠绿,淙淙有声。过此便是回龙桥,向上看,可见人字瀑,它高悬在紫云、朱砂两峰间,瀑布分成两股倾泻而下,形成"人"字,溥仪叹其壮观。过回龙桥向左转,又来到白龙桥,这是一座纯石结构的拱形桥,像长虹一样横卧在桃花溪上。游者过白龙桥,从东岸缘河而上,见溪边岩石上刻着"且听龙吟"四字。雨后溪水暴涨,形如白龙飞舞,气势极为雄壮。溥仪由此而上,至白云溪,溪水从云门峰、云际峰而来,溪中有药铫、药臼、丹井等神话传说。井旁尚有明代进士汪道昆题的"丹井"二字。过丹井,溥仪和同伴们继续前行,为虎头岩。过岩旁之虎头桥,又回观虎头岩,几乎连老虎的鼻子、眼睛、嘴巴都看得很清楚。溥仪走了这么远的路程,一点儿不觉得累,又继续前行,到达三叠泉。这里,泉水自高山下泻,经过三叠巨石,形成三折,颇为别致。过此,溥仪见岩上坐着一个石人,下面有一只三足金蟾,人们为此给它取了"刘海戏金蟾"这个好听的名字。再前行,便到鸣弦泉。这里的景色更加奇丽:泉水从高山上泻下,鼓着横列如琴的岩石,所以声如古琴。泉右下方有一石,据民间传说,李太白在此喝酒吟诗,酒醉绕石三呼,故称此石为"醉石"。鸣弦泉旁有洗杯泉,传说李太白在此洗盏更酌。最后,溥仪一行到达剑石,剑石是一石分裂为二,状如刀劈,上刻有"试剑石"三字。这次游览使溥仪更具体地感受到祖国江山之美。

　　溥仪这次游览,印象最深刻的有"一线天"和"蓬莱三岛"诸景。"一线天"是由两座高耸入云的山峰相夹,中间仅有通过一人的巷道,仰望天空,天空像一条蓝线,故有"一线天"之称。走过"一线天",溥仪回头再看,境界完全不一样了。出现在后面的却是三座参差不齐的山峰,峰上寸土不着,但却生长着姿态优美的奇松,浮云荡漾在峰下,此即"蓬莱三岛"。在此,溥仪夫妇凭高远眺,无限感慨,他说:"我从来没见过这样好看的景致,真让人陶醉,真使人向往。"

溥仪最喜欢黄山怪石,它们大多系花岗岩体,皆远古火山迸发的产物。据导游讲,从山下到山顶,从东海到西海,峰峦顽石,嵯峨林立,琳琅满目。有的像展翅欲飞的禽鸟,有的像狰狞凶恶的走兽,有的像古装的仕女,有的像入定的老僧,千姿百态,不一而足。[①]

有一次,溥仪在黄山温泉游泳池游泳,颇有感慨地说:"过去在宫里是不能接触水的,更谈不到游泳。"这次上黄山,却穿上了游泳裤,戴上了游泳帽,竟那样兴奋地一连游了三四天。

黄山游览结束后,参观团一行在4月6日晚上返回杭州。休息一天,开了一个座谈会,民革宣传部长陈此生和政协秘书处副处长连以农,先后在座谈中发言。陈老说,周总理让我们来参观,是要我们看看祖国各地的建设情况,看看工业、农业、文化教育、城市建设各方面的发展变化,通过亲见亲闻,使我们受到教育。陈老又说,通过参观,大家都有体会,有收获,看到了祖国社会主义事业所取得的成就。我体会主要有两方面的成就:一是创造,过去从来没有的,后来经过我们的艰苦努力,创造出来了;二是改造,过去已有的、陈旧的,经过我们的改造,使之发挥更高的能力。大家都说:通过参观,进一步认识了党和毛主席的领导是正确的,社会主义制度是优越的,爱国反帝的斗争是必要的。溥仪觉得陈老的概括也包括了自己的体会和收获。[②]

4月7日晚10时,参观团乘火车离开杭州赴江西,于4月8日中午,在大雨之中到达南昌火车站,江西省政协的大客车早在站前迎候了,继而沿着八一大道送往江西宾馆下榻。

4月9日参观"八一"南昌起义指挥部。溥仪仔细观看了周恩来、叶挺、贺

---

① 溥仪游览黄山路线,参照《爱新觉罗·溥仪日记》、董益三日记、李淑贤回忆资料、沈醉回忆文章和相关照片资料。

② 王庆祥整理注释:《爱新觉罗·溥仪日记》,天津人民出版社1996年版,第254—256页。

龙、朱德、刘伯承等开会商讨举义大事的地方,看了"八一"起义的图片、文件、实物展览,还看了贺龙当年的指挥部和革命烈士纪念堂。溥仪又联想起在抚顺第一次见到贺龙元帅的情景,当时溥仪伸头伸脑四外张望,贺龙元帅早已认出了他,走到他面前说:"你是溥仪吧!"他低头说了一声"是"。元帅勉励他好好改造,讲了一席话。溥仪说:"这件事使我太感动了,永远也不能忘记。"

1964年4月9日,溥仪夫妇在南昌参观了八一南昌起义指挥部旧址之后,同周振强夫妇(右)来到南昌劳动大学

　　4月10日参观团又从南昌出发,过吉安,11日下午4时许抵井冈山宾馆。当晚,听取井冈山博物馆李馆长介绍井冈山革命斗争历史和今昔变化。
　　4月12日登山参观。过去上井冈山要走崎岖的山路,新中国成立后修筑了盘山公路,从山下可以直达山顶各处。首先瞻仰井冈山革命烈士碑,然后乘车去黄洋界。江西省政协的一位干部正在那里讲述黄洋界之战的情况。他说,1928年8月,湘赣敌军乘红军主力在湖南,以4个团的兵力攻打井冈山。井冈山红军还不足一营,守在黄洋界哨口的只有50人。山上军民以毛主席军事思想为指导,赤卫队、暴动队、妇女、儿童一起出动,吹角打鼓,红旗、梭枪满山林立,然而,敌军以绝对优势向我军猛冲,形势很危急。在这千钧一发之际,红军从山下调来一门迫击炮,用仅存的两发炮弹向敌军开炮,其中一炮恰恰落在敌群之中,当场毙命几十人。这下敌人慌了神,以为红军主力回来了,于是仓皇溃退,星夜逃走了。毛主席写下一首词《西江月·井冈山》,以"敌军围困万千重,我自岿然不动"等名句,形象地概括了这次战斗经过。

黄洋界哨口是井冈山五大哨口——桐木岭、朱砂冲、黄洋界、八面山和双马石中间一个险要的哨口。一路上参观团已经看过小井村、中井村和上井村,到了黄洋界又纵观整个形势,随后下山在大井村参观毛主席当年办公的地方和卧室,有一位参加过秋收暴动的老队长讲述了毛委员在井冈山上的生活。

参观黄洋界以后,溥仪又到当年毛主席和朱总司令挑米的山路和他们当年曾经休息过的地方去看,那里有棵大槲树,领袖挑米上山常在这棵树下稍坐。联系今天党的干部以与群众同吃、同住、同穿、同行、同战斗为荣,溥杰感慨赋诗:"伫仰当年大树风,甘棠遗爱古今同。'五同'毕竟今逾古,六亿人民仰慕中。"无产阶级革命领袖这种官兵一致、同甘共苦的精神,也使溥仪深为感动。

在茅坪,溥仪等由当年暴动大队长邹文楷导引,参观了红军医院旧址,听说红军撤退后,国民党反动派把尚未来得及撤走的100多名红军伤病员,统统拉到野外杀害了,溥仪难过得落下眼泪。

下午,参观井冈山博物馆。溥仪看到两首歌谣,表现了红军不畏艰苦和牺牲的大无畏精神和革命乐观主义精神,他十分喜爱,立刻抄在本子上。第一首是:"红米饭,南瓜汤。秋茄子,味好香。餐餐吃得精打光。"第二首是:"干稻草来软又黄,金丝被儿盖身上。不怕北风和大雪,暖暖和和入梦乡。"此外还有以歌颂黄洋界战斗为内容的歌谣:"我站在黄洋界上观山景,忽听得山下人马乱纷纷。举目抬头来观看,原来是湘赣发来的兵。一来是,农民斗争少经验;二来是,二十八团离开了永新。你既得宁冈,茅坪多侥幸,为何又来侵占我的五井?你既来,就把山来进,为何山下扎大营?你莫左思右想心腹不定,我这里内无埋伏,外无救兵。你来,来,来!我准备南瓜红米,红米南瓜,犒赏你的三军,你来,来,来!请你到井冈山上谈革命。"继而参观了博物馆内陈列的大量文献、照片和武器等实物。

4月13日上午到茨坪参观。由老根据地大井乡苏维埃主席俞振坤导游,溥仪和专员们参观了毛主席住过的房子,了解到《井冈山的斗争》和《中国的红色政权为什么能够存在?》两篇文章就是在这里写的。接着又参观红军敬老院,里面住的老人都是当年的勇士。溥仪拉着老人的手,请英雄们到毛主席曾经住过的地方一块摄影留念,他说,能来参观并和老人们一块摄影留念,这是他的光荣。①

下午，漫谈参观井冈山的感想，溥仪发表了热情洋溢的讲话。后来，这个讲话的一些内容，被写进《给政协全国委员会周主席的报告》中。他说："通过在井冈山参观访问，使我进一步认识到毛主席思想的正确、伟大。毛主席当时对国内政治形势的深刻分析，武装斗争、土地革命、建立革命根据地三者密切联系的思想，农村包围城市的思想，开展在部队中的建党工作，以及三大纪律、八项注意的建军思想，'敌进我退，敌退我追，敌驻我扰，敌疲我打'、'分兵以发动群众，集中以应付敌人'的军事思想等等，都是在井冈山这一时期形成和发展起来的。在当敌人力量强大、革命力量尚微弱的时候，毛主席就看出'星星之火，可以燎原'，以及有'敢于革命，敢于斗争，敢于胜利'的英雄气概。中国人民革命的胜利，正是援引这些光辉思想而取得的。"②

二十多年后，溥杰撰写他的回忆录时，对当年瞻仰井冈山革命圣地还留有深刻的印象。他写道："因为参观团成员很多是原国民党的高级将领，当年他们率领了装备精良的军队几次攻打井冈山，都铩羽而归。今天却坐了汽车被请上井冈山，被安置在精致的宾馆里。大家畅谈感想时，我不禁脱口说出：'这不正说明了共产党人心胸伟大，是他们不念旧恶的崇高表现吗！'大哥在一旁也说：'杰二弟说得对！杰二弟说得对！'"③

4月14日上午8时，溥仪告别了革命圣地井冈山，归途中顺访了吉安，4月15日下午3时40分返抵南昌江西宾馆。参观团稍事休息后，于4月17日上午乘火车离开南昌，当天深夜到达长沙车站，受到湖南省政协的热情接待，下榻于第二宾馆。

4月18日下午参观清水塘。毛泽东当年担任湖南省委书记时，办公室就设在这里。继而到船山学社，这是毛泽东青年时代从事革命活动的地方，随后又参观了市容。溥仪在日记中写道："我到长沙是头一次，听说这个地方曾

---

① 以上参观井冈山过程依据溥仪：《参观南方六省一市的总结》，写于1964年7月，未刊。

② 溥仪手稿，写于1964年，未刊。

③ 爱新觉罗·溥杰著，叶祖孚执笔：《溥杰自传》，中国文史出版社1994年版，第161页。

经被国民党反动派用煤油点火烧了绝大部分,可这次来,一点也看不出烧毁的痕迹了。城市和郊区,到处都是新起的高楼大厦,长沙的恢复和发展能有这样惊人的迅速,真是一件了不起的事情。"①

　　4月19日上午7时,参观团自宾馆出发,两渡湘江,首先来到宁乡花明楼,参观了刘少奇主席的旧居。他们马不停蹄,继于10时许抵韶山招待所。所长介绍情况之后,不等开午饭就急着去参观毛泽东主席旧居。溥仪夫妇怀着敬慕的心情,仔细参观了旧居每一个房间,堂屋墙壁上挂着一帧毛氏全家合影,溥仪按人辨认一过,又到主席父母的居室和主席母亲洗衣服、煮猪食的地方参观。

在毛泽东主席少年时代游泳过的池塘边

接着,溥仪夫妇顺次参观了厨房、寝室、书房、谷仓、碓屋、牛栏、猪圈、柴栏以及养鱼、种菜、晒谷、游泳的地方,还参观了主席念书的塾馆。毛泽东从6岁到8岁在家帮父母做些轻微劳动,8岁到13岁读了5年私塾,13岁到16岁参加农业劳动,种地、放牛、养鱼、砍柴,样样内行。别人种地,中耕一遍,主席搞三遍,因此产量高。主席好学而不读死书,在塾馆时,先生只许读经书,他却把《三国演义》、《水浒传》、《西游记》等放在经书下面偷着读,老师发现后让他背诵经书,他背诵很流畅,老师夸他聪明,也不再禁止他看"闲书"了。毛泽东16岁离开家乡,以后曾多次回到这里组织"雪耻会",建立韶山党支部,从事革命活动。

---

①　王庆祥整理注释:《爱新觉罗·溥仪日记》,天津人民出版社1996年版,第276页。

在韶山,溥仪也干了一件逗人发笑的事儿。那是在参观毛泽东父母的居室时。沈醉回忆当时的情形很有感触,他一面叙述过程,一面评论说:"溥仪看到毛主席诞生的那张旧式木床,非要亲手摸一下不可。讲解员告诉他,这些陈列的东西都不让人抚摸,怕久了损坏。他为了表示对毛主席的崇敬,一再要求想去摸一下,后来管理人员总算答应了他的要求,并声明只能让他一个人摸摸,别的人看看就行了。他一听又表示不去摸了,他最怕别人说他特殊,希望别人看他和看其他专员一样,不要因为他当过皇帝就和别人不同,而要求对他不要特殊照顾。不过有时又做得太过分一点,有人背后说他装模作样。我和他相处几年中,我看他还是很诚恳,不是有意识沽名钓誉,只是头脑有点简单,而且不懂人情世故。"①

正像沈醉所说的,溥仪对毛泽东的崇敬之情确实是很真诚的,他不但想抚摸主席诞生的木床,甚至想到永远住在这个山沟里。他站在韶山冲,望着这个山青水秀的地方,真有点儿难舍难离。他说:"如果能长久地住在这里,该有多好哇!"

时间一久,记忆会有差距,溥杰回忆当时的情形是这样说的:"毛主席诞生的那张木床,用绳子栏着,不让人靠近的。在大哥溥仪的要求下,故居管理人员解开了那条绳子。我们大家走上前去,在那张床上摸了一遍又一遍,久久不愿意离开。我们这种心情,别人不易理解,只有我们这些获得新生的人,饮水思源,感谢给了我们新生命的人才会有呀!"②虽然沈醉和溥杰的说法不完全一致,但他们都说出了溥仪当时的心情,说出了溥仪和其他专员们对毛主席、共产党、新中国和社会主义的热爱。

溥仪也在当天日记中十分兴奋地抒写了参观韶山的感想:"这次我亲眼看见伟大领袖毛主席的旧居,听到韶山同志介绍毛主席幼年和少年时代的生活情况,受到很大的教育和启发。参观韶山冲,对我来说真是最光荣、最幸福的时刻。"③

---

①　沈醉:《溥仪特赦以后》,香港《新晚报》1981 年 3 月 20 日。

②　爱新觉罗·溥杰著,叶祖孚执笔:《溥杰自传》,中国文史出版社 1994 年版,第 161页。

③　王庆祥整理注释:《爱新觉罗·溥仪日记》,天津人民出版社 1996 年版,第 277 页。

4月20日游览岳麓山,看毛主席题字的爱晚亭,晋谒资产阶级革命家蔡锷和黄兴的坟墓,访古麓崎、云麓宫,在望湘亭饮茶后又到白鹤亭。

本来这支参观队伍的正式名称叫"全国政协文史专员参观团",后来却在无意中改称"帝王将相参观团"了,这个戏称便是在长沙叫开的。这件事起源于宋希濂在长沙探亲访友单独活动的几天里,给他开车的司机是一位小同乡,闲聊时告诉他:"街上有位老倌子说,这真是个'帝王将相参观团'啊,这宣统皇帝,当年也算是'真命天子',凡夫俗子是见不着的。还是共产党的办法高明,把各朝各代的人归拢到一块儿,让他们到处走走,看看新社会,蛮好啊……宋先生,这个称呼可不是挖苦你们,而是能说明你们过去的身份,又能道出今天共产党的政策,我也认为蛮好,才对您说的。"宋希濂连忙点头说:"没有关系,老百姓随便说说,有何不可? 这也是提醒我们,不要忘记过去的身份嘛!"由此,戏称便逐渐取代了正式称呼。①

1964年4月18日,溥仪在长沙随参观团游览了清水塘、船山学社和岳麓山之后,由妻子陪伴来到烈士公园

溥仪一行在长沙期间还参观了手工业联社湘绣厂和长沙水泵厂,游览了烈士公园和天心公园,还登上长沙最高的地方——天心阁,俯瞰长沙全貌。

4月22日,溥仪和专员们结束了在湖南的参观访问,离开长沙到达汉口,湖北省政协领导亲往车站迎接,安排他们住进璇宫饭店。当晚座谈在湖南的观感。

武汉是一个重工业城市,溥仪一行在这里看了许多大工厂和大工程。

溥仪和专员们在4月24日参观了长江大桥,在大桥地下室受到负责同志的热情接待,据介绍这项工程是

①　汪东林:《宋希濂今昔录》,湖南人民出版社1987年版。

1955 年 8 月破土动工的,设计时有苏联专家参加,后来我国工程技术人员和广大工人奋发图强,于 1957 年 8 月提前一年半完工。

溥仪在武汉钢铁公司参观时感到更大的兴趣,他依次看了初轧厂、炼铁厂、焦化厂和炼钢厂。这个公司从 1955 年 10 月开始平土奠基,1956 年建设辅助工程,1957 年建设主体工程,速度之快,相当惊人。溥仪见到的 1 号平炉,原定 10 个月完工,结果只用了 9 个月,2 号高炉原定两年零 4 个月完工,结果 140 天就建成了。

在武汉的日子里,溥仪还参观了武汉重型机床厂和武汉肉类联合加工厂,以及文教单位武汉大学。当溥仪来到农业参观点——黄陂杠店区滠口人民公社时,看到那里大片的湖田作物和有相当规模的区抽水站,他不禁发出了赞叹之声。

在武汉钢铁公司,溥仪参观了初轧厂、炼铁厂、焦化厂和炼钢厂

全世界都知道,中国的杭州西湖是天堂一样美好的地方,它的名气很大,但是武汉东湖却少为人知,溥仪在这里游览观光时则认为它有广阔的发展前途。与他同感的溥杰写诗颂扬东湖说:

　　　　西湖暂比东湖好,东湖更将胜西湖。

　　　　仰眙朱总题诗处,前景辉煌建设图。①

江南之行就要结束了,每位专员都感到自己经历了一次丰收的旅行。从 1964 年 3 月 10 日到 4 月 29 日,溥仪与妻子李淑贤随同"帝王将相"参观团,

---

①　依据溥杰先生 1984 年向笔者提供的手稿。

走遍了大江南北,经过江苏、浙江、安徽、江西、湖南、湖北六省和上海市,行程12000华里。先后参观了23个工厂、4个人民公社、1个水力发电站、1所大学和1个天文台,瞻仰了井冈山革命圣地、韶山毛主席旧居,游览了南京的中山陵、玄武湖,无锡的太湖、锡惠公园、梅园、蠡园、鼋头渚,苏州的网师园、留园、西园、狮子林、拙政园、虎岳,杭州的西湖,安徽的黄山,汉口的东湖,长沙的岳麓山等名胜古迹,历时50天。参观团是在4月28日中午离开武汉的,满载着祖国人民的深情厚谊返回北京。

回到北京不久,溥仪写了一篇短文,题目是《我头一次到江南旅行》,对自己50天的南方之行,作了一个很好的总结。他说:"这次参观,我亲眼看到了祖国社会主义建设的伟大成就和充满阳光的新社会的人民欢乐。我再一次地感到祖国的兴盛、祖国的可爱和社会主义具有的无可比拟的优越性,使祖国犹如旭日东升,蒸蒸日上,新中国前途真是光芒万丈!"①

三、西北观光

8月5日上午10时许,溥仪等人乘坐的列车离开北京,向西北方向疾驶而去。这次参观,由全国政协文史资料研究委员会文史办公室主任吴群敢和政协其他两位干部带队,参加这次活动的,除诸位文史资料专员及其夫人外,还有全国政协机关的工作人员、医生和中国新闻社的摄影记者等多人随行。

7次特别快车载着那个"帝王将相"参观团,于8月6日中午到达西安,下榻于人民大厦。西安是我国历史古都,有很多名胜古迹,溥仪还从未来过,真是向往已久了。

溥仪等人到西安那天气温特别高,热得出奇。因为马路的路面也都晒得滚烫,而溥杰的妻子嵯峨浩的鞋底太薄,一踩下去就像把脚放在了热锅底上,烫得她大声叫了起来。杜建时和范汉杰的血压都升高了,康泽觉得头晕,王子衡则吃不进饭了,王耀武也有点受不了。大家都佩服溥仪,他不觉得怎样,

---

①　依据溥仪手稿,写于1964年5月13日,曾在中央人民广播电台播放。

饭量也丝毫不见减少。①

　　人民大厦的厨师为"帝王将相"参观团准备了一顿地方风味早点"羊肉泡馍",就是用一大碗肥羊肉汤来泡馍馍吃,先把像烧饼一样的硬馍弄成一小块一小块,泡在油汤里,等馍吸饱了油脂后,再吃泡好的馍馍和羊肉汤。大家都只吃不到一半就停下不吃了,溥仪却一口气吃完一大碗油汤和三张馍,又加了半碗汤。②

　　吃完泡馍,参观团出发到陕西省博物馆参观。这个博物馆就是闻名于世的"碑林",可以说是荟萃了我国历代的书法艺术。溥仪从小接受书法训练,见识过清宫收藏的历代书法珍品,当然也就特别喜欢碑林展览,仔细观看了几个展室中历代名家手笔的石刻。在第一室,溥仪看到了我国最大的石质书库,那里有一套石刻十三经,即"开成石经"。这部石经原立于唐朝国子监内,共一百余石,因唐代印刷事业尚不发达,为避免传抄错误,故将封建时代士子必读的经典,刻石以为校正的标准。溥仪说,他少时曾听老师陈宝琛讲过这个石质书库,直到今天才得观其面目。在第二室和第三室,溥仪贪婪地欣赏历代名家书法,那里有僧怀仁所集晋朝王羲之书写而成的《大唐三藏圣教序碑》,有颜真卿写的《颜氏家庙碑》和《唐千福寺多宝塔感应碑》,有柳公权写的《唐大达法师玄秘塔碑》,有欧阳通写的《道因法师碑》,有徐浩写的《广智三藏碑》,有李阳冰写的篆书《三坟记碑》,有智永写的《千字文》,有怀素草书的《千字文》和《圣母帖》等。溥仪知道这都是拥有盛誉的名作,在书法艺术上具有很高的价值。在后几室,溥仪还看到了唐玄宗时期刻的韦顼石椁线刻画,每块石上都刻有精美的人物画像。他特别喜欢唐玄宗亲自注解、作序并书写的著名"石台孝经"。碑身是四面合成,下垒三层石台,因以为名。石台上刻有精美流利的装饰花纹,配有卷云蟠龙纹碑头,构成庄严美丽的整体。

　　溥仪埋头欣赏艺术,却让其他专员因此吃了一惊,特别是沈醉,因为他是受到委托负有照顾溥仪之责的,因此最注意溥仪的行踪。他回忆那次参观碑林的情形说:"参观时许多家眷不愿去,溥仪的妻子也没去,可是等到分散参观后,到集合时间却不见溥仪,大家分头去找,也没找到。有人估计他可能回

---

①　依据董益三先生 1982 年向笔者提供的日记手稿,未刊。

②　沈醉:《皇帝特赦以后》,香港《新晚报》1981 年 3 月 21 日。

去照顾妻子去了,便回到人民大厦。一问李淑贤,他并没有回来。几个人又开车到碑林再找,一直找到吃午饭时,还没找到,饭后又去找,这次总算在碑林内把他找到了。原来他在一个别人不注意的角落里,聚精会神地抄一块碑文。因为早上吃得太多,也不觉得饿,所以记不得还要回去吃饭。直到吃晚饭,他还是吃不下东西,一顿羊肉泡馍把他撑饱了一天。"①

在西安有个原样陈列出土原始村落的地方,叫半坡博物馆。在那里溥仪很高兴地看到了5000年前的原始部落遗迹。1953年发现原始部落埋葬区,后又在南面勘探发现了陶器,从1954年到1957年,中国科学院在此进行五次发掘,出土大量文物,原始部落的发掘现场也得到妥善的保护,为了加强直观性、现实性教育,于1958年在这里建成博物馆。溥仪参观了村落遗址、生产用具、文化艺术品和埋葬品4个陈列室,这个博物馆真实地反映了先民生活的实际情况。

在西安的头两天,溥仪一行还参观了西北第一印染厂、西安人民搪瓷厂和西安仪表厂,看到西安的轻工业也有特色。

就要前往革命圣地延安了,临行前夕,溥仪和溥杰兄弟激动难眠,他们交流参观感想,述说内心的喜悦,又写诗唱和,互相传阅。今天,溥仪的作品已不得见,而溥杰的诗作却在笔记本上留存下来。他写道:

昔闻焦土古阿房,今见连甍聚市坊。

喜且慕名瞻雁塔,懒从遗迹觅咸阳。

连天工矿新时代,到处人民好景光。

圣地延安欣咫尺,计程西指旅途忙。②

溥仪一行的参观日程确实够紧张的,然而有这样的机会,那些"帝王将相"都很高兴。溥仪、溥杰兄弟没来过陕西,却熟知这个历史上的著名帝都,早已心向往之;杜聿明是陕北米脂人,如今回到家乡,心情可想而知;范汉杰、罗历戎等人原系胡宗南部下,在陕北"围剿"过红军,以今非昔比的心境重游旧地,也自然别是一番心情。这样一些人又在这样的地区旅行,真是太有意思了。

参观团是在8月9日离开西安,经铜川、黄陵,而于10日到达延安的,溥

①　沈醉:《皇帝特赦以后》,香港《新晚报》1981年3月21日。
②　依据溥杰先生1984年向笔者提供的手稿,未刊。

仪唯一感到遗憾的是,妻子李淑贤因病未能同行。

　　溥仪到延安后本来被安排在延安招待所有卫生设备的高档房间内,当他看到同伴中有人住在窑洞时,又特意走进去细看,觉得很新奇,就提出要换住窑洞,领队只好允其所请,选出一间设备稍好的窑洞让他住了。据沈醉说,为了这"窑洞"二字,还在两位专员中间发生一场辩论。溥仪说,过去听京戏,有不少提到过窑洞的,如"平贵回窑"、"仁贵别窑"、"王宝钏苦守寒窑18载"等,他认为编写这些戏的人,没做过实地调查研究,而是想当然,以为窑洞一定很寒冷,所以叫它"寒窑",实际上每到冬天,窑洞并不寒而是暖,陕西不少人都住窑洞,毛主席到陕北也住窑洞,没有见过和住过的,总以为穷到没有房子住的人才住窑洞,这实在是没有常识。这时,对京剧素有研究的杜建时插嘴反驳,说这个戏是指王宝钏生活贫寒,并非说她住的窑洞寒冷。溥仪不同意这一看法,坚持认为"窑"不能与"寒"联系在一起,说王宝钏贫穷就行了,把贫穷和窑洞扯在一块儿,不适宜。因为都是住窑洞,任何戏里也没有把有钱人住的窑称为"富窑"。两人争个不休,直到服务员来招呼吃饭,这场辩论才告结束。①

　　饭后,溥仪站在窑洞前远望,清凉山、凤凰山和著名的宝塔山一片葱绿,那飘带般的盘山公路通往天边。这时,有位曾任国民党高级将领的专员,拍了一下溥仪的肩头,若有所思地说:"那年胡宗南进犯延安,大烧大毁,这里的山全都成了秃山。"旁边另一位陕西省委统战部的干部插嘴说:"过去只有几条荆棘丛生的小路可以上山,公路都是解放后修的,从咸阳到宋家川700里公路,1952年仅用5个月时间就修成了。"②

　　从8月11日起一周时间内,参观团走遍了延安各地,溥仪始终精神饱满地跟着参观队伍。这位"每事问"还是嘴巴闲不住,沈醉举了一个例子:不知谁提起延安还有一个名称叫肤施,这一下又惹起溥仪的兴趣,便追问为什么叫这样一个怪名? 导游说,从前有个很重道行的苦修僧,把自己的皮肤全都施舍给饥饿了的鸟儿吃掉了,后来为了纪念这个好心善意的和尚,给它起名肤施。溥仪听了更是追问不停,这个和尚叫什么名字? 他是坐在什么地方把皮肤喂鸟的? 鸟为什么要吃他的皮? 他的皮给鸟吃完后死了没有? 弄得那

————————

　　①　沈醉:《皇帝特赦以后》,香港《新晚报》1981年3月22—23日。

　　②　依据董益三先生1982年向笔者提供的日记手稿。

位导游也答不上来。①

溥仪嘴上"问个不停",手上也"记个不停",走遍了延安各处革命纪念地,也记满了几个小本子,这使后人能在今天根据他的记录,再现他20年前的行踪。

溥仪来到杨家岭,这是当时中共中央所在地。1937年时中央机关设在凤凰山,1938年11月遭到日机轰炸,党中央遂迁往杨家岭,直到1947年3月胡宗南大举进犯,这里又遭到破坏,窑洞均被焚毁。1948年4月我军收复延安,1954年重修杨家岭。党中央设在杨家岭期间,毛主席两度住在这里。溥仪参观了毛主席居住过的地方,还参观了当时的中央大礼堂。

毛泽东住三间窑洞:一间办公室、一间宿舍、一间接待室。溥仪听说,主席生活很简朴,他日理万机,每天工作到深夜,为了节省煤油,写文件时就把灯捻拨大,思考问题时再把灯捻拨小,《新民主主义论》就是这样写出来的。

当溥仪听说日寇空袭凤凰山、炸弹就落在毛泽东住处附近时,联想起关东军司令官梅津美治郎调任日军参谋总长向他辞行时自己的献媚言论,他向梅津"建议"说:"日本要南进,应当同苏联和好,以巩固后方,而全力南下,尤其要多多制造飞机,确保制空权。"溥仪感到日寇轰炸延安,也有自己的一份罪恶。

溥仪在延安枣园窑洞前,请农民高兴德在笔记本上签名

---

①　沈醉:《皇帝特赦以后》,香港《新晚报》1981年3月22日。

在枣园参观毛主席住过的窑洞时,当地农民高兴德给溥仪和专员们讲述了主席与延安人民心心相印的生动事例,老人说:"毛主席住在枣园时,我就在这里见过老人家,主席时时惦念农民,农忙时派人帮助种地、除草、收割,一直看到农民把粮食收到囤里才放心。老百姓都说,主席在,就粮谷满仓,农民不饿肚子。"又说:"主席还经常派医生为农民治病,帮助农民打扫卫生,过年时还派人给农民拜年。"因此,延安老百姓非常爱戴毛主席。1943年大生产运动开展以后,陕甘宁边区举办农产品展览会,其间,毛主席接见了17位英雄。陇东县农民孙万福见到主席时,用双手握住主席的手激动地说:"大翻身了,有了吃,有了穿,账也还了,地也赎了,牛羊也有了,这都是您给的。要不是您,我们这些穷人趴在地下一辈子也站不起来。"1945年春节,延安人民敲锣打鼓给主席送去大寿桃和一面红旗,红旗上写着"为民谋利"四个字,表达延安人民对主席的赞颂和敬重。

高兴德老人的话也使溥仪想起一段往事:历史上的同一时刻,溥仪按照日寇意旨,在东北干着掠夺老百姓粮食的勾当。为了支援日本的侵略战争,不许老百姓吃大米白面,只能吃草根、树皮、橡子面,否则就是经济犯。1943年和1944年,东北农民饿得难以忍受,曾推举几名代表到长春直接找伪国务总理大臣张景惠,交涉如何解救农民的倒悬挨饿之苦。张景惠却不慌不忙地说:"现在正是帮助日本皇军大东亚圣战的时候,你们粮食不够,勒一勒裤腰带不就行了吗?"日寇闻此,大加赞赏,称之为"日满亲善"的"宰相名言"。溥仪拿这两件事互相对照,心里真有点像十五个水桶打水——七上八下。

溥仪参观王家坪毛主席居住过的地方和原八路军总部驻地时,听到介绍说,1947年胡宗南进犯延安,主席就在这里对敌情作出正确的判断和预见,指出:"胡宗南来延安,不是他的胜利,而是把延安的包袱给他背上了,是他倒霉的日子到了。"他还说,少则一年,多则两年或三年,必复延安。果然,仅用13个月就收复了。

党中央撤离延安前,3月10日胡宗南的飞机轰炸王家坪,毛主席仍坚持办公。参谋人员捡来弹片给主席看,他微笑说:"打两把菜刀用吧!"3月18日,胡宗南部到达离王家坪5华里之外的枣园,主席和任弼时仍坚持办公。这时绝大多数干部都已撤离,大家都劝主席赶快离开,他却风趣地说:"大道通天,各走一边。他走他的,我走我的,怕什么?"一直坚持到晚6时,王震率援

1964 年 8 月 10 日,溥仪、溥杰和嵯峨浩在延安

兵赶到后,主席部署战斗完毕,问群众都离开否? 答都撤了。主席这才从容地离开延安。

溥仪由此想起 1945 年 8 月跟随日本主子狼狈逃窜时,在通化演出的那幕伪满洲国皇帝退位丑剧,他亲自宣读由日本人拟好的"退位诏书",并表示:虽已退位,仍与日本"一德一心"。当时他提心吊胆生怕日寇杀人灭口,就竭尽卑躬屈膝之能事,以表示对主子"忠诚到底"。当听说美国已保证日本天皇安全时,立刻跪地磕头,以谢上苍佑护,真可谓叹为观止。①

溥仪的延安之行,可以说收获甚巨。他在《到河南、陕西参观的感想》一文中说:"我们到了延安,亲眼看到毛主席和各领导人当年所住的窑洞、办公室等地方,听到我们敬爱的领袖毛主席在延安的许多伟大事迹和毛主席艰苦朴素与军民同甘共苦的种种情况,使我非常感动。"②

溥仪在延安期间,还参观了白求恩大夫生前居住和工作过的窑洞旧址。溥仪说,所谓延安精神,首先是"像白求恩那样全心全意为人民服务的精神"。他参观结束后,向植物园职工报告参观感想时说:"中国有句古谚:'从善如登,从恶如崩'。这是很好的警惕人的句子,人不进则退,只有上游、下游,绝

---

① 前述参观活动与回忆内容均据溥仪:《参观河南和陕西后在植物园的讲话稿》,写于 1964 年 9 月,未刊。

② 依据溥仪手稿,写于 1964 年 9 月,未刊。

没有悬着的'中游'。对自己来说,新生活刚刚开始,而在此之前,曾度过了漫长的魔鬼一般的生活。所以,一定要比一般同志付出加倍的努力,不断学习,不断改造,做一个像白求恩大夫那样有益于人民的人。"①

溥仪在延安参观期间,还写诗填词,抒发情怀,并与同伴们传阅往还,互相切磋。遗憾的是载有溥仪诗词的那个笔记本已经散失。

因为延安一带连雨,洛河水涨,汽车无法通行。全国政协参观团的几十人乘坐中型民航客机,在17日和18日两天内分三批返回西安。溥仪是第一批回来的,虽然分别才几天,还是挺想念妻子的。据李淑贤讲,丈夫见到她就一股脑儿地述说延安见闻。

8月28日参观西安八路军办事处旧址,这个办事处是1937年全面抗战开始时成立的。林伯渠、董必武和伍云甫等都在这里主持过工作,当年在国民党特务监视下,工作条件极为艰难。陕西省的50个特务机关,有30多个密布于周围,他们采取跟踪、利诱、威胁、讹诈、放毒、监视、破坏、逮捕、屠杀等种种方式,迫害办事处的工作人员。溥仪对此很有感触,他在一篇观感短文中写道:"这次参观八路军办事处,对我的教育很大。办事处的精神已经极为深刻地刻进我的心间。"②

这个办事处向延安输送了大批革命青年。仅1937年5月到8月间,就介绍了2388名,其中女性占30%。这些人经过口试、填表、换衣装、写介绍信等手续,再通过国民党的五个关口和几十个检查站的拦卡、盘查,他们绕过大路走小路,白天住宿晚上行,自己背行李、带干粮,风餐露宿,经过20多天的跋涉,才到达目的地,这种革命精神使溥仪大为敬佩。

8月21日,参观团来到临潼骊山脚下,溥仪望着这片终南山的余脉,心胸开朗,轻松愉快。眼前这个海拔1256米的山峰,论崇峻不如太华,论绵亘不如终南,论幽异不如太白,论奇险不如龙门。但位置适中,风景宜人,"骊山晚照"是关中八景之一,秦川渭水,美不胜收。溥仪想起从小背诵过的《唐太宗登骊山高顶寓目诗》,其中"四郊秦汉国,八水帝王都"等千古佳句,更使名山增色。

① 溥仪:《参观河南和陕西后在植物园的讲话稿》,写于1964年9月,未刊。
② 溥仪:《参观西安八路军办事处旧址的感想》,写于1964年8月,未刊。

溥仪夫妇先参观了唐玄宗与杨贵妃在骊山脚下的华清宫旧址，继而又来到杨贵妃沐浴过的"芙蓉池"。该池用白色玉石砌成，形似海棠，所以也叫"海棠池"，早在秦代就有人在此用石头砌屋，命名为"骊山汤"，也叫"神女汤泉"。传说，秦始皇曾在这里偶遇神女，因欲行无礼，神女恼怒，吐他一脸，当即生疮，秦始皇恐惧忏悔，神女又用温泉水给他洗好。这个故事说明，很久以来人们就已发现此处温泉可以祛病了。

新中国成立后，对华清池的水又进行了测量化验，温度是摄氏43度，每小时流量为45000加仑，含有石灰、碳酸锰、碳酸钠、硫酸钠、氯化钾、氯化钠、二氧化矽、三氧化铝、有机物质等化学成分，适宜沐浴疗养，并能医治风湿症、关节炎、肌肉痛、各种皮肤病、痔漏、脱肛、瘫痪、消化不良等10多种疾病，政府为了利用这一天然浴场，兴建了大小浴室，现在这里已成为千百万劳动者游览休息的胜地了。

溥仪当然也不会放弃这个用"杨贵妃用过的水"洗澡的机会，还动员妻子也下了水。参观后他写的短文中有这么几句："临潼华清宫是唐明皇与杨贵妃住过的地方，战争年代里这儿也遭到破坏。现在，古迹重修了，并为游览者兴建了沐浴和休息的地方。参观中，我们还看见了杨贵妃沐浴过的华清池。"[1]

嗣后，溥仪夫妇来到蒋介石曾经住过的房子参观。看了卧室、休息室和会客厅，前面玻璃窗上还留有西安事变时的弹痕。事变发生后，蒋介石穿着睡衣，光着脚，打破卧室的后窗，跳到室外，又在随身卫士的帮助下，翻过卧室后边的一道高墙，因下跳时跌了足，乃由两名卫士架护，一跛一拐地登上骊山半山腰。枪声愈来愈紧，蒋介石又怕又冷，狼狈地钻进一个狭窄的石穴藏了起来。然而，用睡衣挡着的屁股没有藏住，被张学良的搜索队发现，大声斥出，蒋介石浑身战栗，还执意不走，说要死在那里，后被挟拥带走。

在蒋介石住过的那间房子的墙壁上，有谢觉哉题诗一首，名曰《登看捉蒋亭》，"捉蒋亭"即指蒋介石藏身石穴旁的石亭，诗云：

　　　　二十年来藏蒋洞，而今烟树已苍苍。

　　　　危岩才去当时秽，清水沾来近代香。

---

[1]　溥仪：《游骊山》，写于1964年8月，未刊。

　　乐岁穰穰称华渭，丰功啧啧记张杨。

　　春秋浴咏多佳日，从此骊山不帝王。

　　溥仪说，他也和谢老有同感。骊山，这个一直为皇帝、贵族和反动军阀服务的地方，今天又以崭新的面貌向劳动人民开放了。他还在短文《游骊山》中写道："有了党和毛主席领导的人民政权，这些名胜古迹才得到有力的保护与及时的修建，我也只有在这个伟大的时代里，才能以公民的身份自由地前来参观和游览。"①

　　参观团访问烽火人民公社烽火大队时，溥仪见到了著名的全国劳动模范、人大代表王保京，继而又参观了西北棉纺织第四厂和西安交通大学。特别是游览西安南郊慈恩寺大雁塔，给这位"末代皇帝"留下极其深刻的印象。该塔建于公元652年，塔高64米，共7层。它是唐代三藏法师玄奘为安置从印度带回的经卷和佛像而建造的，玄奘和尚在此译经19年，共译出75部1335卷佛教经典，溥仪对他的刻苦精神赞叹不已。

　　在离开西安的列车上，溥仪以赞同的态度欣赏了胞弟溥杰的新作：

　　历代兴亡地，遗墟到处残。

　　连峰走秦岭，八水绕长安。

　　古郡辉新貌，宏模汇大观。

　　山阴浑有似，延塔耸云端。②

　　8月22日参观团到达洛阳，这是个古老的城市，公元前1108年东契丹首先在此建城，周平王东迁后这里成为都城，后经东汉以下九朝建都，又历千年之久。至近代惨遭日本帝国主义的蹂躏和国民党的破坏，城市破败不堪，仅剩4平方公里、8万人口、几个小修配厂、几个私立学校和一所神州医院，特别是龙门、关帝冢等文物，也被勾结洋人的奸商盗卖。新中国成立后该市获得新生，短短几年内城市面积达79平方公里，人口达56万，古城焕然一新，已成为重要的新兴工业城市。

　　溥仪对该市工业的进步印象尤深，他在参观总结中写道："这次我在洛阳滚珠轴承厂参观时了解到，赫鲁晓夫政府唯恐我们有石油，拒绝按协议供应

　①　溥仪：《游骊山》，写于1964年8月，未刊。
　②　依据溥杰1984年向笔者提供的手稿。

参观洛阳拖拉机制造厂时,溥仪和妻子一起登上"东方红"拖拉机的驾驶室

石油钻探轴承,该厂职工奋战 40 天,自制了我国第一套石油钻探轴承。"①参观洛阳拖拉机制造厂时,他也听到类似情况,在建厂中苏联方面不按协议供应油压箱用的 360 吨油压机,该工程技术人员自力更生艰苦努力,终于制造出来,使赫鲁晓夫的经济封锁破产了,为祖国和人民争得荣誉。溥仪又来到洛阳矿山机械制造厂,该厂职工在中央"八字方针"引导下,正为提高产品质量、增加品种而稳步前进。

在这个名悬史册的帝都之城,溥仪及其同伴们当然不会放弃观赏古迹和文物的机会。

参观团来到伊水旁伏牛山腰,看龙门石佛窟。这里史称"伊阙天险",被誉为"洛阳八景"之冠,有 97306 个石佛雕像,是从北魏开始历经几代连续营造 400 年的成果,是世界著名的奇观。很可惜,多数佛像已经断头残臂,肢体不全。溥仪见此感触甚深,他在参观总结中写道:"看到帝国主义分子和卖国的奸商劣绅,破坏和倒卖祖国文化遗产非常气愤,联想到自己也曾盗运了北京故宫的无数稀有文物,更加痛恨自己。同时也深切感到,只有社会主义祖国才爱护文物古迹,设立专门的保护机构,拨款保管或维修,使之万代相传。因此,社会主义制度才是文物古迹和一切历史文化遗产的保障。"②

溥仪夫妇和专员们又来到佛教传入我国后修建的第一座寺院——白马寺,相传因白马驮经而来,故名白马寺,建于公元 68 年即东汉永平十一年。

---

① 溥仪:《参观河南和陕西两省的总结》,写于 1964 年 9 月,未刊。
② 溥仪:《参观河南和陕西两省的总结》,写于 1964 年 9 月,未刊。

1964 年 8 月 22 日,溥仪夫妇和溥杰夫妇来到洛阳观看龙门石佛窟

据《魏书·释老志》载,汉明帝时派遣蔡愔、秦景出使天竺,得佛经 42 章和释迦佛像,并偕天竺高僧摄摩滕、竺法兰二人东还洛阳,而建此寺。溥仪在长春伪宫期间为保命信佛如痴,现在当然不信了,但仍很有兴趣地依次细看了寺内各殿:天王殿,供奉弥勒佛和四大天王;大佛殿,供奉释迦牟尼和观音;大雄殿,诸佛林立,是举行宗教大典的地方;接引殿,是接待信徒之所;清凉台,汉明帝曾在此读书避暑,印度高僧亦曾在此译经;毗卢阁,供奉释迦法身之像。

中原系我国古代文明发祥地,洛阳历史博物馆的馆藏相当丰富,溥仪参观后认为,它的陈列足以显示中华民族整个历史的一个横断面。此外,溥仪一行还参观了纪念三国时代蜀国名将关羽的"关帝陵"和洛阳桥附近的白居易墓。

参观团在 8 月 25 日到达河南省省会郑州,公元前 11 世纪,周武王封管叔于此,称管城,春秋时代为郑国公叔段的采邑,至秦时改称管县,至北周时(559 年)始称郑州。著名的二七铁路大罢工,就发生在这里。新中国成立后,政府进行了大规模的市政建设,城市面积达到 76.6 平方公里,比国民党统治时期增加了 10 多倍,人口达 56 万,也增加了 3 倍多。修建了柏油马路,进行

溥仪夫妇在洛阳历史博物馆(关帝陵)院内

了大规模城市绿化建设，改变了从前那种"无风三尺土，有雨一街泥"的状态，而决定城市性质的工业，则有了更突出的发展，过去不能生产的发电机、变压器、电灯泡、砂轮、瓷器等，现在都能生产了，郑州作为拥有三千年历史的古城，现已成为新兴的具有综合生产能力的城市了。溥仪参观了郑州纺织机械厂等单位，亲眼看到郑州的工业新面貌，特别是城市建设给溥仪的印象尤深。此外还参观了河南省博物馆和二七纪念塔。

8月28日，参观团离开在郑州下榻的中州宾馆，上午9时30分登上返京的第80次快车，溥仪与妻子以及共同生活20余日的伙伴们，轻松愉快地踏上归途。过安阳吃中餐，过保定吃晚餐，夜10时半许，北京站的悠扬钟声又在他们耳边鸣响起来。

从1964年8月5日至28日，溥仪夫妇随全国政协文史专员参观团，到西安、延安、洛阳、郑州两省四市参观访问，瞻仰了革命圣地杨家岭、王家坪、枣园等党中央机关所在地以及毛主席住过的窑洞，拜谒了烈士陵园，参观了陕甘宁边区参议会大礼堂。此外，还参观了四个博物馆、两个人民公社里的部分生产大队、九个工厂、一所大学、一个纪念馆和八路军办事处旧址，游览了临潼、大雁塔、白马寺和龙门等名胜古迹，历时24天。

最后还需提及的是，这个文史专员参观团所到之处，都受到了当地政府和地方政协的隆重接待，有些地方还专门从外地抽调高级名厨给他们做饭。据溥杰回忆，他后来听说有些地方的群众有意见，认为对这些罪恶深重的人不值得高格接待。领导则给予耐心解释，说像他们这样的人能够接受改造，愿意跟共产党走，是很不容易的，将来还要对祖国统一大业发挥作用，所以应该好好招待他们。溥杰说，他深知这正是周恩来总理的意图，但那时群众生活水平尚低,把很多钱用在招待费上,群众自然有意见。如果不是总理亲自安排,各地是不会如此盛情接待的。①

———————

① 依据爱新觉罗·溥杰著,叶祖孚执笔:《溥杰自传》,中国文史出版社 1994 年版,第 162 页。

选民证

姓名 爱新觉罗·溥仪

性别 男 年龄 60 岁

注意：一、凭证参加选举
二、只准本人使用

北京市 区(县)选举委员会发

1966年 2月28日

第七章
普通公民

我过去的荣华富贵是不劳而获的，是建立在别人痛苦的基础上的，回想起来只令人感到那是一种罪恶。现在，中国人民站起来了，祖国一天比一天繁荣富强，作为一个中国公民，我感到十分自豪，而且，我也才得到真正的自由和幸福。

——爱新觉罗·溥仪

一、"龙"返人间

在伪满时代，"康德皇帝"溥仪心里很明白，自己不过是日本人手上的玩物。但他并没有因此改变自我认识：自己是天之骄子，是唯一能够拯救人类的"真龙"，不过眼下是"遇难"的"困龙"而已。因此，"康德皇帝"稍有动作则必有"祥端"出现，这当然只能是奴才们的讨好之作，溥仪却是真信的。

1935年4月3日，首次访问日本的"康德皇帝"乘坐"御召舰比叡号"航行在太平洋上。当时给溥仪当翻译"旦夕随侍陛下左右"的伪宫内府"嘱托"林出贤次郎，在他撰写的《扈从访日恭记》一书中,记载了这样一件事:"午后 5 时,据军舰人报告,有白鹤一头由南飞至,在御召舰上方盘旋飞翔,移时始向东方飞去。陛下其时方在展望台上,闻言曰:'日满亲善与东方和平,虽禽兽之微,亦引以为庆,天地与人与物,其气相通,此之谓也。'是晚晚膳,命以兵食相进,所备之晚餐拒弗进御,大众莫不感激。"①象征着长寿与吉祥的白鹤,一向为画家所摄取并着力渲染的题材,溥仪自然也很喜欢。

1938 年初,我国东北的山河之间也接连出现"罕见的祥端",先有长白山山林中野生 500 余年的老山参出世,由伪通化省长吕宜文恭献"康德皇帝"。继有松花江浪花下涌出的生长 20 余年的大鳇鱼,自然也要依例以当地民众的名义进献在傀儡君王面前。②

"康德皇帝"神化自己,他的"臣民"也确实把他像神一样供奉起来,这显然也是日本人在政治上所需要的。拿老臣郑孝胥首创的伪国歌来说吧,日本人的手中玩偶在歌词中俨然是天神一般的"伟大人物":"神光开宇宙,表里山河壮皇猷。帝德之隆,巍巍荡荡莫与俦。永受天佑兮,万寿无疆薄海讴。仰赞天业兮,辉煌日月侔。"

正是这位"永受天佑"的皇帝兼傀儡,到了 20 世纪 60 年代,成为中华人民共和国公民,也是北京市民。在一些访问溥仪的外国记者看来,这似乎是"可悲的",可是他本人却因为取得这一新的社会身份而感到无比自豪。

作为普通公民,溥仪不仅有轻松愉快的爱情和家庭生活,还有他所热爱的本职工作和积极参加的社会政治活动。溥仪总是记着周总理 1961 年接见他和部分特赦人员时说过的一句话:今后要有计划地有步骤地把大家引导到政治生活中去。他主动实践总理的教导,与国家的脉搏一起跳动,同呼吸共命运。

刚特赦的溥仪怎样看待眼前的社会呢? 他想:自己是中国历史上的末代皇帝,已度过 40 年帝王生活,论罪恶最深重,论政治最反动,论思想也最顽固,即使如此,还是被改造成为新人了,可见共产党和人民政府是没有什么不可以改造的。

---

① 林出贤次郎:《扈从访日恭记》,伪满国务院总务厅情报处 1936 年发行,第 12 页。
② 均据当时伪满报纸报道。

　　周总理第一次接见特赦人员时,曾谈到社会上还有改造不到的死角,溥仪当时就很不理解。后来,他见到一个向他口称"皇上"、跪地磕头的侄子和两位找到崇内旅馆,向他敬递红帖、称臣请安的原清朝遗臣,对总理那句话才开始懂了。不过,知其然,却还是不知其所以然。

　　一天晚饭后,田主任听溥仪谈起他遇见的两件事,讲出自己的看法:"其实并不奇怪,我们生活在社会主义社会中,大规模的阶级斗争已经结束,但旧社会的影响不能一下子全部清除干净,还有阶级的残余存在,对一些社会现象要用阶级分析的方法去观察。毛主席有两篇文章,一篇是《中国社会各阶级的分析》,讲民主革命时期中国各阶级的状况;另一篇是《正确处理人民内部矛盾问题》,讲社会主义革命时期各阶级的状况。有空可以读一读,对你有帮助。"

　　溥仪在管理所时读过那两篇文章,这次经田主任指点,又仔细读了一遍,当他掌握了阶级分析的方法之后,第一个被用来分析的对象便是自己。他的读书笔记中有这样一段话:"我出生在封建家庭,从小接受帝王教育,根本不懂什么是阶级。那时我认为,皇帝即'天子',统治人民天经地义。所谓'朕即国家',我从来视版图为自己的领地,把人民当自己的奴仆,分臣下为三教九流。劳动群众在我看来是'民可使由之,不可使知之'的无识愚民,而整个国家正是爱新觉罗一姓之私产。现在,我代表的那个反动阶级已被民主革命打倒了,但还必须反对它所遗留的思想影响,把封建势力的根基拔掉,否则势必有一天还会冒出几个皇帝来。"①溥仪在学习上很用心,这位新公民拿起了阶级分析的武器,又在新的水平上向旧我宣战了。

　　有一次,溥仪从植物园回城,遇见一位原宫中殿上太监,这个当年伺候过"小皇上"的老人,已听说"万岁爷"特赦回到北京,一眼便认出了他,恭谨地向"皇上"请安,虽说没有就地三拜九叩,可那谦卑的样子已足使路人侧目并为之惊奇了。溥仪赶快搀扶老人,诚恳地解释说:"我已经不是'皇上',过去的溥仪已经死了,现在我是公民,我们之间的关系是完全平等的。"他没像在崇内旅馆那样大动肝火,不但是尊重老人,还因为对社会上客观存在的各种阶级现象有了新的认识。

---

　　①　溥仪:《在植物园劳动期间的思想总结》,写于 1961 年 2 月,未刊。

"称呼"很使溥仪烦恼了一阵子,崇内旅馆的遗老、路遇的太监,这些人称他为"皇上"可以莫论,一起学习过的特赦人员和在植物园共处的同事,动辄也以"末代皇帝"或"皇帝"相称,虽说是开玩笑,可他从感情上就厌恶"皇帝"二字,特别是接待外宾的时候,一些国家领导人向客人介绍溥仪时也常常说"这就是中国末代皇帝溥仪先生",这可给他出了难题:否认吧? 确实当过皇帝;承认吧? 又打心眼里不愿意。后来他想出了办法,并用以对付了斯诺,当斯诺称呼他"皇帝"的时候,他回答说:"历史上那个皇帝溥仪是有罪的,他已经死去了,现在的溥仪是劳动人民中间的一员。"

对于称呼,溥仪已经发生了感情上的变化,这可不是一件简单的事情。溥仪在清宫的年代里是有帝号称谓的,当时他称孤道寡,以君王自居,原本得到民国政府的承认,国人也无话可说。至1924年"逼宫"帝号被取消,他只以平民身份寓居天津,却不愿放弃那个魔力无穷的皇帝身份。

溥仪回忆当时的情形说:"那时我在'张园'里的排场还是相当不小,供使唤的'仆从'仍有几十名之多,还有一个专门给我办事的'遗老荟萃'之处,叫作'清室办事处',还有北京的宗族人等轮流交替地赴天津我这里来'值班',不论是日本官吏和军官等见我时差不多还都是称我为'皇帝陛下'。我身旁那些所谓'逊清遗老'以及他们的'克绍箕裘'的所谓'遗少'并那些所谓的'王公大臣'之类,更是逢年按节地麇集到'张园'来给我排班叩拜。不但如此,这一大批老少封建余孽,把我移居天津叫作'天子蒙尘',把张园呼作'行在',直到1931年还关起门来,在我那个小范围内公然使用'宣统二十三年'的私年号,而我也就在这块'别有天地'的迷茫幻境中,仍然自命为清朝'第十代皇帝'。"①

更可笑的是,当溥仪又不得不从傀儡皇帝的宝座上退隐下来,而成为苏军阶下之囚以后,还没有忘记摆出皇帝的架子。溥杰回忆在伯力收容时期的生活时,讲过一件很有趣的事情:"溥仪想'召见'某伪满大臣时,还是使李国雄摆出不减当年'奏事官'的面孔,走到被召见人面前,高声说:'上边叫!'然后就把他领到溥仪处。这帮大臣们在'前途尚未可知'的情况下,只得暂不抓

① 溥仪:《我的前半生》第一稿,1958年写于抚顺战犯管理所。

破脸皮。有一次，溥仪把苏军军官送来的日本酒分一些给伪满大臣们，让我在第二次饭时送交张景惠，并嘱我注意张在接受'御赐'时的态度。我如命办理，把酒送到张的面前说：'这是皇上赏各位喝的。'张听了，既未起立恭受，也未说'跪谢天恩'，只淡淡地点头说了一声'谢谢'。我回来'复命'之后，溥仪对他们又结了一个疙瘩。"①

可见"皇帝"称号曾经是溥仪的精神支柱，如今溥仪毫不吝惜地把它抛弃了。不过，很多人认为，如同回答斯诺的那种说法也还是不大合适的。不但一些外国朋友理解不了，连翻译们也感到很困难。沈醉谈过这个问题，说溥仪最终还是找到了解决称呼问题的较好途径："有次周总理招待外宾，溥仪也应邀参加，周总理便向外宾们介绍：'这位便是中国过去的宣统皇帝！'溥仪则大声回答：'今日光荣的中华人民共和国的公民溥仪！'总理听后，与许多人一起鼓掌，认为他这次回答得很好。从此凡领导人向外宾介绍他的身份时，他都用这句话来大声的回答了！"②

人家称呼他一声"皇帝"，溥仪就解释一句"今天我是公民"，这倒也算简单，比这麻烦的事很多。特别是他的一些亲属，还有从旧时代过来的遗臣和侍从等，因为心目中还有"真龙天子"的影子，一见着溥仪就要从头到脚恭维一番，甚至对他的历史罪恶也设法掩饰几句。

1960年5月3日，溥仪碰上一个萍水相逢的崇拜者。那天，他因事要到民主党派的高级党校——中央社会主义学院，本打算上午办完事就回到植物园，田主任对他说，中国科学院本部当天有庆祝五一联欢晚会，可以参加。溥仪到社会主义学院办完事，就回到前井胡同五妹家中。下午，六妹韫娱来了，听说大哥要出席晚会，就约他在后什刹海四合巷自己家吃晚饭。六妹说，那儿有一个街道办的小饭铺，做菜挺有口味，买几盘也让大哥尝尝，溥仪答应了。他走到六妹院内，刚巧遇见邻居郎某的妻子，她缠住溥仪不放，一定让他到她家吃饭，还说，她丈夫早就张罗此事，总是没有机会，今天可遇着了。溥仪和六妹相对无奈，盛情难却，只好应允。

一跨进郎家门槛，两口子就忙开了，男的上街打酒，女的在家做菜。不大

---

① 溥杰等：《溥仪在伯力收容所》，文史资料出版社1980年版，第48页。
② 沈醉：《皇帝特赦以后》，香港《新晚报》1981年3月10日。

一会儿,郎某拎着两瓶高级名酒回来了,看得出他是从心里往外高兴。郎某是废品回收公司工人,与六妹住邻居,来来往往,与溥仪也见过几面,但没有攀谈过。"您今天能到我家吃饭是我的缘分,人和人的相遇都是有因缘的。譬如您吧,堂堂一朝天子,万民景仰,岂是能随便见到的?我能与您同桌共饮是祖上积德,今晚我要设香案,摆供品……"郎某开口说了这一套话,溥仪觉得句句不顺耳:怎么到了60年代还那样迷信皇帝,迷信命运,还搞唯心主义呢?

谈到对命运的迷信,别人是无法与溥仪相比的,直到今天他仍能流利地背诵《大清开国方略》一书的有关段落。这本书凭空赝造了关于爱新觉罗氏起源的神话,说在长白山天池中有三个仙女洗澡,忽然有只"神鹊"把衔在口中的朱果丢了下来,恰恰坠入一位名叫"佛库伦"的仙女口中,她咽了下去,便身怀有孕,不能飞到天上去了,不久生下一子,就是爱新觉罗氏的始祖布库里雍顺,他是"奉天承运"的天生圣人,其子子孙孙也全是"天女"的后代,注定为世世代代统治人民的最高统治者,由此也深信自己确是"天命攸归"的"真龙天子"。

溥仪回忆童年在宫中怕雷公的事情说:"我儿时最怕打雷,每当闪电耀眼、疾雷震耳,便会想起长着尖尖的鸟嘴、双手分拿一锤一凿、背生双翅的'雷公'和手执双镜闪闪发光的'电母'来。再加上每当雷电交加,那些不知趣的太监们照例要说出'红闪照妖精,白闪照人心'那套煞风景的成语,使我不由得联想到那幅'坏人遭雷殛'的画面来,面前立刻浮映出一个人,直挺挺跪在大雨滂沱的地面上,从浓云中射出一道白色电光,直插向他或她的头顶。同时在他们身上,还照例要出现几个大字,'不孝逆子'或是'不孝翁姑'之类。我害怕极了,每逢雷轰电闪相当厉害的时候,便本能地钻入床帐之内,蜷伏避雷。我也曾听到太监说,光绪儿时也与我有'相怜的同病',每逢雷声大振,他虽然不往床幔中钻,却要让一大帮太监一齐敲锣打鼓,用以遮混可怕的雷声。"①

这位"君王"在坎坷的人生旅程中算卦问卜自然总是"吉兆",可现实却一次又一次地显露凶相,最后他不但从"皇帝"宝座上跌了下来,还变成异国之囚。可笑的是这位"囚徒君王"仍以随身携带的8枚日本硬币作为爻卦工具,占卜前程。当时,溥仪最怕引渡回国,而被祖国人民处以极刑。所以,"能否

---

① 溥仪:《我的前半生》第一稿,1958年写于抚顺战犯管理所。

被引渡回国?"便成为一个突出的占卜题目,他还无数次地获得"不被引渡"的吉兆,然而,最终还是被引渡回到了中国。不久他已懂得,回到祖国不是祸而是福。同时他也懂得了,这福并非从天而降,是共产党的政策给他带来的。从此,他才真正从迷信思想中解放出来。

现在郎某又宣扬起唯心主义的"缘分"来了,溥仪由衷地反感,但一时还没有想好应当怎样作答,郎某却越说越离奇,越讲越荒谬了。他打开滔滔不绝的话匣子,以为溥仪很爱听,所以讲得很起劲儿。他说:"我过去最佩服几个人。一个是谈虚和尚。我小时候受过他的口戒,他是有先知先觉的,曾告诉我不要进入社会,我却想当英雄,没听他的话,还是他说对了。再一个是江神童。他5岁能读《四书集注》,真了不起。还有一个汪精卫……"听到这儿,溥仪实在忍不住了,就插嘴说:"汪精卫是个大汉奸呀!"郎某不以为然地说:"照现在说,当然是这样。可是从历史人物来说,他是很了不起的。蒋介石逃跑后,南京无人主持,他提出和平救国,这也是救国嘛!"接着,郎某又说了不少话,说陈公博也是个很有能力的了不起的历史人物,还说他过去当过张作霖的秘书,认为张作霖有才干,无论什么人都能驾驭。还说张学良是小孩子,不成器等。

溥仪很奇怪:这位废品回收公司的工人,怎么满脑袋封建主义货色呢?他几次想与郎某争辩,一转念,这位郎先生既然立场如此顽固,观点如此反动,几乎是原封不动的一整套旧思想,决不是几句话可以改变的。溥仪决定不理他,当然更不应该和这种人在一起同吃同喝。怎么办呢? 他想了一个办法,趁郎某的妻子忙着做菜,溜到六妹家里说:"韫娱,我不能在他家吃饭,一会儿你去找我,就说七叔来电话,让我快去。"说完,重新回到郎某家。这时,郎某不在屋,他妻子说,因为要开饭,又不知溥仪去向,就骑车上街去找。这时六妹来找溥仪,他便趁势离开郎家。郎某的妻子哪里肯依,忙过来扯住溥仪的衣角:"要走,也得吃几口饭再走!"溥仪一边向门外挣,一边嘟哝着说:"不一定有工夫喽,不一定有工夫喽……"一跨出郎家门槛就赶紧溜掉。

溥仪在街上瞎转一阵,来到景山东街,进了二妹的院子。他一见二妹就说:"今天真晦气,六妹家的饭吃不成了!"二妹问到底出了什么事情?溥仪把遇见郎某的经过从根到梢说了一遍,把二妹笑得肚子都疼了,赶紧给大哥弄饭吃。

饭后看看天色还早,溥仪又回到前井胡同,想在五妹家坐一会儿。不料

"冤家路窄"，刚到五妹家门口，只见郎某正在大门台阶上站着。原来郎某早来五妹家找过了，料想溥仪必能回来，索性就在这里等他，一见面就连叹气再跺脚地说："咳！今天怎这么巧？刚要吃饭就有事了，这是怎么说的！"溥仪也随声附和："可真巧！"郎某又来拽他回去吃饭，他连说"吃过了"，便不再理会郎某，头也不回地进院去了。

出席中国科学院的联欢晚会以后，溥仪随车返回植物园，把这件事原原本本地汇报了，田主任细心听完以后对溥仪说："郎某是从旧社会过来的人，旧思想还没有得到彻底改造。你能用阶级观点识别出来，当然是个很大的进步，但是听之任之，不驳不理也是不对的，对坏思想不斗争是妥协，对后进人不帮助是失职。问题不在于同桌吃饭，一块喝酒，也不在于单纯'划清界限'，而是要用正确的思想和实践去影响、改造社会上的阴暗面……"

田主任的话使溥仪又回想起周总理的接见。总理指出，到社会上会遇到两种可能，一种是你影响他，一种是他影响你，旧社会几十年中建立的复杂联系是不可能一刀斩断的，拒绝他们不行，让社会改造他们更好。总理希望特赦人员协助政府清除社会改造不到的死角，并说："在这方面你们往往能起到政府起不到的作用。"

田主任的话也使溥仪回想起北京市委统战部部长廖沫沙讲过的话："……对落后者采取帮助态度，这也是工作。改造社会，改造人类，处处是工作。"他还说，比如一个病人在医院也能工作，安慰病友，让他们起积极作用，每个人都要有这种精神，诚心诚意地为人民服务。

这样一来，溥仪才感觉到：一度认为做得很正确，其实并不那么对。他在思想总结中谈到自己的新认识："拿这件事情来说，我只是一味地消极躲避，而没有采取积极的明确的态度帮助落后，这不是站在工人阶级立场上，而是站到了个人主义的所谓'自扫门前雪'的立场上。说明我学习改造的程度与党和政府的期待相比，还有很大的距离，当时我并没有认识到这一点，还以为和敌对思想划清界限就可以了。"①6月5日，溥仪特意到郎家去会见那位在废品回收公司工作的有些错误思想的工人，他很想弥补上次的不足，用帮助

---

　　①　关于溥仪与郎某交往的过程及心理活动均据溥仪:《在植物园劳动期间的思想总结》，写于1960年9月8日，未刊。

代替回避，结果还是与郎某争辩了起来。以后他一连去过几次，差不多每次都与郎某辩论一番，郎某有时不服气，有时也承认自己的某些看法有错误，到后来郎某远远看见溥仪走过来，能躲就赶紧躲开了。

1962年11月，全国文史资料座谈会在北京社会主义学院召开，溥仪参加了会议。与会者中还有一位古砚收藏家、时任重庆文史馆馆长的砚香翁方镇华，而他的友人、文物收藏家陈迩冬先生当时正在北京社会主义学院进修，其间两人曾访砚于琉璃厂，方先生向陈先生建议，可于次日带几件古玉请溥仪鉴别，考考他是否真有识力。陈先生后来撰文回忆此事经过说，次午他如约至方翁处，顷刻将开饭，溥仪也来了。当时"三年自然灾害"刚过，物价很低，会餐每人只交人民币4角。陈先交，溥仪随后交款，旋即退出。收款员突然大呼："皇帝！皇帝！"原来还要找回他6角钱和粮票，众所周知，溥仪对于这方面的生活琐事是不甚了了的。他闻呼转来，怒斥呼者："谁是皇帝？是皇帝能到人民政协来吗？能到社会主义学院来吗？能参加人民的文史资料会议吗？"那位收款员只好道歉，他说本来一向称"溥老"，因情急呼了"皇帝"，开个玩笑而已。溥仪却说："这种玩笑是侮辱我……"方先生也观看到这件事的全过程，很有感触，乃为其一珍贵藏砚定名"不做皇帝砚"，并请陈先生写诗作铭词。陈先生回忆说："当夜诗成，得两七律。首云：'辛亥之年君逊国，我生壬子不同天。'示我未尝为溥仪之臣民。腹联有'薄坐同观三代玉，买餐各进四角钱。'这里要笺注一下，溥仪赏鉴古玉，果然'懂眼'，确是内行。第二首'冕旒卸尽着囚裳，昨岁新更干部装'。第一句言溥仪在苏联伯力事，第二句则已获赦在全国政协任职，专治文史资料云。腹联'厌闻两字呼皇帝，愿受一廛为国民'，而殿以'佳话千秋曾目击，勒铭还待蜀东方'。"①

特赦未久的溥仪先生，对党的政策在理解上还比较机械，有时又偏激一些。当然，谁也不会要求这位末代皇帝一下子就变成彻底的唯物主义者和马列主义者。但是，有一点可以肯定，他已在真理指引下与旧世界决裂了，其表现形式并非一份接一份的决心书，也不是发言中慷慨激昂的表态，而是有情节的生动的历史事实。

---

① 陈迩冬：《"末代皇帝"会见追记》，《团结报》1988年11月15日。

二、给人民代表投一票

如果说,"皇帝尊号"曾吸引溥仪走上可耻的卖国之途,那么,正是"公民"这一称号,又把他的名字与伟大祖国联结在一起了,作为普通公民,他感到骄傲。后半生中他先后三次参加投票,使用公民权选举自己满意的人民代表。他从一生经历中体会到,这一票来之不易,能够投出这一票是他的光荣。

第一次投票是在1960年11月26日。特赦回到北京还不满一年,当时溥仪正在植物园劳动,同事们招呼他一起到南辛村投票,他特意换上那套笔挺的中山装,平时只有会见外宾才舍得穿穿。当这位高举选票的北京市满族公民爱新觉罗·溥仪,将要行使神圣的选举权的一刹那,他心潮澎湃,激动万分,对这一天实在是盼望好久了。

溥仪特赦后,一想到自己成了公民,心里就觉得很甜。可是,选举人民代表的消息传出后又担心起来,不知道他这个当过皇帝的人是否有资格投票? 颇为不安。他的心思被同宿舍的刘宝善和刘宝安两位青年同志知道了,继而寻风寻到植物园领导那里,园领导又打电话给中国科学院领导"投石问路",谁知没有几天,这一非常简单的问题竟然一层层地提到了周总理面前。园领导很快就得到了总理办公室人员的正式通知,让转告溥仪,他既然已经不再是战犯而是公民了,依法拥有选举权,那是理所当然的事情,用不着再有半点怀疑。

溥仪高兴极了,宝善和宝安也乐得一跳老高。后来,他们又一起在四季青人民公社的选民榜上找到"爱新觉罗·溥仪"的名字,这才真的安心了。从那天起,溥仪连洗手时要在右手上多抹些香皂,因为就要

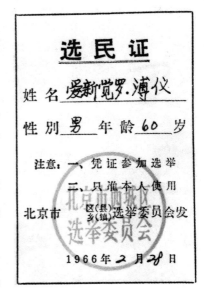

溥仪特赦后曾三次参加选举,这是他最后一次参加选举的选民证

使用这只手把在他看来庄严无比的选票投进票箱。后来,溥仪把投票时的感受写进著作:"1960 年 11 月 26 日,我拿到了那张写着'爱新觉罗·溥仪'的选民证,我觉得把我有生以来所知道的一切珍宝加起来,也没有它贵重。我把选票投进了那个红色票箱,从那一刹那间起,我觉得自己是世界上最富有的人,我和我国六亿五千万同胞一起,成了这块九百六十万平方公里土地上的主人。"①

1964 年 11 月 18 日,溥仪被推举为全国政协委员的通知函

第二次投票是在 1963 年 4 月 14 日。当时,溥仪已是全国政协文史资料研究委员会的专员,他在日记中对选举过程陆续有所记载:3 月15 日,"政协开选民会,领选民证";3 月 21 日,"上午,选民会议";3 月26 日,"下午,同郭寿臣、俞人则访我们预选的人民代表、丰盛小学教员王廷栋,经王教导主任和孙行政同志介绍,与本人谈了话,很满意";3 月30 日,"上午,开政协居民组选民代表会,共选 6 名人民代表";4 月 3 日,"开会,选人民代表6 人";4 月 14 日,"同贤到丰盛区参加选民投票,选举吴

①　爱新觉罗·溥仪:《我的前半生》,东方出版社 1999 年版,第 568 页。

志刚、龚恕清、赵岩梅、王廷栋、何风文和张光明6人为人民代表"。①

从日记所载看,溥仪对选举看得很重,投票前多次参加预选会议,并走访候选人之一的王廷栋。原来这位丰盛小学地理教师早年毕业于伪满建国大学,今天作为社会主义国家的优秀工作者而成为人民代表候选人,溥仪当年曾兼任伪满建国大学的"名誉校长",经过改造,今天也得到了选举人民代表的资格,这是多么圆满的一段历史故事。通过调查了解,感到称心如意,这才满有把握地填写了自己的选票。

第三次投票是在1966年4月3日。那时,溥仪住在东观音寺,就在当地参加选举。他刚做完肾切除手术,并且知道自己患的是绝症,已经很长时间没有上班了,但他还是一次次参加选民会议,直至投出庄严的一票。②

与1964年被特邀为全国政协委员一样,参加公民基层选举显然也是溥仪后半生政治生活中值得大书特书的喜事,因为它标志着"一个像样的中国人的灵魂"已经重新回到了爱新觉罗·溥仪的身上。清朝的宣统皇帝、伪满洲国的"康德皇帝",如今手中举起一张中华人民共和国公民的选票,这实在是不平常的,也是具有历史意义的。

三、打开心扉

伴随工作的努力和学习的进步,自然是思想的丰收,短短几年中,溥仪闯进一个又一个的思想新领域,须知这是一颗封建皇帝的头脑,它的每一微小变化都具有特殊意义。

溥仪说,他这颗"封建头脑"所以能活跃起来,得力于专员学习讨论会上的辩论或争鸣。在那种场合,溥仪自由地发表看法,有时也和同事们脸红脖子粗地要争个高下,结果就像有一把思想的金钥匙,打开了自己的心扉。对

① 王庆祥整理注释:《爱新觉罗·溥仪日记》,天津人民出版社1996年版,第136—143页。
② 关于溥仪第三次投票选举基层人民代表的详情参见李淑贤忆述,王庆祥撰写:《我的丈夫溥仪》,东方出版社1999年版。

溥仪来说，这当然是他前半生中所不能想象的，那时候有谁敢和皇帝争论呢？

年纪较大的东北人也许还不会忘记，30 年代的报纸和广播常有为"康德皇帝"歌功颂德的文章，其中谈到影响溥仪思想的方式主要有两种，一为"进讲"，一为"谏奏"。伪满国务院总务厅嘱托中岛比多吉在《执政之日常放送词》一文中谈到"进讲"的情形说："至土曜（星期六）则定为致力学问之日，午前概不见客，自 10 时召入进讲之学者。现进讲之学者，一为经学大家、70 余岁之老儒生王乃征氏；一为伪满学者、有盛名之参议府参议袁金铠氏，两氏交互进讲经书。此外关于军事，则由就任未久之侍从武官石丸志都麿中将时时进讲。"①伪宫内府大臣沈瑞麟在《皇上乾德恭记》一文中谈到"谏奏"的情形说："上（指溥仪）召见臣下，从容温语，脱略如家人。多命之坐，使得尽情陈奏，置有日记册，遇言有可采择者，随时以铅笔记入，用备遗忘。近臣所有谏奏，皆手自批答，褒勉有加，虽抗言直陈，一无所忤。"②透过那些溢美之词能够看到，当年身居崇位的溥仪，在思想上不过是欲灌输者的奴隶而已。

特赦后，在专员学习中，溥仪显得与其他人不一样，思想简单化，提不出问题来，在讨论中无由置喙。据沈醉讲，政协领导专门研究过，他们认为溥仪虽然当过皇帝，但从来没亲自处理过什么问题，实践能力自然就差些，认识也迟钝些，这是历史造成的。其他专员过去都是独当一面的，遇事有主见，对他们也不应相提并论。沈醉又说，溥仪对于学习"是相当勤奋的，他摘抄文件和报纸比谁都多，笔记本一大堆，很认真学习"。③

沈醉对溥仪的评价还是很客观的，由于经历的缘故，溥仪学习马列主义新的理论，确实有个从一窍不通到似懂非懂又到有所收获的过程。他在这一过程中并不是贪图安逸的，也不是畏缩不前的，而是一个在崎岖山路上勇于攀登的人。

1963 年 6 月中旬，专员们讨论一个很有意思的题目，事情是由宋希濂的

① 《圣德纪述纂要》，伪满政府 1933 年 10 月印发。
② 伪满《盛京日报》1935 年 2 月。
③ 沈醉:《皇帝特赦以后》，香港《新晚报》1981 年 4 月 15 日。

一次发言引起的。那次发言谈到沈钧儒先生①，宋专员说："周总理讲过，沈钧儒是资产阶级左派的一面旗帜，今天我们要学习沈老，在这面旗帜下前进。"沈醉当即对这一看法提出异议，认为我们处在社会主义新时代，眼光要看得更高，目标要立得更远，要向无产阶级的英雄人物学习，向雷锋学习。沈专员还引证一句古书上的话"取法乎上，得乎其中"，并说："看来，这样也差不多了。如果只是'取法乎中'，那也许只能'得乎其下'了。"

一场关于"取法"问题的争论开始了，究竟谁说得对？溥仪在心里琢磨着。沈老的生平溥仪是熟知的，他就是衡山先生，1873年生于浙江嘉兴，光绪年间考中进士，后来又毕业于日本东京法政大学，成为著名法学家。他早年加入孙中山领导的同盟会，参加了浙江光复运动，1936年发起救国会，力主抗日，因而被捕入狱，为著名七君子之一。抗战中他作为民盟代表参加了当时的政协，由于蒋介石的独裁统治，旧政协破裂，民盟也被迫解散，沈老并不气馁，他割须潜赴香港，领导全盟，恢复组织，坚决与反动派斗争。周总理说他是"资产阶级左派的旗帜"，这是很公允的评价，溥仪从心里钦佩沈老，因为他是时代的英雄和旗手。同时，溥仪也认为自己在社会主义大道上前进，不能满足于当一个资产阶级左派，而应该努力锻炼，改造成为无产阶级坚强战士。于是，溥仪发言支持了沈醉的看法，他说："我认为，学雷锋并不是高不可攀，不能学习。雷锋只是在一些很平凡的事情上先人后己，并尽力去帮助别人，不求报答，甚至不肯留姓名。有些事我们大家都可以和雷锋一样去做。因此我们要站得更高，看得更远，这也就是学习了沈老的精神。"溥仪还举出像上下车帮人提提行李，照顾一下老弱病残，说这些事我们也许在日常生活中可以做到，不过像雷锋一样，饿着肚子和冒着大雨送病人回家等，我们体力就不行了，不是不肯去学，而是心有余而力不足了。

溥仪发言后，觉得言犹未尽，乃以期待的心情倾听董益三说下去："我们思想改造的目的应该是彻底地树立起无产阶级的世界观，在这一点上我同意溥仪和老沈的意见。至于老宋的意见，从一种意义上说，满足于把自己变成

---

① 病逝于1963年，享年90岁，当时担任第二届全国人大副委员长、第三届全国政协主席。

资产阶级左派,我不同意;从另一种意义上说,像资产阶级左派那样坚决地向党靠近,听毛主席的话,走社会主义道路,正如沈钧儒那样,几十年如一日,不论遭遇多大的风暴也不动摇,这我完全同意。"郑庭笈和溥杰原来也都以为取法无产阶级英雄人物,未免"悬得太高,不切实际",现已修正了自己的看法,溥仪心里暗暗佩服老董发言简明扼要,说服力强。①

　　在座的有些专员,包括溥杰在内,却对溥仪的发言很服气,溥杰在他的回忆录中就这样写道:"溥仪的发言让我心服,我觉得他确实比我学得好,像他这样的人,能够针对当时一些重大问题,发表一些比较成熟而中肯的意见,那是不容易的。相形之下,我思想拘谨,没有他学习得好。事实证明,后来他对待街坊邻里、孤寡老人确也能恭恭敬敬,谦虚谨慎,没有过去当皇帝的架子,他也是在力求做到理论联系实际、言行一致。"②

　　1964年元旦前后,正是北京最冷的日子。小四合院里的树木只剩下光秃秃的枝杈,而屋檐瓦顶覆盖着白雪。挂了一层厚霜的专员办公室玻璃窗内,一场热烈的讨论和争辩正在进行,大家阅读《关于国际共产主义运动总路线的建议》一文时发现一些问题,于是展开辩论。论题是廖耀湘首先提出的:"这篇文章把并列的四对矛盾,即社会主义阵营同帝国主义阵营的矛盾,资本主义国家内无产阶级同资产阶级的矛盾,被压迫民族同帝国主义的矛盾,帝国主义国家同帝国主义国家之间、垄断资本集团同垄断资本集团之间的矛盾,作为当代世界的基本矛盾,这一点我赞成。但是,毛主席说过,一个复杂事物的发展,如果存在许多矛盾,其中必有一种是主要的。我认为当前在四对矛盾中,主要矛盾是被压迫民族同帝国主义的矛盾。"

　　宋希濂紧接着发言,他引用印尼共产党主席艾地的一段话,完全支持廖耀湘的观点,最后说:"不错,我们应该在当代基本矛盾中找出一个主要的矛盾,那就是殖民地人民与帝国主义之间的矛盾,民族解放运动正是这一矛盾的武装形式。"

---

　　①　依据专员学习讨论会议原始记录,并参照董益三日记1963年6月10、13日内容,均未刊。

　　②　爱新觉罗·溥杰著,叶祖孚执笔:《溥杰自传》,中国文史出版社1994年版,第159页。

首先提出反对意见的是董益三,这位专员高高的个子,说话不紧不慢,只要听他一次发言就能感觉到此人有很好的理论修养,思维敏捷,言谈清楚,发言总是具有很强的逻辑性和说服力。他说:"毛主席关于主要矛盾的论述,不仅强调要找出复杂事物发展中的主要矛盾,而且指出了主要矛盾的特点,'由于它的存在和发展,规定或影响着其他矛盾的存在和发展'。我们要找主要矛盾必须根据这个特点去找。"接着,他表明了自己与廖耀湘等完全不同的看法。他认为,如果一定要在当代四对基本矛盾中找出主要矛盾,那就是社会主义和资本主义,即无产阶级与资产阶级的矛盾。这才是当前世界上,在相当长的一个历史时期内起支配作用、影响一切的矛盾。社会主义阵营同帝国主义阵营的矛盾、资本主义国家内无产阶级同资产阶级的矛盾、被压迫民族同帝国主义的矛盾都包括在无产阶级与资产阶级的矛盾之中,是它派生出来的。

这时,坐在靠南窗的办公桌左边的溥仪还没有发言,他的头脑里也在争论,觉得老廖和老宋的发言有道理:当前亚非拉民族解放运动如火如荼,这还不足以说明问题吗?可老董的发言也有道理:民族解放运动虽已构成一股锐不可当的历史潮流,但从世界局势看,它还不是处于支配和主导地位的。那么,主要矛盾又应该是哪一个呢?他带着这个问号继续倾听同事们的发言。

董益三继续阐明自己的观点时,引述阿尔及利亚革命的实例来说明民族解放运动与社会主义革命的关系,他说:"阿尔及利亚如果没有我国的援助,是不容易取得胜利的。"

"如果这样讲,将置阿尔及利亚人民于何地呢?"宋希濂针锋相对地反驳道,"难道革命不是人民的革命吗?"

"我国从来不以救世主自居,只有赫鲁晓夫才那样做。"廖耀湘好像已经成为这场辩论中的胜利者。

总在那儿琢磨来琢磨去的溥仪,这时也发表了看法:"外因是事物变化的条件,内因才是事物变化的依据。阿尔及利亚的胜利是阿人民斗争的结果,别国的援助促进了胜利,但即使没有这种援助,早晚也会胜利的。"

郑庭笈、沈醉等人的发言也都支持了廖耀湘的看法。但是,董益三并未被说服,他答以更充分的理由:"在辩论中首先要弄清概念,如果是按照毛主席关于主要矛盾的论述,找出起支配作用的矛盾,那就是社会主义与资本主义,即无产阶级与资产阶级的矛盾;如果主要矛盾是指当前斗争最尖锐、最突出的地方,当然只能是广阔的亚非拉中间地带。"谈到民族解放运动与社会主义国家援助问题,他坚持认为并不是这个支配那个,而是它们都受到国际无产阶级与国际资产阶级斗争的总的支配。他说:"我们不能孤立地看问题,帝国主义侵略是国际性的,无产阶级革命更是国际性的,孤军作战而不争取外援的现象在当今世界上已不存在。"接着,他又拿孙中山革命和刚果革命的例子对此作了充分的说明。最后说:"援助,不等于取消人民自己起来革命。否则,援助也就失去了对象。内因为主,不等于外因不重要。"

面对深奥的理论问题,溥仪刚觉得有了一些头绪,又怀疑自己的结论了。然而,没有这种种怀疑,孜孜不倦地探讨,反复地修改自己,就不会有进步。

始终与专员们一起学习、讨论的办公室主任吴群敢,这时不慌不忙地从提包中拿出一份材料请大家传阅。原来是中央高级党校范若愚教授的一篇内部讲话稿,谈的是自己对《关于国际共产主义运动总路线的建议》一文的若干体会,其中恰恰也提到了大家争论的问题。范教授认为:不应当在四对基本矛盾中抽象地寻找主要矛盾,因为它们都重要,无分轩轾。主要矛盾也是发展变化的,哪里发生了革命,那里的矛盾就一定尖锐,也就可能成为一个时期内的主要矛盾。

窗外,不知从什么时候开始下起雪来,四合院里光秃秃的树杈上落满了银白色的雪花,室内的讨论仍在热烈进行。范教授的看法使专员们受到启发,但这并非结论,结论最终要由专员们自己做出,由这探讨、争辩之途,从一个结论达到另一个结论,从一个起点走向新的水平、更高的起点。①

1964 年 1 月初,专员们讨论原子弹可怕不可怕这个问题。沈醉、溥杰和廖耀湘几个人的观点相近,认为原子弹本身是一种可怕的大规模杀人武器,美国曾在日本扔了两颗,几十万人丧生,让人迄今心有余悸,对此不可不防。溥仪和杜建时不同意这种看法,溥仪发言说:"我认为原子弹并不可怕,当年广岛和长崎死了不少人,但原子弹并没有毁灭日本人民,现在日本不是又发展起来了吗?"溥仪很想从理论上好好阐述一下,一时又不知从哪里说起为

---

① 依据专员学习讨论会议原始记录,并参照董益三日记 1964 年 1 月 6 日内容,均未刊。

好,这时董益三发言支持溥仪的看法。他说:"无产阶级和革命人民是不怕原子弹的,这里所谓'不怕'是怕又不怕的辩证观,虽然怕原子弹,但是要革命,不能因为原子弹而不革命,不能为了避免牺牲而放弃原则,战争贩子可能使用原子弹,但主要还是用于进行核讹诈,你愈害怕,他愈要来吓你。"溥仪心里想,还是老董的水平高,像他这样才有说服力。[①]

1964 年 9 月中旬,专员们讨论认识与立场孰前孰后的问题。廖耀湘认为认识先于立场,董益三认为立场先于认识。溥仪以自己的改造为例,用事实说明首先是认识有了转变,立场也就随着逐渐变了过来,他发言赞成廖专员的看法。其他专员也都分别站队了:支持廖耀湘和溥仪的有沈醉,支持董益三的有杨伯涛、郑庭笈,宋希濂起初同意董专员的意见,经过辩论又转向廖、溥一方了,杜聿明、杜建时和李以劻三人感到自己尚无把握,遂未加入某一队。双方各抒己见,各执一词,虽然没有取得一致的看法,但通过争论开动了脑筋,互相启迪,加深了认识。[②]

溥仪特赦不久,周总理接见时就谆谆告诫他说:"你要努力学习,搞出点成绩,对个人好,对人民有贡献,对满族也好。"总理还直率地批评他:"你学得还不够,要努力学习!"谈到学习《毛泽东选集》问题时,总理像是想起了什么,又亲切地说:"我回去查查,可能有两部呢,那就送给你一部。你要学,当然要送你一部。"

溥仪记得总理的教导,在植物园时,他无论是参加工人们的集体学习,还是自学,都是认认真真的,把《矛盾论》和《实践论》津津有味地读过好多遍,心得、体会写满了大大小小的笔记本,对于吃斋念佛的前皇帝说来,这件事本身就是奇迹。

分配到政协以后,学习的机会更多了。第一年,溥仪与其他 6 位专员同政协委员一起参加政协直属小组的时事政策学习,出席各种各样的报告会、座谈会,有时候专员们还自愿到社会主义学院旁听理论课程。溥仪听课的积极

[①] 依据专员学习讨论会议原始记录,并参照董益三日记 1964 年 1 月 9 日内容,均未刊。

[②] 依据专员学习讨论会议原始记录,并参照董益三日记 1964 年 9 月 14 日内容,均未刊。

性最高,每次去总带个小本子,边听边记。同时,政协还组织专员们进行业务学习,主要是学习中国近代史,了解近代历史发展规律。这是一段亲身经历的生活,他们总是自觉地联系到自己的前半生,上升到理论的高度,剖析自己,认识自己。专员们说:这样的业务学习,能初步领会一些历史唯物主义的观点和阶级分析的方法,很能提高认识,解决思想问题。

溥仪和专员们知道,周总理时刻关怀他们的学习和进步,每次接见都勉励他们要过好"五关"。在我国民间广泛流传着关羽"过五关,斩六将"的历史故事,总理借用这个传说,希望专员们在自己光荣的后半生里,过好思想关、政治关、社会关、亲属关和生活关,他把思想关摆在第一位,而跨越思想关的唯一之途就是学习、学习、再学习。

后来,专员越聚越多,理论水平也愈来愈高,便开始自己组织学习了。大家推举宋希濂当学习组的组长,每星期学习两次到三次。全国政协副秘书长、文史资料研究委员会主任申伯纯,文史资料研究委员会副主任兼北洋组组长沈德纯,文史资料研究委员会副主任米暂沉,全国政协常委、文史资料研究委员会北洋组副组长于树德,文史资料研究委员会副组长张述孔和文史资料研究委员会办公室主任吴群敢等,也总是与专员们一起学习,以平等的身份讨论问题。

专员们学习、讨论的范围很广,有的涉及国内外形势,有的涉及党的路线、方针、政策,有的涉及认识论、思想方法,还有的涉及思想改造等。溥仪也发言,参加争论,发表看法,还不断地修正自己的看法。

在溥仪和其他文史专员们看来,1965年是全国政协"机关革命化"的一年,是他们的学习情绪比较振奋的一年,每人都有不同程度的收获。虽然溥仪在这一年中多次因病住院,但还是一有可能就参加学习,也愿意开动脑筋,表达自己的见解。

4月20日下午讨论越南战争的形势。当时美国企图扩大战争,北越正规部队也要越过17度线,配合南越部队作战,我国应否出兵,什么时候出兵为宜?围绕这个焦点问题展开了争论。溥仪发言说,美国军队在南越实行蚕食政策,尚未达到无限制扩大战争的程度,如果我们这时出兵,越过17度线,就会给美军扩大战争留下借口。他表示赞成杨伯涛的意见,现在还不是出兵的适宜时机,这是个大是大非的问题。隔日讨论这场战争的前途时,溥仪又说,美帝国主义使用反革命的两手,是为了一个目的,就是要赖在南越不走。战争将不是逐步缩小,而是逐步扩大,这当然并不表明侵略者的强大,而只能是说明它的垂死挣扎。时局一天天严重,美帝决不会自动退出南越,而越南人民和我国人民也不能允许这种情况继续下去,要打一场朝鲜式战争。在几天后新的讨论中,又提出了越南是否应该接受苏联援助的问题,郑庭笈认为"如果是无条件的援助就接受",杜建时则认为"苏联的援助是阴谋,是有害的,是与越南人民不相容的"。溥仪有自己的看法,他说,苏联如能派人过去,总是好的,不能拒绝,但恐怕它的援助是假的,或许属于"口惠而实不至"一类。①

　8月24日上午学习周恩来总理在三届全国人大一次会议上所作的政府工作报告,同时讨论关于"四清"运动的文件,即"23条"。溥仪认真阅读过文件,但其中许多内容不甚理解,遂在讨论会一开始就提出一连串的问题,如关于"四清"期限的问题,文件中使用的"逼"、"供"、"信"等用语是什么意思?文件中还有一句"要上下左右适当地结合起来搞",其中"上下左右"都具体指什么?农村合作化运动已搞了十几年,为什么还有隐瞒土地一类的事情?能够提出这种问题,说明他确实动脑筋思考过了。三天后再次讨论政府工作报告,宋希濂提出的问题是:从社会发展规律看,新生力量必定战胜腐朽力量,那么为什么总理要在报告中说社会主义和资本主义之间的斗争,谁胜谁负的问题还没有最后解决?溥仪在发言中支持了杜建时的看法,他们认为,资产阶级和无产阶级都要按照各自的世界观改造世界,他们之间的斗争就是不可避免的,而且将在一个相当长的历史阶段内存在,在这样的历史背景下,我们自身的思想改造肯定将是终身的。然而,这与社会发展的总趋势并不矛盾,按照社会发展的必然规律,新生力量一定能够战胜腐朽力量。②

　9月13日下午讨论印巴战争问题。印度政府利用克什米尔地区的紧张局势,于9月6日发动了对巴基斯坦的武装进攻。两天前讨论同一问题时,杜聿明、廖耀湘、宋希濂、董益三等已经发表了自己的看法,这次由康泽先说,他认为印度是侵略者,必败,巴基斯坦是反侵略的,必胜。范汉杰接着说:"印度发动侵略,必败,但不会马上败。克什米尔有400万人,属于巴基斯坦的有

---

①　依据专员学习讨论会议原始记录1965年4月20、22、27日内容,未刊。
②　依据专员学习讨论会议原始记录1965年8月24、28日内容,未刊。

130万人,还有其他几个民族,问题很复杂,一时不能解决。"继而郑庭笈发言:"联合国秘书长吴丹已经提出让印巴双方停火解决问题。"他坦率地说,不希望巴方搞和谈,不妨有计划地后撤,诱敌深入,而我国则可从亚东出兵,乘印之虚而入,他认为"在印度打一场战争,比在越南打更好"。沈醉发言认为,如果克什米尔自决实现了,战争就更停不下来,但是我国不会出兵打进印度去。溥杰同意沈醉的看法,说现阶段我们对巴基斯坦的支持"还仅限于道义"。他又说,印度发动侵略是想缓和国内矛盾,而其结果可能相反,"印巴战争是个试金石,可以进一步揭露反动派"。这时溥仪插嘴了,他说印度国内一片混乱,贫富两极分化,它是想趁机从巴基斯坦捞一把。在世界舆论面前,苏联不敢公开援印,却暗地里以武器装备等支持它。①

　　三天后,我国政府就印度军队连续侵犯我国领土和主权的严重行为,向印度驻华大使梅达递交照会,限三天内撤出越界非法修筑的全部侵略工事,撤走侵略武装,放还被劫走的边民和牲畜。溥仪在当天下午的专员学习会上发言说,政府在这个时候发出照会,是英明而及时的措施,是支援巴基斯坦最实际的行动。现在,印度伸出的两个拳头,一个已被捆住,这对世界范围内反对帝国主义的斗争有很大意义。对我国来说,现阶段还不是派兵到巴基斯坦去的时候,也不会打进印度去,只是保卫我们的国境线。9月20日,盘踞在中国——锡金边界中国一侧的印度军队全部撤走。隔日后的下午,溥仪在新一轮讨论中再度发言,他说过去的想法过于简单,印度非常狡猾,可能采取缓兵之计,如果能够确认这是狡赖,我们就要出兵惩罚它,至于是否需要越过边界,则应视具体情况而定,主动权由我们掌握。巴基斯坦方面有我们的支持,不会软下去。三天后,文史资料研究委员会又一次讨论印巴局势。根据主持人的安排,溥仪和杜聿明分别介绍了他们在9月22日单独参加政协机关国际组讨论的情况,随后溥仪提出了他正在思考而颇为担心的问题:如果巴基斯坦接受停火,会不会导致失败?如果中国和巴基斯坦坚持反对印度侵略的战争,会不会由此引发世界大战?经过一个上午的辩论,专员们的认识趋于一致了。溥仪最后说,他很同意宋希濂和董益三的意见,"非暴力的主张就是瓦

————————————

①　依据专员学习讨论会议原始记录1965年9月10、13日内容,未刊。

解人民的革命斗志"。①

10 月 8 日讨论新的世界大战能否打起来，是早打好还是晚打好的问题。李以劻认为"迟打早打各有利弊"，廖耀湘出于谨慎："时间是有利于我们的。"申伯纯喜欢插在专员们中间发言："打总是要打的，这恐怕是决定了的，可能是最后一次战争，即消灭帝国主义的战争。早打好，还是晚打好？要全面地权衡利弊。"快人快语的溥仪这时发言，把观点亮在明处："晚打，我们有更充分的准备，比早打要好。"郑庭笈不希望晚打，他说："我猜想，中国政府已经决定迟打不如早打，主要是指挥者的问题，因为你准备，他也准备。我看美帝在越南增兵，还是早打的成分多。"两天后专员们继续辩论这个问题。溥杰说："早来，就早消灭它，迟来，就迟消灭它。是早来好呢，还是迟来好呢？迟来，我们准备得更好，但利害相权，迟打早打都一样。"溥仪仍坚持己见："迟打，我们准备得更好，所以迟打更好。"郑庭笈继而发言，目标还是对准了溥仪："迟打、早打是思想准备问题，在准备上不能寄希望于迟打。我们现在的党和国家领导人是世界上没有的，百分之九十五以上的人团结在党的周围，也是世界上没有的，我们还有民兵的汪洋大海，早一天打倒美帝，对世界革命更有利，社会主义胜利也更快，所以早打比晚打好。"宋希濂实际是支持溥仪的，但他的发言有自己的角度："日本有人写过一本书叫《日美必战论》，结果真打了。今日中美势不两立，我们长期以来就在准备，是积极防御，不管你来不来，随时都有准备。他不来，你怎么早打？我们马上去解放台湾，或者马上出兵南越，这就是中美战争。所谓早打，怎样打法？所以我说，关于迟打早打的提法有问题。"杜聿明当即表示同意宋的看法。廖耀湘也说："我们的指导思想、备战思想，必须是明天就打，早打，大打，但这并不意味着迟打不如早打，甚至越早越好，或是越早越有利。"溥仪的观点在辩论中得到了充实和发展。②

10 月 22 日讨论国家副主席董必武在全国政协"双周座谈会"上的一次讲话。董老这次以"备战备荒为人民"为内容的讲话，是由申伯纯于 20 日向专员们传达的。当时传言很多，如说"五角大楼准备明年向越南增兵 50 万，将与中国大打，要在两年内轰炸中国的工业"等。在讨论中，杜聿明首先发言：

---

① 依据专员学习讨论会议原始记录 1965 年 9 月 17、20、24 日内容，未刊。

② 依据专员学习讨论会议原始记录 1965 年 10 月 8、11 日内容，未刊。

"不管什么时候决战,总要有决心,准备同帝、修、反一起打。"溥杰谈出了自己的"活"思想:"备战问题是后半生中的一个考验,内心深处有早打不如迟打、大打不如小打、有备而不打的思想,还是怕死、怕苦的思想,董老的话对我来说是一种消毒剂。"杜建时也讲了心里话:"我还是不愿打仗,但从革命来看就像董老说的'充其量杀脑袋',牺牲自己没有什么牵挂。为自己想就害怕战争,为革命想就不怕战争,所以备战实质是要加强学习,改造思想。"沈醉颇有雄心地说:"越南战争停不下来,中美战争也非打不可,人生或轻于鸿毛,或重于泰山,牺牲是不应该去考虑的,过去都没有怕死,现在为什么怕死呢? 我要说服当护士的老婆,我还不服老,总可以做点事。"廖耀湘推测"将要来临的战争"有两个阶段:"一为积极防御,被迫应战;二为主动地把美帝赶出中国,赶出越南,赶出台湾海峡,赶出远东。到主动消灭敌人的时候,可不战而屈人之兵。"四天后的下午继续讨论,郑庭笈讲话实在,他说有怕的思想,也有麻痹的思想,因为在旧社会给国民党打仗,受过三次伤。今天已是核战争的时代,他表示要高举反帝的旗帜。杨伯涛说,他从幼年直到被俘,由于受到的教育,以及在国民党内任职时与美国联络官的接触,形成崇美、亲美的思想,对美帝恨不起来,总认为它与英、法、日等帝国主义不同,看不清它搞的文化侵略的本质,对他来说现在是要清算这些思想的时候了。溥仪接着这个话茬发言说,不同的帝国主义国家,在本质上是一样的,德、意、日法西斯和美帝国主义走的是同一条侵略的道路,也必将得到一样的失败的下场。说到这里,溥仪想到 1960 年蒙哥马利元帅访华时会见他并一起吃饭的情形,援引"元帅对中国民兵的估计",说明中国人民的反帝斗争一定能够取得最后胜利。谈到面对战争的生死观,他说与沈醉"有共鸣之感",摒弃鸿毛之轻,愿求泰山之重。此后,专员们就这个题目,又深入讨论了两个下午。①

11 月 2 日讨论亚非会议决定不定期延期召开的问题。10 月 26 日中国政府发表声明,郑重宣布不参加导致分裂的第二次亚非会议,结果会议延期了。溥仪发言说,这个延期决定大快人心,这是追随美苏两大国的印度的可耻失败。前几天我还有点担心,以为美苏两国的阴谋活动,可能使亚非地区一些

---

① 依据专员学习讨论会议原始记录 1965 年 10 月 22、27 日内容,未刊。

中间的国家产生动摇,万一会议如期召开,则必将带来亚非各国大团结的破裂。事实证明,我的担心是多余的,没有中国参加,任何亚非问题也不能解决。这件事教育了我,看问题要看本质,我们的政策一贯是先发制人的。①

11 月 26 日座谈参观北京郊区焦庄户民兵斗争历史及现场演习的观感。23 日全国政协机关组织在京的部分政协委员和文史专员参观了龙湾屯焦庄户村的民兵,②溥仪特赦后对我国民兵的发展印象很深,24 日第一次座谈这个题目,他因接待日本客人而未能与席,这次谈观感很动情。他说:"民兵射击演习我是第一次亲眼目睹,是党给了我机会,还让我与民兵老英雄马福握了手,他的侄女能打四种枪,真了不起。他们爱憎分明,有一本自己的《三字经》,听毛主席的话,跟着共产党,走社会主义道路,焦庄户的民兵做到了。我过去也有自己的'听、跟、走'三字经,听'祖训',听帝国主义的话,唯帝国主义之命是听,跟人民的敌人走,走反动的道路,走日本侵略者要走的道路。"③

12 月 2 日全国政协机关组织文史专员参观了石景山钢铁公司的高炉、铸造车间、电焊管车间转炉,并听取老工人李护国讲厂史"万人坑",3 日座谈参观石景山钢铁公司的感想。④ 溥仪发言说:"工人当了家、做了主人,新旧对比非常明显,主要是毛主席的思想。东北也有万人坑,还不止一处。说是有病,活的都拉去埋了,日本帝国主义很残暴,像野兽一样。"⑤

溥仪在专员座谈或讨论会上的发言,不一定有什么高明之论,但能说明他正按照时代的主题,随时改塑自己的思想。他的观点不尽符合上级、领导或会议主持人的思路,但他确实开动了脑筋,应该承认的是,他已经习惯从一个普通公民的角度思考问题并表达意见了。

几年里,专员们还钻研并热烈地争辩过其他许多问题。1962 年 11 月中印自卫反击战期间,讨论了中国主动停火,主动撤退问题;1963 年 4 月,讨论

---

① 依据专员学习讨论会议原始记录 1965 年 11 月 2 日内容,未刊。

② 王庆祥整理注释:《爱新觉罗·溥仪日记》,天津人民出版社 1996 年版,第 449—451 页。

③ 依据专员学习讨论会议原始记录 1965 年 11 月 24、26 日内容,未刊。

④ 王庆祥整理注释:《爱新觉罗·溥仪日记》,天津人民出版社 1996 年版,第 453—456 页。

⑤ 依据专员学习讨论会议原始记录 1965 年 12 月 3 日内容,未刊。

了美国的军事基地和核武器问题;1963 年 6 月,多次就"核武器拜物教"的种种观点进行辩论;1963 年 7 月,对无产阶级专政的政权性质及其职能、民主党派的阶级属性和代表性等许多问题进行了争辩;1964 年 3 月,讨论了农村中地富分子的政治待遇问题;1964 年 6 月,就生产资料所有制社会主义改造完成以后,国内是否还存在阶级和阶级斗争问题开展了热烈地辩论,同时还十分具体地讨论了被推翻的反动统治阶级及其代表人物是否都有复辟思想的问题;1964 年 7 月,联系实际讨论了学习中"求知、求改、求混"的三种态度问题;1964 年 10 月,就赫鲁晓夫垮台到底是蒋介石"引退"式的阴谋还是真正的垮台,进行了分析说理辩论;1964 年 12 月,讨论了"世界问题应由大国解决还是应由世界人民解决"这个题目;1965 年 2 月,讨论的题目是"民族资产阶级有两面性,我们有没有两面性,我们究竟属于哪个阶级";1965 年 9 月,讨论甘地在印度历史上所起的作用,同时还从李宗仁归来谈起,讨论了晚节的阶级性问题;1965 年 10 月,还就蒋介石可变不可变一题展开激烈的争辩。这些题目本身就能让人感到溥仪和其他专员当年的学习精神和探讨精神,尽管那几年"左"倾错误思潮已经有所发展,但在周恩来主席直接领导下的全国政协,以及溥仪所在的专员办公室,基本上还保持着既有民主,又有集中,既有统一意志,又有个人心情舒畅,生动、活泼的政治局面。①

　　那些年,溥仪参加了很多学习会、座谈会,在辩论中也总是畅抒己见,认识能力有了很大提高,可是他却没有学会掌握会场。领导和同事们了解他,一般情况下不会"难为"他,也有一次例外,那是 1964 年 1 月 22 日,专员们座谈大庆油田会战的经验。本来是学习组长宋希濂主持会议,进行中间宋专员被连以农处长找去谈话,临走指定杜聿明掌握座谈,偏巧人事科又来找老杜,杜专员笑着对溥仪说:"这回轮也轮到你了,你就掌握一下吧!"他说完就走,溥仪连忙摇手,又想交给别人,可谁也不买账,他只好硬着头皮当起会议主持人来。这一下可把他难坏了,六神无了主,也不知该说什么,做什么,会议出现无人掌握的局面。后来,还是他二弟溥杰出面解了围,对大家说:"现在组长不在,我提议大家核对一下笔记。"随后一句一句地念起自己的记录,大家

---

① 以上专员学习讨论的题目依据专员学习讨论会议原始记录和董益三日记相关内容,均未刊。

认真对照。这时有人看见溥仪掏出手绢擦了擦前额的汗珠,长出了一口气。①

学习使专员们感到眼界开阔了,生命充实了,也使溥仪及其同事们的后半生与祖国的命运息息相通。

1980 年 5 月,溥仪逝世 13 年、王耀武和廖耀湘逝世 12 年以后,在人民政府为他们举行的追悼会上,对三位政协委员"不断地学习,注意思想改造"首先给予了公允的评价。

四、关心天下事

1965 年 6 月 7 日,已是肾癌晚期的溥仪做了左肾及输尿管切除术,他躺在协和医院的病床上,还想方设法了解外面的情况,此前两三天李以劻到医院探望,他就刨根问底,于是李专员也就成了传达员。溥仪在当天的日记中写道:"听李以劻说明申伯纯讲的周总理对国内外形势报告的概况,非常高兴。"②溥仪高兴,是因为领略了其中的乐趣。

每天报纸一到,溥仪就细心阅读,了解国家大事,这已形成习惯,就像每天必须吃饭一样,一天不读都难受。后来,他的病势转重,离不开打针吃药,同样也离不开报纸。一张报纸,白纸黑字,却把溥仪的呼吸和国家的脉搏联系在一起了。二弟溥杰和五妹夫万嘉熙最理解大哥的心情,因为溥仪是在单位订阅报纸,他不上班时就要靠别人转递,溥杰便主动承担起来,如果溥仪住院,溥杰就一直把报纸送到医院。对此,溥仪日记中有载:"1965 年 6 月 14 日:下午,溥杰二弟来,带来报纸。""6 月 16 日:溥杰带来《政协会刊》。"溥杰不但给大哥送报,连政协的内部刊物、文件也照送,为了让大哥及时看到新报,他有时一天连送两趟。1965 年 7 月 19 日的溥仪日记就记载了这位"模范邮递员"的行踪:"中午,溥杰来送报……午后,溥杰二弟送报来……"万嘉熙更是一位聪明绝顶的"大清驸马",他每次到医院探病与其他亲友不同,别人总是带些水果、糕点或烧制好的饭菜等,而老万除了慰问品外,还一定少不了

---

① 依据董益三 1982 年向笔者提供的日记手稿,未刊。
② 王庆祥整理注释:《爱新觉罗·溥仪日记》,天津人民出版社 1996 年版,第 358 页。

报纸,因此格外受到大哥的欢迎,必定要在他的"起居注"上写一笔,如"早,万嘉熙送报来","万嘉熙带来文件","万嘉熙来看,持报让看"。①

　　同事们摸透了溥仪的脾气,当宋希濂听说专员也可以订阅用大号字排印的《参考消息》,立刻打电话告诉溥仪,知道他一定特别高兴。果然,1966 年 3月 24 日的溥仪日记载有如下记事:"宋希濂来电话谓,可订 4 月份《参考消息》,要向机关党委登记。又谓专员已有数人订阅,我等应参加。晚,溥杰转请戴文山带回大字《参考消息》订阅证。"他还在日记中全文抄录了大字《参考消息》的使用说明。②

　　溥仪读报不是看过了事,对于重要新闻还要把感想写入日记,觉得有用的资料也随手抄在笔记或日记上,这些记载言简意赅,却很能体现他真诚的心情。1965 年 5 月 15 日载:"早,从广播中听到,我国又一颗原子弹在西部上空爆炸成功,高兴得跳起来,为我伟大的祖国而自豪。"以下抄录《新闻公报》中的一段话。③ 1965 年 9 月 16 日载:"我国向印度政府提出严正要求,它必须在 3 天之内拆除在中锡边界上的印军入侵工事,立即停止印军一切入侵活动,并保证不再骚扰。这是多么振奋人心的事啊! 这是保卫领土主权的名正言顺的要求,是对巴基斯坦反侵略战争的极大支持,是对亚非各国反帝斗争运动的极大鼓舞,并将对亚非以至世界革命产生重大影响。"④自印度尼西亚"九三〇事件"发生后,溥仪从 1965 年 10 月 5 日至 10 日,详细摘抄报纸上披露的这次政变的经过情形,并随时发表评论。⑤

　　溥仪回答国际友人或记者提出的各种问题时,能够从容不迫、对答如流,他平日喜欢读报,不能不是一个重要原因。

　　从这些白纸黑字的记载中,可以看到与绝症斗争着的溥仪形象,祖国的每一个胜利喜讯,都像去病减痛的良药一样,成为他维系生命的力量。特别令人感动的是,溥仪怀着一腔爱国思想感情积极投身到政治活动中去。1965

　　① 王庆祥整理注释:《爱新觉罗·溥仪日记》,天津人民出版社 1996 年版,第 609、649、658 页。
　　② 王庆祥整理注释:《爱新觉罗·溥仪日记》,天津人民出版社 1996 年版,第 514 页。
　　③ 王庆祥整理注释:《爱新觉罗·溥仪日记》,天津人民出版社 1996 年版,第 341 页。
　　④ 王庆祥整理注释:《爱新觉罗·溥仪日记》,天津人民出版社 1996 年版,第 418 页。
　　⑤ 参见《溥仪日记》原稿,藏长春伪满皇宫博物院。

年5月,多米尼加共和国发生推翻卡夫拉尔卖国独裁政权的斗争,美国约翰逊政府派出3万多武装部队血腥镇压,约翰逊还扬言美国"不能、决不能、而且决不会允许在西半球建立另一个共产党政府"。为此,我国政府发表《关于反对美国武装侵略多米尼加的声明》,毛泽东也在5月12日发表《支持多米尼加人民反对美国武装侵略的声明》。

首都人民连续集会,声讨美帝武装侵略多米尼加,坚决支持多米尼加人民抗美爱国的正义斗争。当时,溥仪的肾癌已越来越严重,须每天到人民医院诊查治疗。5月13日,经人民医院泌尿科孟大夫诊断,开假5天,劝他停止工作,卧床休息。但这一天首都30万人示威游行,全国政协也参加了,溥仪在日记中写道:"听宋希濂讲,今天专员们参加了从南河沿到天安门的游行,表示支持多米尼加共和国反对美帝国主义的侵略。很可惜,我未能参加。"①

第二天,溥仪再也忍不住了。虽然早晨检查时又发现"尿带血"等症状,下午2时,他还是参加了全国政协机关和各民主党派的游行示威。与他走在一起的,有政协全国委员会副主席陈叔通,民革副主席蔡廷锴,民盟主席杨明轩、副主席史良,民建副主任委员李烛尘、胡子昂,无党派民主人士王芸生,民进副主席王绍鏊、许广平,农工民主党主席季方,致公党主席陈其尤,九三学社主席许德珩、副主席茅以升、严济慈等著名人士。溥仪在当天日记上写道:"这是我第三次参加人民的示威游行。第一次在1960年,反对日美安全条约,支持日本人民的斗争;第二次在1964年,支持古巴人民的抗美爱国斗争。"②

溥仪是一个普通公民,但他以国家和民族利益为己任,身在北京,放眼世界,时刻不忘国家和世界的大事。

五、不忘"改造"

溥仪的改造成果之一,就是能看到自己还有缺点,还需要改造。特赦后,

---

① 王庆祥整理注释:《爱新觉罗·溥仪日记》,天津人民出版社1996年版,第339页。
② 王庆祥整理注释:《爱新觉罗·溥仪日记》,天津人民出版社1996年版,第340页。

他一直与抚顺战犯管理所曾为他操过心的几位干部保持通信联系,有见面的机会就见面。

回到北京还不满半个月,溥仪就收到了抚顺战犯管理所金源代所长等人的来信,信中词语充满了期待,衷心希望这位改造好了的中国末代皇帝"注意身体健康,继续加强学习,要以实际行动来保卫自己的新生"。见信后,他即给金源代所长回信,激动地汇报了周恩来总理接见他和其他特赦人员的经历,热情地介绍了自己刚刚度过的崭新生活。他写道:"我确信,决不辜负您们的期待,一定永远把您们对我勉励的话牢牢记在心里,一一见于实践。"①

1960年2月24日,溥仪再度致函代所长金源和管教员李福生,开头写道:"我又有很长的日子没给您们写信了,想您们一定是很惦念的,现在就把我近来的情况向您们说一说……"字里行间洋溢着朴素而纯真的感情。他还经常在信中向金源或李福生提出请求,希望能对他在新生活中随时碰到的具体问题给予"指示",金源回信说,你已经是公民了,遇事可与当地领导或周围同志们商量,我们当然也应经常通信,但这只是朋友之间的相互帮助,请务必不要把我们信中的话当做"指示"。这以后直到"文化大革命"之前,他们的通信一直没有中断过。1963年5月30日的溥仪日记中载有"给抚顺战犯管理所李福生复信"。一个月以后,溥仪收到抚顺的回信。

溥仪专员:

接到你的来信已一个多月了,由于全所正在开展增产节约运动,所以一直拖到今天才给你写回信,可能你等得很着急了吧?从来信中得知,你的一切情况都很好,我们都很高兴。

现在,管理所除人数比过去少一点儿,其他没有什么变化。我们全所工作人员身体都很好,工作干劲也很足,按照党的政策,继续对在押战犯进行教育改造。他们在党的宽大政策感召下,也都有不同程度的进步。因此,自1959年以来,每年都有一些人获得特赦,走上新生。他们获释后,表现都不错,经常给管理所来信,汇报他们的

① 依据溥仪1959年12月29日致金源的信,原件存中央档案馆。

工作情况与学习情况。

你来信还打听孙所长和金所长，并称有机会来抚顺，愿到管理所看看，对此我们都欢迎。过去几年中我去过几次北京，由于时间紧迫，没能去你那里看看，我们今后再去时，一定去看你。

最后，希望你在已取得的成绩的基础上，进一步加强学习，努力工作，为社会主义建设事业贡献更大的力量。

祝你工作顺利，生活愉快，身体健康！

李福生

1963 年 7 月 2 日①

溥仪与管理所工作人员的不断通信，反映了社会主义国家中监狱的面貌，反映了新型的管理者与犯人之间的关系，这种关系无疑是促进溥仪改造的重要因素。

到 1964 年新年，李福生又有较长一段时间没收到溥仪的来信了。他现在怎么样？又有新的进步吗？李福生很惦记，遂写信给溥仪专员："今天是 1964 年元旦，首先向你祝贺！1963 年，祖国人民在党中央和毛主席的正确领导下，社会主义建设取得巨大成就，在战胜自然灾害后前进了一大步。过去的一年里，我想，你在思想上也一定又有所提高，在工作上亦获得了新的成绩吧？家庭生活和你的身体都好吧？由于很长一段时间没有接到你的来信，心里挂念你的近况。希望你与全国人民一道，不断有所提高，有所贡献。"②

对溥仪来说，1964 年是不平凡的一年，他先后两次赴外地参观，感想甚多。为了求得抚顺战犯管理所领导的帮助，不断寄去自己的感想或看法。同年 10 月中旬，他收到金源和李福生的联名复函："你的来信和参观总结已收到。从中可以看出，你又有了很大的提高，对于祖国在建设方面取得的成就，有了进一步的认识。对你的进步，我们感到高兴。我们更相信你的话：一定注意身体健康。一定不断地自我改造，永远跟着党走，听毛主席的话，全心全意为人民服务。在祖国六亿五千万人民中，做一个不生锈的螺丝钉。希望你记住这些诺言，并且要实际做到。我们下次去北京时，一定去看你。祝你思

---

① 依据李淑贤 1980 年向笔者提供的原件。
② 依据李淑贤 1980 年向笔者提供的原件。

想、身体双健康！"①

1964 年 10 月 13 日金源和李福生致溥仪的信内文

　　金源、李福生以及抚顺战犯管理所的其他同志,进京时尽量抽出时间看望溥仪。仅 1965 年一年内,金源就先后三次进京,每次都像探亲访友一样会见溥仪,有一次溥仪正住院,他就直奔医院探病。有时是来了解一下溥仪的身体和生活情况,有时谈谈思想和收获,有时则带着工作任务,每次来对溥仪都是促进。以下摘录几则溥仪的日记:

1965 年 3 月 17 日

抚顺战犯管理所所长金源与公安部梁平同志到医院第二次看

_____

① 依据李淑贤 1980 年向笔者提供的原件。

我(第一次在人民医院,第二次在协和医院,还到家看贤一次)。说了不少勉励和安慰我的话,我永远不能忘记。他说,你应当做现在在押战犯的学习榜样(这正如周总理在 1960 年勉励我"你应当起标兵作用"一样)。所长还特别指出:时时要有这颗红心就成。"红心"这两个字,应该成为我的座右铭,把一颗"红心"献给伟大的理想和事业。自己的思想和行动决不许离开"红心",不断改造自己,身体力行。要像主席教导的,每天洗脸,也要洗掉思想上的灰尘。①

1965 年 5 月 25 日

吴主任告诉我,抚顺战犯管理所副所长(新来的)要见我。吴告以我将入院,拟出院后再见面。据谈,系欲了解我在改造方面的一些情况,这是管理所为了总结工作而找我谈话的。②

1965 年 12 月 17 日

中午,贤来电话,说金源所长和一位工作人员来家看我。知我正住院,金打算到医院看我。③

1965 年 12 月 19 日

上午,金源所长和管理所工作人员 4 人来访,一方面来看看我,另一方面,也问问我改造思想的过程。他们说,这对于在押战犯的改造,有很大的教育意义。

他们在上午 9 时许来,中午休息,下午从 1 时许谈到 2 时许,然后辞去。明天,两个工作人员来续谈。

关于学习改造过程,我谈以下几个阶段:一、强迫改造阶段(恐怖);二、半自觉改造阶段(隐瞒);三、自觉改造阶段(认罪、悔罪)。④

1965 年 12 月 20 日

管理所崔立志、于雷两同志来,继续谈改造过程。⑤

---

① 王庆祥整理注释:《爱新觉罗·溥仪日记》,天津人民出版社 1996 年版,第 298 页。
② 王庆祥整理注释:《爱新觉罗·溥仪日记》,天津人民出版社 1996 年版,第 351 页。
③ 王庆祥整理注释:《爱新觉罗·溥仪日记》,天津人民出版社 1996 年版,第 462 页。
④ 王庆祥整理注释:《爱新觉罗·溥仪日记》,天津人民出版社 1996 年版,第 463 页。
⑤ 王庆祥整理注释:《爱新觉罗·溥仪日记》,天津人民出版社 1996 年版,第 464 页。

　　　　　　　　1966 年 2 月 22 日

　　晚，金源所长来电话说，已到北京。对我问候，并问淑贤身体可好？我告以病的情况。所长说，拟明日来看我。①

　　　　　　　　1966 年 2 月 23 日

　　晚，金源所长来家看，并谓：先不要考虑工作、学习，应以治病为任务，说病好才能工作等语。

　　所长又谈到，上次他回所，全所工作人员知我病，都很不放心。②

　　溥仪一旦获悉金源所长等到北京来了，也必定前往他们下榻的招待所回访，并长时间地叙谈，好像总有说不完的话，为此常常误了接近午夜的末班公交车，而不得不步行回家。一个犯人经过改造释放出狱，而与监狱的管理人员继续保持长时间的联系，像老朋友似的互相鼓舞，这恐怕也是一件古今中外少有的事情吧！"文化大革命"前，抚顺战犯管理所曾专门总结了这方面的经验，在全国各地在押战犯中间产生了积极的影响。

　　溥仪很想有机会能回一趟抚顺的"家"，这个愿望虽然没有实现，却还是见到了抚顺战犯管理所的许多"同学"，那是 1965 年管理所组织在押的国民党战犯和伪满战犯来北京参观首都十大建筑及工农业生产的时候，溥仪应邀与他们见面，并作了一场关于新生以后生活和学习情况的生动报告。同年春天，溥仪还应邀前往北京郊区的秦城监狱，给关押在那里的数百名战犯"同学"讲述自己那些体会至深的故事，听过这场报告的前国民党第 79 军中将军长方靖，一年后即获特赦并成为与溥仪一样的全国政协文史资料专员，而同样听过这场报告的前国民党第 12 兵团中将司令黄维和前国民党徐州"剿总"前方指挥部中将副参谋长、军统局北方区区长文强，也在 1975 年获得特赦，成为全国政协文史资料专员，到了 80 年代，他们又全都当上了全国政协委员。③

　　特别值得称道的是，溥仪在自我改造问题上的高度自觉性。1966 年初，溥仪因肾癌在协和医院住院，他明明知道身患绝症，势将不起，却并没有因此

---

① 　王庆祥整理注释：《爱新觉罗·溥仪日记》，天津人民出版社 1996 年版，第 499 页。
② 　王庆祥整理注释：《爱新觉罗·溥仪日记》，天津人民出版社 1996 年版，第 500 页。
③ 　依据尚传道 1990 年向笔者提供的回忆口述资料。

而意志消沉。1月11日,溥仪在医院和廖承志的姐姐廖梦醒相遇,他们一见如故地倾谈起来。人们知道,一位是中国封建阶级的最后代表,而另一位则是著名资产阶级革命家廖仲恺的女儿。他们谈话后,溥仪带着尚未平息的激动,写下一篇题为《应永记廖大姐的最恳切的期待》的日记:"下午,遇廖梦醒。勉励要不断努力、上进、争取,如果能入党,更是惊人的创举。改造中,自己虽有进步,主要是更在于现在和将来的努力。"①

这件事过后才10天,沈醉带着他的新婚妻子杜雪洁,到医院看望溥仪,他们就在病房中推心置腹地畅叙对党的无限感激之情。

沈醉对溥仪说,你这次得病,我最早得到消息,随即向沈德纯副主委汇报了情况,他便和我一道去找全国政协秘书长平杰三,平当即给周总理打电话,但那时总理特别忙,电话总占线,打了半个多小时才打通,总理指示说,要立刻召集北京有名的几个医生,一定要设法抢救溥仪。后来又发生尿毒症,平杰三和申伯纯等领导还召集各专门医生到政协汇报情况,经抢救脱险后,政协又设宴慰劳医护人员。谈到这里,溥仪禁不住眼泪夺眶而出,他很激动地说,毛主席、周总理、党对我多么关心,多么爱护,几次挽救了我的生命。我的有生之日,就是为党的事业工作之时,就是全心全意为人民服务之时。

沈醉又说,春节的团拜,本来是全国政协常委和民主党派负责人参加,而今年却让我们全体文史资料专员也参加了。团拜中演文艺节目的时候,彭真市长还特意告诉申伯纯,专员们的学习太紧张了,对老年人要注意身体。后来,申老把这件事转告了专员们,他说,不能搞得太紧张,你们的身体坏了,我们可有责任。溥仪接着说,党对我们这些人关怀、启发、教育,恩情如天高地厚,真是说不尽。

继而沈醉又谈到过去他受蒋介石指派,屡次欲谋害周恩来总理,只是因为种种情况而一次次临时改变计划,阴谋未能得逞。后来总理接见沈醉的时候,他曾以惭愧和自责的心情说起这些往事,总理笑着说,那是过去的事了,今天我们已经成为朋友,有了共同的事业和奋斗目标了。溥仪感慨系之,他

① 王庆祥整理注释:《爱新觉罗·溥仪日记》,天津人民出版社1996年版,第474页。

发自内心地对沈醉说,党太伟大了,要是共产党人落在国民党手里,一个也活不了。像我过去当日寇走狗,你当国民党特务,都是不死不足以蔽辜的罪人,但党和毛主席却对我们这样好,彻底挽救了我们,看你们夫妇二人多么幸福!到了晚年,你也结婚了,我也结婚了,都有了温暖的家庭。王耀武因病三四年不上班,同样月月有工资拿到手,不必担忧生活。这些真让人感动,真不知将来应该怎样做,才能对得起党和人民。

溥仪想起1961年与鹿钟麟、熊炳坤的会面,他说我们30多年前是敌对者,经过党的教育和培养,今天都成了文史工作者,同在一个岗位上工作了。

那天是1966年1月22日,旧历大年初二,沈醉夫妇是到病房中来给溥仪拜年的。两人分别时,溥仪说:"沈醉同志,努力吧!"沈醉回答说:"彼此努力!"溥仪在当天的日记中写道,像这样语重心长的相互赠言,我们相识4年来还是头一次呢。又说他看得出,沈醉心里也和自己一样,充满了对党的感激。这篇日记写得很长,还详细记录了当时的情景和体会,那番肺腑之言恰是他的思想改造成果的真情流露。①

溥仪在日记中不但记下了廖梦醒、沈醉等人在思想改造问题上对自己的关怀和启发,更记下了周总理对自己的教育、指导和鼓励:总理发现溥仪有了缺点就马上指出,帮助他改正;总理发现溥仪有了进步,哪怕很微小,也加以提出,给予鼓励;总理发现溥仪有自满情绪时,先后三次告诉全国政协秘书长申伯纯,让他帮助溥仪。溥仪听到周总理的批评,很快就检查了自己,并写入日记。②

六、懂得关爱别人了

溥仪的思想感情也有了巨大变化,这位几度君临天下的人,被数以百计

---

①　王庆祥整理注释:《爱新觉罗·溥仪日记》,天津人民出版社1996年版,第483—485页。

②　王庆祥整理注释:《爱新觉罗·溥仪日记》,天津人民出版社1996年版,第298—302页。

的太监和随侍伺候的人,开始懂得关爱别人了。特别是关心周围的劳动群众,这实在并非小事,因为发生在溥仪这个特定的历史人物身上,谁也不会等闲视之。

《我的前半生》一书的读者都知道,当皇上的溥仪性格残忍,完全可与历代帝王中的暴虐者相比,是地道的残暴之君。一位从北京跟到天津又跟到长春、一直到溥仪被俘才离开他身边的随侍严桐江,对他的残暴有切身体会,这位忠心随侍回忆道:

听老年人讲,溥仪在清宫之内设有敬事房,专司打人之事。在打人的工具中有一种灌铅的竹竿子,打在身上10下之内就能皮开肉裂,再打下去就要立毙杖下了。如敬事房人员要从轻发落,可以竿头触地,从而减轻落在身上的重量,这样,受杖之人就要请客送礼以谢了。当差人员听说"传竹竿子",就毛骨悚然。

长春的"帝宫"虽然还没设置敬事房,但打人的地方并不少。溥仪对他的侍从人员非常刻薄,无所谓犯错误,他可以任意处罚一个人,并没有什么打人的标准,临时一说就算数了。

溥仪打人的特征,是将手一扬说:"拉下去!"听到这一句话,任何人也制止不了,并且常常出现几个人同时挨打的情形,这是因为某人被打后,当时在场的旁人也必须动手,否则也要挨打。

溥仪打人的地点大体上是固定的,如在缉熙楼则拉到地下室东间殿侍宿舍打,如在同德殿则拉到勤务班的扫除工具室打。

关于打人的工具,通常用板子,打手板。还有一种跪锁的惩罚方式,把一条铁锁链盘在地上,让受罚者直挺挺地跪在锁链上,时间长了膝盖怎能受得了?我还看见过李国雄用灌凉水的办法惩治殿侍曲传忠。李国雄还经溥仪批准钉了一个特制的木笼,人关在里面既站不起来又蹲不下去。我曾因没有执行用这种办法惩罚勤务班孩子的命令而挨了打。我还蹲过禁闭,那是因为我介绍了一个人到洗衣房工作,有人向溥仪打"小报告"说我"护着他"了。当时正赶上母亲从北京来看我,竟不许见面,一隔就是3个月。

让人哭笑不得的是,随侍被打以后,还必须给溥仪磕头谢恩,甚至要在缉熙楼的理发室给溥仪磕响头求饶。因为该室距中膳房比较近,因此,内廷的人们戏呼之为"练油锤贯顶"。至于殿侍以下,被打之后还没有"谢恩"的资格呢!①

严桐江说出了一个活脱脱的溥仪当年的形象!

如果说这位残暴之君还有点儿人性的话,那就是他一直没有忘记用乳汁哺育了他,甚至为他而饿死了亲生骨肉的乳母。他一回到北京,就到处打听乳母的下落,后来得知乳母王连寿1946年逃难期间因流弹死于通化,但她的过继的儿子王书亭终于带着家人回到北京,妻子在街道工作,儿子佩兴是工人,女儿佩华是护士。溥仪非常高兴地来到这个新型的普通劳动者家庭,又像亲人般地与他们往来了,王书亭夫妇不幸在几年间相继去世,溥仪更加关心他们的两个孩子,这在他的日记上也时有记载。

溥仪特赦后先后见到几位在宫里当过差的随侍,有个叫赵荫茂的,在长春伪宫中管理过"御膳房",回北京后当了厨师,全家生活安定,思想里总觉得"皇恩浩荡",他去看望溥仪,脱口称呼"皇上",还要跪地磕头,都被溥仪制止了。这位旧日"天子"非常亲热地问他这些年的经历,留他吃饭,平起平坐,这使他非常感动,逢人就讲他"和皇上同桌共饮"了。

还有一次,溥仪在烟袋斜街巧遇旧日的随侍李体玉,原来正是因为与当年伪满宫廷"传闻"有关而被驱逐的那个人,情急之下,李体玉十分惶恐,不料溥仪不计前嫌,温和地向他询问了现在的工作和生活情况,几天后还特意到他工作的某中医院看望,得知他因妻子患病,一时经济拮据,便慷慨解囊,给予帮助。1962年溥仪结婚时,李体玉还出席了婚礼仪式,以示祝贺。

住在北京的另一位随侍曹宝元也与溥仪时有往来,他不会忘记过去在长春伪宫里被责罚挨打的悲惨一幕,同样不会忘记在新社会溥仪所给予他的真挚友情。溥仪还多次向他谈到别的随侍,说也很想念他们。其中有个叫王简斋的,住在京东蓟县,从"小朝廷"时代就进宫服侍溥仪,后来又跟到天津和长春,直到1944年才离开溥仪回到农村老家。因环境闭塞,到1965年7月,他看到报上登出溥仪在北京机场迎接李宗仁归来的消息,才获悉溥仪已特赦回到北京,遂于当年冬天进京探望昔日的"主人",身患重病的溥仪双手扶着客

---

① 依据严桐江的档案资料,未刊。

厅的隔扇迎候他,一见面便快步上前,把他紧紧抱住,然后拥到客厅,让他坐在沙发上。由于过去的老习惯,他不敢坐,溥仪硬是把他摁在沙发上,并紧挨着他坐下,紧握他的手,感伤往事,两人都很激动,相对垂泪。溥仪还扎起围裙,与妻子一起下厨,他对王简斋说:"过去是你伺候我,今天我要让你尝尝我的手艺。"这使昔日随侍感慨万分,不知道是什么力量把一个暴虐、冷酷、怪戾的人改造成了一个懂得尊重别人、关心别人、体贴别人的人,也不知道是什么力量把一个连衣服也要别人穿的封建皇帝改造成为自食其力的劳动者。①

如果说溥仪与乳母一家人以及昔日随侍的交往,还浓厚地笼罩着一层旧的感情,那么,正如李淑贤所说,现在"和从前不同"了,"溥仪不单单爱护乳母以及她的家人,还关心他能够接触到的一切劳动者",例如对待先后雇用过的几位保姆。②

溥仪对邻居也是非常尊重,非常关心。1963年夏天大雨滂沱,邻居戴文山家的房子漏雨,溥仪闻讯即到戴家去看,再三劝他们暂时搬到自己家客厅住。专员办公室领导获悉后,在专员学习会上表扬了溥仪,他红着脸很谦虚地表示,不过是开始学习做一点点关心别人的事,距一个新中国公民应有的道德还相差很远,今后不是希望得到表扬,而是希望同事们多多提醒他,多去做些关心别人的事,这才是真正帮助他。③

溥仪不但关心人,而且十分热情地帮助人,他耐心帮助妻子正确处理邻里关系,还在病重之际以颤抖的手,执笔给一位从未谋面的远房侄女写长信,勉励她努力学习,将来全心全意为人民服务,要她为共产主义理想不断改造、锻炼自己。

溥仪热心帮助"同学"的事例也很多。在抚顺战犯管理所,战犯之间互称"同学",显然是一同学习、改造的意思。其中有位孟昭楹,是国民党战犯,原任国民党北平市警察局外事科长兼北平总司令部少将参谋,与溥仪同一天特赦,而且同车回到北京。

---

① 王简斋:《我跟随溥仪二十八年》,《天津文史资料选辑》第42辑。
② 依据李淑贤向笔者提供的口述回忆资料,详见李淑贤忆述,王庆祥撰写:《我的丈夫溥仪》,东方出版社1999年版。
③ 沈醉:《皇帝特赦以后》,香港《新晚报》1981年4月7日。

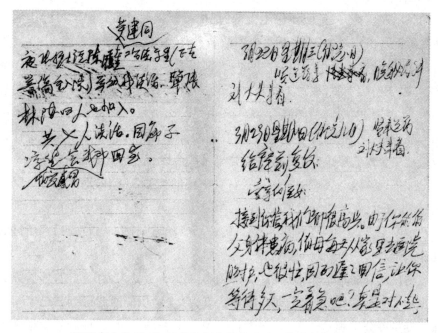

1967 年 3 月 23 日，溥仪给侄女肇莉写了一封千言信第 1 页

　　在北京车站上，四弟、五妹和五妹夫来接大哥溥仪，与此同时，老孟的妻子和他们的两个孩子也来接孟"同学"了。溥仪当时很羡慕地询问了老孟的孩子，大的已经 15 岁，在北京六中读高一，小的 12 岁，上小学六年级，多幸福的一家人呀！那天分手后，没过几天老孟又上五妹家拜访"同学"。他以欣喜的心情告诉溥仪，那天回到家，街坊邻居都来祝贺，简直就像闹新房似的。人们吃糖、喝茶、写诗、作画，老夫老妻却又当起新郎新娘来了，老孟欢喜，溥仪也跟着高兴。

　　可是，一两年之间情况却发生了变化。孟"同学"和妻子的关系逆转，经常吵嘴。为此，溥仪多次到他家调解，却收效不大。原来老孟的妻子是 40 年代的辅仁大学毕业生，虽然学历很高，却因丈夫的历史问题而找不到合适的工作，连家庭生活也发生很大的困难，两个孩子都背上了沉重的家庭包袱，妻子儿女都盼望老孟有一天能够改变战犯身份，从而给他们带来出路。那时他们听说老孟在战犯管理所内表现很好，经常受到表扬，更感到有了希望，然而，老孟获赦后一段时间里没有安排固定工作，那年他才 51 岁，只能靠拉平板车送货,勉强维持家庭生活,而来自历史问题的政治压力,依然笼罩在全家人的头上。

有一天,老孟又满脸不高兴地来到老"同学"溥仪的家。

"又和爱人拌嘴了吧?"溥仪关心地问。

"家庭琐事,讨人烦,实在不行,一刀两断,分道扬镳,算了!"老孟说气话。

"别瞎说,走! 上你们家串个门儿。"溥仪说完就和老孟一起走了,他知道,老孟夫妇已经分居,并向法院提交了离婚申请,两人的关系很紧张。这一次,溥仪把老孟夫妇聚在一起,口若悬河地讲起来,从抚顺战犯管理所谈到特赦前后的喜悦心情,又从老孟的一双儿女谈到自己的幸福家庭,老孟夫妇深受感动。这以后溥仪又多次出面,分别与老孟夫妇两人谈心,使他们相信工作问题能解决,家庭的困难处境能摆脱,政治压力也一定能消除,他们终于和好如初了。

在全国政协庄严的讲坛上,在专员办公室坐落的美丽四合院里,在东观音寺胡同 22 号安静的客厅和卧室中,人们都能看到一个前进中的身影,这就是 20 世纪 60 年代的中国末代皇帝——爱新觉罗·溥仪。

第八章
政治生活

　　现在，我能坐在人民大会堂听国家领导人的政治报告，和各位同志一起学习和讨论国家大事，这岂是我过去梦想得到的事？也是古今中外所没有过的事。我常想，没有中国共产党和毛主席的领导，就没有人民的一切，也就没有改造社会、改造人类的伟大理想和政策，因而也就没有我从鬼变人、重生再造的一切。

——爱新觉罗·溥仪

　　当溥仪还是一名普通园丁的时候，展开在他面前的，已经不仅有劳动和学习生活，还有庄严而有影响的社会和政治生活。从1961年初到1962年初，溥仪走上了文史工作者的岗位，常常以当事人的身份撰写文章、发表谈话，参加各种有益的政治聚会，宣传他从自身经历中体会到并深信不疑的革命真理。1964年他被推选为全国政协委员，时而出现在庄严的人民讲坛或隆重的国宴席前，发表自己对世界和国家的认识，对政策和实践的理解。爱新觉罗·溥仪，早已不再是宣统皇帝，更不是"康德皇帝"，也并没有任何显要的政治头衔。然而，他以中华人民共和国公民的身份，享有一份政治生活，发挥一份作用。

一、列席全国政协三届二次会议

1960年3月29日，中国人民政治协商会议第三届全国委员会第二次会议在北京全国政协礼堂开幕了，具有特殊历史身份的植物园职工溥仪也被邀请出席。第一次走进这个全国各阶层人民聚会议政的地方，心情的兴奋难以平抑，他那双眼睛透过700度近视镜片，牢牢盯在大会主席台中间的帷幕上，那里悬挂着毛泽东和孙中山的画像，以及中国人民政治协商会议的会徽。

溥仪并没有在大会或小组会上发言，然而他的到会已经引起了与会委员们的广泛注意。许多老朋友前来会面，还有很多并不相识的著名人士找他谈话，他与作为全国政协委员而出席会议的著名京剧表演艺术家梅兰芳，在政协礼堂不期而遇，利用会议间休的机会，他们畅叙当年在宫中演戏的往事，还谈到就在这座礼堂的舞台上新演过的几出梅戏，以及不久前搬上银幕的《游园惊梦》，这一情节更令腿快的记者们追踪采访。不过，细心的人们能够看出，在溥仪和梅兰芳的脸上，由回忆而带来的表情变化，先同后异，很快就迥然殊别。如果说梅兰芳还是满面春风的样子，那么，溥仪的仪表已笼罩在淡淡的阴影之中了。

在这个庄严隆重的会议上，溥仪想得很多很远，最后化作一条结论升华出来，强烈地刺激着全身每一根神经，"我要重新做人，从头建立人的尊严，我要有一个像样的中国人的灵魂"，这是他发自内心的呼喊。①

"生于斯，长于斯，不爱这个国家爱谁呢？"周总理亲切的声音又一次萦绕在溥仪的耳边，"几十年中，我生于中国，长于中国，却不热爱这个国家，甚至出卖这个国家，多么可耻啊！"往事勾起溥仪的隐痛。

在"小朝廷"年代的后期，由于英文师傅庄士敦的活动，溥仪那颗一直承受封建专制思想灌输的头脑，也渐渐渗入了一些崇拜西方资本主义文明的成分。起初他对西洋音乐很感兴趣，庄士敦就多次把英国和美国公使馆的军乐队召到宫中演奏，继而又把一些著名洋人领到宫中来，其中有英军司令、印度

---

① 溥仪：《中国人的骄傲》，写于1962年，未刊。

诗人泰戈尔、英籍犹太富豪哈同和罗迦陵夫妇,还有曾为慈禧画过像的美国女画家卡尔等,他们先后走进紫禁城参观访问,并给年轻的宣统帝带来一幅幅美丽动人的西方图画。

到了天津,溥仪更像是一步踏进西方资本主义文明的博览会。英、美、法等西方国家通过他们的驻津代表,就像招揽生意的商人那样,光顾这位被废黜的天子的寓所,向他推销尽管花样翻新本质却是侵略和卖国的种种货色。

溥仪在天津是住在日本租界以内,因此,更受到日本人的包围。据档案记载,此时他与日本政界和军界重要人物都有往来,先是收到日本海军大佐浦田静三、日本陆军中将(第10师团长)本庄繁、日本公使馆汉文参赞有野学、日本驻福州总领事松园嘉次郎等寄来的信件,或是盛情邀请访日,或是对赐物赠匾致谢,这些人物都是此后不久发动侵华战争的罪魁,例如本庄繁便是罪恶的九一八事变爆发之际的关东军司令官。他就在这样的环境里,接受了东洋法西斯扩张主义思想的影响,甚至把日本人的精神侵蚀也当成善意。有一次,日本驻天津总领事吉田茂(此人后来曾任日本外相)邀请溥仪参观天津日侨小学,沿途还布置学生手摇日本国旗欢声雷动地夹道迎送,使他大为感动,心中暗想:中国人把他推下宝座,又赶出紫禁城,实在"冷酷无情";而日本人连小学生都诚心诚意地尊重他、欢迎他,的确"亲切可感"。对比之下,溥仪终于投入日本帝国主义怀抱,在黄绢上亲笔写了一封给日本陆军大臣南次郎的罪恶信件,出于复辟的目的,而乞助于军国主义分子。后来他认识到,这是"最对不起祖国人民、最严重、最无可补赎的罪行之一"。

复辟思想导致卖国行动,溥仪总结前半生时得出深刻的教训,对于走上民族罪人道路的阶级和历史根源,作了实事求是地自我剖析。他说:"我是在1906年生于北京的一个封建贵族家庭中,从3岁起当上封建专制制度总崩溃前夕的清朝末代皇帝,一直到1924年我19岁为止,就在这座'毁人炉'式的皇帝宝座上,把历代专制帝王所摆过的最高统治者的威风,具体而微地耍弄过,历代君王所享受过的吃人肉喝人血的骄奢淫逸寄生生活,我也尝受过。这种有形无形的腐蚀,使我一步步僵冷了作为一个中国人的良心。"①

---

① 溥仪:《我的前半生》第一稿"前言",1958年写于抚顺战犯管理所。

溥仪这颗僵冷之心,终于在 10 年改造中间由于祖国和人民所给予的温暖而得到复苏,回顾当年的思想变化,他写道:"当我走投无路被苏军重新送回祖国以后,曾经为我的缘故致弄得家破人亡、九死一生的祖国广大人民,对于我这个'人人得而诛之'的民族败类,不但没有治以应得之罪,反倒伸出温暖拯救的双手来,使我能在政府无微不至、人道主义宽大政策下活到今天,使我在这始终一贯至矣尽矣的父母般关怀照顾下学习改造,耐心地不止一次地把无限光明的前途明明白白地指点给我,还想尽方法费尽苦心,再三再四地把我往那重新做人的光明道路上拉。我既是一个人,怎么能不生出一种人类应有的感激心情? 同时也不能不使我的思想逐步有了转变。"①

回到北京以后所受到的社会教育,使溥仪有了思想上的崭新认识和感情上的巨大变化,可以说他在爱与憎、亲与仇的概念上,转了 180 度的大弯子。列席全国政协三届二次会议的溥仪,就像是远行的游子又回到慈母的身边,很自然地想起了一桩桩对不起老人家的往事,现在所盼望的则是能以"寸草春晖"的心情,向祖国母亲表达孝敬之意。

二、登上天安门观礼台

溥仪在植物园劳动的一年,是继续培养爱国主义观点并不断实践的一年,他用"爱国"二字,衡量自己所参加的活动,确定应取的态度。

五一劳动节那天,早晨的太阳把天安门城楼照得金光灿烂,扩音器播放《歌唱祖国》的雄壮乐曲,一群群由工人、干部、学生、民兵、城市居民和运动员组成的游行队伍,好像百川汇流,沿着东西长安街和前门大街,同时涌向天安门广场。热情奔放的游行群众不停地挥舞着彩旗行进,海啸般的口号声、震天的锣鼓声、连珠的鞭炮声,交织在一起。溥仪与杜聿明、宋希濂、王耀武、杨伯涛、郑庭笈、周振强等首次登上天安门观礼台,这是他们在特赦后第一个盛大节日里,第一次见到如此壮观的场面,一个个心情都那么激动,连做梦也想

① 溥仪:《我的前半生》第一稿"编后记",1958 年写于抚顺战犯管理所。

不到的事情变成了现实。

　　溥仪确实没有想到能在 1960 年的 5 月 1 日登上北京天安门观礼台，却永远忘不了 1934 年的 5 月 10 日屈辱地登上"新京"飞机场观礼台。那是他当上伪满"康德皇帝"后不久，日本帝国主义为了给傀儡政权装潢门面，宣扬虚假的"国威"，指使伪满军队在"新京"飞机场举行"登极大典观兵式"，他在这次活动中就像日本关东军司令官手里的一具玩偶那样被耍弄着。这一套过场之后，时间已是正午，溥仪下令"打道还宫"，连他自己也隐隐约约感觉到，这种"观兵"实在是为人作戏，味同嚼蜡，真还不如在宫中养养神。此时此刻，溥仪站在天安门观礼台上，回首那一幕丑恶历史，更感到羞愧无比，而细看眼前严整的阵容，倾听广场上铿锵的脚步，又被祖国巨人的英姿深深吸引了。

　　观礼结束后，溥仪、宋希濂、王耀武、杨伯涛、郑庭笈和周振强 6 人都佩戴着"观礼代表"的红色绸条，并排站在天安门前摄下一张极有意义的集体照，纪念这个难忘的日子。照片中缺少杜聿明一人，原来是他充当摄影者的角色，反而漏掉了自己。

1960 年五一劳动节溥仪等观礼后合影（左起：王耀武、杨伯涛、宋希濂、溥仪、周振强、郑庭笈），这张照片是杜聿明拍摄的

　　欢乐的五一之夜，溥仪又一次登上观礼台。巍峨的天安门城楼上红旗招展，8 盏大红宫灯闪耀着光辉，在一阵阵礼花和焰火中，溥仪觉得自己走进了美好的世界。然而，另外一个灯火晚会这时也来敲打他头脑中那记忆的门窗。1935 年 4 月 19 日，正在日本访问的伪满"康德皇帝"从东京来到奈良，为了表示对这位驯顺的傀儡的欢迎，奈良市组织市内 4000 名学生搞了一次颇为隆重的提灯晚会。当晚 7 时 30 分，提着灯笼的学生们在三笠山的山腰上，用人体和灯笼排列出"奉迎"二字，供站在宾馆门前观礼台上的溥仪观看这一夜景。这位世界知名的傀儡元首也一时来了兴头，挥动手中的红灯"答礼"，直到提灯的学生们下山游行，来向他"高

呼万岁"，他更飘飘然了。当天晚上溥仪还作了一首七言诗"以志感怀"，25年过去了，那诗句连同出卖祖国而不知羞耻的"感怀"，也早已忘得一干二净了。

在溥仪身上，确实已经发生了感情上的变化。公允地说，成为公民的溥仪已是一位值得称道的爱国者。当世界上出现侵略或称霸事件时，他总是特别愤慨，积极参加有关的政治活动，以表达爱国热情。

1960年5月，世界上出现一股复活法西斯军国主义的逆流，威胁着和平。中国大地上到处掀起反对美日军事同盟、声援日本人民正义斗争的游行示威，这不能不让溥仪想起祸害了整个中国和亚洲大多数国家的日本军国主义在三四十年代所造成的巨患。他怀着不可抑制的愤怒心情申请并获得批准，第一次以公民身份参加到首都各界人民反帝爱国的斗争行列中，他当时的心情很复杂：既有历史的惭愧，又有对党的感激，更有对日本帝国主义的仇恨，他多么想得到一个立功赎罪的机会，以慰藉一颗不安之心啊！

溥仪在1960年8月写给族侄毓嵣的信中特别提到这件事情，他认为参加首都声援日本人民的示威游行是他一生难忘的光荣。他写道："更使我永远不能忘的最光荣、最兴奋的事，就是在今年5月9日，我参加了首都一百万人民的支援日本人民、反对日美军事同盟条约大会的示威游行（在天安门广场），这是我过去怎么也想不到的事情。"[1]

几天之后，这位具有末代皇帝历史身份的公民兼民兵溥仪，应邀出席了在9月30日晚上举行的盛大的中华人民共和国国庆招待会。在充满了罪恶、笼罩着阴影的年代里，他也常常借用傀儡皇帝虚伪的尊严，一次又一次主持伪满"建国"（实际是亡国）招待会，"座上宾"都是穿马裤、挎洋刀的法西斯军人。溥仪不会忘记，1932年9月《日满议定书》签字后，他和日本关东军司令官武藤信义举杯相贺——当时的报刊都登出了两人把装满中国人民鲜血的酒杯高高举过头顶的耻辱照片——我国东北的河山、主权就在这罪恶的干杯中断送了！然而，今天溥仪以普通公民的身份，走入了辉煌的人民大会堂宴会大厅，他多么自豪！

---

① 吉林市政协编：《吉林市文史资料》第1辑，1983年版，第69页。

晚上 7 时 30 分宴会开始。缅甸联邦总理吴努和缅甸国防军总参谋长奈温,阿尔及利亚共和国临时政府总理阿巴斯,以及来自五大洲 70 多个国家的近 2000 位外宾,应邀参加了宴会。各界人士欢聚一堂,频频举杯,互相祝贺,把宴会大厅变成了充满团结与友谊的欢乐之宫,薄仪看到祖国有这么多国际友人,异常兴奋,感慨万千。

第二天就是国庆节,植物园职工薄仪又接到了观礼的邀请。站在西边灰色观礼台上,他屏住呼吸睁大眼睛盯住了天安门城楼。天安门是历史的见证,这座城楼在庚子年间曾遭受八国联军的枪击和炮轰,1949 年人民政府重修时还在城楼梁柱内发现了嵌在上面的帝国主义的弹头,薄仪看着它不能不为之动情,仿佛那梁上的弹头就是他自己射入的。先人用血汗创造的璀璨的文化遗产,今天终于能够受到保护而不再遭受反动派的摧残和侵略者的蹂躏了。

薄仪后来回忆这次观礼时说,最让他激动的场面有两个,一个是毛泽东主席和刘少奇主席出现在检阅台上,万民欢腾的场面;另一个是少先队员们用彩色花束和彩带组成的锦绣般的国徽图案不断变幻的场面。这是很自然的,因为在这时,祖国的今天与明天,已成为薄仪生命中的两个强大精神支柱了。

三、撰文纪念九一八

九一八对薄仪来说是个揪心的日子,提起这一天,总不免想起最沉重的一段历史。人们没有忘记,1931 年 9 月,薄仪认为就要“重登九五”了,竟把日本军国主义制造的残暴事件看成天赐良机,而 1961 年 9 月,当九一八事变 30 周年到来之际,他在《人民日报》上发表《从我的经历揭露日本军国主义的罪行》一文,在这篇占据报纸半个多版面的长文中写道:“今天,当九一八 30 周年纪念日到来的时候,我追忆自己过去背叛祖国的行为,真是感到无比的痛心和羞愧……我想通过自己的亲身经历,来揭露日本军国主义的狰狞面目和血腥罪行。”

薄仪从日本军国主义者策划并炮制九一八事变谈起,说到他在东北“主持大计”那幕可耻可鄙的丑剧,说到日寇铁蹄对东北人民的残暴践踏,说到日本人民也同样遭受灾难。最后又联系现实,对日本政府当年推行的不得人心的政策,表达了强烈不满的情绪。他写道:"看,不少过去曾经欠下中国人民血债的罪犯,不是又嚣张一时了吗? 吉田茂,当年我在天津日本租界时的日本驻天津总领事,在田中内阁时期曾经以外务次官的职衔行使外务大臣的权力,是推行'田中奏折'中规定的侵略方针的一员急先锋。岸信介,过去被称为'满洲五巨头'之一,曾任伪满'产业部次长'和伪总务厅次长,大量掠夺中国东北的物资。这两个战犯,战后都先后当了日本首相,竭力推行复活军国主义的政策,下台后仍然为加强日本军国主义势力而奔走呼号。至于过去是关东军中的要员,而今天又成为日本重新武装的骨干,更是不乏其人。"

文章最后,溥仪以兴奋的心情,充满信心地继续写道:"但是,中国人民、日本人民,以及全世界的人民不允许日本军国主义再来横行逞凶了……中国像巨人一样站起来了,中国人民完全有力量击败一切侵略者——和30年前的情况相比,这一点使我有着多么深刻的印象和巨大的激动啊!"①

这篇文章在《人民日报》发表的同时,又译成日文,刊登在《人民中国》(日文版)1961年第9期上,还配发了溥仪坐在写字台前读书、在植物园温室中给花草浇水和中秋之夜与溥杰、嵯峨浩一起赏月的照片,日本各界都很关注,爱好和平的朝野人士对溥仪观点鲜明、实事求是的文章表示赞同,那些三四十年代常常听到这位年轻傀儡皇帝言不由衷的"放送词"的老年日本人,也从文章中看出了溥仪崭新的政治姿态,他们默默为这位中国公民的健康而祈祷、祝福。当然,也有对这篇文章切齿痛恨的人,例如1961年10月9日出版的日本《新潮周刊》,就发表了以《溥仪前皇帝的憎恨和它的真相》为题的评论,借溥仪文章中涉及的一些人之口,进行所谓"反驳",这反而能从另一角度证明,溥仪的文章已在政治上起到了良好的作用。

几天之后,日本电波访问团来到溥仪的住处,他又当场发表了录音谈话,这次谈话和那篇文章同样有理有据,生动感人,具有强烈的说服力和感染力。以下是谈话全文②,足以显示溥仪当时的思想水平和精神风貌:

今天有机会能和日本朋友们谈谈,我觉得很高兴。最近半个月里,我接连度过两个具有不同的历史意义的日子:一个是九一八的

---

① 《人民日报》1961年9月18日。
② 依据李淑贤1980年向笔者提供的手稿,未刊。

30 周年,这是我们的祖国受灾难的日子;一个是我们伟大的中华人民共和国建立 12 周年,这是除台湾同胞以外的祖国人民开始了幸福生活的日子。这两个日子带给我们祖国的,是两种完全不同的命运,同时也给我平生两次完全不同的遭遇。由此,我又联想到日本人民,我们同样是日本军国主义的受害者。

日本军国主义者,在 30 年前制造了一个伪满洲国,把我国神圣领土东北变成它的殖民地,并且作为基地,进一步发动对中国及亚洲各国的侵略战争,给中国人民造成了空前大灾难,给亚洲和各国人民也造成了未曾有过的灾难,受难者当然也包括日本人民了。

我在战犯管理所的时候看过几部日本影片,其中一部叫《战火中的妇女》,是描写塞班岛日军战败后,强迫日本妇女"殉难"的悲惨情景的故事片。在日本兵的刺刀下,妇女们排成长列,被迫投进波涛汹涌的大海,有位母亲在没顶之前,把自己初生的婴儿高高举起,为这刚来到人世的小生命多争一分钟的生存。这个镜头一直留在我脑中,令我无法忘掉。

经过学习,我知道了无数中国婴儿是怎样死在日本刺刀尖上的;从塞班岛的故事里,我又知道了日本婴儿在东洋刺刀下也没有好命运。自从我在充满了人道主义的改造、教育中,逐步认识了过去,也认识了自己,并懂得了什么叫人生和怎样做人以后,我常常为想起历史而痛苦。在那罪恶的日子里,我勾结日本帝国主义,背叛了祖国,把领土供给敌人作为侵略军事基地,把人民驱作苦工和炮灰,使千千万万人家破人亡。我为祖国的死难同胞而感到痛苦,也为牺牲在同一个敌人手中的日本人民而感到痛苦。那样的灾难,是绝对不能再让它出现了。无论是中国的,日本的,或亚洲任何国家的婴儿,我们都绝对不能让刺刀再刺到他们身上了。

现在,我的祖国已经解放了 12 年,早已摆脱了帝国主义的压迫,中国人民已经站起来了,成为国家的主人了,在中国共产党和毛主席的领导下,建设着日益美好的生活。但是,日本人民的处境还很不好,这很容易使我想起东北在解放前的情况,勤劳、勇敢、富有民族自尊心的日本人民并不甘心这种处境,正在进行艰苦的斗争。去

年,北京曾举行过一次上百万人的示威游行,支持日本人民,反对
"日美安全条约"。我很高兴地告诉各位:我参加了那次游行,有两
点感觉是令我特别兴奋的。第一,我以中国公民的身份,第一次参
加政治示威,感到骄傲;第二,能为日本人民的正义斗争表示衷心的
支持,感到荣幸。

　　最后,愿借此机会向斗争中的日本人民表示崇高的敬意!

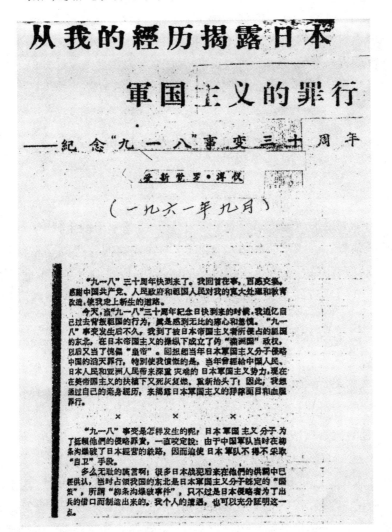

刊登在《人民日报》(1961年9月18日)上的溥仪的文章之一

　　溥仪在自我谴责的基础上揭露了日本侵略者,但也以诚挚的感情对待日本人民,这反映出他已能使用辩证唯物主义的观点,一分为二地看待日本人,而不像最初那样对日本一概仇恨,憎恨万端了。

　　正因为如此,在某些日本人士看来,"康德皇帝"的转变简直成了世上唯一的,也是最大的奇迹。一个当年匍匐在日本天照大神脚下,为"皇军"的"武运长久"而虔诚祈祷的人,如今竟然有了觉悟,"中共的洗脑手术",未免有些可怕。

　　凡是看过溥仪的文章、听过他的录音讲话的日本朝野人士,几乎都想到中国来亲眼看一看他,想知道究竟是哪一股神奇力量把大家熟知的人物给脱胎换骨了? 于是,日本各界的访问者便不绝于途地纷至沓来了。

四、与昔日政敌握手言欢

　　1961 年 9 月 30 日,在国庆招待会的宴会上,周总理向在座的古巴总统多尔蒂科斯和尼泊尔国王马亨德拉及王后介绍了中国的末代皇帝,溥仪与贵宾们亲切叙谈。两年后尼泊尔首相访华时,还向溥仪提到马亨德拉国王对他留有深刻印象。出席那次招待会的,还有几位参加过辛亥革命的老人,溥仪和昔日的政敌同桌共饮,一起热情举杯,祝福伟大祖国不断取得新的胜利。

　　第二天便是一年一度的国庆节,晴朗的天安门广场上空,迎风飘动的大气球高悬着巨幅标语:"艰苦奋斗,勤俭建国!""加强农业战线,战胜自然灾害,力争农业增产!""增产节约,生产更多更好的工业产品!"工人队伍抬着钢铁联合企业的模型,开着盛满煤块的彩车;农民队伍则以沉甸甸的大穗红高粱、金黄色的稻穗、一尺多长的玉米棒,在彩车上垛起巨大的粮堆,他们通过这种形式表达自己战胜困难的坚强信念。

　　站在西看台上的溥仪,忽然想起不久前周总理接见他时,两人之间一段有趣的对话。总理问溥仪,处在困难时期,生活上有没有困难? 溥仪笑笑说,没有别的困难,就是这张嘴巴过去吃馋了,总想吃点儿好东西。总理看着这个说老实话的人,先哈哈地笑了一阵,然后风趣地说:"馋也没有什么,你可以用全部工资买吃的,只要不再借钱花就行嘛!"溥仪当时还没有结婚,住在政协的独身宿舍。他说:"在集体宿舍里总是自己买东西吃,多不好意思。"总理又跟溥仪开了个玩笑说:"自己吃不好意思,就给别人分点,大家都尝尝嘛!"说完,两人都笑了。溥仪想,这虽然是笑谈,也是总理对自己的勉励,应该像祖国这样,昂首挺胸,勇敢地前进。溥仪十分激动地对站在身旁的宋希濂说:"有这样的气概,什么困难都能克服!"溥仪的专员同事们都有这样的印象:他在整个困难时期,生活上很克己,要求自己非常严格。对于一个当过皇帝的人,一个向来挥金如土的人,一个吃惯了山珍海味、穿惯了锦绣衣袍的人,这是多么难能可贵啊!

夜幕降临,溥仪在观礼台上眺望美妙的焰火。天安门城楼上的大红宫灯与广场四周建筑物上的灯光交相辉映,犹如明珠串联,光彩夺目。探照灯蓝色的光柱交错划破长空,缤纷的礼花,有的如孔雀开屏,有的似金菊怒放,有的则像一串串珍珠悬挂在巨大的银屏上。广场中央是一个个连环相扣的舞圈,花团锦簇,交织成一幅绚丽的图案,蜿蜒游动在舞圈周围的人群,轻歌曼舞,婀娜多姿。眼前这一切令溥仪陶醉,仿佛连跳动着的心也醉了。

10月3日下午,全国政协举行酒会,欢迎来京观光的华侨和港澳同胞,政协副主席郭沫若和陈叔通出席了酒会。世界各地的华侨都熟悉溥仪,希望见到他,听听他的感想,终于在这次酒会上相遇了。同胞们欢迎和尊重溥仪,一批批前来敬酒,他也回敬,大家频频举杯为祖国的日益富强干杯。那天还欣赏了中央民族歌舞团和中国杂技团在酒会上表演的精彩节目,溥仪高兴地对侨胞们说:"今天是我特赦以来喝酒最多的一天。"

1961年10月3日,溥仪在全国政协欢迎归国观光的华侨和港澳同胞的酒会上

在这次酒会上,溥仪还

溥仪与著名京剧演员马连良站在酒会大厅门前合影

见到了我国著名京剧演员马连良,他们互相问候,亲切交谈,许多侨胞也凑过来倾听。溥仪很有感慨地说:"旧社会里无论多么有名气的演员,也属于下九流,让人瞧不起。新社会不同了,马连良先生在海内外享有很高的声誉。"他俩在酒会大厅外拍了一张有意义的照片:在台阶上两位著名人士并排站着,溥仪穿一身笔挺的浅色中山装,上衣小兜盖上挂着两支金笔,两手交叉放在身前,在他的银边眼镜后面,从眼角向下延伸到嘴角,呈现出微微笑态。马连良则摘去了他在餐桌旁还戴着的黑色圆框眼镜,那宽阔的前额、山脊形的浓眉和一张微笑的脸,给人以精神抖擞的印象。尤其看到他穿的那身深黑色的制服,以及稍稍挺起的胸膛和放在背面的双臂,真让人联想起他扮演过的舞台上的英雄形象。两人的脚边摆着盆栽,而身后的几架上也有一盆绿色植物,他们是站在一个历史的角落里。

为了纪念辛亥革命50周年,熊炳坤①和鹿钟麟②两位老人来到全国政协参加纪念活动。1961年10月13日,他们由申伯纯副秘书长搭桥,与当年的革命对象、"小朝廷"里的"关门皇帝"溥仪在全国政协礼堂第四会议室亲切会面了。昔日的政敌,今天却像多年不见的老朋友那样交谈着,善于抢镜头的

---

① 生于1885年,病逝于1969年,享年84岁,逝世前担任全国政协委员、湖北省政协常委。

② 生于1886年,病逝于1966年,享年83岁,逝世前担任中华人民共和国国防委员会委员。

1961 年 10 月 9 日,范文澜邀辛亥革命老人及在京历史学家们在政协礼堂举行辛亥革命 50 周年纪念座谈会,会后在礼堂门前合影

记者在他们会面时留下许多难忘的场面。其中一张照片再现了鹿钟麟和溥仪刚见面的情形,两双眼睛炯炯有神,鹿钟麟的嘴张开着,好像正哈哈大笑,四只手交叠着,紧紧地握住。摄影记者还在图片的文字说明中记下了鹿钟麟当时说的一句话:"奇遇,奇遇,这真是奇遇!"另一张照片上有七位老人,他们是原清室君臣溥仪、载涛和辛亥革命党的重要将领熊炳坤、李白贞、温楚珏、丘文彬和鹿钟麟。后来溥仪谈到这次会面时,总是显得很兴奋,是啊!当年的冤家对头,如今成了亲密的战友。鹿钟麟在天津市政协文史资料研究委员会任北洋组组长,而溥仪是全国政协文史资料研究委员会北洋组的成员,他们都搞同一历史时期的资料,都是文史工作者。

这几位共同纪念辛亥革命的知名人士,作为当年的革命者和革命对象来说,确实是历史上的冤家对头,熊炳坤是在推翻清朝的武昌起义中放了第一枪的历史人物,由这一枪掀起的历史风暴,促成中国最末一个封建王朝的瓦解,导致了宣统皇帝的退位。李白贞、温楚珏、丘文彬三位老人也都参加了武昌起义。中午,在周总理主持的国宴上,溥仪与熊炳坤等人又

1961 年 10 月 13 日,溥仪和曾在 1924 年奉冯玉祥之命把他赶出紫禁城的鹿钟麟亲切握手,鹿先生高呼"奇遇! 奇遇!"

坐到了一张餐桌前,他们端起斟满美味葡萄酒的高脚杯,话题仍然离不开近代史上那两件最重大的事件,而由退位皇帝讲述对辛亥革命的重新认识,则无论如何都可以说是古今中外的一件新鲜事。

鹿钟麟是 1924 年奉冯玉祥将军之命,直接把溥仪赶出紫禁城的西北军将领,从此废除了溥仪的皇帝之尊,结束了他在紫禁城内的"小朝廷"生活。

他们谁也不会想到 37 年之后,他们竟又走到了一起,坐到了一起,谈到了一起,笑到了一起。

溥仪用双臂紧紧攀住鹿钟麟和熊炳坤的肩膀,让摄影师记录下这历史的场面

五、在全国政协三届三次会议上发言

　　1962 年 3 月 23 日下午 4 时,溥仪以全国政协文史资料研究委员会专员的身份,受到特别邀请,大步走进庄严的人民大会堂,列席了中国人民政治协商会议第三届全国委员会第三次会议。他怀着喜悦的心情,听取了周恩来总理在二届人大三次会议上所作的政府工作报告和陈叔通副主席在政协三届三次会议上所作的全国政协常委会的工作报告。

　　在溥仪遗物中有一张精心保存的"列席证"。杏黄色的封面上印着烫金的政协会徽,上面写着"中国人民政治协商会议第三届全国委员会第三次全体会议列席证"。翻开这个两折硬纸的证明,里面贴着一寸的溥仪半身正面相片,姓名栏内有用铅字打印的蓝色的"爱新觉罗·溥仪"字样,相片与名字上骑缝盖着全国政协的钢印公章。现在,这张"列席证"已成为一件珍贵的历史文物了。

　　会议洋溢着民主和团结的气氛,223 位委员和列席的各界人士先后发言。其中有各党派、团体负责人,有工人、农民、科学家、教授、工程师、中西医专家、作家、艺术家、少数民族代表、工商界人士、宗教界人士、华侨代表和其他各方面人士。大家在讨论中,对国内外形势、过去的工作和今后的方针任务,有阐述,有发挥,有表扬,有批评,还有多种多样的建议,各抒己见,畅所欲言。

　　爱新觉罗·溥仪,也光荣地走上讲坛,依据亲笔草拟的发言手稿,发表了自己的政见。如果郑孝胥、胡嗣瑗之流还活着,看见这"御笔"文稿,也会震惊而自叹弗如的。当年他们曾为这位皇帝起草了无数的"诏书"、"谕旨"、"教令"或"敕令",都不能与这次发言相比,因为这才是他自己的声音。

　　"主席、各位委员、各位同志:我衷心拥护周总理的政府工作报告,我完全同意总理所说的关于国内外形势和我们的对外政策,我也完全同意陈叔通副主席的报告。"溥仪开始就爽快地表明了态度,接着就周总理所作政府工作报告谈了体会,他非常理解总理讲话的重心,联系经历、所见和所闻,讲得很深刻、很感人。他说:

　　　　总理讲到总路线的基本点,最终目的就是使我国摆脱过去一穷二白的面貌,尽快地把我国建设成为一个具有现代工业、现代农业、现代科学文化的伟大社会主义国家。这是多么振奋人心的目标!这是全国人民的热烈愿望,是符合我们以及子孙万代的利益的。同时,它也是党领导中国人民几十年革命斗争所追求的理想。

虽然还有许多困难摆在我们面前,并不能阻挡我们前进,这已

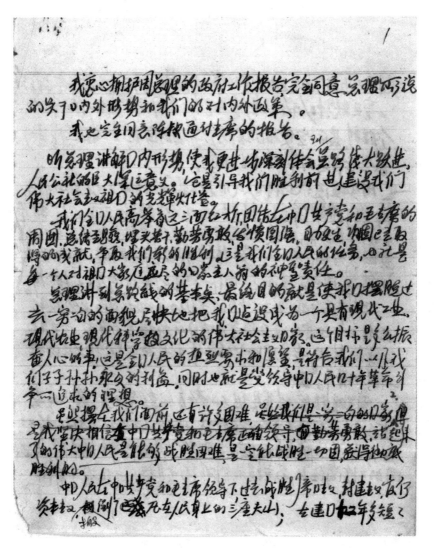

溥仪在政协大会上发言的手稿

被事实所证明。我们遇到了连续 3 年的自然灾害,这样的灾难在旧社会里就意味着赤地千里,哀鸿遍野,卖儿鬻女,折骸以爨。例如光绪十六年,直隶和北京遭受大水灾,流离失所以及饿死的人数是无法统计的,而皇帝、亲王、大臣,仍然过着骄奢淫逸的腐化享乐生活。人民连草根树皮都吃不着了,西太后照样是一顿饭一百几十样菜。人们知道:西太后挪用海军经费修建颐和园正是灾年中间。曾有一位御史因为怕引起灾民的愤怒,建议暂时停办,立遭罢官并被交部议处,要惩办他,这种例子是不胜枚举的。现在受灾,情况根本不同了,党和政府及时地采取了许多措施,关心人民的生活,全国一心共同克服困难。这是因为我们有了无比优越的社会主义制度,有了中国共产党和毛主席的正确领导。

　　虽然我们还是一穷二白的国家,可是,中国人民在中国共产党和毛主席领导下,过去战胜了帝国主义、封建主义、官僚资本主义,搬掉了压在身上的三座大山。在建国 12 年多的短短岁月里,已取得了社会主义建设的伟大成就,也取得了社会主义革命的基本胜利。毫无疑问,中国人民在中国共产党和毛主席英明领导下,从一个胜利走向一个胜利,最后一定能使祖国摆脱一穷二白的面貌,把我国建成繁荣富强的伟大社会主义国家。[1]

　　溥仪在发言中,强调了建设现代化强国的问题,阐述了达到这一目标的有利条件和可能性。继而引述毛泽东和周恩来的话,用以说明中国人民的信心。并且表示:"一定追随着各位,追随着我们全国父老、兄弟、姊妹们,在不同的工作岗位上,为实现我们的伟大总路线的目标,一起奋斗前进!"

　　难能可贵的是,溥仪的发言能从切身经历出发,指出"封建僵尸制度"是我国贫穷落后的根源,是中国向前发展的障碍,要想摆脱贫穷落后的面貌,必须废除封建制度,走社会主义道路。溥仪由此想到,要想跟上时代的发展,必须加强思想改造,这就把自己摆到一个新的理论高度上来认识思想改造了,

————————

① 依据李淑贤 1980 年向笔者提供的原件,未刊。

请听他的发言：

> 我还有一个感想，就是中国这样土地广、人口多、物质丰富的大国，怎么反成为一个贫穷落后的国家？这就是由于三千年的封建土地私有剥削制度，以及百余年帝国主义入侵，使中国变成半封建、半殖民地以及殖民地地位的缘故。回想自己的过去，正是危害中国人民、阻碍中国发展的三座大山之一的封建统治者。我梦想开历史倒车，要复辟比垂死的资本主义更早的封建僵尸制度，同时又受了帝国主义的奴化思想教育的影响，以至一步步地陷入罪恶泥坑，终于走上了叛国投敌的道路，成了帝国主义的走狗，而现在的帝国主义的走狗、傀儡们，还不是和我过去一样？①

溥仪的现身说法，是足以引起人们警惕的。今天看来，溥仪的君王身世仍不失其反面教员的作用，而溥仪的成功改造，则更具有意义非凡的现实性。谈到改造问题，溥仪的话就像黄河之水一样滔滔而下了：

> 遇见中国共产党我才得到挽救，由于学习、劳动、改造，我逐步认识真理，认识社会发展规律，分清敌我，站到人民的立场上来。所以我常想，是封建的制度和思想害了我，只有中国共产党和毛主席才真正救了我。现在我能坐在人民大会堂里听国家领导人的政治报告，和各位同志一起学习和讨论国家大事，这岂是我过去梦想得到的事？也是古今中外没有过的事……我今天成为中华人民共和国的公民，成为六亿五千万中国人民中大海一滴的力量，我是多么自豪！我感到无比的光荣和愉快！总而言之，历史上的皇帝溥仪已经死去了，现在还有一个党培养的属于人民的新生的溥仪。②

在人民商讨国家大事的会议上，溥仪的发言受到与会委员的热烈欢迎，赢得一遍又一遍震动大厅的掌声。

---

① 依据李淑贤1980年向笔者提供的原件，未刊。
② 依据李淑贤1980年向笔者提供的原件，未刊。

六、1962—1964 年,后半生的黄金时段

　　溥仪选择 1962 年的五一国际劳动节作为他和李淑贤的新婚日,反映了他对这个节日怀有深厚感情。新婚以后,伴随愉快的家庭生活,在他面前展开了更为丰富的政治生活的画卷。

　　数月后,1962 年国庆节来到了,溥仪等专员们又一度登上天安门观礼台。

　　溥仪想起头一天在国庆招待会上的一个场面:周总理谈到从 1959—1961 年所遇到的困难时说,中国人民完全经受住了这场考验,两年以来,我国整个国民经济的情况一年比一年好。当时他曾热烈鼓掌,今天又看到贯彻着总理讲话精神的游行队列的表演,精彩的振奋人心的表演……

　　眼前的一切,又把溥仪的思绪带回遥远的年代。他从小习读的诗、书、经、传,虽然也不乏"祖国"字样,但那无非是"宣统"的"大清",而"大清"却一步步沉沦,一天天贫弱!如今,祖国站起来了。由此,他又联想到统一问题,台湾海峡两岸的人民理所当然地应该团结一致,炎黄子孙必须共同致力于祖国的兴盛。

　　就在那年 6 月,溥仪刚刚度过新婚蜜月,就听到从福建对岸传来一阵阵"反攻大陆"的叫嚣,他与杜聿明、宋希濂等前国民党将军们在一起讨论了时局的新动向。溥仪的发言从自身经历的分裂祖国的惨痛教训出发,指出"反攻大陆"只能造成民族灾难的罪恶后果。两天以后的 6 月 23 日,全国政协召开常委扩大会议,听取陈毅副总理关于台湾海峡形势的报告,副总理说,最近三天,海峡形势有变化,蒋介石可能不来了,反而防备我们去进攻他。继而谈到国内各阶层人民同仇敌忾,准备打仗,表达了战而必胜的信心。同时也说了另一种情况:"有人听说'蒋委员长'要来,一连喝了三瓶茅台酒,这些人未免高兴得太早了一点,吃人民的饭,住人民的房子,却举杯庆祝'蒋委员长'反攻大陆……"溥仪以文史资料专员的身份列席会议,并在当天下午的讨论中发言,赢得好评。董益三在其当天日记中就有如下记载:"参加上午会议的第一、二批特赦人员,加上浦熙修,以及办公室的宋、梁几个人座谈陈副总理的讲话,沈醉、罗历戎、浦熙修和我几个人没有发言,其他那些人的发言中

溥仪较好。"①

　　站在国庆观礼台上的溥仪思潮澎湃、浮想联翩,一篇题为《中国人的骄傲》的文章腹稿正在孕育,并逐渐成熟,不久便脱笔而出,他用蝇头小楷撰写的这篇文章,充分表达了他的一片爱国之情。

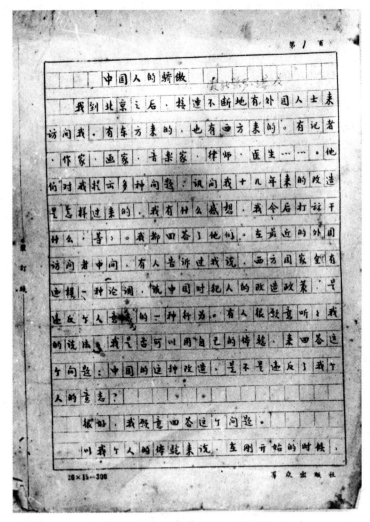

溥仪撰写的文稿《中国人的骄傲》

---

①　依据董益三 1982 年向笔者提供的日记手稿,未刊。

　　1963年4月30日是溥仪与李淑贤新婚周年纪念日,那天晚上,中华全国总工会等11个人民团体联合举行庆祝五一招待会,在社会主义建设中取得优异成绩的首都劳动人民代表和来自五大洲的国际友人,兴高采烈地走进灯火辉煌、四周装饰着鲜花和常青树的人民大会堂。溥仪与杜聿明、宋希濂、廖耀湘、范汉杰、杨伯涛、郑庭笈、罗历戎,以及溥杰、嵯峨浩夫妇等,都作为劳动人民的一员光荣地出席了招待会。当宋庆龄副主席、董必武副主席和周恩来总理站在主席台上向大家致以节日祝贺的时候,溥仪也在自己的座位上,提议为劳动人民的健康而干杯。第二天他又兴致勃勃地“参加政协五一节庆祝和游行”,队伍从政协礼堂大门口出发,出丰盛胡同,一直走到民族饭店。队伍前面飘扬着写有“全国政协”字样的大旗,旗下最前列走着人们熟悉的陈叔通、郭沫若和许广平,走到丰盛胡同路口,组织游行的工作人员考虑到一些老先生的身体状况,建议他们回礼堂三楼去观看文艺演出,也劝溥仪回去,但他没有出列,在这个队伍中,他感到荣耀。节日之夜,他不顾疲劳,又偕同妻子、溥杰和娓生一起登上观礼台,同周恩来、董必武等国家领导人一起,观看了首都夜空中用礼花编织的美妙图案。①

　　就在这年五一节前后,溥仪两次参加由全国政协联络委员会社会人士工作小组召开的社会人士座谈会,作了长篇发言,题目是《我的改造》,仅发言提纲的底稿就用8开纸写了20多页,洋洋数万言,内容包括三部分:其一为“我的身世、罪恶和改造前的思想状况”,概述前半生的经历以及帝王思想体系的形成过程;其二为“十年改造的四个阶段”,把自己的改造按思想转变的特点,划分为“死刑的恐怖”、“由蒙混到认罪”、“由认罪到悔罪”和“希望在前,争取新生”四个阶段;其三为“获得新生的根本条件”,列举大量事实说明,没有党和政府改造罪犯的政策,就没有他的新生。②

　　在改造的岁月里,溥仪对自己那段丑恶历史,经历了一个由掩盖到交代的痛苦过程,他就在这个过程中获得新生,因而深刻理解发生在自己身上的变化,那篇发言文稿正是关于改造的认真而系统的自我总结,而对于党和政

---

　　①　王庆祥整理注释:《爱新觉罗·溥仪日记》,天津人民出版社1996年版,第147—149页。

　　②　依据李淑贤1980年向笔者提供的溥仪未刊手稿,原件藏长春伪满皇宫博物院。

府的改造政策来说,也是形象的说明和具体的解释。应该承认,溥仪确是体现我国改造罪犯和统一战线政策的具有典型意义的人物。

时隔未久,连续发生前国民党人员起义事件,溥仪怀着欣喜的心情会见了他们,作为在中国历史上有特殊地位的著名人士,他为祖国统一大业做了多方面的工作,也有自己的一份贡献。

原国民党空军第 2 联队 11 大队 43 中队上尉飞行员徐廷泽,于 1963 年 6 月 1 日上午,驾驶美制 F—86F 喷气战斗机,越过密云翻滚的我国东南沿海上空,起义归来,受到祖国人民的优厚礼遇和热烈欢迎。7 月 2 日全国政协在政协礼堂东厅举行座谈会,邀请徐廷泽介绍台湾情况,他的演讲充满感情:"家在大陆的蒋军官兵更是思念家乡和亲人,老朋友碰到一起,就谈家乡的风景,唱家乡戏,因此黄梅调到处流行,使人有霸王困于垓下、四面楚歌之感。更多的思乡之客借酒浇愁,酒后悲吟:'酒逢知己饮,月是故乡明。'"新华社报道说:"参加座谈会的,还有政协文史资料研究委员会专员溥仪、杜聿明、宋希濂、范汉杰,以及新近获得特赦的人员廖耀湘、康泽等。"会后,全国政协副主席郭沫若和秘书长徐冰设午宴招待徐廷泽,溥仪出席了宴会。①

溥仪回到家里后,兴奋地向妻子讲述了徐廷泽起义经过。他说:"徐很年轻,中等身材,操一口四川乡音。他在蒋军中曾拼死拼活地干了 18 年,获得了'宣威'、'雄鹫'、'翔豹'、'飞虎'、'云龙'、'复兴'等 6 种奖章,并获得'克难英雄'称号,但今天他再也不愿干分裂祖国的事情了。"

1963 年 7 月 29 日下午,溥仪还在政协与自动缴械投诚并有重要立功表现的 5 名台湾武装特务见了面,对他们向人民投诚、为祖国立功的行为表示了赞许,还介绍了自己学习、改造的经过,勉励他们要为祖国的社会主义建设和统一大业贡献力量。

第四批获得特赦的前伪满战犯王贤沛,于 1963 年 9 月 2 日来到全国政协拜访溥仪,他们在会客室里亲切交谈,这真是一次别开生面的会见。王贤沛是东北名人王永江之子,在伪满也是风云人物,会说一口流利的日语,又年轻能干,深得日本主子的赏识,步步高升,当上伪满国务院的总务厅次长。人们

---

① 《人民日报》1963 年 7 月 3 日。

知道,这个"总务厅"乃是握有伪满国务院实权的中枢领导机关,而一般由日本人担任的"次长"也是实权人物,可见王贤沣确是受到日本人宠爱和信任的。会客室中这两位曾匍匐在日本军阀脚下的"君臣",能谈论什么呢?自然都不愿提到那段人生中的丑史,也用不着总是絮絮叨叨地使用在抚顺战犯管理所时常说的"认罪"、"悔罪"一类词语,他们是说今后怎样度过自己的后半生,这方面溥仪已有几年的经验,王贤沣从中也得到了启发。

与往年一样,在北京金色的秋天里,溥仪愉快地度过了1963年国庆佳节。9月30日,应周总理之邀,他出席了国庆招待会,与毛泽东主席、刘少奇主席、宋庆龄副主席、董必武副主席、朱德委员长和周恩来总理等党和国家领导人,以及来自80多个国家的1800多位外宾欢聚一堂。10月1日他照例参加国庆观礼,浩浩荡荡的游行队伍伴着《歌唱祖国》的乐曲行进,他耳边响起彭真市长的讲话:"我们的经济情况,一年比一年好。1961年比1960年好,1962年又比1961年好,今年已经出现了国民经济开始全面好转的局面。1959年到1961年连续3年严重自然灾害带给我们的困难已经被伟大的中国人民战胜了!"国庆之夜正是中秋佳节的前夕,明月当空,礼花四起,天安门广场上空到处呈现出一派绮丽壮观的景色。坐在天安门观礼台上的溥仪夫妇,也把自己的快乐融入那狂欢之中,第二天,两人又挽着手臂,出席了在全国政协礼堂三楼举行的轻松愉快的赏月晚会。

这一年的年底,有一天,全国政协副秘书长申伯纯通知溥仪出席一次小型聚会,原来招待会的主宾乃是段祺瑞的两位亲属段宏钢和段伯泉。这两位段氏后人听说陪坐者中间竟有中国的末代皇帝特别高兴,多喝了好几杯酒。这是完全可以理解的,溥仪和他们的先人可以说是"老朋友"了。在清朝宣统年间,段祺瑞是朝廷的一员战将,到了20世纪20年代,住在紫禁城内、保有"皇帝"尊号的溥仪,与中华民国的头面人物"段执政"、"段总理",仍保持着密切往来。在张勋复辟事件中,段祺瑞对"辫帅"的庇护更能证明这位军阀首领对中国封建社会的最后代表,实在是怀有深厚的眷恋之情。今天,入席的主宾和陪宾,在思想和感情方面都已焕然一新,但那历史与现实的交流,又怎能不造成令人难忘的场面和气氛呢!

如果说溥仪的后半生是他一生之中的黄金时代,那么,从1962年到1964年就是他后半生中最美好的时光。在这段时间里,他以旺盛的精力营造了一

溥仪夫妇、溥杰夫妇、载涛和嫮生等出席 1963 年在政协礼堂屋顶花园举行的中秋赏月晚会

份属于自己的充实的生活。

　　1964 年初,溥仪撰写的《致台湾同胞》广播讲话稿由中央人民广播电台播出,继而又写了《从皇帝到公民》一文,在《中国建设》英文版上发表,他的思想和观点、语言和文字越过台湾海峡和一道道国界,飞向遥远的天边,在世界范围内产生了影响。

　　1964 年五一节,溥仪也过得很愉快,他是在 4 月 29 日中午才结束在南方六省一市的参观游览回到北京的,第二天就偕同夫人出席了中华全国总工会等 12 个全国性人民团体联合举行的招待会。据李淑贤回忆,宴会进行中,周总理在大厅中发现了溥仪夫妇,立刻打招呼让他们到主桌席这边来,又介绍他们与布隆迪王国国民议会议长塔得·西里乌尤蒙西见面并相互敬酒。溥仪还趁着这个机会让妻子与他早已熟识的刘少奇主席见了面。他站在刘主席身边对妻子说:"这是刘主席。"又转过身对刘主席说:"这是我的爱人。"刘主席和颜悦色地问她叫什么名字,在什么单位工作,结婚多长时间了,生活有没有困难等,她一一作答,刘主席满意地点点头。溥仪说,他每次见到刘主席,都会想起宣读《特赦通知书》那个庄严的时刻,正是从刘主席颁发特赦令那一时刻起,他获得了新生。①

据李淑贤回忆,这天晚上溥仪又睡不着觉了,总是翻来覆去。第二天早晨她一觉醒来,发现丈夫已经起身出门,不知去向。溥仪是爱睡懒觉的人,在节日里却破例起早,究竟干什么去了呢?在董益三的日记中留下了他的行踪:"5月1日:5时50分左右,我们都醒了,没有马上起床,不知怎的又睡着了。忽然有人叩窗,伯兰比我敏感,问什么人?没有答。我说,是东屋的孩子们吧!伯兰又高声问:'是谁?'回答了:'怎么你们还没有起来?我走了。'听声音是溥仪这个'宝贝'。我看表是6时30分,于是马上起床,开门请他进来,要做早点给他吃。他进屋晃了一下就要走,说:'我没什么事,是早晨起来出门遛遛,顺便到你们这里来看看。'"②

在这段平平常常的实录之中,溥仪那不平静的心情已经跃然纸上了。两个小时以后,他又出现在政协礼堂,那里正在举行政协机关庆祝五一国际劳动节的联欢会,郭沫若任执行主席,李觉任司仪,李富春、黄炎培、张治中等出席。南京部队文工团演出了精彩节目,侯宝林和刘宝瑞合说的自编相声,常常逗得溥仪捧腹大笑。当晚,他又偕同夫人在西看台观看了美丽的焰火。溥仪爱活动,好娱乐,真是场场不落下。

这一年国庆节,溥仪照例参加了各项庆祝活动。9月30日应邀出席毛泽东主席、刘少奇主席、宋庆龄副主席、董必武副主席、朱德委员长和周恩来总理举行的盛大国庆招待会,与来自80多个国家和地区的2600多位外宾一起,热烈庆祝中华人民共和国成立15周年。10月1日又登上天安门观礼台,这一年他参观了南方、西北和中原,亲眼看到祖国万里山河的巨大变化,现在又从观礼台上看到象征祖国各条战线辉煌成就的统计数字和模型,觉得格外亲切。当彭真市长讲到"我们的工作越是有成绩,越要注意检查工作中的缺点、错误,我们的事业发展得越顺利,越要看到前进道路上存在的困难"时,他发自内心地鼓了掌。晚上,溥仪参加了节日的焰火晚会。

---

① 依据李淑贤1980年向笔者提供的口述回忆资料。
② 依据董益三1982年向笔者提供的日记手稿,未刊。

七、成为全国政协委员

国庆节过后，即 11 月 18 日，这是北京深秋季节里的一个明媚的日子。溥仪收到全国政协秘书处发出的通知，他急忙打开一看，上面写着："爱新觉罗·溥仪委员：中国人民政治协商会议第三届全国委员会常务委员会第四十四次会议协商决定：你为中国人民政治协商会议第四届全国委员，特此通知。"①

"宣统皇帝"当上了政协委员！消息一下子就在专员中间传开了。与溥仪同时当上政协委员的还有杜聿明、宋希濂、范汉杰、廖耀湘和王耀武。一天，申伯纯副秘书长到专员办公室闲谈，临走笑着对大家说："你们之中有几位是政协委员了，已经知道了吧？"杜聿明故意说："还不知道呢！"申老说："哪会不知道呢？总有人通风报信的嘛！"大家都笑了。那几天，溥仪也喜得有时睡不着觉，这倒不是因为提升了职务，而是他看到了自己的进步，看到了党和人民的信任。②

时隔一月，溥仪又收到中国人民政治协商会议第四届全国委员会第一次会议的出席证。在鲜红的封面上，印着美观的烫金宋体铅字，庄严郑重。姓名栏内填写着"爱新觉罗·溥仪"，单位栏内填写着"特别邀请人士"。③

1964 年 12 月 20 日上午，中国人民政治协商会议第四届全国委员会第一次会议在政协礼堂隆重开幕。大会主席台的帷幕中央悬挂着中国人民政治协商会议的会徽，两边是毛泽东和孙中山的肖像。溥仪以政协委员的身份，怀着无比激动的心情走进这庄严肃穆的会场。当周恩来主席和彭真、郭沫若、黄炎培、李四光、陈叔通、陈毅、何香凝、帕巴拉·格列朗杰等副主席走上主席台时，溥仪和其他委员一起，报以长时间的热烈掌声。大会由周恩来主持，郭沫若作了政协第三届全国委员会常务委员会的工作报告。

---

① 依据李淑贤 1980 年向笔者提供的通知原件，今存长春伪满皇宫博物院。
② 依据董益三 1982 年向笔者提供的日记手稿，未刊。
③ 依据李淑贤 1980 年向笔者提供的证件原物，今存长春伪满皇宫博物院。

　　1964年12月21日下午3时30分,溥仪与全体政协委员列席了在人民大会堂举行的中华人民共和国第三届全国人民代表大会第一次会议。当毛泽东主席、刘少奇主席、宋庆龄副主席、朱德委员长、周恩来总理、邓小平总书记等党和国家领导人登上主席台时,他激动、兴奋,使劲地鼓掌,随后听取了周总理所作的政府工作报告。

　　12月30日上午,溥仪在政协全体会议上发言。新华社当天发出的消息《政协四届首次会议继续举行大会》报道说:"政协全国委员会文史资料研究委员会专员爱新觉罗·溥仪在发言中谈到中国共产党把战争罪犯改造成为新人的伟大政策。"①

　　在溥仪遗稿中,至今还保存着这篇发言的原稿。重读这份发言稿,好像看见溥仪就站在眼前的讲坛上,讲述自己参加会议的心情:"今天,我能够作为中国人民政治协商会议的一个成员在这里发言,心情非常激动。我回想过去,觉得自己是罪不容恕的,愈加痛恨旧社会;但是在今天,我展望未来的时候,感到自己的前途充满了光明。我不仅为获得新生而庆幸,更庆幸我们有

1964年12月30日,溥仪在全国政协第四届第一次会议上讲话

_____

① 《人民日报》1964年12月31日。

伟大的国家、伟大的党、伟大的领袖毛主席。"溥仪历数我国15年来在社会主义建设中取得的巨大成就,并着重以切身经历说明了党的改造政策的成绩。他说:

> 我对毛泽东思想和党的政策的伟大,越来越有深刻的体会。党的政策帮助我从一个战争罪犯变成为社会主义国家的公民,背叛了过去的阶级,认清了必须走社会主义道路才有光明前途。从我的改造过程和近几年的学习中,我深切体会到无产阶级政权的伟大意义,像我过去那样的人,如果没有无产阶级政权的条件,是不可能从敌我矛盾转化为人民内部矛盾的,政府使我彻底从不可救药的犯罪中得到挽救。过去通过对我的强制改造,使我由不能接受改造逐渐走向能够接受改造,从强制改造走向自愿改造。毛主席说,改造世界,"其中包括了一切反对改造的人们,他们的被改造,需要通过强迫的阶段,然后才能进入自觉的阶段"。我深深领会了毛主席这一英明论断的正确性。
>
> ……
>
> 最近有许多外国记者访问我,他们觉得像我溥仪这样的人能够在新中国生存是个奇迹,不但生存,而且生活得很好,更使他们迷惑不解。在社会主义社会,在新中国,在伟大的毛泽东时代,确实出现了这样的奇迹:把战争罪犯改造成新人。这是党和毛主席政策的伟大胜利,也是无产阶级改造世界伟大胸怀的明证。说到这里,使我由衷地感到无产阶级的大公无私,感到中国共产党和毛主席的英明伟大。
>
> 在这里使我情不自禁地想起1959年我蒙特赦,离开那重生之地抚顺战犯管理所的心情,当时我很感激党和政府的宽大,然而当管理所人员送我出所的时候,我又像一个将要离家的孩子一样恋恋不舍。这种心情,我曾经同资本主义国家的人们说过,但他们是无法理解的。这种感情并不是我一个人有,连一些日本帝国主义战犯在离开战犯管理所时,也都异口同声地说,抚顺战犯管理所是自己重生之地。有些怀着敌意的日本记者,曾企图从日本战犯口中听到对中国政府这种政策不满的声音,却总是大失所望。无论在管理所,

还是离开管理所回到日本,日本战犯们都说我国政府的政策好!

我离开抚顺战犯管理所以后,感到走进了更大的社会主义大家庭,处处受到党的无微不至的关怀和亲切的教育,使我得到工作和继续学习改造的机会。1960年在北京植物园劳动锻炼一年,使我有机会同基层干部、工人同吃、同住、同劳动、同学习,这对我的教育很大。我亲眼看到他们辛勤劳动,艰苦朴素,坦白直爽,具有革命乐观主义精神,处处表现出国家主人翁的态度。这一段生活使我认识到劳动的光荣,渐渐体会了劳动人民伟大的思想感情。1961年我参加了全国政协文史资料研究委员会的工作,有许多收获,特别是近年来,党和政府安排我们两次去各地参观,对我的教育意义更大,增加了我对社会主义祖国的热爱和社会主义建设事业必胜的信心。祖国人民的前途光芒万丈,我个人的前途也是光明美好的。[①]

溥仪将要结束发言的时候表示,一定继续加强自我改造,为把我国建设成为伟大的社会主义强国而贡献自己的力量。

当上政协委员以后,溥仪的社会工作增加了,常常要以新的政治身份参加重要会议和重要活动,他很高兴。在溥仪遗物中还有一张"民族工作座谈会出席证",上面盖有"中华人民共和国全国人民代表大会常务委员会办公厅"的钢印。这件遗物说明,作为满族人民的代表,他有充分的机会发表政见。遗憾的是,有关溥仪参加这次会议的日记或笔记等文字记录都散失了,无法得知他在会议期间的宏论和感想,可以推想,这位具有代表性的著名旗人一定是非常愉快的。[②]

当1965年的春天来到北京之际,溥仪已经失去了他最珍贵的健康,却硬是带病参加了五一节纪念活动。4月30日下午,他与王耀武、杜聿明、宋希濂、范汉杰、廖耀湘以及溥杰和嵯峨浩夫妇,出席了中华全国总工会等13个团体举行的盛大五一招待会,同桌的还有政协副秘书长李金德、政协常委郑洞国等。5月1日白天,溥仪参加了在北海公园的游园活动,晚上又登上天安门观礼台观看焰火。

---

① 依据李淑贤1980年向笔者提供的溥仪未刊手稿。
② 依据李淑贤1980年向笔者提供的证件实物,今存长春伪满皇宫博物院。

八、"末代皇帝"与"末代总统"在北京握手

1965 年 7 月,曾任国民党政府代总统的李宗仁先生,偕夫人郭德洁女士万里归来,回到社会主义祖国,这件事轰动了整个世界,也促成了中国历史上末代皇帝与末代总统多次会面的机会,这是一些既有戏剧性又有历史意义的场面,是一幅中国现代历史上的动人画面。

7 月 20 日上午 11 时,李宗仁一行乘专机到达北京机场,受到周恩来总理以及全国政协负责人、中国国民党革命委员会负责人、民盟、民建、民主促进会、农工民主党、致公党、九三学社、台湾民主自治同盟、工商联负责人和无党派民主人士的热烈欢迎,在欢迎的人群中还有当年南京和谈代表团的成员、解放战争时期率部起义的国民党高级将领等。

周总理是在上海虹桥国际机场迎接李宗仁先生的,继而在东湖宾馆设宴为之接风洗尘以后,提前飞回北京,又在首都机场出席对李先生正式的欢迎仪式。前来欢迎的国家领导人中还有全国人大副委员长、全国政协副主席彭真及夫人张洁清,全国人大副委员长郭沫若及夫人于立群,国务院副总理贺龙、陈毅、罗瑞卿,全国政协副主席徐冰、高崇民、李四光、沈雁冰、许德珩,国防委员会副主席叶剑英、傅作义、蔡廷锴,中国人民解放军副总参谋长王新亭等海陆空三军将领。在李先生旧部中引人注目的有王昆仑、朱蕴山、卢汉、刘仲容、邵力子、黄绍竑等人士。新华社关于李宗仁先生受到盛大欢迎的报道中,还特别提到了溥仪:"在欢迎的人中,还有爱新觉罗·溥仪和他的夫人李淑贤,以及杜聿明、宋希濂、范汉杰、廖耀湘等。"①

李宗仁走下舷梯,与欢迎的人们一一握手。来到溥仪夫妇面前,周总理向李宗仁和郭德洁介绍说:"这是中国末代皇帝溥仪先生,你们还没有见过吧?"于是,末代皇帝和末代总统的手紧紧地握在了一起,总理又对李宗仁说:"溥仪先生新生了。你看他 50 多岁了,不像吧?"溥仪也告诉李宗仁说:"我已

---

① 《人民日报》1995 年 7 月 21 日。

1965 年 7 月 20 日，溥仪和李宗仁在北京相会并紧紧握手

经 59 岁了，但我感到越活越年轻！"总理又指着李淑贤说："这是溥仪夫人，是我们杭州姑娘。"大家都笑了。在场的程思远先生，看到李宗仁和溥仪握手这一具有重大历史意义的场面无限感慨地说："上下几千年，纵横五大洲，历史上有哪一个国家，哪一个政权能够这样？不但把一位末代皇帝保存下来，改造成了新人，而且末代总统也万里归来，这证明共产党的政策是多么宽宏大量。"①

　　晚上，周总理在人民大会堂宴会厅举行盛大宴会，隆重欢迎李宗仁，溥仪应邀出席。整整半月后的下午，溥仪与杜聿明、宋希濂、范汉杰、廖耀湘、杜建时等人，前往李先生在东总布胡同的寓所拜访，那天的专员学习会也因此而停止了，只在当天的专员讨论记录上留下一句话："1965 年 8 月 5 日星期四，下午组会因杜、宋、范、大溥、廖、二杜等去看李宗仁，临时停止。"②在一个多小时的谈话中，李宗仁对溥仪说："我在美国看到了《我的前半生》一书，很有启发。你这样一位封建皇帝，能在中国生活得很好，很自由，这是说明问题的。"

---

①　顾笑言、王士美、汪东林著：《李宗仁归来》，吉林人民出版社 1980 年版，第 131 页。
②　参见专员学习讨论原始记录，未刊。

溥仪也对李宗仁说："非常欢迎你回来,我们应该共同建设社会主义祖国,应该贡献我们的力量。"李宗仁还与宋希濂等谈起历历往事,都不免有沧桑之感,杜聿明夫人曹秀清住在美国女儿杜致礼和女婿杨振宁家里时,曾与李先生见过面,所以这次也随丈夫来叙旧。先生称赞敢于大闹台湾蒋介石总统府的杜夫人"有勇气",曹秀清则对德公的归来表示钦佩。

　　8月6日下午,在周总理亲自主持的全国政协欢迎李宗仁归来的茶话会上,彭真致词说:"爱国一家,爱国不分先后,来去自由。所有在海外的人士,凡是愿意回来的,我们都欢迎。"李宗仁致答词:"天下大势已定了,我们国民党人和海外爱国人士应该本着'服输'的精神,让中国共产党和毛主席领导建国,国家建设好了,我们大家都有份。"溥仪颇有感触,曾对妻子说:"宗仁先生有'服输'二字,我则有'认罪'二字,这也很好嘛! 因为这意味着祖国的胜利,也是我和宗仁先生的后半生的胜利。"①

　　8月7日晚,中国国民党革命委员会中央委员会举行宴会,欢迎李宗仁先生。民革中央副主席蔡廷锴在宴会上讲话。他说:"我们民革同志所选择的道路,符合中山先生的愿望,是正确的。今天宗仁先生所选择的道路,同样符合中山先生的愿望,也是正确的。可以说,这是一切忠实于中山先生革命遗教和有爱国心的国民党人,应当走的唯一可走的光明大道。"李宗仁在宴会上讲话说:"宗仁早岁服膺革命,深感孙中山先生革命思想的伟大。但经过四五十年的考验,又深切了解孙先生的革命理想,决不可能在旧中国实现。今看到祖国在过去16年中,不仅出现了史无前例的统一,且经济全面好转,工农业生产均在大大提高,前途充满了一片好景。这表示孙先生的理想只有在中国共产党和毛主席领导之下才能完成。"蔡廷锴和李宗仁的讲话,使在座的溥仪想起近代中国的许多事情。想当年,在"中国向何处去"这个问题面前,溥仪、李宗仁和毛泽东各持不同的答案,殊途同归,现在都走上了社会主义道路,这就是结论。

　　9月26日,李宗仁先生举行盛大的中外记者招待会,发表长篇谈话,并回答了记者们提出的各种问题。继又举行冷餐会,招待中外记者。新华社关于

---

　　①　依据李淑贤1980年向笔者提供的口述回忆资料。

冷餐会的报道特别提到溥仪的出席：“出席冷餐会的还有爱新觉罗·溥仪、杜聿明、宋希濂、范汉杰、廖耀湘、爱新觉罗·溥杰和他的夫人嵯峨浩。”①

外国记者和港澳记者，听到溥仪出席冷餐会的消息纷纷来访，这些刚刚向中国末代总统提出了各种问题的记者们，转过来又向中国末代皇帝发问了。溥仪一边讲，一边打手势，慷慨陈词，一一作答，从而形成了李宗仁中外记者招待会上的又一个热点，在次日下午的专员学习讨论会上，溥仪还应同事们的请求，讲述了他与英国路透社记者以及阿联酋、印度尼西亚和匈牙利等国记者谈话的情况，这在溥仪当天日记上也有详明记载：

> 下午 5 时半，参加李宗仁举办的冷餐会。先有三位英国记者陆续谈话。一个路透社记者说，听说我的著作已出版，但英文版的第二分册尚未译出，希望我能写出全书提要，交给他拿去在英国发表。我说，外文出版社正在翻译中，我手头没有该书的英文提要。又一个英国记者问我：“你和你的兄弟离开多少年了？”我说：“我们并未分离。现在还一同工作。”另一位英国记者对我说，他是初次到中国来，极感兴趣。
>
> 有一位美国人和我握握手，只谈了几句闲话。
>
> 一位曾经见过我的阿联记者和我握手致意，并告诉我，他明日即返国。
>
> 印度尼西亚大使馆文化参赞来见，我和他握了手，并说：“我能见到印度尼西亚朋友很高兴。”
>
> 旋又为香港和澳门记者包围。有过去见过的，也有新来的，人越来越多。他们问我工作情况，家属情况。正说着，又插进匈牙利记者来，他告诉我，本欲约日见我，今趁此机会和我谈话，很高兴。他问我清朝时代与匈牙利是否已建交？我答，当清朝皇帝时我才 3 岁，6 岁时已改为中华民国，因此，我不知道。他又问伪满洲国有无和匈牙利建交？我说有。他接着说，这样，我们今天见面就很高兴了。我说，当时是在日、德、意三个法西斯国家的支配下，“满洲国”

---

① 《人民日报》1965 年 9 月 27 日。

是日本的傀儡政权，当时的匈牙利也是反人民的法西斯走卒，那种建交关系也是可耻的，危害人民的。而今天，我以中华人民共和国公民的资格，与你——一位匈牙利公民见面，我确实感到很高兴。

和匈记者谈话未完，港、澳记者急不可耐地提议要到第二会议室单独座谈，还要求一起照相，但许多记者继续向我包围过来，使我动不得。

匈记者抓住不放地问我，给斯大林写信愿意长期留住苏联的缘故。我述说了1950年时对回国的恐怖心理。

接着，我向包围我的中外记者讲述了在党的改造政策下自己的转变。我说，经过理论学习和实地参观等改造措施，我从新旧对比之中，逐渐认识了真理，认识了社会发展规律。我看到了中国人民在殖民地半殖民地社会中被三座大山压迫奴役惨遭屠杀的情形，也看到了他们在党和毛主席领导下，翻身解放成为国家主人的情形。由此，我认识了自己反人民的封建罪恶本质和帝国主义的侵略本质，这就是真理，不能不使我在真理面前低头。

我还谈到，是党的改造政策把我这个封建皇帝改造成社会主义新人，走上为祖国为人民服务的光荣道路。过去当帝国主义走狗不但危害了人民，个人也没有自由，没有好下场。帝国主义利用走狗，看到它已不起作用就杀掉了，就像对南越的吴庭艳那样。一年中，南越不是换了十几个傀儡吗？事实证明，只有人民之路才有光明前途，谈到这一点我是现身说法。

一位香港记者问我是否续写后半生？我说，后半生应当是全心全意为祖国人民服务，我愿以实际行动去写后半生的历史。

我又根据匈牙利记者的提问，谈到写作《我的前半生》一书的目的，以及在植物园和政协工作的情况。

匈牙利记者要求我给他题字，我写：为反对帝国主义和殖民主义，支持世界各被压迫人民与民族，为实现社会主义与共产主义的伟大事业而共同奋斗！

香港、澳门记者亦让我题字，我写道：告港澳同胞，让我们心连心，在中国共产党和毛主席领导下，为把我国建设成为一个伟大的社会主义强国而奋斗！①

九、参加 1965 年的国庆活动

冷餐会过后仅三四天，便迎来了 1965 年的国庆佳节，这中间溥仪和专员们还应邀一起出席了全国第二届运动会闭幕式，伟大祖国国徽的光辉形象，在庄严、隆重的场景衬托下，变得愈来愈真切了，溥仪有这种感想，实在是很自然的。

溥仪从小爱好体育活动，又爱玩，在长春当傀儡皇帝时常有日本运动员进"宫"表演，如日本著名网球选手村上 1935 年到长春，立刻被伪满文教部大臣阮振铎送入"宫"内，在"内廷球场"上向木偶般的"皇帝"奉献"绝妙球艺"。1940 年日本武师进"宫"在清宴堂表演"武道"，溥仪由担任侍卫官的堂弟溥佳"扈从"观看，从而留下一篇"扈从"日记："'康德'七年十一月二十五日，一时半，扈从上临清宴堂，陪观武道大会。有柔道，剑道，刀弓矢。有女的练剃刀、对剑等。予本外行，视之如同儿戏，颇乏兴味。唯有一老翁，约七旬余，尚能摔，颇羡之，余皆无何兴趣。三时半，演毕，扈从返宫。"②

溥佳没有兴趣，溥仪也不会感到多少兴趣，那是日本军国主义者正在我国大地上横行的年代，日本武师的表演，与其说是"献技"，不如说是嘲弄，是在耍戏被污蔑为"东亚病夫"的中国人民。面对为炎黄子孙争得荣誉的新中国体育健儿，想起那历史上可憎的一幕，溥仪的心中会涌起怎样的感情，是能够体会到的。

9 月 28 日闭幕的第二届全国运动会，向国庆 16 周年献出了一份厚礼，而这次国庆佳节也给溥仪先生留下了几件实物，它们装在一个较大的白色信封内，封面写着"溥仪先生"4 个字，是发信人手迹，下款处则有溥仪用红墨水钢笔写的"一九六五年，庆祝我国成立 16 周年，周总理在人民大会堂宴会"一行

---

① 王庆祥整理注释：《爱新觉罗·溥仪日记》，天津人民出版社 1996 年版，第 420—423 页。

② 秦翰才：《满宫残照记》，岳麓书社 1986 年版，第 125 页。

字，显然，这是溥仪生前作为纪念品特意保存下来的。

第一件是庄重而喜庆的红色请柬："为庆祝中华人民共和国成立十六周年，订于一九六五年九月三十日（星期四）下午七时在人民大会堂宴会厅举行招待会。敬请光临。周恩来。"

第二件是请柬的附条，上面写道："此次招待会，您的席位在第4区，第397桌，并请提前由人民大会堂东门入场。"

第三件也是请柬的附件———一张印有红底烫金国徽图案的"菜单"："烤鸭、白斩鸡、盐水鸭、五香牛肉、烤羊腿、陈皮大虾、西红柿、葱油黄瓜、酸甜白菜、卤冬菇、姜汁松花、五香青鱼、烤麸、油焖红辣、姜汁扁豆、红油香干；点心：月饼、烧饼；水果。"

第四件是在红绸布条上烫金印制的观礼证，上面有国徽图案，有1949—1965年"国庆"字样，还标明了在观礼台上的位置：西4台，第0417号。观礼证上盖有"庆祝中华人民共和国成立十六周年筹备委员会"的公章。

第五件是一张铅印的通知："庆祝中华人民共和国成立十六周年晚会，于十月一日下午八时在天安门广场举行，请您凭红色观礼证上观礼台。除可偕同夫人外，请不要偕带小孩和其他任何人员。特此通知。庆祝中华人民共和国成立十六周年筹备委员会，一九六五年九月二十八日。"①

1965年国庆节到来之前，溥仪的家庭发生了几件大事：6月间溥仪因癌症施左肾及膀胱一小部连输尿管切除手术顺利完成；8月间李淑贤因长瘤施子宫摘除手术也很成功。溥仪把这些看成是党和国家关怀、照顾的结果，因此对即将到来的佳节怀有更深的感情。

9月30日晚7时，溥仪在盛大国宴上看到了动人的场面：毛泽东主席、刘少奇主席、周恩来总理与柬埔寨国家元首西哈努克亲王等贵宾步入宴会大厅，乐队高奏欢迎曲和《东方红》乐曲，这时与会的5000名中外人士发出雷鸣般热烈的掌声，全场欢腾。刚从海外归来的李宗仁先生也出席了宴会，溥仪十分高兴地问候他，并相互祝酒。

第二天，溥仪从观礼台向广场看去，只见十万群众手持花束组成"一轮红

---

① 依据李淑贤1980年向笔者提供的原物，今存长春伪满皇宫博物院。

日放射出万丈光芒"的
壮观图景,象征伟大的
祖国有如旭日东升,蒸
蒸日上,他感触万端,不
断鼓掌。在焰火晚会
上,溥仪颇有兴致地向
妻子介绍各种礼花的名
称。他指着刚刚飞上夜
空的一簇礼花说:"这叫
'锦上添花',你看它多
像一幅抖开的锦缎,迸
发出千万颗闪烁的金
星。"接着,一串带声响
的礼花又冲上天空,好

1964 年 10 月 4 日,全国政协在人民大会堂宴请归
国华侨和港澳同胞,溥仪应邀与席

似听见一阵阵鞭炮之声,然后又见礼花四射,出现了宛如鸟鸣的声音,他说:
"这叫春暖花开!"继而反问妻子:"你看这礼花有没有满园春色的感觉?"李淑
贤笑了:"让你这一说真像是春天又来了。"溥仪还是没完没了地介绍着,这片
礼花叫"五谷丰登",那片礼花叫"麦浪滚滚",看上去真像撒向夜空的一簇簇
金色的种子,呈现出丰收景象。

　　10 月 4 日,溥仪出席了全国政协为招待港澳人士及归国侨胞而举行的酒
会,他在当天日记中留下记载:"下午,在人民大会堂参加政协招待港澳归来
同胞和亚、非、拉各地华侨的酒会,看文娱节目,同座是从秘鲁回来的华侨。"①

十、"文化大革命"年代的两度露面

　　在特殊的"文化大革命"年代里,溥仪也参加过两次重要的政治活动,第

①　王庆祥整理注释:《爱新觉罗·溥仪日记》,天津人民出版社 1996 年版,第 427 页。

一次是在 1966 年 11 月 12 日下午,首都一万多人在人民大会堂集会,隆重纪念伟大的革命先行者孙中山先生诞辰一百周年,溥仪出席了大会。

　　爱新觉罗·溥仪先生:

　　　　中国人民政治协商会议全国委员会常务委员会第三次会议决定,请您担任孙中山诞辰百周年纪念筹备委员会委员。特此通知。

　　　　中国人民政治协商会议全国委员会秘书处(公章)

　　　　　　　　　　　　　　　　　　一九六五年十月二十五日①

　　这份通知迄今犹存,显然已是一件珍贵的文物了。作为清朝末代皇帝,参加中国资产阶级革命领袖和首代总统之纪念活动的组织工作,这自然是极有意义的事情。同年 10 月 31 日,溥仪出席了孙中山先生诞辰一百周年纪念筹备委员会第一次会议。他在当天的日记中热情赞颂了中山先生的历史功绩,认为中山先生始终坚持反帝反封的斗争,推翻了封建皇帝,建立了中华民国,并一直与康有为、梁启超等保皇党进行针锋相对的斗争。十月革命胜利后,他又在共产党的帮助下改组国民党,提出联共、联苏、扶助农工三大政策。他敢于提出打倒帝国主义的口号,敢于和无产阶级先锋队合作,从而把旧民主主义发展为新民主主义,这是他适应世界潮流、人民愿望,不断进步的表现。孙中山先生不是鲁迅,不是马列主义者,但他敢于反对帝国主义,是伟大的革命家。②

　　此后一年中,除了住院期间,溥仪始终参加了这次纪念中山先生的筹备活动。

　　大会堂高高的圆顶上,红五星放射着光辉。主席台的帷幕上悬挂了一幅三四丈高的孙中山先生彩色巨像,两边各挂五面红旗,每面代表 10 年飞逝的时光。红旗下是 1866 和 1966 几个大数目字,表示这位中国巨人从出生到现在,已经过去了整整一个世纪。会议由董必武副主席主持并致开幕词。周恩来总理讲话后,宋庆龄副主席和民革主席何香凝,以及日中友协理事长宫崎世民先后讲话,年事已高的宋庆龄站在讲台上娓娓述说中山先生的生平,给

---

　　① 依据李淑贤 1980 年向笔者提供的原物,今存长春伪满皇宫博物院。

　　② 王庆祥整理注释:《爱新觉罗·溥仪日记》,天津人民出版社 1996 年版,第 436—437 页。

溥仪留下深刻的印象,会后回到家里就对妻子说:"宋庆龄70多岁了,连续讲话50分钟,真了不起!"

溥仪,这位已是病入膏肓的政协委员仍然参加政治活动。形势变了,身体垮了,但这位中国的末代皇帝认为,自己活着,就不能停止履行职责。

溥仪在"文化大革命"年代的另一次公开露面是再登国庆观礼台。1966年的国庆节是在中国出现了特殊的政治形势后到来的,在内乱之中,在癌症缠身的烦恼之中,溥仪和其他专员一样根本没敢想还能参加国庆盛典。董益三在其10月1日日记中写下一段感想:"今日是中华人民共和国建国17周年的国庆节日,特赦以后年年都参加国庆观礼,今年由于无产阶级文化大革命没有参加。生活待遇的恢复是喜出望外,政治待遇的变更是理所当然。"①他在这里提到的"生活待遇的恢复",是指一度降低的工资很快又补发了。

9月30日中午,溥仪意外地收到了参加一系列国庆活动的通知,宋希濂和杜聿明也同时收到了通知。他们哪里知道这是敬爱的周恩来总理精心安排的保护性措施!溥仪在日记中对这次参加国庆活动有详细记载:

9月30日　星期五

通过政协接到国庆筹备委员会的通知,周总理今晚6时在人民大会堂宴会厅举行我国成立17周年的庆祝国庆招待会,我和宋、杜参加。

下午6时,先由首都红卫兵讲话和歌唱,红卫兵红旗飘扬,大厅内鼓掌不停。后来,周总理讲话。

宴会时,我和宋、杜一起到另一桌,向3211钻井队(大庆工人、赤卫队,曾参加扑灭大火)几位英雄面前敬酒,又到王进喜(王铁人)处敬酒。外国友人很多向3211队和王进喜敬酒,特别是越南南方民族解放阵线常驻中国代表团代理团长阮明方向他们敬酒非常感人,我想,这真是英雄对手,我跳跃起来,连呼"伟大的毛主席万岁!""毛主席万寿无疆!"7时许退出。

---

① 依据董益三1982年向笔者提供的手稿,未刊。

今天下午又接到我国成立 17 周年国庆筹备委员会通知：明天上午 10 时参加观礼，我和宋、杜参加，在西三台，开会前一小时入席，晚上参加晚会。

溥仪最后一次登上天安门观礼台时胸前佩戴的红绸条

10 月 1 日　星期六

这是文化大革命运动中的国庆节，今日参加游行的革命群众有 250 万人，10 时，先由中央领导讲话，然后是工农兵学生代表，越南、澳大利亚、安哥拉、日本代表，还有美国黑人领袖罗伯特等先后讲话。直到 11 时开始游行，下午 4 时才告礼成，4 时半回寓。

毛主席身体极为健康，真是全中国人民的幸福，我的幸福，也是全世界革命人民的幸福。

今天我和宋希濂、杜聿明都参加了。我和阎宝航、卢郁文同车。来去途中，群众皆手举毛主席语录，喊"毛主席万岁"，我在车中也拿出毛主席语录，喊"毛主席万岁"。车内车外响成一片，对毛主席的无比敬爱、无比崇拜，一片革命欢腾景象，写之永志不忘。

晚 8 时和阎宝航到天安门参加晚会，看焰火。阎宝航和我回寓较早些（约 9 时许）。后来看报才知道，我们的伟大领袖毛主席在 9 时 30 分乘车来到天安门前。主席身穿草绿色军装，精神焕发，健步走出金水桥，席地而坐，和群众在一起观看焰火。太可惜了！我为什么和阎宝航回家那么早呢？①

———————————

① 王庆祥整理注释：《爱新觉罗·溥仪日记》，天津人民出版社 1996 年版，第 542—544 页。

　　这就是溥仪最后一次应邀参加国庆观礼活动的纪实。受到周恩来总理一次又一次的邀请,这是溥仪的光荣。在肃穆的天安门观礼台上或是庄严的全国政协会议会场,在植物园美丽的温室或是绿色的田间路旁,在接待外宾的会客厅里或是充满友好气氛的酒会上,在《人民日报》显著的版面中间或是台湾海峡上空那蓝色的电波里,我们都能看到、听到或者感受到一位爱国者的存在,一位忠于职守、忠于社会主义事业的普通公民的存在,一位热爱人民并积极作出了贡献的社会活动家的存在。如果想到他是昔日的末代皇帝简直不可思议,那么,看到眼前这位中国公民又只好深信不疑。

第九章
外事活动

　　我现在的志愿只有一个：我要重新做人，从头建立人的尊严，我要有一个像样的中国人的灵魂。

——爱新觉罗·溥仪

　　爱新觉罗·溥仪生前一直是一位国际舆论界瞩目、受到外国各界人士关心的人物。这当然和他由封建帝王、汉奸傀儡、战争罪犯改造成为新中国的公民并成为全国政协委员这一特殊条件是分不开的。

　　1964年的全国政协简报中，有一段关于溥仪的文字："溥仪的国内外来信一直很多（每月约有10封），自从《我的前半生》出版后来信更多。其中国内来信有询问清朝文物的，有要求作报告的，有要求题词、借赠《我的前半生》一书的，也有一般表示景仰、盼取联系的，甚至还有盼能介绍工作或者'奉侍左右'的。国外来信有英国、丹麦、西德、印尼、墨西哥等，多是要求签名，或者赠给照片，也有的盼对《国际名人录》所载有关溥仪的记述提出增改意见。"

　　正因为溥仪的特殊历史地位，来华的外宾，从国家元首到新闻记者，从作家、艺术家到法律工作者，都毫无例外地要求与中国的末代皇帝会见。他们认为"百闻不如一见",要亲眼看一看中国共产党经过长期努力创造的"奇迹"——把一个末代皇帝改造成普通公民,把一个最大的剥削者改造成一名自食其力的劳动者。因此,就出现了使溥仪应接不暇的外事活动。

一、在植物园接待外宾

溥仪刚特赦还在他五妹韫馨家居住的时候,一批一批的国际友人就接踵而至了。他们中间有英国、联邦德国、奥地利、匈牙利、加拿大和法国的记者,迁居崇内旅馆后,又有苏联《消息报》的记者等闻讯前来采访。

溥仪在植物园劳动和学习的一年中间,接待的外国朋友就更多了。这当中有苏联的著名哲学家和作家,英国作家,智利、阿根廷和秘鲁的作家、律师、医生、画家和小提琴家,还有巴西、乌拉圭等拉丁美洲各国的法律工作者或议会议员,以及匈牙利、墨西哥和美国的新闻记者等。特别是在一次酒会上,与美国进步作家和记者埃德加·斯诺、安娜·路易·斯特朗以及日本和平人士西园寺公一的会见和谈话,引起了溥仪的极大兴趣并留有深刻的印象。

1960 年 3 月 17 日,溥仪会见乌克兰女作家克拉维茨

1960 年 5 月 9 日,毛泽东曾向伊拉克、伊朗和塞浦路斯外宾介绍溥仪的情况,说他小时候曾统治中国,后来被推翻了。他现在很有进步,已经被赦免,不是战争罪犯了,恢复了自由,现在在北京植物园工作。毛主席还说:"你

1961 年 9 月,德籍新华社摄影记者叶华在全国政协采访溥仪并拍摄一部新闻纪录片

们有兴趣可以集体找他谈一谈。他是这样的人,我们也并不杀他,改造好了,还有工作能力,只是不能做国王就是了。”

半个月以后,一批智利、阿根廷和秘鲁的作家、艺术家、律师、医生、画家和小提琴家,来到北京西郊的绿色王国访问溥仪,参观了他的生活环境和工作情况,对这位前宣统、“康德”皇帝改造后的表现,对中国公民、植物园职工、满族农艺师溥仪先生的思想转变,产生了莫大兴趣。一位客人临别时拉着他的手亲切地说,正是毛泽东主席建议他们来看望这位末代皇帝的。

毛主席总是建议外宾访问溥仪,周总理也常常为溥仪创造会见国际友人的机会。1960 年 5 月 26 日下午,总理在人民大会堂设宴招待第二次世界大战中闻名世界的英国元帅蒙哥马利,在红星人民公社当社员的杜聿明和在植物园当园丁的溥仪,都被特邀出席作陪。当总理向贵宾介绍溥仪见面的时候,人们看到他微微露出一点儿羞赧的神色,当年在“康德”皇帝任上,他就熟悉元帅的鼎鼎大名,深知他是国际上有威望、有魄力的反法西斯司令官,而自己却在反动营垒内充当一名不光彩的“小伙伴”。

那是1939年的事情,日本外务省命令日本驻伪满大使馆,转告伪国务院外务局,要求伪满立即加入"日德意防共协定",此协定是三个法西斯国家为了称霸世界而在东京签订的。伪满国务院外务局闻命而动,立即草拟了《关于满洲国参加对于共产国际之协定之议定书》,2月24日经溥仪裁可公布,从此把伪满也拴在了希特勒全球战争的战车上。

回忆这段历史,溥仪有如下估价:"固然,按照伪满当时所处的地位和比重来说,它只不过是'轴心国家'后边的一条小小的尾巴,也只能是在它主人的脚前脚后做出东摇摇西摆摆的邀宠乞怜的丑态,但如果从这一罪行的深刻和巨大影响去看,这当然是一件不可饶恕的滔天大罪了。"①

今天,两位当年的政敌又在友好而欢快的气氛中同桌共饮了。作为早被历史宣判是失败了的一方,溥仪难免现出羞愧之颜,而蒙哥马利元帅则心情舒畅,他愉快地说:"我素不饮酒,但是今晚将大大破例,我要为中华人民共和国的繁荣而干杯!"说着,元帅一饮而尽,周总理也一饮而尽,溥仪和其他作陪的人都随着一饮而尽了。

由于毛主席和周总理的推荐、引导,溥仪在植物园生活后期,先后接待各种肤色的国际友人也很不少,他们有不同的国别、不同的身份和不同的政治观点,他们从各个角度提出千奇百怪的问题,但溥仪的回答却包含一个永恒的主题,那就是对祖国的真挚而深沉的爱!

10月初,溥仪在北京崇内旅馆接待了一位墨西哥的新闻记者。当这位客人告诉溥仪说他在美国报刊上看到过所谓溥仪"已经冷酷地死去了"的时候,溥仪立刻回答说:"作为清代最后一个皇帝,作为日本侵略者的傀儡,我的前半生确实已经死去了。但我的后半生,作为劳动者的生活却刚刚开始。"分手前,溥仪为客人在手册上题了字。这位记者举着本子高兴地说:"我要把当年的宣统皇帝还健在,并且生活得很好的消息报道出去,让我们的读者知道事情的真相!"②

在1960年的最后一个季度里,溥仪接待了许多国家的政法界人士,其中有阿根廷、巴西和智利的39位法律工作者,有古巴最高检察官和两位律师,有

---

① 溥仪:《我的前半生》第一稿,1958年写于抚顺战犯管理所。
② 王庆祥整理注释:《爱新觉罗·溥仪日记》,天津人民出版社1996年版,第108页。

乌拉圭众议院议员、前司法部长赛格威亚，以及随行的两位律师格拉克木和塞拉维尔等。这些人带着不同的研究任务前来访问，向溥仪提出有关改造政策的各种各样的问题。看得出来，他们共同关心的几个问题是：政府为了改造溥仪采取了哪些具体措施？溥仪由皇帝到公民的具体转变过程是怎样的？溥仪的改造究竟达到了什么程度？在访问中，他们都获得了满意的答案。①

也有一次溥仪参加外事活动，却险些闹出差错。1960 年 12 月 15—20 日，柬埔寨国家元首诺罗敦·西哈努克亲王应刘少奇主席和周恩来总理的邀请对我国进行国事访问，在这次涉及发展两国友好关系的重要活动中，签订了《联合声明》、《友好和互不侵犯条约》、《经济技术援助议定书》和《航运合作协定》等文件，然而在人民大会堂的国宴开始之前，却在无意之中衍生出一段故事，北京市民政局副局长王旭东奉上级指示引领溥仪出席了这次欢迎宴会，但他却误解了宴会安排者的意图，让溥仪预先坐到了陪同国宾的位置上，幸好亲王尚未入席，即被总理及时发现，他感到让友好邻邦的国家元首与已被废黜的皇帝坐在一起或许会引起客人的误解，然而如果很生硬地带走溥仪又容易伤害他的自尊心，遂让人民大会堂的管理人员与王副局长以参观为由把溥仪带离国宾桌，参观后就很自然地坐到了其他桌较次要的位置上了，溥仪对此竟毫无察觉。

1961 年 1 月中旬，在植物园温暖如春的会客室里，溥仪会见了美国记者特莱维斯夫妇。外宾告诉溥仪说刚刚参观了温室，尽管室外冰天雪地，室内仍是叶绿花红，他们很喜欢这个地方。主人和客人畅谈着公民溥仪的生活、学习、劳动，也议论起国际问题、中美关系……气氛融洽极了。临别时溥仪说："我反对美国现任统治集团的侵略政策，但我欢迎美国人民，希望看到两国人民能够友好相处。"特莱维斯先生说："我真诚地祝贺你由腐朽的生活转变为崭新的生活！您非常详细地回答了我们很想了解的问题，我们很感谢。同时，我们还必须向您和中国人民表示，我们同样不赞成美国政府干涉和敌视中国的政策，我们愿意和你们一起站在反对美国侵略的同一行列之中。"②

---

① 王庆祥整理注释：《爱新觉罗·溥仪日记》，天津人民出版社 1996 年版，第 111—113 页。

② 王庆祥整理注释：《爱新觉罗·溥仪日记》，天津人民出版社 1996 年版，第 114 页。

二、会见日本议员阿部文男

1963 年 5 月 22 日，溥仪会见了日本北海道输出入协同组合自由民主党北海道议员阿部文男先生。在溥仪遗稿中还保存着他们会见的谈话记录，这份记录和溥仪在 1961 年 10 月对日本电波访华团的录音谈话一样，都能证明溥仪在思想认识上的进步。他确实已经能够运用辩证唯物主义的观点，正确分析日本军国主义的侵华历史了。他一方面充分揭露并自我谴责，另一方面又以真挚的感情对待日本人民。下面就是溥仪与阿部文男会见时谈话的部分内容：

阿部：我是第一次来到中国，对新中国的许多事情是不了解的。今天能见到您，非常高兴，很愿意知道您的近况，我觉得您很健康，也很年轻呢。

溥仪：在新社会，我确实越活越年轻了。作为一个中国公民，我欢迎您来我国访问，愿意向您表示我热烈支持日本人民的心情。日本人民反对美日安全条约的斗争，反对日本军国主义化的斗争，是一定会胜利的。

阿部：您过去身为皇帝，在生活上总有许多人伺候，今天不一样了，您感到不方便吗？

溥仪：我的感觉完全相反。我自幼养尊处优，过着饭来张口、衣来伸手的骄奢淫逸的生活，这使我不幸失去了一般人都具备的生活自理能力，就好像温室里长大的鲜花，经不起风风雨雨，加之生活无规律，造成身体虚弱多病。因此说，正是那种许多人伺候的生活害了我。

从苏联回国后，就过集体生活了，逐渐锻炼，身体才开始好起来。去年结婚后，有人劝我们雇用保姆，但我和爱人都反对。我们已经懂得：在能够独立生活的情况下，让别人服待自己是可耻的，也是对身体有害的。现在，我们生活得很好，精神方面也比当傀儡皇帝的时候愉快多了，因为我是一个自由自在的公民，没有什么必须挂心的事。

阿部：我曾听说，您在苏联时期受到"赤化"教育，是这样吗？

溥仪：(笑着说)这是反动派的胡说。我在苏联期间看书看报完全自由，受到人道主义的教育。中国共产党也从未强迫我"洗脑筋"，我是认识了真理，不能不向真理低头。

我是一个中国人，清楚地知道过去那个旧中国。那时候，中国人不能在自己的国度里行使法律，连北京也被外国人统治着。今天，先生来此，可以看看我们这个国家，难道还存在那种现象吗？现在才是中国人民自己的天下了。

历史上改朝换代的时候，皇帝及其家属没有能继续生存的，我在被苏联政府遣送回国时，自念一定被杀，当时完全陷入了死刑的恐怖之中。然而，事实上我不仅好好活着，还成为国家的主人——公民。

本来嘛，多数人遭罪受穷，少数人作威作福，是很不合理的。拿伪满来说，可以尽情享乐的人，是日本军阀、官僚和我这个"康德皇帝"，而人民吃一顿大米饭也犯罪。现在，人民依靠自己的斗争，摆脱了那种丑恶的剥削和压迫，难道这也是不应该的吗？

在旧中国，帝国主义老爷不许我们在自己的国家里发展民族经济，建立自己的体系，无论工业和农业都充满了殖民地的色彩。而今天，最先进的科学技术，正不断地被采用，从来不能制造的工业制品，正在国内大批生产出来。

这都是我亲眼见到的事实，由此，使我得以逐步认识了真理，这也能说是"洗脑筋"吗？

再拿和我一起在抚顺改造的日本战犯来说吧，他们不也在事实的教育下向真理低了头吗？他们曾亲手杀害无数的中国人、共产党员、爱国人士及和平居民。残酷的屠杀、细菌试验等最惨无人道的手段，无所不用其极，革命者落到他们手里更是百无一活。可是，共产党对日本战犯怎么样呢？没有一个处死刑的，绝大多数现已获释回国。他们被捕时对我国既害怕又诋毁，在充满人道主义的改造中，才逐渐转变了观点。获释回国前日本记者采访他们，无一不说中国好,记者们不相信,以为他们在中国土地上不敢说真心话,但登上客轮远离了中国海岸以后,仍然说中国好,使某些别有用心的右派记者大失所望。

我听说有一位日本战犯,在释放后的归途中,当列车通过山海关时突然大声痛哭起来,在场的记者询问缘由,他伤心地回答说:"当年我就在山海关这个地方杀死许多中国人,他们不能活了,不能和家人团聚了。可是,我这个杀人凶手却又得到回家团圆的机会,我怎么能对得起就在这里死难的那些中国兄弟和他们的家属啊!"说着,又呜呜地哭了起来。这不正是他的天良发现和向真理低头吗? 难道这也是强迫"洗脑筋"的结果吗?

我还可以举一个在抚顺战犯管理所的例子。那个管理所在伪满时代是日本人囚杀中国人的地方,有一栋房子正是他们对我国同胞施加种种酷刑和处以死刑的所在。有一年,管理所修缮这栋房子,一些对我党政策尚存疑虑的日本战犯,以为中国人要进行报复,对他们施以酷刑和加害,想不到经过了修缮的这栋房子,成了为他们治病的医务室。那些"以己之心,度人之腹"的日本战犯受到了深刻的教育,他们开始懂得了:应以人之腹变己之心。

最后,我还可以说说自己的切身感受。我过去当皇帝都是受制于人,并不自在,我是北京生人,却连北京是什么模样也不知道。成为"康德"皇帝以后,在日本人的控制下,连会见家属的自由都没有。在后半生的公民生活里,才有了真正的自由,有了真正的幸福。

阿部:您的话让我了解一个事实:共产党并不强迫犯人就范,而是引导他们认识真理。这是我很愿意知道的事情。现在,我想再问问您担任什么工作,最近在做什么?

溥仪:我在全国政协文史资料研究委员会工作,正在修改我写的一本书,书名叫《我的前半生》。

阿部:我很想看到您的书,我相信,日本人民都会喜欢您这本书的。

溥仪:我的书不一定能写好。

阿部:您太谦虚了,与您谈话,我有很多感触。我承认自己的头脑还很旧,我觉得您过去是皇帝,我以平民的资格和您谈话,心中是惶惑不安的。谈话过程中,我逐渐发现您完全是以平民的身份对待我,才使我的心情安定下来,因此,我是非常感激您的。

溥仪:愿我们共同努力,为争取日本的独立、民主和世界和平,为中日早日恢复邦交而斗争。

阿部:我要向您辞行了。临别前有个小小的请求:希望和您一起照张相,并请您题字签名。①

溥仪满足了客人的要求。照相后,又在客人的笔记本上信笔写下一句话:"决定历史前进的是人民,人民的力量才是不可抗拒的力量,新兴的力量一定代替腐朽的力量。"②

溥仪向阿部讲的那些话完全属实,日本战犯获释后"登上客轮并且远离了中国海岸以后仍然说中国好",那些在中国土地上犯下严重罪行而又获得宽大释放的前日本军人,回到他们的祖国以后,纷纷给中国领导人写信,表达他们忏悔而又感激的心情,这便是足以令人信服的证明。

中国共产党和中国人民以无产阶级的博大胸怀和革命的人道主义,感动了日本战犯,也教育了溥仪,在他们濒临死灭的心田中播下春天的种子。

三、与乌拉圭记者的谈话

1963 年溥仪接待外宾特别多,仅据溥仪日记等资料统计 7 月至 10 月期间就达 20 余批,其中有:马里共和国总统顾问、巴马科律师公会律师当巴·迪亚洛;马里共和国驻华大使馆代办尤素甫·库亚特;巴西妇女代表、《巴西邮报》记者伊伏内;巴西妇女代表、《最后一点钟报》记者海思;巴西女作家西维拉;梅格拉乌·穆罕默德率领的阿尔及利亚新闻代表团全体人员;肯尼亚下院议员、下院执政党议会党团首席督导约翰·戴维·卡利为首的肯尼亚非洲民族联盟代表团全体人员;巴西里约热内卢"巴中文协"副主席、《幽默报》社

---

① 依据李淑贤 1980 年向笔者提供的谈话记录稿,未刊。
② 王庆祥整理注释:《爱新觉罗·溥仪日记》,天津人民出版社 1996 年版,第 158 页。

长阿帕里·西奥·托雷利;巴西退役空军少将费利贝·方西嘉;巴西著名作家格拉济利安诺·拉莫斯夫人;巴西律师劳尔·林斯·伊·席尔瓦;法国《战斗报》记者卡力克;瑞典著名记者魏克伯穆;智利参议员、全国和平委员会副主席阿乌马达和夫人;智利新左翼民主运动领导人、前内务部长蒙特罗和夫人;智利众议员杜马和夫人;尼泊尔全国评议会议长比什瓦·班杜·塔帕和夫人,以及由塔帕为首的代表团全体成员。

这个名单肯定并不全面,但也能够反映溥仪在那段日子里频繁的外事活动概况。这些活动有时在全国政协礼堂,有时在人民大会堂,有时在民族文化宫,也有时是在溥仪西城的家中进行。

1963年10月31日上午10时,溥仪在政协礼堂会见乌拉圭《前进报》记者莱亚诺。莱亚诺年仅24岁,长一头金色卷曲的头发,留一撮小胡须,这位青年新闻工作者的头脑里却有不少奇特的问题。

问:您见过西太后吗?

答:3岁入宫时见过一面,留有模模糊糊的印象:西太后在阴森森的帷帐后面,有一张又丑又瘦的脸。

问:您的父亲对共产党持何态度?

答:我出宫后,他就脱离了政界,从此闲居,无论对共产党还是对国民党都无关系。

问:您属于何党派?是共产党员吗?

答:我是无党派人士。共产党是无产阶级先锋队,由工人阶级中最有觉悟的一部分人组成,以人民的利益为最高利益,以全心全意为人民服务为最大职责。入党是我争取的目标,但我现在不够资格,还差得很远。

问:您结婚几次?每次情况如何?

答:结过四次婚。第一次是在小朝廷中的"大婚",同时娶了一后一妃;第二次娶谭玉龄,封为"祥贵人";第三次娶李玉琴,封为"福贵人",这两次都是在日本人的干涉下,渗透着他们的政治阴谋,就像为朝鲜王选日本女郎配婚、从而吞并之的故事一样;第四次是特赦以后与李淑贤登记结婚,这是最幸福的结合。

问:请谈谈在抚顺的改造情况。您曾被判处死刑吗?

答：中国政府的改造政策是伟大的，历史上所没有的。我在抚顺10年，从未判刑。只是通过学习、劳动或参观接受改造。抚顺战犯管理所是日伪时代修建的，当时是东北最黑暗的一所牢狱，曾经虐杀了大批共产党员和爱国人士。现在，它把一批又一批的日本战犯和伪满战犯，改造过来并特赦释放了，其中就包括从前在那里任监狱长的日本战犯，说明旧监狱把好人折磨死，新监狱把坏人变好人。

问：请您谈谈对雷锋的看法。

答：雷锋有全心全意为人民服务的精神和舍己为人的高贵品质，是无产阶级的崇高战士，中国所以能摆脱半封建半殖民地和殖民地的社会地位，就是因为有千千万万像雷锋这样的人敢于流血牺牲。如果都像我这样只知有自己不知有别人，贪生怕死，中国谈何前途？"我为人人，人人为我"和"人不为己，天诛地灭"，反映了两种截然不同的阶级面貌，是两个阶级的人生观的生动表现。

问：对斯大林如何看法？

答：斯大林功大于过。功是第一位的，错误是第二位的。在十月革命以及由此开始的社会主义革命和社会主义建设中，在卫国战争和第二次世界大战中，斯大林领导苏联人民建立了伟大功勋，保卫了世界人民免遭法西斯德、日、意的吞并，这是谁也不能否认的。

问：斯大林的过是什么？

答：他在晚年犯了主观主义的错误，搞了肃反扩大化。但是，他的主观愿望还是好的，为了镇压反革命。《再论无产阶级专政的历史经验》一书，对斯大林的历史功过有客观评价。

问：对赫鲁晓夫如何看法？

答：这关系到中苏分歧问题，中国、苏联都是社会主义国家，两国人民有革命传统的友谊，但目前两国又存在原则的分歧。根据马克思列宁主义原则和两国人民间的同志关系，这些分歧迟早会得到正当解决。

莱亚诺对溥仪的回答非常满意，再三致谢。溥仪也觉得这位年轻的记者知道雷锋的名字和事迹，说明很留心中国的事情，也向客人表示钦佩。继长谈之后,溥仪和莱亚诺又合影留念,才愉快地握别。①

同年 11 月 18 日,应对外文化委员会之邀来华访问的古巴诗人、作家和艺术家联合会文学部主任比达·罗德里格斯,偕夫人在政协礼堂与溥仪会晤,《北京周报》副总编辑石方禹和全国政协干部陈曾慈在座,他们谈话 3 个半小时,溥仪畅叙了思想改造的心得收获。后来,比达同毛泽东会见时说:"(溥仪)长谈他过去的错误,很真诚。"主席告诉客人:"我也见过他一次,请他吃过饭。他可高兴了。"还补充说,"他很不满意过去不自由的生活,当皇帝是很不自由的。"②

溥仪遗稿中还有一份由溥仪亲笔誊清的回答外宾询问的详细记录,抄写时间为 1963 年 12 月 23 日,此前他会见过印度尼西亚《人民日报》记者苏约诺,来华参加国庆观礼的巴基斯坦著名公众领袖巴沙尼大毛拉和巴西进步党副主席、众议员法贡及夫人等,究竟是会见何人的记录虽不能确知,却可以反映出这位思想境界不断提高的"末代皇帝"在认识上的某些飞跃。③

问:你是否三次做皇帝?

答:是的,我做过三次皇帝。我 3 岁做清朝皇帝,12 岁时张勋复辟,再度"登极"称帝 12 天,后来又当上日本帝国主义的统治工具——伪满皇帝。过去三次做皇帝,都是当傀儡。现在,新中国六亿五千万人民是国家的主人,正如毛主席的词所说"六亿神州尽舜尧",从这个意义上,我也可以说做过四次皇帝了。

问:你是在荣华富贵中长大的,过着奢侈享乐的生活,你能够完全丢掉这种生活吗?

答:我过去的荣华富贵是不劳而获,是建立在别人痛苦的基础上,回想起来令人感到那是一种罪恶。现在,中国人民站起来了,祖国一天比一天繁荣富强。作为一个中国公民,我感到十分自豪,也

① 王庆祥整理注释:《爱新觉罗·溥仪日记》,天津人民出版社 1996 年版,第 196—200 页。

② 王庆祥整理注释:《爱新觉罗·溥仪日记》,天津人民出版社 1996 年版,第 205—206 页。

③ 王庆祥整理注释:《爱新觉罗·溥仪日记》,天津人民出版社 1996 年版,第 201—207 页。

才得到真正的自由和幸福。

问：正如您所说，当皇帝的生活是很受限制的。现在，能够按照自己的愿望行动了，您喜欢做什么呢？

答：我喜欢和人民在一起，向他们学习，为他们做些有益的事。现在看来很普通的事如串串门，谈谈天，逛逛公园，看看展览馆等，在我身为皇帝的时候都是办不到的。

问：1960年我们会面时您正在植物园工作，现在还在那里工作吗？

答：我在全国政协文史资料研究委员会工作，搞中国近代历史的资料编选工作，对此我感到极大的兴趣。

问：你生活在中国历史中惊人的时代里，你本身也是历史的一部分，你的经历代表着中国历史所发生的特殊变化。因此，我们愿意听到你的感想。

答：中国在几十年中确实经历了翻天覆地的伟大变化，这是中国共产党领导的中国革命带来的，也是党的改造政策把我从魔鬼变成新人。对我来说，这是最有意义的变化。①

正是这个"最有意义的变化"使爱新觉罗·溥仪成为举世瞩目的"世界上的奇迹"，从现存的王公贵族到一般平民，从国际上的政治风云人物到普通的新闻工作者、文学家，都对这位三次被罢黜，却依旧健在的末代皇帝感到极大兴趣。

四、一份回答外宾的记录稿

溥仪遗稿中，还有一份内容十分广泛、全面回答外宾询问的记录，这是1964年溥仪会见国际友人的长篇笔录。这一年，要求和他见面的外宾最多，也许这份记录稿是他每次回答外国客人的常备稿。

---

① 依据溥仪亲笔记录稿，李淑贤1980年向笔者提供，未刊。

问：您生于何年？

答：1906 年 2 月 7 日，农历正月十四日，我生于北京。

问：您的父母还在世吗？

答：父名载沣，1951 年去世。母名瓜尔佳·幼兰，1921 年去世。

问：可以谈谈您的祖先吗？

答：我的祖先——满族领袖努尔哈赤在 1616 年建立了后金政权，他就是爱新觉罗氏族的族长，也是满族的第一个皇帝。

问：您的父亲任何职？

答：我父亲继承了醇亲王的爵位，光绪皇帝去世后，他奉慈禧太后之命当了 3 年摄政王。

问：您当清朝皇帝时主要大臣都有谁？

答：我第一次登极时的军机大臣有庆亲王（奕劻）、鹿传霖、张之洞、那桐、吴郁生等。

问：您能记得当时朝廷上发生的事情吗？

答：当时年岁太小，记忆不清。只记得袁世凯跪在隆裕太后面前，两人对泣，后来听说那是袁奏请清帝退位。

问：请谈谈第二次当皇帝的经过。

答：第二次登极在 1917 年 7 月 1 日到 7 月 13 日，共做 12 天皇帝。先由我的教师陈宝琛告诉我，张勋带兵复辟，请我复位，应当接受这个请求。我当时一切都听教师的话，便接受了张的朝拜，这就算又当上了皇帝。张勋组织了内阁，自任首席议政大臣，用我的名义颁发许多"谕旨"，一切事由他包了。

问：张勋是怎样一个人？

答：他是清末将领，官至两江总督、江苏巡抚。庚子事件发生后，他曾护卫西太后和光绪逃奔西安。民国年代，他继续受到袁世凯的任用，授长江巡阅使。复辟失败后，跑到荷兰公使馆躲了一个时期，后来北洋政府并不追究。徐世昌当总统时，还委任他做林垦督办，他没有干，过了几年就病死在天津了。

问：请谈谈您所受到的教育。

答：我所受的教育就是在紫禁城内念了十几年的中国典籍，随英国老师庄士敦学了几年英文。

问：您是怎样离开紫禁城的？

答：1924年被冯玉祥将军和国民军赶出来的。冯将军原是吴佩孚部下，他反对吴佩孚和张作霖打内战，倒戈回师北京，幽禁并赶走了总统曹锟，同时也把我赶出紫禁城。

问：您父亲住在什么地方？您出宫后在父亲家有何活动？

答：父亲住在北京什刹海北岸醇王府，即今国家卫生部所在地。移居醇王府后，我很担心，整天想主意，要离开北京出洋留学。

问：您出宫以后怎样进入日本使馆？其后有何活动？

答：是陈宝琛、郑孝胥、罗振玉、庄士敦等人策谋的，郑孝胥和日本武官竹本大佐商量好之后，以找房子为名，把我诓到日本使馆。我在日本使馆内仍然想出洋留学。

问：您到过南京吗？

答：前半生我没去过南京。

问：您从宫中运出多少珍宝？后来都落到哪里去了？

答：有一千多卷手卷、百余件册页、几十幅古画和一批善本典籍，古玩、珍宝的数量很大，记不得了，卖掉的很少，大部分运到了长春。伪满垮台时散失很多，向通化逃亡时也带走一些字画，我走后落在皇族和当时管事的人手中，不知所终。

问：您在天津时靠什么为生？

答：变卖珠宝、变卖田产和收取房租。当时，皇帝在关内的田产经直隶省政府代卖，两家平分。在关外的土地由伪政权代卖了一部分，其余的归伪满"国有"了。这些买卖都由别人代办，我只知道有一部分字画是在日本卖的，其余就不知道了。

问：您在天津期间，身边出谋划策和常来常往的都有哪些人？

答：身边有师傅陈宝琛以及清朝遗老郑孝胥、罗振玉、胡嗣瑗等，与奉系军阀张宗昌、毕庶澄、褚玉璞、李景林、许兰洲等时有往来，网球运动员林宝华、《新天津报》记者刘冉公等则是常客。

问：您不用日本人当顾问吗？

答：我没有固定的日本顾问，经常来跟我谈论时局的，有先后几任天津日本驻屯军司令部的参谋、司令官以及历任日本总领事。

问：您当时也关心共产党的活动吗？

答：我对当时的共产主义运动和华南起义的消息，只能从中外报纸和传闻中知道一些，那些消息对我说来就是所谓"洪水猛兽"、"暴民作乱"，对我都是具有极大危险性的。

问：您对国民党的看法好一些吗？

答：当时，国共两党都被我看成是势不两立的对头，对共产党更害怕一些，后来听说国共分裂，蒋介石杀共产党，觉得威胁减少了，但我认为蒋介石也是不能容我的。

问：当时有何政治活动？

答：收买军阀，企图复辟。白俄谢米诺夫说，要组织军队帮助我夺取东北，结果上了他的当，给他拿出很多钱。我对奉系军阀毕瀚章等人都花过好多钱。

问：您是怎样到东北去的？同行还有谁？

答：1931年11月10日，我乘日轮"淡路丸"离开天津，13日早晨到达东北营口，同行有郑孝胥、郑垂父子。到东北后见到清朝遗老罗振玉、商衍瀛、万绳栻，不久，胡嗣瑗、陈曾寿等也陆续来了。

问：请谈谈您初到东北组织政府的情况。

答：我在1932年3月9日就任伪满执政，"执政府"设在长春道尹衙门内，后又迁往吉黑榷运局。郑孝胥名义上是"国务总理"，实权掌握在任总务厅长的日人驹井德三手里。各部"总长"都是日本关东军司令官选任的中国人，如"民政部总长"臧式毅（前辽宁省主席），"外交部总长"谢介石（台湾人，亲日派，曾参加张勋复辟之役），"军政部总长"张景惠（前东北特别行政区长官，驻哈尔滨），"财政部总长"熙洽（前东北边防军吉林副司令长官兼省主席张作相的参谋长），他们并无实权，而由任次长的日本人说了算。

问：《日满议定书》是怎样产生的？

答：我就任伪满执政的第二天，日本关东军司令官本庄繁命郑孝胥转告我，必须签名承认他的要求，就是要签一个密约，作为日本帝国主义承认我当伪执政、建立伪满的报酬和交换条件。郑孝胥还说"这是日本既定方针,绝没有改变的余地",我在无可奈何之下,追认了这一既成事实。这是一个出卖东北领土主权和民族利益的密约,内容规定把东北的矿山、航运、港湾、陆运(铁路管理)都委托日本殖民统治者经营管理,还有移民、经济同盟和任用日本人最高顾问等几项,经我签字后,由郑孝胥转递给本庄繁。半年后,以此为基础,郑孝胥又与日本新任关东军司令官武藤信义签订了《日满议定书》。

问:您怎样当上了伪满皇帝?

答:我在1934年3月1日"即位",正式称号是"满洲国皇帝","皇官"即从前的"执政府",占地约4华里。

问:请谈谈伪满军队的情况。

答:伪满军队约有八九万人。我在名义上是"满洲国陆海军大元帅","军政部总长"张景惠也是名义的,实际由日本顾问统率、指挥,板垣征四郎和佐佐木到一等都做过顾问。太平洋战争爆发后,日本兵力不足,伪满军队也分担了一部分中国战场的任务。苏联对日宣战后,日本人命我迁往通化,当时听说长春的禁卫军起义了,我被俘后,又听伪将官们说过几起倒戈事件,只记得有一次是在张鼓峰战役时发生的。伪军以外还有伪警察,当时的"警察总监"是齐知政,实权也在日本人手里。关于对抗日爱国人士和一般群众的镇压,详见拙著454—463页。

问:您当满洲皇帝时经常出国或旅行吗?

答:那时每年外出旅行一二次,全是日本关东军安排的。国外只去过两趟日本。

问:请谈谈您在伪满时期的日常活动。您精通日文吧?

答:伪满年代,可以说我的全部时间都花在念佛、卜卦、治病、发脾气折磨家里人等无聊的事情上了。我没有学过日文。

问:您的弟弟都在长春吗?

答:1929年我就把二弟溥杰送到日本去留学了,后来他从日本陆军士官学校毕业,于1935年到伪满禁卫军中任中尉,这以后他有时在长春任职,有时赴日本进修或在伪满驻日本"使馆"中当武官,

到日本投降时升任伪军中校。三弟溥俣早亡。四弟溥任当时还是
个孩子,在天津念书,1934 年曾随父亲载沣去过长春一次,住了一
个月。

问:到伪满后期您对国共两党如何看法?

答:他们当然仍是不能容我的。日本投降时,我以为国民党将
统治全国,那时还看不到共产党的力量。

问:可以谈谈当时的想法吗?

答:苏日开战前,我已从盟军电台的广播中知道日本必败,开战
后我的担心,主要是怕日本在毁灭前把我杀掉灭口。

问:您被俘虏到苏联以后呢?

答:我在 1945 年 8 月 11 日逃往通化大栗子沟,又跟着"帝室御
用挂"吉冈安直乘飞机到沈阳,准备转赴日本,不料在沈阳机场被苏
联空降部队俘虏。第二天乘飞机押往苏联赤塔,拘留在莫洛科夫卡
疗养院内。1946 年迁到伯力红河子一个别墅里,不久又移往伯力市
内第 45 收容所,该所最末一任的所长是阿斯尼斯大尉。我在那里不
参加劳动,收容所当局曾指定在押的溥杰、万嘉熙等给大家念《联共
(布)党史》。收容所管理当局对我颇有关照,态度和善。

问:您向苏联政府递交过申请书吗?

答:是的。我到苏联后的两年内就三次递交申请书,要求永久
居留苏联,因为我最怕回国。

问:您曾去东京作证吗?

答:从 1946 年 8 月 16 日起,我被带到东京远东国际军事法庭,
作证 8 天。被告是自东条英机以下的日本战犯,主要是土肥原贤
二、板垣征四郎等,回答法官询问的时候,我揭露了日本帝国主义
扶植傀儡政权、侵略和统治中国东北的罪恶事实,同时由于我惧怕
将要到来的对自己的审判,也故意回避或遮掩了一些与自己有关
的问题。

问:您何时由苏联引渡回国?

答:1950 年 8 月 1 日,在绥芬河车站,苏方把我们移交给中华人
民共和国政府。

问：可以谈谈回国后最初几年的情况吗？

答：我回国后关押在抚顺战犯管理所，朝鲜战争期间一度迁到哈尔滨。关于改造的情况三言两语是说不清楚的，拙著用三分之一的篇幅写了这个问题，请参阅。在这里我想补充几个人的名字：所长孙明斋、副所长金源（我特赦前后任代所长）、管教科科员李福生，这是对我的改造最操心的三位干部。

问：关押期间您也能随时了解世界上的大事吗？

答：在战犯管理所，我可以看到《人民日报》，听到中央和地方电台的广播，所长还经常给我们作时事讲话。因此，国际上发生的事情都很快就能知道的。

问：新中国给您最深的印象是什么？

答：旧中国那种人民被奴役、压迫、剥削和摧残的悲惨时代已经一去永不复返了。在新中国，各族人民彻底解放了，他们在中国共产党领导下真正站起来了。我的祖国已经成为独立自主和人民过着自由幸福生活的强大国家了，这方面可以举出很多很多的例子，但不是三言两语就能说完的，请你参看即将出版的拙著吧。

问：您特赦后最初的印象怎样？

答：我在 1959 年 12 月 4 日蒙政府特赦，9 日抵达北京。起初住在什刹海体育场后边的五妹家里。此前我从来没有作为一般公民生活过，活了五十几岁，还是头一次一个人随便逛大街，到商店买东西，乘坐公共汽车和电车，这一切对我来说都感到太新鲜了。关于这一段许多人关心的生活，我已写进拙著的最后一章。

问：特赦后您做什么工作？

答：回到北京后，我被北京市民政局分配到中国科学院植物研究所北京植物园，半日劳动，半日学习。1961 年 3 月，国家又分配我到中国政治协商会议全国委员会文史资料研究委员会，任专员，业务是研究处理清末和北洋政府时期的文史资料。

问：您和您的夫人是怎样相识并结婚的？你们的兴趣一致吗？

答：我爱人名叫李淑贤，是北京市朝阳区关厢医院的护士。我们的相识是经文史资料专员、我的同事周振强和她的同事、人民出版社编辑沙曾熙介绍的，在 1962 年"五·一"劳动节前夕结婚，现住西城区东观音寺胡同 22 号。我喜欢看京剧、电影、歌舞，我的妻子对这些也有兴趣。

问：您的家族现在更兴旺了吧？

答：是的。二妹韫和有 1 子 3 女，三妹韫颖有 2 子 1 女，四妹韫娴有 1 子 2 女，五妹韫馨有 3 子 1 女，六妹韫娱有 1 子 4 女，七妹韫欢有 1 子。二弟溥杰有 1 女，四弟溥任有 4 子 1 女。

问：您的弟弟做何工作？

答：二弟溥杰也是文史资料研究委员会的专员。四弟溥任是小学教员。

问：您的著作一定很厚吧！何时脱稿？

答：我的回忆录共 567 页，1963 年完稿，1964 年 3 月出版。

问：我们高兴地看到您获得了新生。

答：我的新生是共产党和毛主席给的。如果没有人民政府的改造罪犯的政策，我不但没有今天的生命，也得不到一个新的灵魂。即使能活下来，也不懂得什么人生的目的和做人的尊严，更不会得到人生的乐趣。①

也有的外宾向溥仪询问经历时，时而流露某种同情，甚至有的还流露出拜见皇帝的虔诚心态。遇到如此情形，溥仪总要多说几句，当面谢绝。有一份《简报》就记录了溥仪谢绝同情的一段话：

当时虽有清朝遗老包围我，但去当傀儡还是自愿。在天津，我主动给日本陆军大臣写过信，要求出兵中国，恢复帝制。由于宫廷生活的深刻影响，我的反动思想根深蒂固，认定自己是"天子"，"普天之下莫非王土，率土之滨莫非王臣"，因此一心只想复辟，1917 年张勋复辟失败，我还哭过，当时我才 12 岁。

我去东北时已二十多岁，不能老认为是小孩子。其实，在关内也不是没有别的路子可走，冯玉祥对我并无加害之意，蒋介石、张学

---

① 依据溥仪亲笔记录稿，李淑贤 1980 年向笔者提供，未刊。

良也答应保证我的自由,我可以留下当公民,也可到外国去,但我没走这条路。

我与日本帝国主义互相勾结,使整个东北脱离祖国,成了人间地狱。东北沦陷14年,我把天上地下都卖光了,同胞不知死了多少,能说我无罪吗?叛国当汉奸,我与汪精卫是一样的……

在前半生中我个人的性格有两面:欺软怕硬。一面是软弱,对日本帝国主义驯服;一面是残暴,随便打骂人。我虽未亲手杀人,但我的政策却害死了无数的人。我为了个人地位,不顾人民死活,这还能算人吗?

像我这样的人,无论在哪个时代,都会处死的,但政府没有这样做。不仅对我,而且对顽固的日本战犯也是如此。共产党认为反动阶级不可能变,要打倒,但人可以改造。历史已成过去,这些人杀了也无用。改造好了,还可以化消极因素为积极因素。共产党、毛主席改造人类的伟大政策真了不起,古今中外史无前例。①

溥仪对自己已有一个比较正确的认识,谁想根据自己的主观想象改变他,看来不可能了。

五、病中答客问

说到意志,因为溥仪从小就被封建时代的名士们按照"人君"的模式加以培养,所以,他的个人意志显然是相当强烈的。拿接见记者来说,即使在他当傀儡皇帝的年代,又何尝不想一吐为快,以表现"人君"的意志?只是后来受到日本主子的严格限制,这位"人君"才不得不当应声虫了。

美国记者布拉克尼在伪满垮台后不久写过一篇有关溥仪生平的文章,讲到他在"新京"的生活时是这样描述的:"溥仪在'新京'最苦的一件事便是无事可做。他的作用完全是一尊偶像,替日本人镇抚民心。在日本人层层包围

---

① 参见抚顺战犯管理所战犯档案文书卷,原件存中央档案馆。

之下,他简直一句话都不敢多说,只有签押画诺而已。他还有一项工作,便是接见外宾和新闻记者。最初常常接见,而且自由谈论他的希望和计划,一个日本翻译总在旁边,以防溥仪说话不小心,有时则根本以自己代溥仪回答问题。后来,溥仪常常不借助翻译,用英语直接答复问题,日本人便制止他说话,后来虽仍照常接见外宾,但已经以不说话为原则了。"①

1965年,溥仪的健康状况恶化了。就在他施行左肾切除手术的前后,仍然接待了许多批国际友人,现身说法,热情宣传统战政策,继续在外事活动中作出了可贵的贡献。

1965年5月22日上午,溥仪应国际贸易促进会之邀,在政协会见日本神户经济友好访华代表团团员、神户新闻社经济部长千叶俊一,回答了他提出的许多问题。

问:最近您的心情好吗?

答:过去我就像生活在鸟笼子里,整天担心害怕。现在感到思想解放,身体自由,我很愉快,心情舒畅。更高兴的是看到祖国再不受人欺侮了,什么太阳旗、星条旗都不见了,到处飘扬着五星红旗,看到祖国一天天强大,建设方面不断有新的成就,几天前我国第二次核试验成功,尖端科学也有了很大发展。

问:您对中国共产党的看法如何?

答:中国共产党是中国人民的救星,也是我的救星,因为是党给我重生再造了新的灵魂,新的生命。

问:共产党与政协的关系如何?

答:政协是党领导下的统一战线组织,它包括各民主党派和各方面知识分子、人民团体、无党派民主人士以及民族、宗教团体等有代表性的人物。如按阶级成分而论,在政协内有工农阶级的代表,有民族资产阶级的代表,有上层小资产阶级的代表,还有爱国的民主人士的代表。在政协内共产党以平等的态度和各民主党派协商国家大事,并互相监督。

① 《中央日报》1945年10月。

问：请谈谈您在政协的工作和感想。

答：我到政协以后，经常性的工作是学习和编选文史资料，有时也外出参观、听各种报告，此外还有丰富多彩的活动。当上政协委员前后我都列席或出席政协大会、人代会，直接听取总理和其他国家领导人关于国家大政方针和各项建设的报告，我也和其他代表一样，在政协会议上发言或提出建议。我参加政协是党培养和教育的结果，是人民的信任，我感到能为祖国和人民服务是最大的光荣。通过政协活动，我看到了全国人民在党的领导下精诚团结，一致努力，决心把我国建成现代工业、现代农业、现代国防、现代科学文化的社会主义强国的意气风发的精神，看到了祖国社会主义事业的飞跃发展及其所显示的光明前途，我非常感动。

问：您对日本天皇有何看法？

答：从历史来看，日本军国主义集团先侵占我东北，实行14年的殖民统治，又进一步发动战争侵略全中国，给中国人民带来空前灾难。当时的日本海陆军元帅就是日本天皇，他在东京的侵略军大本营发号施令，因此也应对这场罪恶的战争负责。他还利用我当傀儡，执行侵略政策，更出奇的是，通过我把日本"天照大神"迎往东北，利用宗教迷信麻痹我国人民，我助纣为虐，回忆所及，无限悔恨。经过学习马列主义思想理论，我认识到天皇是代表了封建势力与垄断资本集团的利益。今天，日本天皇已经不掌握实际权力了，只是一个象征性的存在，由"神"变成了人，这当然是一个很大的变化。然而天皇制度仍是日本的国家制度，要不要这个制度，那是日本人民的事，由日本人民自己决定，我不能说什么，仅希望他能为建设新的日本而贡献一份力量。

问：您对日本有何看法？

答：目前，日军正在"美国化"，美帝国主义企图复活日本军国主义势力，让日本为它的侵略政策充当炮灰，核潜艇问题和冲绳岛问题说明了这一点。中日两国间的互惠贸易，本来是有广阔前途的，却遭到佐藤政府的破坏。作为一个公民，我也是很注意中日贸易发展的。我非常钦佩日本人民正在开展的反对美国控制和争取和平自主、要求中日友好的斗争,我完全支持日本人民的斗争。历史是人民推动的,相信日本人民一定能取得最后胜利。①

两天之后,溥仪又应中华全国新闻工作者协会之邀,在政协会见了阿拉伯新闻工作者协会秘书长、开罗《图画周刊》编辑萨布里·阿布·马格德·穆罕默德。关于这次谈话的情形,溥仪在当天的日记中写道:

> 根据客人提出的问题,我谈到对新、旧中国的感想,谈到我的著作的内容,后来又谈到对"帝国主义和一切反动派都是纸老虎"的亲身体会。我讲了从清末、袁世凯、蒋介石到伪满以及德、意、日三个法西斯国家的崩溃,也讲了阿联(指阿拉伯联合共和国,包括今埃及和叙利亚)反对英法侵略的爱国斗争的胜利,用来说明帝国主义和一切反动派都是纸老虎。

> 客人盛赞了我党的改造政策。他说,改造了我,这是中外历史上都没有的,说明党确实伟大。他表示同意我说的话,并对我说:"17年中,我访问过无数的人,像你这样坦率的言论,实为第一次听到。"又说:"我认为你关于帝国主义和一切反动派都是纸老虎的言论,是谁也不能否认的。"

> 谈完,我们一同照了相。临别时,我说,盼望你重来中国访问。他说,希望下次来时,能够看到台湾早已解放。②

这一年夏秋之际,溥仪又先后会见了几内亚共和国总检察长、亚非法律工作者会议执行委员会常设书记处总书记法迪亚拉先生和夫人;阿联消息出版社主编萨德丁·马哈茂德、中东通讯社主编卡迈勒·阿密尔、阿联《共和国报》外事部主任穆罕默德·埃扎比、阿联《消息报》编辑阿特夫·加姆黑4位阿联客人;墨西哥前卫生部长、前墨西哥州州长、前墨西哥大学校长古斯塔沃·巴斯以及他的弟弟和侄子3位墨西哥客人;以智利著名诗人、公塞普森大

①　王庆祥整理注释:《爱新觉罗·溥仪日记》,天津人民出版社1996年版,第345—350页。

②　王庆祥整理注释:《爱新觉罗·溥仪日记》,天津人民出版社1996年版,第350—351页。

学西班牙语系主任贡萨洛·罗哈斯·皮萨罗为首的智利文化代表团一行 5 人;古巴最高法院院长恩利盖·阿特·拉米雷兹及其儿子和儿媳 3 人;还有日本青年代表团的 30 位客人。

值得说说的是,溥仪在 1965 年 10 月 5 日下午,应政法学会之邀与溥杰一起在政协会见了日本作家山田清三郎。山田已经出版了《皇帝溥仪》一书,他对溥仪在改造中参加劳动极感兴趣,溥仪告诉他,在管理所曾参加糊纸盒劳动。山田说,他在伪满时到过东北,曾在"协和会"开会时从远处看见过溥仪。溥仪说,那是"蝎虎会"。山田又说:"你从皇帝变成公民,这确实是史无前例的奇迹。"

山田转向在座的溥杰说:"我也曾和您同时到过苏联伯力收容所,在那里我看见您清扫住室,擦桌抹椅。"

溥杰说:"当时我不如你,你和日本士兵一起搞起民主运动来,我的头脑则还是原封未动的。"

"您夫人嵯峨浩回国后,我曾在一次集会上见过,她和我的一位亲属熟识。"山田说。

"浩过去以为所著《流浪的王妃》很好,现在和以前的看法不同了,她说将来还要写一本书。"溥杰说。

山田先生发现,不仅是皇帝,连皇族成员也都有了根本性的转变。[①]

几年来,溥仪接待过来自五大洲近百名客人,有政府最高首脑,也有普通新闻记者,回答了他们提出的各种问题,有关于历史和经历的,有关于党的改造政策的,有关于国内外形势的。他的活动,有利于加强我国和各国的友谊与交流,有利于国际友人对我党改造政策的了解,这是溥仪在后半生中为我国作出的一份贡献,是值得肯定和赞许的。通过溥仪会见外宾,可以了解他的外事活动实践,也可以了解他在自我改造中所达到的思想高度。

---

① 王庆祥整理注释:《爱新觉罗·溥仪日记》,天津人民出版社 1996 年版,第 427—429 页。

第十章
动乱之中

我们做任何事，都要对党、对人民有利，无利的事不做。

——爱新觉罗·溥仪

因特赦而成为普通公民的文史资料专员和全国政协委员爱新觉罗·溥仪，是一位举世关注的历史人物。正因为从他身上反映了党的改造政策的成效，也体现了周恩来总理"化腐朽为神奇"的业绩，林彪和"四人帮"反革命集团，在那场"史无前例"的内乱中，是不会轻易放过这位被称为中国近代史见证人的溥仪的。

一、从笃信到怀疑

1966 年初夏，在中国大地上发生了一场震惊世界的政治变故，那就是实为内乱和浩劫的"文化大革命"。正像这场"革命"是自 1962 年喊出那个"千万不要忘记阶级斗争"的口号以来一次次政治运动逐步演进的结果一样，溥仪等文史专员们在对它的理解方面，也已经有了一定的思想基础。

晚年溥仪遭遇"文化大革命"

1964年5月，溥仪等文史专员们从南方六省一市参观旅游回到北京后，曾给全国政协主席周恩来写了一份书面报告，讲述他们的所见所闻和观感，其中特别谈到对阶级斗争的认识，已经"提高"了几个层次。"报告"说，他们"最初害怕阶级斗争，认为阶级斗争是以我们这些人为对象"。继而又认为，地主已经没有土地了，资本家也没有工厂和商店了，还能造反吗？"阶级斗争恐怕不见得那样严重"，"党之所以强调阶级斗争，是以某些个别事例来教育群众和提高干部的警惕的"，由此又产生了厌倦阶级斗争的情绪。通过参观旅游，看到社会上大量存在的阶级斗争现实，"认识到我们应该时刻提高警惕，加强改造自己，加强阶级斗争观念，坚决拥护人民民主专政制度，才是投靠人民的忠诚表现，才不辜负党和政府多年来对我们的教育和期望"。[1]

1965年11月10日，上海《文汇报》在江青的策划下首先发难，发表了姚文元的《评新编历史剧〈海瑞罢官〉》，矛头直接对准了明史专家、北京市副市长吴晗，继而连篇累牍笔伐《海瑞罢官》的皇皇大文铺天盖地而来，实际上"文化大革命"的序幕已经揭开。转年2月，又把戏曲艺术家田汉编写的历史剧《谢瑶环》列为批判的对象。到了3月，批判的矛头又指向了北京大学历史系主任、教授翦伯赞。4月中旬，以《燕山夜话》和《三家村札记》为靶，一举揪出

① 依据《致政协全国委员会周主席的报告》，1964年5月，未刊。

了中共北京市委文教书记邓拓、中共北京市委统战部长廖沫沙和北京市副市
长吴晗，这就为由康生和陈伯达起草的《五·一六通知》在 5 月份的出笼，为
由陈伯达和江青担任组长、副组长的"中央文化革命小组"在 8 月份的成立奠
定了基础，"文化大革命"也由此进入了全面发动的阶段。

　　溥仪笃信中国共产党的政策，一向都是怀着虔诚的心情对待每一场中南
海发动的政治运动，加之阶级斗争观念也在不断更新，主观上是很想努力跟
上形势的，虽然在受到批判的人们中，有些是他的老朋友，对于这些人忽然间
就出现了政治立场问题，溥仪其实是很难接受的，但也只能强迫自己站在"革
命"的立场上对待他们，让自己的认识与报纸上的腔调相协调。

　　1966 年 5 月 9 日下午，专员们讨论由批判《海瑞罢官》引出的问题：怎样
认识和评价历史上的清官？沈醉首先发言说："过去我谈过清官比贪官好，现
在认为清官与贪官一样。"接着发言的溥仪思想更趋激进："清官能够延长反
动统治，所以清官比贪官更坏。"廖耀湘随即发言："历史上从来就没有真正的
清官。"这时，掌握会场的沈德纯副主委，以带有总结意味的口气说："海瑞兴
修水利，老百姓是反对的，只有地主才拥护。我看沈醉对清官的认识还不够，
溥仪的认识也不够，所谓清官实际是'巨室'封的。从《四进士》那部历史剧来
看，也可以说清官比贪官更坏。"可见溥仪在认识"拔高"方面还没有做得很
好，还不能完全令人满意。①

　　在老于世故的文史专员们中间，像溥仪这样认识问题的，比他更善于把
握分寸的还有，宋希濂就是其中之一，当有人批评沈醉，说他在文章中描绘杜
月笙摆阔的种种场面是美化这个上海滩的地痞流氓时，宋希濂说，反动派在
兵临城下之际有两种形象：一为醉生梦死，一为垂头丧气。"今朝有酒今朝
醉"的镜头多了一些，能说就是对杜的美化吗？我看这种提法值得研究。
还有人批评溥杰，说他撰写醇亲王府的生活也是美化。宋希濂又反驳说，我
们撰写"三亲"史料，是为历史研究提供素材，不能遇着问题就回避，回避就
不是真实，过分的回避，是不能说明问题的。他还说，人是发展和变化的，他
不认为对吴晗的历史问题的揭露能说服人。过去一直认为，对《海瑞罢官》

---

① 依据专员学习讨论会议原始记录 1966 年 5 月 9 日内容，未刊。

的批判是学术问题,而不是政治问题,觉得扣大帽子的办法只能使人不敢讲话。又说,郭沫若是历史学家,可能被利用,但不能说他是反党反社会主义的。①

政治形势的急剧演进,使文史专员们开始感到迷惑了,他们看到政协领导都自动请求参加体力劳动,也要求劳动,以求适度地避开运动的锋芒,并获准每星期二前往西安门北京低压电器厂劳动半天,主要工作是拧紧电气板上的螺丝。当时溥仪已经病得很重,但他还是坚持按时到工厂去。

5月10日,上海《解放日报》和《文汇报》同时刊载姚文元的文章《评"三家村"》,次日《人民日报》全文转载,继而揭露"三家村黑店""向党进攻"的批判文章就铺天盖地而来了,溥仪一面认真学习,怀着严肃的心情迎接这场来势凶猛的"大革命",同时却对被点名批判的吴晗、廖沫沙以及党内有名的秀才邓拓,有不同的看法。

北京市副市长吴晗和市委统战部长廖沫沙都是溥仪的熟人,廖部长与他的接触更多,溥仪等特赦人员到政协工作之前,一直由廖部长安排生活和学习,照顾十分周到。他以一个朋友的姿态出现,使那些前国民党的将军和伪满大臣们感到亲切、温暖,他更深知溥仪从来没有接触过社会生活,考虑他的问题尤为深入细致,因此赢得了溥仪等人发自内心的尊敬。以后几年里,溥仪也时常与吴晗、廖沫沙等人在会议和筵席上晤面,成了知心朋友。两个月前被批判的历史学家翦伯赞,也为修改《我的前半生》书稿出过力,这些待人以诚、学识渊博、忠于革命事业的党的老干部,怎么会在一夜之间就变成了"开黑店"、搞"反党、反社会主义"活动的坏人了呢?溥仪对此百思不解,极为困惑。然而,火药味愈来愈浓重,无论溥仪还是其他专员,都只能顺应形势,说一些应景的话。

5月18日,专员们讨论邓拓、吴晗、廖沫沙"反党反社会主义"的问题。杜聿明首先发言,说邓拓把"东风压倒西风"看成"伟大的空话"、"陈词滥调",这是"侮辱我们毛主席"。他又说:"廖沫沙请我们在仿膳吃饭、打桥牌,就是要把我们这些从旧社会过来的牛鬼蛇神搞到一起,来反党反社会主义。听李

---

① 依据专员学习讨论会议原始记录1966年5月9日内容,未刊。

以勖说,廖沫沙请第二批特赦人员吃饭达七八次之多。"隔日继续讨论这个问题时,李以勖"上纲上线"地批判一通邓拓,接着说:"廖沫沙对我们的生活照顾无微不至,现在看来是有些过分,对这些资产阶级旧人,照顾也可以,但不一定要到最好的馆子,比方北京饭店、仿膳饭庄等去吃饭。"对于他的发言,杜聿明当即提出了意见:"你对邓拓扣了帽子,却没有给廖沫沙扣一个帽子,看来你已被廖沫沙拉过去了。"李以勖也反唇相讥:"你老杜觉得廖沫沙请我们第二批特赦的吃了七顿饭,却只请你们第一批特赦的吃了一餐,这是不服气的思想。"四天后再次讨论这个问题时,老李被同事们严厉地批评了,自己也做了检查。

溥仪显然不愿意在同事之间打横炮,又不可以不发言,遂找到如下话题:"廖沫沙曾对我说:'你将来可以研究清史,这是别人做不到的。'意思是我因历史身份,研究清史可以成为专家。用毛泽东思想来衡量,这种说法是不对头的。"他的发言虽然也可以说是"扣了个小帽子",显然火力不猛。所以在25日继续讨论这个问题时,他再次发言中就透露了一点儿自我批评的意思:"对'三家村黑店'虽然我也非常愤恨,但感到能在第一线上冲锋陷阵的,还是工农兵,而不是像我这样的人。"①

这个时期,政协机关的运动已经搞起来了,编辑出版文史资料的工作遂处于无人管理的停顿状态,专员们尚未接到参加机关运动的指示,除了力所能及地自觉做一些业务工作外,就是学习、读报纸、学社论、讨论文件,但他们都很认真,辩论起来刨根问底。

二、在"引火烧身"的日子里

1966年5月25日,北京大学哲学系聂元梓等7人,由康生策划,在校内贴出大字报。《宋硕、陆平、彭珮云在文化大革命中究竟干些什么?》被称为"第一张马列主义的大字报"。6月1日《人民日报》发表了陈伯达审定的社

---

① 依据专员学习讨论会议原始记录1966年5月18、20、23、25日内容,未刊。

论《横扫一切牛鬼蛇神》，当晚，经毛泽东主席批准，中央人民广播电台又播发了聂元梓等人的大字报。紧接着，中央宣布改组了北京市委。强大的电波在全国掀起一阵"史无前例"的狂风——大批老革命干部被揪斗、抄家、游街，接着一批又一批在学术上造诣很高的知识分子也被"红卫兵小将"当做"反动学术权威"揪出示众，打翻在地。对于这场突如其来的疾风暴雨，溥仪思想上的困惑越来越难以解脱了。

那几天，专员们连续讨论《横扫一切牛鬼蛇神》那篇社论，有点人人自危。董益三发言说："历史怎样改写？必须推翻帝王将相在历史上的统治地位，必须恢复劳动人民创造历史的主人翁的地位。至于秦皇汉武谁优谁劣，那是反面人物一方的比较，也只是五十步与一百步之差。现在的中华民族也并不是帝王将相的子孙，否定帝王将相并不等于否定自己。"沈德纯这时插嘴："过去米暂臣说过，不能对帝王将相一笔抹杀，看来这个提法是有问题的。"溥仪和溥杰相继发言，他们一个占了"帝"字，一个占了"王"字，这时显然都有点发憷，说了些什么，恐怕连他们自己也不知所云，记录本上也只能以删节号代替，中间只有"要打退他们的进攻"这没头没脑的半句话。①

6月16日下午5时，李金德副秘书长集合文史专员和干部们讲话，大意是说"群众"对于文史部门意见很大，已经贴出大字报，机关党委决定派出工作组，要彻底把文史部门的问题搞一下，建议专员们去看大字报，自我揭发，也可以揭批别人，对批评要采取欢迎的态度。他接着又说，原文史部门领导人申伯纯不能参加这场大革命，因为他主持编辑的《文史资料选辑》"问题严重"，所以他要"回避"。

据沈美娟回忆，专员们听了这番话，都像是泄了气的皮球，既然文史部门的领导"问题严重"，他们这些写文史资料的人能没有问题吗？当他们忧心忡忡地返回时，发现有人已经闯进专员办公室，用命令的口气宣布说："从现在起，你们不能再办公，停止写稿，专心学习发下的文件，揭发交代问题！"说完便拿出封条，把几个装满档案的柜子封了起来，又命令专员们把自己抽屉里、桌子上看完或没看完的稿件统统拿出来，集中在一个空档案柜里封存。与此

---

① 依据专员学习讨论会议原始记录1966年6月1、3日内容，未刊。

同时,工作组也已派驻,溥仪与其他专员一道,谨慎小心地静观事态的发展。事隔不久,申伯纯和文史专员们都成了批判的重点对象,说专员们借写史料咒骂党和人民,并一连批斗申伯纯三天,说他是"利用旧社会的残渣余孽,在《文史资料选辑》上发表文章,企图推翻红色社会主义江山"。①

溥仪等专员们被允许进入机关后大殿看大字报,其中提到《文史资料选辑》都称之为"大毒草",指责申伯纯是包庇、重用"牛鬼蛇神"的"资产阶级老右派",这使专员们大吃一惊,看了几个小时的大字报,却不知道自己该怎么办了。

面对现实,文史专员们啼笑皆非,但还要表现出积极参与的态度,一面认真学习文件,一面深刻自我批评,尽量去理解这场来势凶猛的"革命"。溥仪也以对党的忠诚,按照工作组的部署,与同事们一起检查前几年的文史工作。在逐篇查阅《文史资料选辑》的时候,大家照顾他有病,劝他少看些,他还满不以为然呢!此后两个来月,政协机关的运动开展得还比较平稳,领导方面强调严格区分两类不同性质的矛盾,反对扣大帽子。在政协全体职工大会上,中央统战部平杰三副部长讲话说:"即使是犯了严重错误的领导干部,只要彻底交代,坚持改正,仍有光明前途。"溥仪想,像申老那样的好人,问题一定会弄个水落石出的。

然而,或许是因为专员们特殊的历史身份,都自觉不自觉地把自己摆进了"牛鬼蛇神"的行列,纷纷在讨论中向自己开火或是给别的专员提意见,在这种场合,李以劻常常成为众矢之的。6月8日讨论时,董益三和宋希濂都批评了老李。老宋说:"我们不是牛鬼蛇神,但是思想上还是有牛鬼蛇神的,是否有时存在对党的不满情绪?这要联系起来看才行。"溥仪接着发言:"不要忙于放包袱,要好好地解决思想问题,我同意老董和老宋的提法,还没有好好地挖掘思想根源。"他没有说这是在批评谁,看来主要是针对自己的。10日再度讨论时,他又发言说:"一定要把自己一系列的错误思想挖出来,做老实人,说老实话。"②

6月22日专员们开生活检讨会,宋希濂对自己因故与某位专员家属吵嘴

---

① 沈美娟:《"文革"前的文史专员室》,《纵横》1997年第7期。

② 依据专员学习讨论会议原始记录1966年6月8、10日内容,未刊。

并动了手一事作了自我批评，说自己不能克制，"与反动阶级本质有关"，"军阀作风没有得到改造"。这时李以劻发言，无限上纲地说，宋打人，违反了党的政策，"等于是打了毛主席和周总理"。溥仪一听坐不住了，他也接过"无限上纲"这个"法宝"对老李说："你这样乱比，荒谬绝伦，就是我们的敌人！"25日继续讨论这个问题时，溥仪第一个发言，他说："我认为，除了已有的念念不忘阶级斗争，念念不忘无产阶级专政，念念不忘毛主席的革命路线，念念不忘高举毛泽东思想伟大红旗之外，我们还应再加上两个：一是念念不忘党的恩情，二是念念不忘自己的罪恶。争取不犯错误，少犯错误，打人这种坏事也就不会有。"

溥仪发言的重点在于强调"不忘自己的罪恶"，他针对宋希濂打人的事继续说："自己很进步，有能力，领导信任，又当上组长，是不可以骄傲的。总理叫我不要尾巴翘起来，我也犯过飘飘然、骄傲自满的错误，只是还没有打人，当然这不过是一百步与五十步之差。打人是旧思想的复辟，我在战犯管理所时曾自己打自己的耳光。"后来宋希濂又连续检查两次，提出三项保证，直到7月4日第7次讨论这个问题时总算过关。董益三说："第一步是认识，第二步是行动，改正错误比认识错误更困难，更长期，更艰苦。"溥仪则说："大家这样认为，我也这样认为，不在话说得漂亮，而在于兑现，我很同意老董的意见，要一辈子坚持下去，由不自觉到自觉，这是一种过程。"①

与专员办公室内轻描淡写的过场式的批判不同，在东观音寺胡同附近的小公园里，"红卫兵"正真刀真枪地批斗廖沫沙。溥仪很惦念廖老，遂由妻子陪同好不容易挤进熙熙攘攘的人群，眼前的景象却令他大吃一惊，原来廖老正在经受非人的折磨：一块足有二尺见方的大木牌子重重地吊在他的脖子上，黄豆粒大小的汗珠顺着他那花白的两鬓向下流淌，几个臂戴红卫兵袖章的中学生，一面挥舞拳头高呼口号，一面用劲按住廖老的头。溥仪不忍多看，就失魂落魄地走了出来，这件事对他的刺激很大，无论如何不能理解，从正在遭罪的廖老又想到很多，惦念那些曾经帮助、教育、启发过他的革命领导干部。他不住口地念着："战犯管理所的几位所长都好吗？植物园的田老、胡老和俞主任怎样啦？"本打算去植物园看看老领导，但在"文化大革命"期间，没

---

① 依据专员学习讨论会议原始记录1966年6月22、25日和7月1、4日内容，未刊。

有革命组织的介绍信寸步难行,进不去植物园的大门。

　　溥仪因廖沫沙被揪斗而引起的忧愁尚未平复,中共中央统战部部长徐冰被批斗的消息又传进他的耳朵,那几天,同事们看到溥仪的脸上总是阴云密布。沈醉描述所看到的场面说:

　　　　批斗"三家村"的时候,政协领导通知溥仪说,因为他有病,不要再上班,好好医治,在家休息。一天上午我们刚到办公室,他便哭丧着脸走进来,我从来没有看到过他那种无精打采垂头丧气的神态,问他发生了什么事? 他眼眶一红,一串串泪珠不停地涌出来。我们问他,没有答复,却伏在沙发扶手上失声痛哭了。我们还以为他家出了什么不幸的事,正想安慰他,他却把头一抬,哽咽着说:"我看见他们在批斗廖部长!"说完又哭起来。

　　　　我们说,这几天正在学习揭发和批判"三家村"的文件,廖沫沙肯定要挨批斗的,用不着大惊小怪。溥仪还是连哭带诉地说,他亲眼看到"红卫兵"把廖沫沙抓到台上,胸前挂了木牌,几个人按着他的头,连打带骂地斗,看到这情形,怎么会不难过呢! 说完,他看我们几个人都没有哭,便用生气的口吻质问道:"廖部长对大家那么好,那么关心过我们,看他被人斗成那样,你们连一点同情心都没有吗? 真是……"

　　　　我们早就知道廖沫沙在挨斗,而且,学习批斗他们的文件时也得跟着批上几句。我们都是有政治斗争经验的,清楚地知道在那种场合同情被斗的人,甚至因他被斗而失声痛哭,会得到什么后果。我们何尝不同情廖沫沙? 他对我们都那样好,可是那时谁又敢说半句不满的话! 老实说,当时共产党内许多人都不知道那是怎么一回事,只见某些发下的文件上,说他们的一些言论是"反党反社会主义"的,我们还信以为真,只在暗地里为他犯错误而惋惜。后来我们又给溥仪看,希望他相信文件,不要再感情用事,免得犯错误,他才没有再哭。但从那一次以后,他的病日渐沉重了起来。①

━━━━━━━━━━━━━━━━

① 　沈醉:《皇帝特赦以后》,香港《新晚报》1981 年 4 月 12—13 日。

溥杰在其回忆录中也谈到了这件事:"当时,最不能适应这种环境的是溥仪。有一次,我们正在阅读新发下来揭发和批判'三家村'的文件,他迟到了,一进专员室的门就哭着说:'我在路上看到廖部长被人捆绑在卡车上游行。他是个好人,我真想把他从车上扶下来,替他解开绑。但车开得快,我跟不上,我只能叫几声……'他哭得说不下去了。我们都被他那真诚的态度所感动,也为他那直率的态度而担忧。掌握会场的王耀武很勉强地劝他不要太激动,要相信党和政府。溥仪表示他相信廖沫沙是没有罪的,因为他接触过廖沫沙,他相信廖沫沙是个好人。"①

据郭布罗·润麒先生回忆,溥仪那时太苦闷了,遂在这天晚上偕妻子李淑贤来到三妹韫颖家,他心情沉重地对妹夫润麒说:"徐冰同志也被批斗了,他是好人啊,对革命有功劳,怎么能这样对待呢?这一定是搞错了!批斗廖沫沙,我是亲眼看到的,太惨了!"愤愤之情溢于言表。深深了解溥仪的润麒这次见到溥仪就吃了一惊,才一个多月没见面,怎么竟像换了个人似的,面色晦暗,皱纹增多,还长出一些深色老年斑,一副龙钟之态。他很担心溥仪会因不计场合地流露这类不合时宜的心声而祸从口出,便劝他要保重身体,少说话,又叮嘱李淑贤"要看住溥仪,少出门,少惹气"。但溥仪还是对润麒说个没完:"毛主席那么英明伟大,怎么会同意下边用这种方法整人呢?会不会是基层干部误会了毛主席的意思,或者是隐瞒了运动真相?"这是对当时的"革命大潮"的怀疑,显然是润麒不能也不敢正面回答的。②

动乱继续扩大着,"破四旧"的狂潮所卷起的一串串"新事物",包括家庭变化,人伦关系的异常,无一不使溥仪困惑不安,心中难过已极。开始时,幸好政协机关公布一条规定:文史专员们不介入这场席卷全国的"文革"运动。这才使溥仪和他的同事们得以置身于狂飙之外。但是,没过多长时间,这条被称为"资产阶级反动路线"的规定就被冲破了,文史专员们很快也成了"红卫兵"们追踪的"靶子"。

开始受到揭批的是一位政协干部撰写的小册子《卧薪尝胆的故事》,这本

① 爱新觉罗·溥杰著,叶祖孚执笔:《溥杰自传》,中国文史出版社1994年版,第163页。

② 钱立言:《国舅·驸马·学者》,南海出版公司1991年版,第262—263页。

曾经受到读者,特别是广大青年读者欢迎的通俗读物,一夜之间就被安上"美化奴隶主"、"为被打倒的反动统治者招魂"等罪名。批判该书的大字报还"强烈要求"作者"交出黑线",以便株连更多的人。

接着,风暴又降临在政协内分管文史工作的领导干部申伯纯头上,给申老的大字报铺天盖地贴了出来:评申老的"文史工作指导思想"、评申老的"史料独立论"、评申老的"专家思想"……评!评!评!一片"左"得出奇的叫嚣声。申老是平时给溥仪教育和帮助最多的一位领导,也是他最尊敬的一位共产党干部。申老是好人哪!他怎么能反党、反社会主义?

7月6日,批判申伯纯的大会在政协机关内召开了,一开始调子就很高,虽然他本人已经从思想意识上、政治立场上和业务工作等方面,作了"触及灵魂"的深刻检查,还是过不了关,被批判者指责为"抗拒无产阶级大革命",是个"漏网右派","一贯反党反社会主义"等等,必须"坚决打倒"。[1]

在次日下午的专员讨论会上,溥杰首先发言。他说,几年来申伯纯的形象在他头脑中好像金光灿烂的佛像一般,看过大字报以后,他的贴金才一块块掉落下来,露出了泥胎、破木头、破纸片等,原来他是个"我"字当头的个人主义者。我想,像申伯纯有那样好的经历,都过不了社会主义关,如果我不好好学习毛主席著作,也会过不了社会主义关。溥杰这样说,在当时是要冒着"假批判真包庇"的风险的,照他的说法,申伯纯的问题仅仅局限于思想意识方面,仅仅是因为学习不够而形成的认识问题。溥仪也觉得二弟的看法尚可接受,遂发言"同意溥杰对申的看法"。[2]

7月13日的专员讨论会上,又集中批判申伯纯在文史资料工作中的错误,溥仪发言说,申对文史资料工作不懂,是摸索着干,而且独断专行,用人唯顺。这样说,显然还是不到位的。第二天他又在讨论文史资料稿件的审查标准时,在注重史实还是注重政治的问题上,支持了"注重政治"的观点。这个问题是由杜聿明提出的,他说台儿庄战役打得很厉害,都是事实,但不知应否发表?杨伯涛、宋希濂、李以劻等认为,毛主席说过当时国民党是"积极抗战"的,所以应该刊登;董益三和廖耀湘认为不应发表,否则将为蒋介石作宣传,

---

① 依据专员学习讨论会议原始记录 1966 年 7 月 6 日内容,未刊。

② 依据专员学习讨论会议原始记录 1966 年 7 月 7 日内容,未刊。

这岂不是用毛主席的话作幌子来反对毛泽东思想吗？应该说这时溥仪的头脑里，是有一些宁"左"勿右的东西的。同日还召开了机关"无产阶级文化大革命"会议，中共中央统战部副部长平杰三与全国政协副秘书长李金德到会讲话，"引火烧身"，进一步升高了批申的调子。①

7月15日专员讨论时，溥仪也作了引火烧身的发言："最初看大字报《申伯纯是大毒蛇》大吃一惊，后来看到许多揭发出来的事实，才觉得气愤，但远不如工农兵的情感。没有毛泽东思想，就没有我们特赦人员的新生，毛泽东思想是我们的命根子。领导干部引火烧身，唯有无产阶级的大公无私的革命政党，才能这样做，我学习没怎么用心，毛病很多，我们相互提提意见，作为引火烧身吧。"从发言的语气看，实在是很勉强的，也是很担心的。②

不久，专员们又以因勇拦惊马救人而牺牲的年轻战士刘英俊为榜样，讨论怎样深入学习毛泽东著作的问题，溥仪很老实地承认说："我就没有'活学活用'，我是教条式的记忆章句，我正是毛主席批评过的那种'庸俗的人'，总是注意自己的名字，有人说或者报上说'溥仪改造得不错'，我就很高兴。这是什么心理呢？主要还是世界观没有改造好，所以我要学习刘英俊那种永远忠于党、忠于人民的崇高思想。"③

7月22日，国家主席刘少奇发表声明，首都近百万人在天安门广场集会并游行，支持越南人民的抗美救国斗争。在同日下午的专员学习中，溥仪发言说："我衷心拥护刘主席'中国七亿人民是越南的后盾'的声明，帝国主义和反动派的规律是以捣乱开始，以失败告终。一切非正义的战争必败，美帝国主义与南越伪政权就像历史上的日本帝国主义与伪满政权一模一样，伪满已经成为历史罪人，南越伪政权也是一样。过去的溥仪就是今日溥仪的仇敌，党需要我做什么，我就做什么，我愿以实际行动参加反美援越的伟大斗争。"④

援越抗美的问题，专员又讨论过多次，也有争论。廖耀湘代表的一方认为美帝在远东没有发动战争的机构，它现在还没有力量摊牌，"最好的打法是

① 依据专员学习讨论会议原始记录1966年7月13、14日内容，未刊。
② 依据专员学习讨论会议原始记录1966年7月15日内容，未刊。
③ 依据专员学习讨论会议原始记录1966年7月20日内容，未刊。
④ 依据专员学习讨论会议原始记录1966年7月22日内容，未刊。

使美帝在越南愈陷愈深,增兵愈多愈好,时间愈久愈好,时间是美帝的敌人"。董益三代表的一方认为,美帝及南越已集结了 30 万兵力,不能根据自己的估计就说还没有仗打,要立足于早打大打。溥仪也多次发言,赞成后者的意见,而认为"老廖的看法有片面性,对人民会产生麻痹和松懈的影响"。对他来说,真的打起仗来,或许"引火烧身"的压力可以排除了。①

三、"红八月"来临之际

震撼全国的"红八月"到来时,政协机关内的一切也和社会上一样,发生了翻天覆地的巨大变化。"拒不检查"的申老竟然被扣上了"反党"的帽子,接着又发生了杜聿明、沈醉、康泽在政协大院内或宿舍楼区被干部家属中的孩子们捉弄和侮辱事件。杜聿明倒霉是因为《毛泽东选集》中有一篇著名的文章《敦促杜聿明投降书》,沈醉倒霉则是因为当年有一本流行的革命小说《红岩》使国民党特务令人痛恨,这两位被政府特赦后担任文史专员的同事被当面斥骂为"大坏蛋",甚至遭到黄泥团的袭击,有一次竟把沈醉身穿的白衬衫变成了满布黄点的"花衬衫";康泽倒霉当然也是因为有一段当国民党特务头子的历史,在和平里政协干部住宅区,一群群孩子向他吐唾沫。

这虽然只是一帮十几岁的孩子所为,但在当时的背景之下,就连仍负文史部门领导职责的沈德纯也无可奈何。沈老善意地提醒各位专员说,目前各学校正流传"爸爸反动儿混蛋"的对联,因此专员子女们也有可能受到株连,这使专员们感到形势严重,人人自危,怕如此发展下去无法做人。作为中国的最末一个封建君主,溥仪在那些日子里更是提心吊胆,思想上的负担很重,果然也是逃不出政协大院里孩子们的捉弄,他在一次讨论会上的发言中讲到一件事:"沈醉那天发言说了很多事实,我也有一次下班走到连老(以农)院子里,有一个孩子指着我骂'臭战犯',后来另一个孩子问那个孩子为啥这样说,

---

① 依据专员学习讨论会议原始记录 1966 年 7 月 23、25、27、29 日,8 月 1、5 日内容,未刊。

那个孩子否认了。"①

其实这类事情早在 7 月间已经发生，7 月 6 日上班时，沈醉就在办公室内讲了一件事情，他说昨天下班走出二门的拐角，一群十来岁的孩子，其中还有戴着红领巾的，他们用手指着宋希濂、范汉杰、罗历戎和郑庭笈四人说："这些都是坏蛋！"当走在后面的沈醉经过那里时，同样遭到指骂："这个也是坏蛋！"此前，临汾有人来，沈醉与他在食堂吃过饭出来，就碰上一个孩子说："你们是坏蛋！"那个外地干部生气地说："我刚来怎么就成了坏蛋？"沈醉向他解释："他们是开玩笑。"上次还有个孩子看到王之南，骂他是"兔崽子"。沈醉颇感不平地对专员同事们说，尽管我们曾犯过罪，但特赦以后为什么还叫孩子这样骂呢？是不是要向上级反映一下？大家都没有表示态度。沈醉认为，孩子们的行为是父母怂恿的，所以也是不能原谅的。②

"文化大革命"全面发动的关键性会议，即中共八届十一中全会，在 1966 年 8 月上旬由毛泽东亲自主持召开了，全会通过的《中国共产党中央委员会关于无产阶级文化大革命的决定》，也就是那个著名的"十六条"，当天晚上就被电波送到了全国各地，"文化大革命"从此进入一个新的发展阶段，政协机关的学习时间增加了，由每周三次改为每天半日学习，半日工作，文史专员们也从 8 月 10 日起执行新的学习制度。在当天的讨论中，专员们每人都显得很积极，表态的内容也大体上是一致的，没有什么争论了。溥仪说，党中央的决定英明及时，能够团结 95% 以上的干部和群众，打击"一小撮"阶级敌人。

溥仪收听到"十六条"的广播，沉重的心情转为兴奋。自从各学校、机关撤销工作组以后，他就担心会搞乱套，特别是耳闻目睹的糟糕事件，简直使他头晕目眩。前一阶段政协机关的运动也搞得轰轰烈烈，却把文史部门隔离开来，甚至不让专员们看大字报，有的专员说，我们也是群众，是 95% 以内的人，为什么不让我们参加？为什么不发动我们这一部分群众？现在有了一个"十六条"的"规定"，局面大约会好转，溥仪等专员们把希望寄托在这上面了。座谈"十六"条的时候，溥仪发言谈了自己的想法，沈醉等人也都发表了看法，他们都感到运动已经"搞糟了"，希望能在"十六条"公布后扭转局面。

---

① 依据专员学习讨论会议原始记录 1966 年 8 月 12 日内容，未刊。
② 依据专员学习讨论会议原始记录 1966 年 8 月 12 日内容，未刊。

　　然而,无论是末代皇帝,还是前国民党将军们,都未免太天真了。著名的"八一八接见"之后,法令、制度和纪律一概不复存在,各式各样的暴烈行动出现在北京街头,新街口的理发店、缝纫社门前贴出了"最后通牒",命令不准再理"港式头"、做"奇装异服",全市的商店牌匾,凡有"四旧"成分者一律被砸烂,从六必居酱园到全聚德烤鸭店,从同仁堂药店到瑞蚨祥绸布店,都在劫难逃,连历史悠久、最能体现中华民族传统文化的荣宝斋也被"彻底砸烂"了。随之而来的是,从东四到西四,到处贴出了这样那样的"命令"、"勒令";从东单到西单,到处是"警告"和"通牒"。不许浴池为顾客搓澡,不许饮食店卖高级食品,不许商店出售的商品贴商标,更不准售卖香水、粉脂等化妆品,一时间腥风血雨,弥漫京华。

　　专员们依旧每天坐在办公室里学习"十六条",但大家都懂得了要从"政治"的高度上提出问题和研究问题,溥仪的认识自然也在"提高",他在专员们第九次学习"十六条"的会议上发言说:"《海瑞罢官》的出笼和对它的批判,是一场严肃的阶级斗争,有人把它看作是'学术研究',我也没有想到还有混入党内的资产阶级代理人的危害性,比如'三家村'、'黑帮'都是很危险的。"可是,这毕竟已经不是坐而论道的时候了。[①]

　　动乱的汹涛险浪眼瞅着冲击过来。随着拿定息的资本家遭受洗劫,"勒令各民主党派一律立即解散"的通令也贴上街头。与此同时,政协机关里出现了命令全体文史专员参加劳动、降低工资的大字报。鉴于廖沫沙夫人张瀛毓、王耀武夫人吴伯伦被中学生"小将"们围攻、辱骂,以及宋希濂目击某青年妇女被"红卫兵"剃光头,全体文史专员对大字报中的"指示"无不服从遵命。

　　溥仪不愿意看到这些乱哄哄的景象,他平时一向早来晚归、最喜欢把时间消耗在办公室里,可那些日子他不愿意跨进全国政协的大门了。然而,"飞毛腿"沈醉照旧骑自行车走南闯北,时而跑到溥仪住院的病房,时而来到东观音胡同溥仪的家,把动乱中的新闻不断地告诉早已因此而感到头脑混乱、精神痛苦的中国末代皇帝。

　　沈醉告诉溥仪说,申老以及中共中央统战部徐冰部长,都被"红卫兵"架在

---

　　① 依据专员学习讨论会议原始记录1966年8月22日内容,未刊。

大卡车上批斗了。他们被强迫用嘴叼着稻草或破鞋子游街,遭到惨无人道的体罚和人身侮辱。溥仪闻言痛哭失声,还不停地说,这些都是好人,他们对人民做出那么多好事,今天怎么遭到这种非人待遇? 他很不理解,为什么要搞这样由下而上的夺权运动,更不认为"造反有理",他还抓着沈醉的手,一边哭一边问,"老沈,究竟为什么要这样干? 好端端的国家弄成这个样子,这是谁的主意?"①

溥仪这一大堆牢骚话使沈醉十分惊异,他过去一度认为溥仪在座谈发言中总是不离开文件和报纸的调门,是不肯轻易暴露真实思想,这次却一反常态了。惊异之余,沈醉对溥仪此举作了深刻的评论,他说,那天溥仪敢说出那么多的看法和不同意搞由下而上的夺权等,当时是可以被扣上"反对文化大革命",甚至可以被打成"现行反革命"的。然而他毫无顾忌,一吐内心真言为快,不但反对批斗他认为是好人的许多首长,还敢于同情他们,直到为他们被斗而哭泣。沈醉说,他常常感到有责任把溥仪那天说的话写出来,"肯定他是从思想上得到了改造的,更是应当受到表扬的人。因为在那种暴风骤雨中,许多人都不知道究竟是怎么一回事的时候,他却提出了那些不同的意见"。②

事实证明,当内乱来临的时候,溥仪以一个普通公民的身份,关心着国家和民族的利益,用行动显示了自己在思想改造的刻度盘上所达到的令人惊异的程度。在当时的背景下,我们不能够也不应该要求溥仪"彻底否定文化大革命",他只是从直观上感到这次"文化大革命"存在问题,真诚期待党中央纠正错误,扭转大局,把运动搞好。

8月25日那天,专员们开会讨论降低工资问题。"造反派"规定:政协委员一级降薪50%,专员一级降薪30%。那些富有政治斗争经验的前国民党将军们都懂得,对于这规定,本来就没有讨价还价的余地,所以二话不说。溥仪却不懂这一点,他十分认真地考虑起来,如按规定取消一半工资,只剩100元人民币,这对两个病弱之人来讲,怕很难维持,遂很诚实地要求"保留150元"。可是,他又觉得这太特殊了,就咬咬牙,在"本人申请"一栏内填上"保留130元"字样,满以为"造反派"会采纳他的合理要求。③

① 沈醉:《皇帝特赦以后》,香港《新晚报》1981年4月14日。
② 沈醉:《皇帝特赦以后》,香港《新晚报》1981年4月15—16日。
③ 依据董益三1982年向笔者提供的日记原件,未刊。

就在讨论降低工资的同时,专员们看到了政协机关"文革会"的《通告》:"文史专员们自即日起停止学习文件,也不准参加运动,一律在机关打扫厕所,搞环境卫生,老、病也不例外。"①他们从此离开了办公室,开始在政协大院内劳动,扫庭院、扫厕所、清理垃圾,帮园丁整理院内的花草树木或拔草,帮机关食堂劈木柴、收拾煤堆,还要清除那些被"小将"们砸得粉碎的石兽头之类。好在执行《通告》尚可打折扣,溥仪有病,蒙"造反派"稍微照顾,许其不必按时参加这种劳动,就是来了,也只安排一些轻活儿。但对康泽可就不同了,虽然他也病得不轻,有些人却存心让他干力所不能及的重活,因为他曾是国民党的"特务头子"。

内乱的继续扩大对专员们越来越不利了,政协机关的干部群众对他们也划清了"界限",多数人是不接触、不说话,也有的人冷眼旁观,甚至怒目而视,持同情态度的往往也是在没有旁人的场合才敢打个招呼。8月下旬的最末几天,不知从哪儿来的"小将"先后闯进杜聿明、宋希濂和董益三的家,不出示任何证件,也不说明任何理由,就问罪抄家,甚至在董益三家抄检时竟带走了其妻宋伯兰的退职金和全部积蓄。

"红卫兵"最初只是出现在青少年的中学生中间,后来却蔓延到社会上了。8月27日,在全国政协机关内也有人宣布成立了所谓"红卫兵",于是,政协成了"兵"的天下。当天下午专员们学习的时候,沈德纯传达了政协机关党委的决定:机关全体干部职工从8月30日(星期一)零点起暂停办公。文史专员也从即日起停止集中学习及一切集体活动,指定《中共八届十一中全会公报》、《中国共产党中央委员会关于无产阶级文化大革命的决定》(即"十六条")和毛泽东的《湖南农民运动考察报告》为学习文件,回家学习,同时也帮助爱人学习。无论老弱病残,都要根据通知随时参加政协大院内的体力劳动。文史专员办公室在事实上已经关闭,溥仪和同事们的"文史专员"的头衔也一律免除了,他们谁也没有说话,每人都默默地收拾起一包"学习材料",又悻悻地离开办公室,走回家去。

从此,溥仪无班可上了。如同难忘在北京植物园上班的头一天——1960

---

① 汪东林:《梁漱溟与毛泽东》,吉林人民出版社1989年版,第271页。

年 2 月 16 日一样,他也永远忘不了 1966 年 8 月 30 日这个被迫回家的日子。两个日子,两种心情,这怎么能够忘记得了!工作权利被强行剥夺,他感到十分难受,这显然和他的特殊经历有关。作为中国封建社会最后的帝王,溥仪感到自己能在一个社会主义的国度里,能在一个普通的工作岗位上,与同事们一起上班、下班,这实在是一种人生的享受。他深知是"文化大革命"剥夺了自己工作的权利,遂在 1966 年 8 月 30 日日记最上面一行写了"未上班第一日",此后相沿,每篇日记的首句都是"未上班第某日"。应该说明的是,溥仪写日记有这样的习惯,但一般说来,由于其他原因不能上班,他必定加以具体注明,如写"住院第某日"、"病假第某日"等,这里的"未上班"却不说明原因,固然反映了浩劫席卷无班可上的形势给他带来的精神苦闷,肯定还有因政治因素而说不出口的某些思考。①

溥仪在苦闷之中。那些天,人们常见他站在新街口道边看大字报,他想解开乱丝般的满腹疑团,但听到的消息都是很难理解的,只能与妻子聊一聊。有一次他从新街口回来对妻子说:"我看见了批判刘少奇主席的大字报。刘主席严肃认真,勤勤恳恳,我是有印象的。特赦令就是他发布的。"他看到批判中共中央统战部部长徐冰和中共中央组织部部长安子文的大字报后,心里也很难过,回家对妻子说:"大字报没写出什么具体事,却有一串大帽子,一夜之间把老干部都打倒了。"后来溥仪又听说帮助他修改《我的前半生》一书的群众出版社某领导也被打成了"特务",几乎愤怒了。他简直是喊叫着对妻子说:"我就不信!我就不信!我曾和此人长期相处,他怎么能是特务呢!"他十分感慨:"这么搞,国家要受损失啊!"

1966 年下半年,溥仪的病情日趋严重,先后多次住院。躺在病床上,他仍是牵挂着国家的命运,常向来探病的亲友打听,政协和统战部哪些领导被批斗?是否天天游街示众?看到造反派印的小报或者随意给一些老干部扣上叛徒、特务等罪名,或者吹捧林彪、江青,他表示怀疑,并向沈醉寻根问底,沈醉一听吓了一跳,告诉他不要再讲这些了,这是要犯大错误的,会惹出杀身之祸来,他才没有再谈下去。②

---

① 王庆祥整理注释:《爱新觉罗·溥仪日记》,天津人民出版社 1996 年版,第 531 页。
② 参见沈醉:《皇帝特赦以后》,香港《新晚报》1981 年 4 月 18 日。

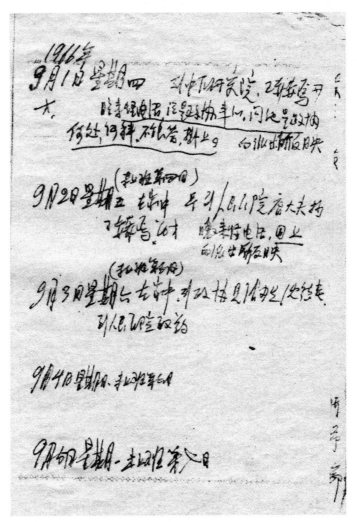

溥仪在"文化大革命"期间的日记里记有"未上班第某日"

四、浊流滚滚来

"文化大革命"运动的巨澜终于向爱新觉罗家族和溥仪本人猛扑过来。

爱新觉罗家族中最早被点名批判的是郭布罗·润麒,那还是《横扫一切牛鬼蛇神》那篇社论发表不久的初夏时光,在润麒工作的北京编译社内,一下子贴出大批矛头对准他的大字报,而且冠以《打倒现行反革命郭布罗·润麒!》、《郭布罗·润麒是"三家村"黑店在编译社的黑干将!》等吓人的标题。溥仪得知消息后,尚能从理解这场运动的角度"正确对待",他找来溥杰和万嘉熙说:"润麒反对社会主义,我们虽然是亲戚,也不能包庇他。"三人遂搜索枯肠,仔细回忆润麒平日的言行,连开玩笑的内容都不放过,再加以推敲,写成一篇揭发其"反动言论"的大字报。这张大字报贴出以后,在编译社引起一场轩然大波,"不仅因为其材料翔实,而且因为其中提到了溥仪在场并予以证实的内容"。不久,润麒便以"现行反革命"的罪名,被关进西郊马神庙的教育行政干校隔离审查,从而失去了人身自由。①

随着"红八月"中打、砸、抢的升级,溥仪的一个外甥站出来"造反"了,他还是一个十六七岁的中学生,在蛊惑人心的"红色潮流"中声明要与皇族家庭"决裂",这种情况在当时一点都不奇怪,他还是个孩子。他领着一队红卫兵首先闯进了东城宽街西扬威胡同16号的载涛的住宅,抄了家,查封了古董,还把年过七旬的载涛推倒在地,吓得载涛庶夫人金孝兰割断手臂血管自杀了。②

接着红卫兵又来到了蓑衣胡同溥任的家,毫不留情地搜身、抄家,甚至用皮带抽打。嗣后,溥任找大哥诉委屈,自身难保的溥仪对此也束手无策,只是劝慰四弟"要正确对待革命小将的革命行动"。随后,位于护国寺街溥杰家的小四合院,也被外甥领的人给闹翻了,他们高呼"打倒日本走狗"的口号,把厨房里带有日本商标的瓶瓶罐罐捣个稀巴烂,还有趁火打劫者偷走了嵯峨浩从日本带来的照相机。

继而除"五格格"韫馨外,溥仪的几个妹妹都被抄家了,叛变家族的那个外甥家中的金银首饰、字画古董,还有伪满国务总理郑孝胥留下的印章等,也被红卫兵带来的卡车运走了。这一切一切,溥仪都无可奈何。最悲惨的莫过

---

① 钱立言:《国舅·驸马·学者》,南海出版公司1991年版,第261页。

② 据说新中国成立前夕,载涛家中一赵姓厨师因生活困难偷带一小块白面,被金孝兰发现,声称"要告诉老爷",赵厨师羞愧自杀,并留下"二姨太太逼死我"的遗书,后经载涛上下周旋,了结此事。红卫兵来抄家,勾起她的往事,认定过不了被批斗的关口,遂一死了之。参见郑怀义、张建设:《末代皇叔载涛沉浮录》,群众出版社1989年版,第113—114页。

于家族中著名画家溥雪斋被抄家后与溥仪生离死别的一幕,他已经走投无路了,敲开溥仪院宅的大门,这个门寄托着他活下去的最后一点希望,但溥仪竟没有勇气让他把颤抖的双腿迈进门内,他绝望了,与女儿相依远去,一直走出了这个世界,再也没有回来。

对于爱新觉罗家族的"劫运",溥仪似乎无动于衷,其实他是无能为力,与受难的家族一样,滔滔的浊流也向他本人淹过来了,据董益三日记载,仅 8 月25 日一天,红卫兵就到"大溥家"去了两次。① 他们闯进溥仪家宁静的院庭,宣告是来"破四旧"的,要拆他家的沙发软床,"生活还真讲究哪!都不要用了,全撤掉!"又有人跑到院子里上下左右搜寻"四旧"对象,于是一道新的命令下达了:"溥仪!上房去把那对儿石狮子打掉!"溥仪想,撤家具尚无不可,住房是国家财产岂能随便破坏?遂向"红卫兵"请求,希望能允许给政协房产部门打个电话,"红卫兵"哪里肯依,说话时早有人把砸下来的石狮子扔到了院子里。"红卫兵"又发现了摆放在卧室内床前几上的毛泽东与溥仪两人并排站立的合影,以及毛泽东与章士钊、程潜、仇鳌、王季范和溥仪"五老"的合影,显得很"气愤",斥责溥仪说:"你是战犯,不配与伟大领袖一起照相,我们要带走相片,不许你用这个迷惑群众,往自己脸上贴金。"溥仪连连说:"我立即上交政协机关,请组织上妥善保管。"

"红卫兵"还算客气,没碰溥仪一根毫毛,也没有抄家,甚至没有带走一张纸片,与被抄家的家族兄妹和同事相比,他肯定是受到了优待。可溥仪也决心不再使用房间里那些在当时看来颇为刺眼的家具了。他到机关说明了原委,第二天就开来一辆汽车把沙发、软床连地毯通通拉走,并调换了必要的简单用具,那两张被他视为比生命还宝贵的照片也同时上交政协机关了。然而,他不曾想到,两张照片还是没有保护好,至今下落不明。

在难熬的"红八月"中,末代皇帝溥仪却很幸运,沈醉分析其原因时写道:"溥仪自从搬到东观音寺胡同后,与街坊邻居都相处得很好,附近的老人、小孩以及青年学生、机关职员、工厂工人,见面都跟他打招呼,他也喜欢与这些人扯上几句,特别是一些老人小孩对他更有兴趣……"②溥仪的群众关系好,

---

① 依据董益三 1982 年向笔者提供的日记原件,未刊。
② 沈醉:《皇帝特赦以后》,香港《新晚报》1981 年 4 月 17 日。

人们自觉地保护他,这应该说是他在内乱之初未受大骚扰的一个原因。但是,显然还有更重要的原因。

这以后的几天里,虽然仍有一些外地"红卫兵"来敲溥仪家的大门,但都是来看"不同凡人"的末代皇帝的,并不想在这个宁静的大院里"造反"。然而,骚扰却没有就此结束。

9月初,他接到两个奇怪的电话:"9月1日:晚,来怪电话,说是政协来的。问他是政协何处? 何科? 不能答,挂上。已向派出所反映。9月2日:晚,又来怪电话,同前。向派出所反映。"①日记中所记"向派出所反映"实际是提出了请福绥境派出所派人住在家中以求保护的要求。对他的要求,派出所领导既认为事出有因,又感到为难,反复研究后决定向上级请示,电话从福绥境派出所打到西城区公安分局,又经过市公安局、国家公安部,一层层直到国务院总理办公室。周总理的秘书传下了明确的指示:"溥仪是末代皇帝,已经改造好了,应该加以保护。"有了"尚方宝剑",派出所史所长的腰杆也硬了,他信心十足地告诉溥仪说:"你记下派出所的电话号码就行了,我们将保护你和你的家庭,不会发生任何问题,放心好了。"这话真让溥仪心中有底了。

果不出所料,匿名怪电话的信号传出后,一桩桩,一件件,五花八门的事情就一股脑儿地上来了。溥仪到人民医院看病,挂号处工作人员向他询问家庭成分。到机关财务科领工薪,他要求按130元保留未能办到,因为与他同级别的几个人一律降薪50%,只剩100元钱了。李淑贤到粮店买面粉,售货员告诉她:"今后对你家只供应粗粮,买包米面吧!"与此同时,又听说文史部门的王述曾等5人已被驱逐出京,溥仪的忧虑增加了。②

几天之内竟遇到这么多问题,想也想不通,一天溥仪在西直门前漫步,看到不少人正在照抄一份大字报,细看那标题,写着《在毛主席语录中找答案》,一共列出32条,是解放军编的,他如获至宝,立刻加入人群,掏出笔来就抄。因为他正在找答案,脑海里全是大大小小的问号,没有答案。但后来,在长期的摸索中他逐渐懂得了,普天之下并没有一本包括一切答案的"圣经",答案

---

① 王庆祥整理注释:《爱新觉罗·溥仪日记》,天津人民出版社1996年版,第531页。

② 参见董益三1982年向笔者提供的日记原件,未刊。

在实践中,在人们的追求和奋斗中。①

然而,20世纪的两位伟人,毛泽东主席和周恩来总理并没有忘记这位中国的末代皇帝,他们的指示层层递传,总能到达溥仪周围,并在那里发挥作用。正当"小将"们砸牌匾、破"四旧"闹得正凶时,对溥仪及其家庭直接负有保护之责的某公安派出所也加紧了执勤,一位所长与溥仪谈话时泄露了"天机",他讲完那通"运动大方向完全正确"、"缺点、错误微不足道"的"时腔"后,很神秘地对溥仪说:"你的名字人人都知道,但对于你,家未抄,人未斗。你知道,公安机关为此做了多少工作啊!"处于那样猖獗的内乱之中,溥仪却能受到有效的保护,这是一个鲜明的事例。

所长的话不久又为溥仪所能看到的事实证明了。1966年10月14日晚饭后,一些外地来京串联的"红卫兵"又来了,溥仪立即打电话向福绥境派出所报警,其结果已写在当天的日记中:"民警李志义、陈银生和'纠察队'(女)、'红卫兵'三五人来。李找问领队,到外边问讯,何人介绍,有介绍信否等。旋李和领队入室,领队即说:'溥仪先生,我们走了!'我送派出所诸同志出大门。"②

这以后,派出所人员经常登门询问情况,表示安慰。溥仪在1966年10月27日的日记中写道:"晚,史所长、唐所长、陈同志来看,关心地问候生活,又问有人来否?我谈及东北有人来信。史所长等坐一会儿,辞去。临走时又关怀地说:如有什么事可以告诉我们。再三嘱咐,如果有不相当的人来,即电话通知派出所。"③

究竟是什么部门,什么人能在那个特殊历史时期,向派出所下达保护溥仪的任务,并使之卓有成效地贯彻执行呢?没有人告诉溥仪,但那也是不言而喻的,董益三的一篇日记留下了蛛丝马迹:"据公安部有关同志讲,我们在无产阶级文化大革命中,能到今天,大体无事,是因为中央的指示,不搞这批人……这个指示对公安部、公安局,对我们机关都传达过。不然,谁能保这批

① 依据溥仪亲笔抄留的手稿,李淑贤1980年向笔者提供,未刊。
② 王庆祥整理注释:《爱新觉罗·溥仪日记》,天津人民出版社1996年版,第549页。
③ 王庆祥整理注释:《爱新觉罗·溥仪日记》,天津人民出版社1996年版,第557页。

人？公安部保不了，公安局、派出所更保不了，机关也保不了。"①

对此，溥仪和董益三都有深刻的切身体会。不仅人身受到保护，溥仪的生活也得到了充分保障，9 月 24 日派出所所长亲自过问并与粮店接洽，恢复了溥仪家的细粮供应。9 月 29 日溥仪接到通知，到机关财务科领取为欢度国庆佳节而提前发放的 10 月份工资。当厚厚一叠人民币放在手心之上时，他愕然了，财务人员看他发愣，就笑着说："仍照原数。"原来已经恢复了月薪 200元的标准。沈醉谈到这件事时写道："政协原有的领导，正在挂黑牌扫厕所，夺了权的那些自封的领导，对我们专员们早看不上眼，他们一夺权就来一次'减薪'，只给我们生活费。周总理在第二个月才知道，亲自下令一定要恢复我们原有的待遇，一块钱也不能减，减去的还得补发，他们虽然很不愿意，但也得执行。"②当时，起义将领与特赦人员一样，都经历了这次"减薪"和"补发"的全过程。嗣后，1956 年从香港起义归来的原国民党中将唐生明，还特意核实了此事，他对邻居杜聿明说："我刚才打电话询问了可靠人士，是周总理办公室给政协打的电话，不许扣发民主人士和特赦人员的工资。"③

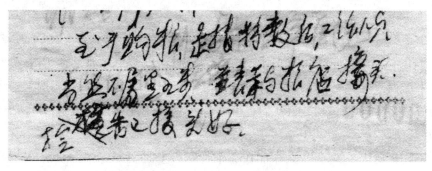

1966 年 9 月 24 日溥仪日记记载了细粮供应问题的情况

溥仪更感到欣慰的是党和国家照例给予他政治上的崇高荣誉。在那个中国现代史上的非常时期，溥仪也收到了国庆招待会、天安门观礼和焰火晚会的请柬，这在当时显然是有特殊意义的，等于给溥仪穿上了一件政治保险

① 依据董益三 1982 年向笔者提供的日记原件，未刊。
② 沈醉：《皇帝特赦以后》，香港《新晚报》1981 年 4 月 18 日。
③ 汪东林：《梁漱溟与毛泽东》，吉林人民出版社 1989 年版，第 275 页。

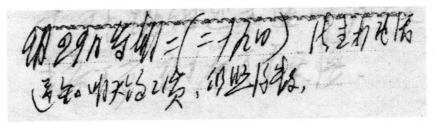

1966 年 9 月 29 日溥仪日记记载了"恢复原薪"的情况

的外衣。那是 9 月 30 日临近中午的时候,溥仪、杜聿明和宋希濂突然收到了请柬,并告知已安排了小汽车接送。第二天一早,溥仪等人衣冠整齐地登上观礼台,内心的激动难以抑制,更使他们兴奋的是,与党和国家领导人一起走上天安门城楼的,不仅有人民政协和各民主党派的负责人,以及张治中、程潜、傅作义、李宗仁等人,还有被批斗过的中共中央统战部部长徐冰,这使他们感到党的统战政策没有改变,因此觉得踏实了。那时人们惯于从这类礼仪性活动的参加与否、名次前后,来判断中央对某人所取的态度。同时,其他专员也看到了希望,感到安心。一位专员在日记中写道:"今年国宴和国庆观礼,我们专员仍有大溥(溥仪)、大杜(杜聿明)和老宋(宋希濂)三人参加,这说明党和政府对我们的政治待遇还是十分宽大的。"①

五、著作受到批判

一个新的重大打击从天而降,长春有人来信以批判《我的前半生》为名,和溥仪算起旧账来了。那封信通篇以威胁的口吻写成,开头便向溥仪发出质问:"你是真接受改造了吗?释放以后你给党和人民做了些什么?你拿人民的钱,吃共产党的饭,在写些什么?"随后就对《我的前半生》一书进行毫不讲理的批判,口气咄咄逼人:"告诉你!我先打开《我的前半生》几十页让你回答。如不然,我就呼吁全国工农兵批判你,一直批判到最后一页,批判到你认

---

① 依据董益三 1982 年向笔者提供的日记原件,未刊。

错为止。你要声明这本书有毒,稿费 5000 元退回国家。我是不做暗事的,叫你在思想上有所准备。"①

溥仪是在 1966 年 9 月 15 日收到这封信的,他害怕极了,就像没了魂,木呆呆地站在电话机旁,两只拿信的手哆嗦着,长时间不动一下,妻子与他说话也似乎听不见。那天晚上,他粒米未进,滴水未喝,睡觉后也不安稳,常常哭醒过来,妻子劝也劝不住。②

第二天,溥仪就根据长春来信的要求,把《我的前半生》一书全部稿费奉交政协机关了,他在当天日记上写道:"到政协交机关张(刃先)主任 4000 元稿费。另 1000 元,对于帮助提供材料的人酬谢 600 元,余 400 元为贤治病用,现实存只 4000 元,交机关奉还国家。"③

那些天,溥仪看病回来就坐到写字台前,细心检查自己的著作,并接连向长春发出一封又一封复信。可想而知,他当时的精神压力是巨大的,痛苦深藏在心底。

国庆节以后,溥仪几乎用全部时间一页一页地检讨自己出版的那本书,一封一封地寄出给长春的复信,但还是不能"过关",成了他的一大愁事。那位长春的造反者原是一名孤儿,曾在伪满皇宫里当童仆,遭受过不少苦难,溥仪为此而深深地感到内疚,总想认识得正确些,检查得深刻些,让人家满意,却实在太难。

10 月 24 日,溥仪又到机关去找沈德纯副主委和张刃先主任谈《我的前半生》一书的检查问题。那天领导表扬他,"对社会主义好,无他心,依靠组织好"。但也寓有批评,不能变依靠为依赖,遇事自己也要动脑。在那个特殊的历史阶段,许多事情领导也是束手无策。溥仪还曾与群众出版社联系,希望共同搞好该书的"检查"工作,以消除"不良影响"。为此,溥仪于 12 月 2 日又打电话给出版社,但对话人借口"知情负责同志外出"推脱了。④

---

① 依据溥仪自存的原信,李淑贤 1980 年向笔者提供,未刊。
② 依据李淑贤 1980 年向笔者提供的口述回忆资料。
③ 王庆祥整理注释:《爱新觉罗·溥仪日记》,天津人民出版社 1996 年版,第 536—537 页。
④ 王庆祥整理注释:《爱新觉罗·溥仪日记》,天津人民出版社 1996 年版,第 555—556 页。又据溥仪亲笔电话记录稿,李淑贤 1980 年向笔者提供,未刊。

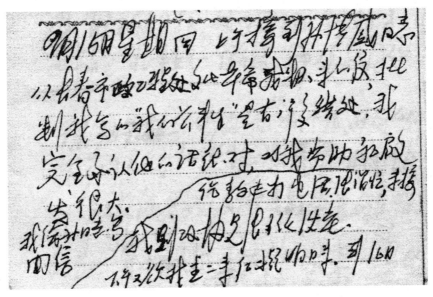

1966 年 9 月 15 日溥仪日记载有孙博盛来信情况

　　苦恼纠缠着溥仪,后来还是同事董益三帮助他批判《我的前半生》一书,从而卸去了他的沉重的思想包袱,竟使他感受到"救命之恩",说老董伸手把他这个"溺在水中的人"给拉了起来。①

　　尽管溥仪对自己那本书连篇累牍地长篇检讨,但还是过不了"关",长春来信中新问题仍然层出不穷,要他"挖出思想根源",要他交代"是谁支持写的"……溥仪一着急,血压升高起来,1966 年 12 月 23 日突发尿毒症,被送进协和医院,开始了第 5 次住院生活,其间李淑贤又收到措辞严厉的长春来信,遂以自己的名义复信,告知溥仪住院,待好转再检查著作。不料更惹恼了那位长春的造反者,他简直是怒发冲冠地掷还一信,信中语气逼人,认为溥仪"装病"、"要花招",声言"要印传单散发北京市,呼吁革命工农兵来反对你"。②

　　就在这千钧压顶的时刻,一个喜讯传到病房。溥仪的五妹夫万嘉熙告诉

　　① 依据董益三 1982 年向笔者提供的日记原件,未刊。
　　② 依据溥仪留存的原信,李淑贤 1980 年向笔者提供,未刊。

孙博盛同志：

　　九月十三日上午我接到你来信，对我的批判意见，我衷心表示接受，说老实话，这对我才真正是帮助。

　　我虽些蒙到特赦，但是我过去的叶祖国对人民所犯的罪恶是不可抹的事实，应当时刻不忘过去的罪恶，好以此赎罪补过。但是我所写的"我的前半生"经你的正确分析和严正揭责，自己连到反省，书中为活脚是有不少美化旧事物，是不少有毒的，起坏作用的应当为倒的。

　　吴头、吮气都有阶级性这是一点不错的，我的书中虽然也有些暴露，但是辞句中都露出自己作奴事的辩护，正如你来信指出的权之几项，即说明问题。例如书中说，我祖父把一切官职都辞掉了，"亲王世袭罔替"的恩典是力辞不准才接受的，这是我小时听说的。写这一段不是暴露，反掩了阶级立场，这是站在什么阶级立场说话？

　　又如我无耻地也宣扬我的祖母如何善良，感天不也花园，这是怕踩死蚂蚁（29页）尽管我后来也说她对妈蚁仁慈，但是打起奴仆来（这里封建所作的用语）都毫不留情……，但是这个暴露是很不够，而且是掩盖了她的阶级本质。她为仆侧怕踩蚂蚁这正是对进佳信和极端个人的自私的表现。因为她不踩妈蚁，正是想保全身积阴德。我没有指出对妈进佳信本质原的故意以形容她对妈蚁仁慈如此。你一语道破，既然仁慈，为什么使用太监，这是一针见血的正确论断。

　　我书中说我读是辛亥革命辞掉摄政王，（事实上是革命大势所迫，他能迫辞职的）我为什么引用他的言辞说，"有书黄帝责，无事一身轻，这两句引的同子不正是替他表白康熙退官，替他说话么？（实际上他的阶级以有此种进佳这信养自的作不打，化亦不倒）

　　关于你所提的我母对一个电行的义义的污辱，我已无耻地述去如他的馅媚猴。我给你书中那段话，是我站在剥封建立场对义父所作的话，说明我已也过很差，

他，周总理在一次讲话中又一次肯定了《我的前半生》是一部好书，几天前报上登出《坚定地走与工农兵相结合的道路》一文，谈到出身问题时，引用了周总理谈到溥仪的几句话："溥仪从苏联回来 16 年了，他写了一本书，心情是很

沉痛的。我们把末代皇帝改造好了,这是世界上的奇迹。"总理的声音令溥仪再也无法抑制泉涌般的泪水,在妻子和妹夫面前哭得两眼模糊。

病床上的溥仪不禁回想起当他写出《我的前半生》初稿交总理审阅时的谈话,当时周总理公务繁忙,未能看完全文,但已经看出这位末代皇帝向旧社会宣战的决心,乃在谈话中指出,末代皇帝肯这样暴露不容易,沙皇、威廉的回忆录都是吹自己,英国的威尔士亲王也是吹自己,历史上还找不出这样的例子,溥仪能这样做,可以说是开创了一个新纪元。总理说这是旧社会的一面镜子,旧社会结束了,溥仪也转变成了新人,后世的人也会说,最后一代皇帝给共产党改造好了,能交代了,别的皇帝就不能交代。① 每当回首令人动情的往事,溥仪就激动得流泪。现在,处于非常时期的总理啊,保护一大批革命老干部的同时,也并没有忘记保护这位中国的末代皇帝。

没多久,毛泽东1964年8月间在一次谈话中涉及溥仪的部分内容也传了出来:"对犯错误的青年人不要开除,开除是害了他,对立面也没了。溥仪、康泽这样的人也改造过来了,青年人有些是党员,有些是团员,还改不过来?开除太简单化。"②毛主席认为末代皇帝"改造过来了",这对于动乱中的溥仪具有极大的政治保护作用,谁敢不尊重伟大领袖的指示呢?

六、"皇娘"造反

长春那位造反者不再来信了,但随着运动"向纵深发展",被点名批判的已有刘少奇、邓小平、陈毅、陶铸、贺龙、彭德怀等一大批革命前辈和功勋盖世的领导人,随着上海掀起的旨在夺权的"一月风暴",接管中央统战部的造反组织"首都职工红色造反联络站"和北京地质学院"东方红公社"一进驻,就发出《通令》,命平杰三、王旭林、李金德、申伯纯"一边劳动,一边交代罪行",机关里一片混乱。

---

① 依据《周总理召见溥仪及其亲属谈话纪要》,原件存全国政协档案室。
② 依据毛泽东与毛远新的谈话记录,"文化大革命"期间流传。

　　当时出现上述情况是十分自然的,学校、机关和厂矿企业一概如此,就连街道也不能幸免地卷入运动的浪潮,拿溥仪熟悉的几条街道来说,赵登禹路、西内大街、新南大街、平安里、大乘巷、大觉胡同等都贴满了批判街委会的大字报,连溥仪所属派出所的几位民警也遭到"点名批判"……

　　这是让人动辄得咎的时刻,如果找不出现实的言行,则必然纠缠历史的旧账,长春伪满皇宫中的"福贵人"由东北来到了北京,就是为了让当年的"康德皇帝"出面,澄清一段久远的"宫廷秘史",她不想再背那个臭不可闻的"皇娘"的黑锅了。她的哥哥当年由于当上"皇亲国舅",干过伪满的警长,本身挨整不说,妻子也捞到一顶"反属"的帽子。于是,在压力下,姑嫂两位一块儿来了。

　　"福贵人"先到全国政协机关询问溥仪的地址,接管政协的造反派告诉她,溥仪正在住院治疗,病得很重。到底是真病还是假病?她疑心地走进溥杰的家门,向当年的"御弟"了解情况。溥杰告诉她,溥仪的左肾生癌,已经割除,右肾又生了癌,只能保守治疗,希望显然是渺茫的。面对这种情形,"福贵人"的思想斗争十分剧烈:不去找溥仪"澄清事实",自己和兄嫂的黑锅背到哪一天为止?去找吧,必然给病重的溥仪添麻烦,增加压力,心中又有些犹疑、不忍,可是,既然已经来到北京,总得见他一面啊!"福贵人"鼓了一把劲,壮起胆子大声对溥杰说:"我来是要和溥仪谈一谈,他过去在伪宫中压迫我,给我规定了'21 条'……"

　　1967 年 1 月 30 日上午 9 时,"福贵人"和她的嫂子来到协和医院病房,恰好李淑贤在溥仪床头照料,已获悉"福贵人"来京目的的溥仪面色苍白,显得有些紧张,勉强起身下地,礼貌而友好地向对方伸出手去。然而,如今站在他面前的中年妇女既非伪宫中那个天真无邪的少女,也不是 20 世纪 50 年代到抚顺探亲那位含情脉脉的少妇,更不是特赦后曾在北京重逢的那位稳重的故人,而是一位怒火中烧、咄咄逼人的女性,令他大出意外,宛如霹雳一声眼前出现了幻景,当年那位温顺的"福贵人"朝着她的"康德皇帝"厉声怒斥:"我们是代表东北人民来的,今天要同你算老账!"

　　溥仪以其病弱的手,在当天的日记中一笔笔记下了这 60 年代发生在北京病房中的奇人奇事,谈到"福贵人"姑嫂的来意时写道:"为让我写一文件,替她澄清问题,说明她入伪皇宫后如何受压迫,如强迫她在'21 条'上签名,表示

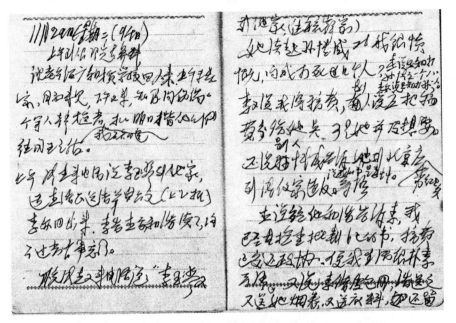

1966 年 11 月 29 日溥仪在日记中记下了李玉琴曾到溥杰家的情况

服从并在佛前焚烧,又对她父母家属规定'6 条'限制办法,等等。"①

　　总之,"福贵人"想要证实自己"被压迫者"的实质性身份,以把自己和"康德"区分开来,抵御造反派的无休无止的纠缠。凡经历那场浩劫的人,谁能不理解李玉琴的上述要求呢? 这完全是严酷现实逼出来的。李玉琴回忆她一家人在内乱之初"泰山压顶、乌云满天"的日子里备受迫害的情景说:"大家上街庆祝八届十一中全会公报发表,'文革'人员不许我参加,我伤心地哭了。一时间,泰山压顶,乌云满天,我爱人也被扣上新的罪名,大字报贴到我家楼下大门上,家被抄了,孩子也受到株连,他幼小的心灵受到了创伤。运动越来越激烈,一开批斗会,我表面镇静,内心害怕极了。有一次批斗会开到深夜,别的同志都把孩子送到托儿所,我也送去了,不一会儿,孩子哭着回来了,说阿姨不许他和别的小朋友一起睡觉,我心如刀绞,只好把眼泪往肚里咽,不敢说什么。抄家前,我把一切犯禁的东西都烧了,其中有溥仪的来信,以及我同现在的

　　①　王庆祥整理注释:《爱新觉罗·溥仪日记》,天津人民出版社 1996 年版,第 612 页。

爱人恋爱时的来往信件,还有一些四书五经、佛经和我在宫中照的几幅照片。"①

　　不仅李玉琴及其家庭为"皇娘"这顶当年硬扣在头上的"桂冠"遭罪,有时,受株连的亲属也不免埋怨几句,他们过去没沾着"皇娘"的光,现在却有了难听的"皇亲"头衔,实在委屈。最后,就连李玉琴慈祥的母亲也同意让女儿去找"康德"问问了。于是,病房中的奇人奇事发生了。本来只是寻常的会面,却因为特定的历史环境,加之溥仪重病在身,又有妻子李淑贤为丈夫鸣不平,才使会面染上不寻常的颜色。关于会面过程,李淑贤和李玉琴两位当事人都有自己的回忆。

　　李淑贤回忆说:

　　　　在那以前我还从来没见过李玉琴,但已获悉她来京的消息,因此当她姑嫂二人推开溥仪的病房门,我观察其来势,已猜出几分。溥仪一眼看出李玉琴,吓得连身子也有些发抖,而出于对病弱丈夫的心疼,我对来人的一种莫名的反感,油然而生。

　　　　"你是谁?"我估计年轻些的准是李玉琴,便冲她问了一句。

　　　　"你是谁?"李玉琴不正面回答,反而向我发出强硬的反问。于是,我不再理她,看她还怎么样。

　　　　"我是代表东北人民来同溥仪算账的!"她显然是在使用吓唬人的口气讲话,接着又毫无道理地向我厉声呵斥:"请你出去!"

　　　　"我有资格在这里呆着,我不能出去!"她有什么权利呵斥我呢?我很生气,就用这句话回答她。

　　　　"你是什么成分?"李玉琴似乎要审问我了。

　　　　"你不用管我什么成分!"我也对她并不客气。

　　　　我不买账,她就转而对手足无措的溥仪施展威风:"我是代表东北人民来的。"又指着跟在后边的一个中年妇女说:"这是小杜,也是代表东北人民来和你算账的。"

　　　　"你口口声声说代表东北人民,拿出介绍信来看看!"我要揭破她的谎言。

　　① 李玉琴:《坎坷三十年》,载《末代皇后和皇妃》,吉林人民出版社1984年版,第264—265页。

　　李玉琴往口袋里掏呀,掏呀,足有3分钟之久,却连一张小纸片也没有掏出来,便转过脸去问"小杜":"是不是在你那里呀?"姓杜的也同样没能掏出来,她只好说"忘带了"。

　　"你在东北哪个单位?"我又问"小杜"。

　　"我是长春机械厂的。"她答道。

　　"拿出工作证来看看吧!"我说。

　　"……"她既没能拿出工作证,也没说出一句话,或许觉得我这人太"扎手",遂抛开我不管,专对溥仪去了,一连向他提出很多的问题:"你给过李玉琴什么好处?""你给过李玉琴娘家什么权利?"等等。

　　李玉琴以控诉的口气向溥仪说:"我在宫中两年多,你没给我一件皮袄,也没给过我一文大钱!"

　　"我在宫中也并不直接管钱呀!"溥仪分辩道。

　　"我进宫你给我规定了21条禁令,虐待我……"李玉琴似乎越说越气。

　　这时,我插嘴反驳她:"在旧社会你进宫是掉进了火坑,那也没有办法。溥仪特赦后,你为啥又来找他?莫非还想再跳回火坑?"老实说,我主要是怕这样纠缠下去,溥仪在精神和身体两方面都无法承受,希望能把她甩开。可是,这一切都白费,那天李玉琴一直闹到中午12点,下午3点又来了,一直缠到很晚。

　　那天李玉琴还谈到《我的前半生》一书"毒不浅","流传全国",因此她要"批判"等等。溥仪特赦后与李玉琴通过几封信,她还给溥仪寄过孩子的照片,所以会面时还提出索还原来邮寄的信件和照片。①

李玉琴则回忆说:

　　溥仪住单人病房,我们进去时他正靠墙坐在床上和李淑贤说话,我没言语,我大嫂冲溥仪说:"你有病了?"溥仪点点头。大嫂看

———————————

①　依据李淑贤1980年向笔者提供的口述回忆资料。

看他又说:"好像有点浮肿?"这时,李淑贤插嘴:"是浮肿,不是胖。"我们拉把椅子坐下。

大嫂说:"我叫杜小娟,李玉琴的大嫂,也是皇亲受害者的代表,是我揪她来北京的。"又问溥仪:"你认识我吗?"

溥仪摇摇头说:"不认识。"

大嫂边问边记,我也记,为的是回去好向造反派交代。大嫂又问:"李凤(我大哥的名字)你认识不?"溥仪还摇头说不认识。

大嫂接着又说了我家几个人的名字问溥仪,溥仪困惑地摇头说全不认识。

大嫂又问:"你见过李玉琴家什么人?"

溥仪答:"我一个也没见过。"

大嫂问:"那你给李玉琴家谁皇亲待遇了?"

溥仪用手扶扶眼镜,笑了笑说:"没有!只是婉容家是皇亲。因为她本人是皇后,娘家地位也够,李玉琴的地位和娘家地位都不够,不享受皇亲待遇。"溥仪说完又笑了笑。我感到这是笑我们无知,我心里好不是滋味,脸热辣辣的,到现在我才明白什么样人的娘家才够得上享受皇亲待遇。

大嫂生气地说:"这就奇怪了,你没封李玉琴家是皇亲,也没给过皇亲待遇,可我们家老少三辈都成了皇亲国戚,连我都成了国舅夫人,又被批斗,又被抄家。"

我插嘴说:"什么皇亲?你根本就不承认我们家是你的亲属。你不是给我家订了6条禁令吗?什么不许求官、求钱,不许对外说和你是亲属,不许以你的名义做什么,最后一条是皇帝的旨意必须坚决服从(在宫里时我只知给我订了'21条',还不知道给我家也订了'6条')。"我又说:"你给我订了'21条',使我连一点人身自由都没有了,直到现在还有'皇娘'的罪名。我哪享受过'皇娘'的待遇?进宫后第一件衣服是粗布的,刚封'贵人'时连新被都没做。"

溥仪也承认这些都是事实,表示对不起我们,但李淑贤误会了,说了句顶人的话,这也是可以理解的。我一时呆住了,心里生气,可是又不能跟她吵嘴,那成什么事了。这时,大嫂手拿《毛主席语录》说:"毛主席教导我们说:'没有调查研究,就没有发言权'。"继而问李淑贤:"你了解当时的情况吗?"

　　李淑贤是南方人,说话快,语音尖,我当时正生气,没听清她说些什么,溥仪也吓得不言语了。原来我们一问一答,但还是平心静气地谈问题,溥仪的态度也还好,认为我们受这些不白之冤是他造成的,对不起我们。现在谈话已不便继续,我就对李淑贤说:"你不了解宫中情况,还是让溥仪说吧。"但溥仪直眨巴眼睛不敢吱声,多亏护士来给解了围,把李淑贤叫走了。

　　我生气地问溥仪:"这是怎么回事?以前你口口声声说有罪,对不起我,你到底背后跟李淑贤怎么承认你有罪对不起我的?是不是我和你离婚你就没罪了,而应该是我有罪对不起你了?"我看着他,等他回答。可他扶扶眼镜,哼哧一会儿才说:"她不了解情况。"然后就不言语了。我心想:溥仪呀,溥仪!你过去对婉容和我是何等威风?今天竟是这个样子,真叫我又气、又恨、又可怜![①]

可想而知,溥仪当时的心情是沉重的,而"二李"的辩驳,只能更给他增添沉重的心思,他希望看到的是"二李"之间的握手言欢,而不是纷争不已。

"福贵人"的"战斗"在病房打响以后,持续良久。这位控诉者不仅接连找全国政协,还与叱咤风云的"首都红卫兵第三司令部"取得了联系,借以向溥仪发动更大的攻势。

1967年2月7日晚,"福贵人"带着"红三司"的大学生来到位于白塔寺附近的人民医院病房,找刚刚转院至此的溥仪"评理"。据溥仪日记记载,对方当众控诉溥仪"迫害"造成的"种种苦境","前廊病号麇集",听了这场特殊的"批判会"。还有戏剧性场面:与"福贵人"同来的"小杜"冲着溥仪大声恫吓:"今欲揪你回东北,打碎你的狗头!"继而发动凌厉的攻势,向溥仪甩过一张纸去,上面有事先预备好的"14项问题",要求答复,并威胁说:"写不写,随你便!"溥仪展开那张纸细看,只见第一行上赫然写着:"溥仪:你要向被你损害

---

① 依据李玉琴1985年向笔者提供的回忆口述资料。

者及其家属老实认罪,交代问题!"吓得"皇上"真魂出壳,身上"突突"腿打"颤",他一生中经历过许多大场面,改造期间也曾虔诚地低头认罪,但像今天这样的事儿还是头一遭碰上。①

面对眼前的一切,到底该怎么办?溥仪的心情相当苦闷。他在1967年2月10日的日记中写道:"自己在历史上确是对人民犯了罪行,党和政府特赦,重新做人,才有今天。现在有人要借东北人民的名义,煽动不明真相的人向我攻击,自己实在无法对待。"②

李淑贤也沉不住气了,董益三1967年2月10日的日记中留下了她的想法和行踪:"下午3时左右,李淑贤来告诉我们,她曾找载涛说明了溥仪的情况,载涛建议向总理汇报,李淑贤要求我代笔,我认为不大合适,建议她找溥仪商量,由溥杰起草较为适当。我们晚餐后她又来了,说溥仪认为现在不要向总理反映情况,等等以后再看。我同意溥仪的意见,暂缓反映。"③

溥仪在前述那篇日记中本来还有"我们受到攻击而又无所依靠,政协忙于对内搞文化革命,对此没有力量顾及"等语,为什么又不同意向总理反映情况呢?这不是别的,而是对总理发自内心的深深的敬爱。他能体谅在"文化大革命"中日理万机操劳过度的总理,不愿意借重总理的关怀,随意以一己之事打扰总理,这正是他特赦后的一种美德。

其实,早在"福贵人"第一次到协和医院"大闹病房"的时候,李淑贤就曾提出给总理写信的问题,溥仪就没有同意,他在当天的日记中写道:"淑贤7时回家,她说打算写信向周总理报告……为了顺利解决矛盾,不应再添无谓的纠缠,可以答应给李玉琴写一材料替她澄清一下。如果因此就给总理写信,矛盾未得解决反而转为尖锐,两相争辩起来,我们哪能以自己可以解决之事,让总理百忙之中操心?还是暂不告总理为宜。当然,如果对方有意寻衅、斗争或要求往他处迁移,则必须给总理写信汇报。"④

---

① 王庆祥整理注释:《爱新觉罗·溥仪日记》,天津人民出版社1996年版,第620—622页。

② 王庆祥整理注释:《爱新觉罗·溥仪日记》,天津人民出版社1996年版,第625页。

③ 依据董益三1982年向笔者提供的日记原件,未刊。

④ 王庆祥整理注释:《爱新觉罗·溥仪日记》,天津人民出版社1996年版,第613—614页。

　　当"福贵人"以强大压力袭来之际,溥仪不打算借重总理的声望渡险过关,如果说这是他的美德,那么尤为可贵的是,当形势变得对"福贵人"不利时,溥仪也没想过落井下石。

　　事情是这样的:与溥仪同病房住着一位外语学院的大学生,也是一名"三司战士",偶然的机遇却成为他观察事件全过程的便利条件,经过观察与分析,他得出结论:批斗溥仪这样的人不符合运动方向,而"福贵人"的言行则带有明显的个人动机,不应支持。他的观点很快就影响了"红三司"中负责的若干人士,其态度马上有了180度的大转弯,不但撤销了对"福贵人"的支持,还转而审查这些人的活动。"红三司"驻东北联络站在长春掏了李玉琴的"家底",而在北京,"红三司"总部又派人向溥仪、溥杰调查她的行踪,索要她的信件等实物材料。不久,东北某单位也来人调查她在京的活动了,这是因为对她长期脱产不满。

　　在这个新情况面前,李淑贤主张把一切都告诉"红三司",把信件、照片等"证据"也交给"红三司",但溥仪不同意,他按照政协文史办公室沈德纯主任的意见,实事求是地给李玉琴写了证明材料,有关信件也通过政协转给她了。为此,李淑贤牢骚满腹,甚至怀疑丈夫"旧情不断",夫妇间闹了很大的矛盾。溥仪耐心劝说,后来宋希濂夫人易吟先、郑庭笈夫人冯丽娟、周振强夫人楼亚隽,也都出面劝说,李淑贤这才解除了思想疙瘩。

　　证明材料是由溥仪口述、溥杰代笔,几经修改才定稿的,包括"福贵人"入宫的由来、经过,约束"福贵人"的"21条"以及限制家属"6条"之内容和目的,"福贵人"在伪宫中的生活情况及其所处的地位,与"福贵人"的娘家的关系等项内容。

　　这份材料怎样写,在当时是一件颇为复杂的事情。虽然"福贵人"曾自拟14个问题,以强硬态度要求溥仪按既定调子写,溥仪的亲属也有感情用事以致反对写这份材料的,而溥仪于1967年2月13日写好并由政协转交"福贵人"的材料,没有受到各种情绪的影响,是一份实事求是的历史证据。

　　交出材料的第二天,就在亲属中间引起一场争论,亲人们有不同看法,而溥仪并不迁就,从当天日记的简略记载中,能够清楚看出他实事求是的态度和对历史负责的精神:"1967年2月14日:贤来,郑广元来看。贤仍坚持说我胆小,为李所恐吓,不是实事求是。郑广元鼓吹说,李住高楼大厦,穿绫罗绸

"最高指示"

第　页

人民靠我们去组织，中国的反动分子，靠我们组织起人民去把他打倒。凡是反动的东西，你不打，他就不倒，这也和扫地一样，扫帚不到，灰尘照例不会自己跑掉。

薄仪你要向被你损害者及其家属，老实认罪交待们：

1. 李青拐究竟是怎么到伪宫的？以后又怎么成了"福贵人"？

2. 你给李青拐的娘家订的"廿一条"是什么动机？是什么目地？具体内容是什么？

3. 你给李青拐的娘家订的"六条"制度是什么动机？什么目地？内容是什么？

4. 你给李青拐本人什么权力？什么职务？（政治、经济、学习、生活等方面）

5. 李青拐在伪宫都干些什么？都见过那些人？你们在一起生活吗？你们几天见一次面？见面都干些什么？

李玉琴要求薄仪对 14 个问题作出解释（第 1 页）

缎，吃山珍海味（这是只看表面现象，不看事物本质）。又说，应该把她揪回来，问要求写材料的目的。他甚至叫号：我是工人，心直口快，又有学体育的学生,身强力壮,能举起她来。又说:大哥心太软(这也是不看事物本质,煽风点火)。二妹也曾到我家和贤说,并没有对李玉琴的所谓'监督',只不过是大哥常问二妹,李是否愿意,等等。由此,贤更以为我和杰写的材料不完全实事求是,甚至疑及对她另有什么勾搭难言之处。"①

　　溥仪处理这件事是光明磊落的,虽然一时不被亲人们理解,但他相信,一旦消除不正当的情绪和偏见后就能够懂得:严正的历史将永远接受岁月的推敲。

　　李玉琴离京前,政协代付了路费。溥仪得知此事后很不安,他在3月7日的日记中写道:"给沈老打电话,关于政协代给李玉琴100元,我说,我和贤一再望自给,不要动公款,应由我们自费。但沈老却说不必了。"政协对溥仪负责,溥仪也很自觉,后来还是要求组织从他去年9月份的补发工资中扣除了这笔款。②

　　李玉琴离京之前和她刚来的时候又不一样了,她温和而平静地告诉溥杰说:"溥仪有病,我希望他尽快养好。"回到东北后就安心地投入到工作之中了。虽然溥仪的一纸证明并不能就此卸去她身上那口沉重的黑锅,但从此以后,她宁可"受屈"也不再找溥仪的麻烦了,然而溥仪并没有得以安宁,对他的新的冲击又从戚本禹的鼓噪文章发表后开始了。

七、"清宫秘史"揭秘

　　戚本禹的文章《爱国主义还是卖国主义——评反动影片〈清宫秘史〉》发表的当天,溥仪就将此事载入日记了,可见他是很敏感的:"1967年4月1日:本日,《红旗》和《人民日报》发表戚本禹的《爱国主义还是卖国主义》。"第二天,溥仪又把从报上看到的有关消息写入日记:"本日,北京、上海、哈尔滨有群众集会示威,支持《爱国主义还是卖国主义》一文。"③溥仪十分注意这一动

---

①　王庆祥整理注释:《爱新觉罗·溥仪日记》,天津人民出版社1996年版,第628页。
②　王庆祥整理注释:《爱新觉罗·溥仪日记》,天津人民出版社1996年版,第638页。
③　王庆祥整理注释:《爱新觉罗·溥仪日记》,天津人民出版社1996年版,第654页。

第　页

一、李入伪宫的由来、经过

在谭玉玲死后，日寇的大特务头子吉冈安直为了进一步操纵我，提议找一个日本女性做我的伴侣。当时我固然早已死心塌地了甘当日寇的忠诚走狗，但在忠实的奴才，也有怨恨他主子的时候，"的""自保"心理下，恐怕在伪宫内也有了吉冈的"眼睛"，可又不敢公然拒绝，就采了拖延的办法。后在无可再推的窘况下，就借口向来不抱民族成见，但麻烦以爱情为主要条件，不筹局限于什么民族问题，以此做为唯一的挡箭牌。我当时的内心是，想找一个年岁小、容易听我摆布的女孩子，才可以摆脱吉冈的逼迫。于是就让吉冈，从长春的一所女学中，强要来几幅的学生的相片，供我选取，结果是看中了李育琴，就又在"入宫读书"的期骗幌子下，以伪皇帝绝对压力，强迫把李架入虎口。过了一个月之后，对李宣布，她的进宫，实际上是让她来伺候我，遂封她为"福贵人"，也就是给了她以满王朝时代第六业、皇帝御用"玩物"的称号。我为了完全地好控制她，首先定出了让她永

溥仪为李玉琴提出的问题所作的说明第 1 页

向，当然不会没有自己的感想，无论是因为涉及刘少奇同志还是涉及清宫。在当时的政治气候下，溥仪不便在日记中多写，对此可以意会。

此后因《清宫秘史》而登门来访者就不绝如缕了，仅 4、5、6 三个月中，就

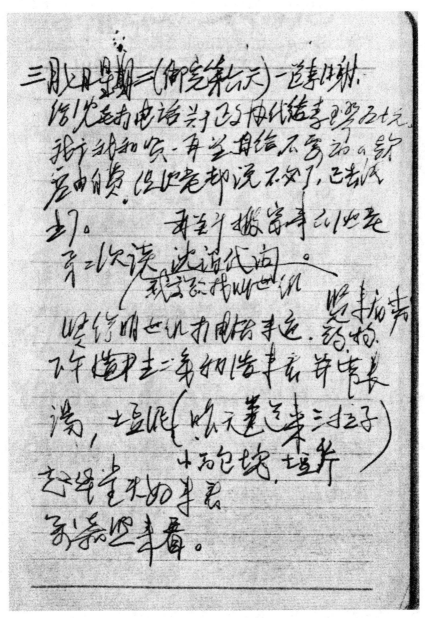

1967年3月7日溥仪在日记中记下要自费为李玉琴购买返程火车票

先后有十几批人来叩过东观音寺胡同溥仪家的大门。其中,有大、中学生,有归国留学生和教师,也有工人、干部,他们由《清宫秘史》问到宫廷生活,似乎要寻找"响应"戚文的"炮弹",又好像对宫闱趣闻感兴趣。来访者都挺文明,对"卖国妖婆"西太后的孙辈后人并未施以"造反"举动。然而,时隔未久,把中国新闻社所拍大型纪录片《中国末代皇帝——溥仪》作为《清宫秘史》的"续集"而大肆批判的大字报,终于贴上了天安门和王府井的街头。

某"红旗兵团"的大字报是这样写的:由党内头号走资本主义道路当权派亲自起名,并批准成立的中国新闻社又拍摄了另一部堪称《清宫秘史》续集的卖国主义影片《中国末代皇帝——溥仪》,这决不是偶然的……

这张长长的大字报究竟要干什么呢?当时的人们都善于琢磨"字缝",而这张大字报的字里行间藏着什么呢?"……为了适应他们的反革命复辟的需要,扩大溥仪这个地、富、反、坏、右的代表人物在国内外的影响,外事部门、侨务界党内走资本主义道路当权派一面批准拍摄卖国影片《中国末代皇帝——溥仪》,一面把溥仪的反动作品《我的前半生》大量发行……"①

矛头所向,原来是要从根本上否定党的改造政策啊!几张大字报,掩盖着一场最严重的斗争。是啊,从批判《清宫秘史》到批判《中国末代皇帝——溥仪》,这不正是从尊敬的刘少奇主席到敬爱的周总理吗!溥仪看穿了这场斗争的实质吗?他当时的地位和眼界都达不到这一点,但他似乎有感觉,对批判在一定程度上有保留,这完全看得出来。

1967 年 7 月 8 日上午,溥仪得知王府井、天安门一带贴出了大字报,"批判外事办公室主任廖承志主持为我 1964 年参观期间所拍的电影,说是游山逛景,又说是毒草","历数我过去在伪满时代种种罪恶,言怎能让这样的人还受到种种优待"。大字报竟不顾事实,凭空虚构,溥仪很反感,且本能地感觉到,问题决不止于他的身上。因为"政协委员集体参观,是周总理在大会堂接见时的号召和决定,是统战部筹办,由政协负责干部率领出发参观学习的"。

在那个深沉的晚上,又有好心的来访者敲开溥仪家的大门,带来他在前门大街所抄的大字报。溥仪一口气读完,点燃一支香烟,把身子软软地靠在椅背上,深深地陷入了苦思冥想。个人本是不值一提的,但党的改造政策不容攻击啊!溥仪该怎么办呢?站起来大声发言吗?有人会说是"自我辩解";

---

①　依据溥仪自存的大字报抄件,李淑贤 1980 年向笔者提供,未刊。

闷起来一声不吭吗？又事关党的改造政策,事关正确执行政策的总理啊! 他苦闷,彷徨……送走了夜客,又伏案埋头写起来。

溥仪在当天日记中继续倾诉自己的感想:"拍电影的问题上,过去自己不认为是毒草,拍摄自己成为新人以后的生活,是借以表现伟大的毛泽东思想,表现党和毛主席改造世界、改造人类、改造罪犯的光辉成就,拍电影是为了宣传党的政策。这里看到的批判,我认为其中所说'多照特赦以后的参观、生活场面,而少照和不照劳动、学习、改造等方面'是美化了自己,这个批判我同意,但这只是主持拍照人的观点方面的错误。"①

在东观音寺胡同 22 号的来访者中,也不乏这样的客人:他们是专门为了观瞻前皇帝的"御容"而来的,有的则是想得到"御笔"以便永远保存起来。总之在他们眼里,溥仪决不是一个普通公民,可他们的这种想法却深深地刺痛了溥仪的心,他哪里还肯以特殊公民自居呢!

溥仪以普通公民的身份出现在群众之中,感到特别温暖。在他周围,同事、邻里、一切认识他的人,谁也不想乘内乱捉弄这位活着的君王,群众懂得历史,也了解今天,通情达理,时刻爱护着他。1967 年夏季里的一天,发生了这样一件有趣的事情:溥仪独自散步,转到西直门一带迷失了方向,突然又乌云四聚,大雨瓢泼。他腹饥口渴,摸摸口袋又未带分文,无可奈何之下信步走进一家民宅,起初颇有顾虑:正在"文化大革命"期间,人家知道了自己是谁,会不会招惹麻烦? 现实不等于想象,当作为民宅主人的中年夫妇和一位年迈长者,了解到眼前这位"不速之客"就是改造成为新人的溥仪之后,非常高兴地做饭招待他,饭后又一直送他回到家中。后来溥仪向董益三提起这件事时,还悔恨自己忘记了问明那位好心人的姓名。群众爱护溥仪于此可见一斑,而这也正是他身处洪流旋涡之中得以泰然的一个重要因素。

想着总理,看着人民,溥仪宽慰多了。非常遗憾的是,他的肾癌已到晚期。

1967 年 10 月 12 日,这是溥仪留下绝笔的日子。当时,在他弥留人世的最后时刻,是多么想听到祖国结束动乱、逐步走上大治的好消息啊! 然而,大地上尚未呈现曙光,溥仪在病榻上听到的,除去内战激烈的新闻,就是"你死

---

① 王庆祥整理注释:《爱新觉罗·溥仪日记》,天津人民出版社 1996 年版,第 689—691 页。

我活"的派性斗争的消息,连来自政协机关的情况也令人担忧:政协机关的"大联合"还没有实现,新选出的"七人筹备小组"又宣告"吹台",在攻讦和对峙之中,相互以对立面的亮相干部为靶心,抓辫子,算旧账,一点儿也看不出安定下来的希望。唉,这场无休无止的"文化大革命"何年何月才能告一段落啊!中国人民还要经历多少浩劫,才能阔步走上繁荣富强的康庄大道?

总之,幸而得到改造,在生命的最后8年又为人民做了一些好事的溥仪,终于在一片不幸的消息中撒手而去了。他没能看到"四人帮"被粉碎的胜利情景,也没能听到祖国拨乱反正的喜讯,更没能感受到改革开放的新时代的脉搏,今天只有用文字告慰于九泉之下的爱新觉罗·溥仪了。

第十一章
逝世前后

我这一世,当过皇帝,也当了公民,归宿还好。现在总算
是已经走到了尽头。改造我这样一个人不容易,把封建统治
者变成公民,无论什么国家都很难做到,中国共产党办到了,
但是我还没给党做什么工作……

——爱新觉罗·溥仪

十年动乱之中,是周总理排除各种阻力千方百计地保护
了溥仪,使他没有遭到揪斗迫害,幸免于浊流的吞噬。然而,
总理却没能阻止病魔的袭击,溥仪最终还是被不治之症夺去
了生命。

一、肾癌,未能早期发现

1962 年 5 月中旬,即溥仪自由选择配偶、建立幸福家庭
后两周,肾癌先兆——轻微的尿血现象已经出现了。据李淑
贤回忆,曾到人民医院诊治,只是注射维生素 K 止血。溥仪
笃信中医,因而经常找海军医院张荣增老大夫诊察,断为"膀

胱热"，开了三剂中药，止住了血，遗憾的是没能早期发现癌细胞。

1963年是癌细胞潜伏的一年。溥仪常常发烧、感冒，显然是体质虚弱的表现，但身体外观还满好，精神也不错。

1964年溥仪两次赴外地参观，又能吃，又能睡，连李淑贤也羡慕丈夫身体"好"，自己虽然年轻，在参观中途还常常"掉队"，大有自愧不如之慨。

8月28日，溥仪结束在西北和中原的参观访问回到北京，按领导安排可以休息几天，但第二天就去植物园了，他说离开几个月，怪想的，去干几天活儿再回来。然而，第二天他突然返家，妻子很奇怪，他说"我又尿血了"，病魔自此缠身。李淑贤当即陪丈夫去人民医院检查治疗，大夫把这种无痛性"间歇血尿"诊断为"前列腺炎"，仍注射维生素K止血，当时没有考虑做尿培养，也未能发现癌症病变。又过了两个月，尿血更加严重，这才于当年11月中旬入人民医院住院治疗。

关键时刻，恰巧周总理邀请溥仪出席宴会，陪同会见某国贵宾；得知溥仪住院，非常重视，亲自安排确诊，从而为结束长期误诊，展开积极治疗，创造了条件。

次日上午，周总理打电话给全国政协秘书处申伯纯副秘书长，"听说溥仪先生已经住院，一定要把他的疾病治好！根据他已尿血来看，决不是一般的疾病，因此要请专家会诊。"当天晚上，以著名泌尿科专家吴阶平为主，还有其他几位外科、肿瘤科专家参加，对溥仪的病进行会诊，同时采取有效措施止了血。吴大夫已经感到问题比较严重，他以忧虑的口吻说："别看不尿血了，还有问题。"从此开始长时间的观察和会诊。

1964年12月中旬刚过，溥仪就出院了。旋即上班，与同事们一样参加学习，又很努力地从事本职业务工作，还出席了政协四届一次会议，结果因劳累，尿血又趋严重，2月5日再度住进人民医院。3月6日经膀胱镜检查，发现其膀胱右后顶壁输尿管口上方，长了两个乳头状小瘤子，一如黄豆粒大，一如小桑葚大，怀疑是恶性的。医生建议施行外科手术，但他很担心，同事们纷纷来医院劝慰，政协领导也很关心。日理万机的周总理又一次打电话给政协申伯纯副秘书长，指示立即把溥仪转移到医疗条件更好的协和医院高干病房，全力以赴，精心治疗。总理强调说："一定要把溥仪膀胱生瘤的病治好！"还指示医院要随时报告溥仪的病情。

二、住进高干病房

3月12日，政协遵照周总理的指示，把溥仪由人民医院转到协和医院，住进高干病房，准备施以切除二瘤手术。是总理的一句话，使溥仪开始享受国家高级干部的医疗待遇。

3月19日，协和医院根据上级指示，第一次向总理办公室发出《关于溥仪的病情报告》，详细说明了诊断情况和施治方案。

3月23日，协和医院为溥仪施以火疗手术，烧掉了膀胱瘤。溥仪非常高兴，把这一天视为"难忘的日子"。然而，"火疗"的成功也并不意味着根治，医生向溥杰透露了一点实情："恶性瘤子已经烧掉，将来可能还出，就再烧掉它，只要不让它长得太大，就没有关系。"溥仪自己也略有感觉。他曾在3月31日打电话给全国政协文史办公室吴群敢主任说，膀胱手术后仍有轻微尿血现象。

4月5日溥仪出院，第二天他就参加了文史专员的学习，他多么想以健康之躯投入到火热的生活中去啊！然而无情的癌细胞继续生长，出院刚满10天，又连续尿血。检查的情况载于4月16日日记："下午3时到协和医院，经吴大夫诊治，尿红血球2—3个。吴谓：'两个月后检查，可能还生小瘤，届时再住院六七天，疗治和休养。'"①

一个月后，尿血现象更加严重。溥仪再到协和医院检查，据日记载，主治医师吴德诚谓"尿中红血球又多"，告溥仪"住院再检查"。溥仪遵医嘱于5月25日下午办理入院手续，第二次住进协和医院五楼高干病房。

一次新的全面检查开始了，这是非常关键的检查，在这次检查中才彻底查清了病源，检查情况在溥仪日记中有详细记载。

　　　　　　5月27日　　星期四

二次住"协和"第三天。

上午8时许，钟〔守先〕大夫伴我到泌尿科，经吴德诚大夫作膀

---

① 王庆祥整理注释：《爱新觉罗·溥仪日记》，天津人民出版社1996年版，第313—314页。

胱镜,并作肾造影。又用电烧前次膀胱内的瘤根,只半小时做好。晚,到休息室看电视。

5 月 28 日　星期五

住院第四天。

到院散步。上午钟〔守先〕大夫来,我问他肾照相诊断如何?钟谓自己不是泌尿科,是外科,恐诊断不确,还是等吴德诚大夫来再告诉你。10 时许吴大夫来,他说,这次电烧系对上次膀胱根(有点红)的烧,插管入肾内有红血球,因此可能肾内有问题。这次插管是在左边(上次是在右边,没问题),插管 26 厘米(共长 40 厘米)。

肾相片可能今天洗出,他拟晚上来告诉我如何。吴谈,即使肾内有瘤,并不难治,现在治,还是早期。又谈,过去发现膀胱瘤两个:一如黄豆大,一如小桑葚大。按照这个大小形状看,它不可能早在两年前即有红血球或出血,所以他早顾虑肾内有毛病。前次在“协和”检查出的小桑葚大的瘤子,在人民医院检查,他们说仅如黄豆,而这次看如小桑葚。因此,吴大夫也疑可能是从这里出血。另一方面,吴尚怀疑肾脏有病。第一次肾造影时插管仅插入膀胱右侧,左侧插一点即痉挛,未能深入。因右侧判明无问题,所以这次检查没有插右侧,而专插左侧,似有毛病,等照片洗好后再决定告我。

5 月 29 日　星期六

10 时后,吴德诚大夫说,在左肾有两花生米大的瘤子(联结),必须治。①

薄仪在 5 月 29 日的日记上,还按照吴德诚大夫的介绍,勾画出三幅速写:一为“肿大的变形”,一为“首次造影不明”,一为肾内乳头状瘤的示意图。吴大夫向薄仪讲的那些话显然还是有所保留的,作为医生不能不考虑病人的精神负担。此时在薄仪的病历上早已载明了诊断结果:左肾乳头状瘤,须行左肾及输尿管切除术。

医院迅速地向政协反映了薄仪的病情以及施治方案,政协又毫不迟延地

----

① 王庆祥整理注释:《爱新觉罗·薄仪日记》,天津人民出版社 1996 年版,第 352—353 页。

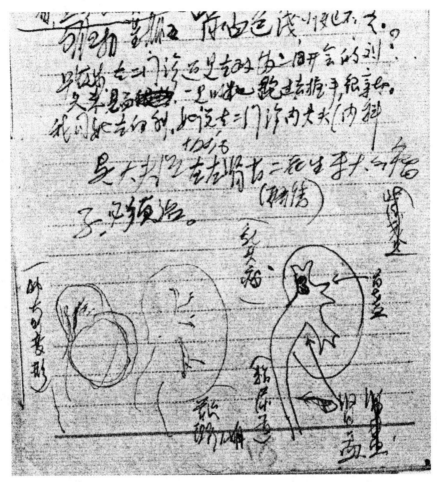

1965 年 5 月 28 日溥仪在日记中自画肾内有二颗花生米大小的膀胱瘤

向周总理作了汇报,总理当即指示:"要征求家属意见,要把手术做好。"

　　手术于 6 月 7 日进行,由吴德诚大夫主刀,取左肾手术 1 小时,切膀胱一小部连输尿管半小时,顺利施行完毕。6 月 11 日做出化验结果:切除的左肾肿瘤系"移行上皮细胞癌",属恶性肿瘤。

　　到 6 月 15 日,拆线时溥仪已能够自行活动行走了。这天下午,中共中央统战部平杰三部长和全国政协李金德副秘书长到医院看望溥仪,祝贺手术成功,希望他安心养病。那些天,刘澜涛等领导同志也先后来到医院,向溥仪问寒问暖,为他高兴。

6月26日,经3次向膀胱内注射防癌药后,溥仪于下午4时出院。在这次住院的一个月时间里,宋希濂夫妇、杨伯涛夫妇以及张述孔、杜聿明、郑庭笈、周振强、沈醉等专员都曾到医院看望溥仪,七叔载涛、溥杰夫妇以及妹妹、妹夫们更常常来,妻子李淑贤则干脆守在床头不离开,这一切无不使溥仪感到温暖和欣慰。

医生要求溥仪出院后仍需休息,但他把长期改造"争"来的工作之权看得特别圣洁,不上班就感到难受。可是他的顶头上司沈德纯以医嘱为重,怕他累着,说啥也不答应他的上班请求,几次让溥杰传话:"告诉溥仪可安心休养,不要急于上班。"又开玩笑说:"我是北洋组组长,又是学习组长,有权让他休养嘛!"专员们集中学习"四清"文件时沈老也不让他参加。

溥仪"苦熬"了一个月,实在呆不住,遂于7月27日按上班时间准时跨进专员办公室。申伯纯惊讶地问道:"你也来上班?怎么行!"沈德纯则以批评的口吻对他说:"你的身体不属于你个人,要为国家而保重啊!"但这已经不能说服他,还是张刃先主任聪明,想出了"半日上班,半日休息"的折中办法。

8、9、10、11这四个月中,溥仪病情稳定,偶尔也有尿血现象,但经几次检查,情况还好。据溥仪日记记载:9月8日,张刃先主任在百忙中陪他到协和医院,"经吴大夫检查膀胱镜,未见长瘤,又作右肾造影两次,也好";10月17日,"早7时半到协和医院,经吴大夫作膀胱镜和逆行照影,尚无新生瘤";到11月份曾有过连续几天的尿血现象,却很快又好转了。①

12月5日,协和医院吴德诚大夫电话通知政协,要求溥仪住院检查。于是,他在8日第三次住进协和医院。当天日记有载:"吴大夫通过张刃先主任电告沈老,让我今天到协和再检查。领导的关心与吴大夫的负责使我非常感动。一定把身体养好,早日出院,努力工作和学习,为人民服务。上午,政协派车送我到协和,贤同来。和吴大夫、关大夫谈话,吴大夫谓:约住两星期,每晨检查小便,过几天试膀胱镜和逆行造影。"②

---

① 王庆祥整理注释:《爱新觉罗·溥仪日记》,天津人民出版社1996年版,第414、431页。

② 王庆祥整理注释:《爱新觉罗·溥仪日记》,天津人民出版社1996年版,第458—459页。

入院第 4 天,验尿呈阳性,说明又有癌细胞了。12 月 18 日,由著名泌尿科专家吴阶平主持,对溥仪进行全面检查,发现他唯一的右肾内确有可疑的阴影,病变已很明显。溥仪在当天日记中详细记载了检查过程:"早 8 时,吴德诚大夫约吴阶平一同检查。8 时半,吴阶平亲自检查尿道镜、膀胱镜和逆行造影,至 10 时半检查好。在泌尿科照数张,又到二楼放射科照拍断层数张,还从肾直接下管接尿检查。吴德诚大夫和放射科张大夫均在旁……吴大夫谈,照相有阴影(前次也有),可疑。要经尿道检查后,再决定结果如何。"①

右肾阴影肯定是不祥之兆,但暂时尚无结果,而溥仪却被一次突然决定的手术,引入新的病痛中。事情是这样的:就在这次全面检查的次日,溥仪忽然阑尾剧痛,夜间尤甚,几不可耐。医院决定立即做阑尾切除术,手术是在 12 月 20 日晚上 10 时半到 11 时半进行的。

李淑贤回忆手术情况说:"手术前,溥仪不让医院通知我,怕我着急。我是在术后第二天早晨才从护士打来的电话中知道了已经发生的事情,赶到医院时,他还处于昏迷状态,口里不断吐出黑紫色的沫子,几天无尿了。由于尿毒症并发,病情更为恶化。头晕、恶心、腹痛、一阵阵咳嗽,特别是大、小便不能通畅,使他纠缠在深深的痛苦中。医生们想了许多办法都没有奏效,后来吴德诚大夫决定采取膀胱镜和肾管导尿,情况好转。中医研究院蒲辅周老先生开的几服中药也逐渐显示了威力,溥仪终于能够通畅地排尿了。"②

在溥仪最痛苦的时候,党给他送来了温暖。周恩来总理以及中央统战部和全国政协等相关单位,都收到了协和医院新发出的《关于溥仪病情的报告》,已经获悉溥仪病情的严重程度,知道他不幸地患上了双侧肾脏性癌瘤,这将是致命的,但无论如何也要全力抢救。从 12 月 23 日到 25 日的三天中间,全国政协文史资料研究委员会副主委沈德纯、全国政协副秘书长李金德和申伯纯、中共中央统战部副部长平杰三等先后到医院看望溥仪,问候病情。有一次,溥仪刚从昏迷中醒来,就看见平副部长俯下身来,轻轻地对他说:"周总理和彭真市长都很惦念你,让我来看看。"溥仪连连点头,热泪盈眶。他后来才从沈醉嘴里得知,是平杰三向周总理报告他的病情后,总理亲自指示立

---

① 王庆祥整理注释:《爱新觉罗·溥仪日记》,天津人民出版社 1996 年版,第 463 页。
② 依据李淑贤 1980 年向笔者提供的回忆口述资料。

刻召集北京名医抢救他的。那几天，他头昏眼花手发颤，连笔也握不住，但还是坚持把平副部长转达的盛意写在日记上，那颤动的手留下的笔迹着实难辨，而在弯弯曲曲、断断续续的字里行间，却清晰可见跳动着一颗真诚的心。①

三、曲折的病程

当由于阑尾炎引起的病变平复以后，溥仪又在1966年1月5日接受了一次关于肾病的会诊。右肾癌已被确诊，因为这已是溥仪唯一的肾，不能手术摘除了，经讨论决定，采用小剂量放射治疗，辅以服用化学抗癌药物，以求控制病情的发展，延长生命。就在这个治疗方案确定之际，总理办公室主任童小鹏又受周总理的指派，前来看望溥仪了。继而一份新的《关于溥仪病情的报告》又摆在了西花厅内的办公桌上，总理仔细阅看了会诊结果和施治方案，在1月9日批示："请平杰三同志注意"。

考虑到情绪问题，主治医生对患者的病情说明不能不有所保留，吴德诚大夫告诉溥仪说，下一次治疗将是"预防性的"，服药和烤电。至于右肾阴影究竟是什么东西？大夫说得也很巧妙，以下是溥仪写于1月12日日记中的一段话："下午，小便又有红色。吴德诚大夫说不必再作膀胱镜，我们已知道其原因，血是从肾脏出来的，不一定是瘤，也可能长肉瘤。从明天起，即可试服癌药水（起冲洗作用），以后再烤爱克司光。"②稳定患者的精神状态，对整个治疗安排或许是有好处的。然而，早在半个月前，一个不幸的消息已在专员中间传开：癌症已在溥仪仅有的右肾上发生，当为不治之症了，伴着这个消息还有一条纪律：暂对溥仪夫妇保密。

所谓"预防性的"治疗其实正是"抢救性的"治疗，这次以烤电为主的治疗，在1月5日确定后，从1月12日起进入具体的准备过程。那天，日坛医院派了一位有经验的细胞学大夫来了解溥仪的病历、病情，准备承担烤电任务。

---

① 王庆祥整理注释：《爱新觉罗·溥仪日记》，天津人民出版社1996年版，第467页。
② 王庆祥整理注释：《爱新觉罗·溥仪日记》，天津人民出版社1996年版，第475页。

1月13日下午,日坛医院院长吴恒兴①亲自动手,同协和医院放射科张大夫一起,为溥仪标定了放射 X 光的肾部位置。同时,约定好从1月14日起,每天上午9—10时,在日坛肿瘤医院照射钴 60_2。

　　1月14日溥仪接受第一次放射治疗,并记下了当时的情况:"上午7时半,协和施正文大夫伴我乘政协汽车到日坛肿瘤医院。先到客厅,由魏新林大夫、杨大望大夫出来接待,吴恒兴院长也赶到了。先与施大夫谈话,后即同我到钴 60_2 室,同位素放射9分钟。约11时回协和医院,大夫、护士均送到室内门,魏大夫再送到车上,非常诚恳,可感。这都是党对我的关心,对我的救护,真是没有话可表达自己的感激。"②

　　当天下午,沈德纯夫妇来看,第二天,沈老又陪同卫生部指派的一位女同志前来了解放射治疗的有关情况。前不久,政协文史资料研究委员会办公室第一副主任张刃先和政协联络组办公室主任赵增寿带着新鲜水果到医院慰问溥仪,他们还带来了中共中央统战部徐冰部长及平杰三副部长的亲切问候。接着,国务院总理办公室主任童小鹏又一次来了,他还是那么爱说爱笑,似乎整个病房都欢快起来。

　　在1月17日的日记中,溥仪记载了医务人员精心护理病势沉重全身痛楚的他到日坛医院接受放射治疗的情形:"薛淑珍护士用小车从卧室推我到地下室门口,乘政协汽车往日坛医院作钴 60_2 放射。薛护士和王司机扶我上台阶,薛又助我坐车上。到后,一日坛护士接,由魏大夫为我放射9分钟。后,魏大夫自己推车送我出房门,再送到车前。薛护士、王司机扶上汽车,薛护士把自己的棉外衣给我盖上,我让她穿,坚不肯,仍给我盖上。到协和,仍由薛护士推车送我入室。"③

　　1966年的春节,溥仪是在医院中度过的。政协领导和专员们以及溥仪的亲属纷纷前来探病、叙谈,医护人员来来往往互致问候,节日过得很愉快。

　　这个时期,溥仪一直进行烤电治疗。溥仪日记1月27日载:"上午到日坛

---

　　①　病逝于1986年10月30日,逝世前担任中华医学会肿瘤学会主任委员,中国抗癌协会和癌症研究基金会主席、国际抗癌联盟理事、国际放射防护委员会常务理事。
　　②　王庆祥整理注释:《爱新觉罗·溥仪日记》,天津人民出版社1996年版,第477页。
　　③　王庆祥整理注释:《爱新觉罗·溥仪日记》,天津人民出版社1996年版,第479页。

全国政协文史委副主任沈德纯(中)、文史办公室副主任张述孔(左)探望溥仪

肿瘤医院烤电(护士黄金龙从),吴院长、魏大夫又把放射点范围扩大十厘米(外围射 3 厘米,内围 5 厘米许)。我问魏大夫,魏谈系两小瘤,似小黄豆。他说,烤电可以治好,不算晚,放射到验尿再无瘤细胞,就算治好。"①

可见魏大夫已经较多地向溥仪透露了病况实情,使他确知那魔鬼般的右肾阴影,原来正是如小黄豆的两个小瘤。烤电的疗效究竟怎样呢?魏大夫认为初见好转。他向协和医院的主治大夫介绍情况说,许多瘤细胞经烤电后破碎了,应继续放射三个星期再观察,此间可暂停接受其他治疗。

2 月 6 日下午溥仪出院,这是协和与日坛两个医院经过磋商,为了便于继续施以放射治疗而决定的,从而结束了在协和医院共 58 天的第三次住院生活。这期间,卫生部副部长史书翰与协和医院党委书记林钧才,特邀许多名医,如溥仪在其通讯录上记下名字的吴阶平、吴恒兴、许殿乙等泌尿科或肿瘤科专家,给溥仪会诊多次。就在溥仪出院那天的日记上,还有一笔经济账的记载,表明这次住院的总费用为 725.28 元,其中自费 83.81 元,主要支付伙食

---

① 王庆祥整理注释:《爱新觉罗·溥仪日记》,天津人民出版社 1996 年版,第 487 页。

费,其余均由公费报销。在这里,溥仪所记的决不是一页简单的"流水账",而是对社会主义国家公费医疗制度的发自内心的感激。①

溥仪出院后,李金德和张刃先来到溥仪家中看望,他们摸透了溥仪的脾气,知道他一出院就急于上班,这次是先来"封门"的。他们说这次出院是为了更好地接受放射治疗,要听大夫的话,好好休养。

2月22日下午,一辆小汽车停在溥仪家门口,从车上走下来全国政协办公室副主任冯廷雄,是来接溥仪到河北省招待所会见李德的。怎么回事呢?

2月5日,即溥仪出院的前一天,同房病友——中央劳动部机关党委副书记郝刚向溥仪介绍了一个情况。他说,河北省监委书记李德曾患肾癌,在北京医院割去一肾,嗣后又尿血,经检查知膀胱生一瘤,于是将膀胱也割去一半。仍是尿血,经吴阶平等泌尿科专家会诊,认为是膀胱生瘤,拟把膀胱全部割去,但李德不肯。从此,一面在北京医院用药水冲洗膀胱,一面在宽街中医院口服中药。这时,有人向李德的爱人介绍祖传秘方,服后效果显著,渐至痊愈。经医院检查瘤已全失,医生大惊,询其究竟,李德讲述了治疗过程。郝刚的介绍引起溥仪很大的兴趣,从李德恢复健康的事实看到了希望。热情的郝刚就要打电话请李德来详谈,溥仪连忙制止,并对他说,我明天出院,自己去找他,不该再麻烦人家跑来一趟。于是,郝刚立即写了李德的住址和电话号码。第二天,溥仪十分感激地与病友郝刚握手话别。

很不凑巧,溥仪按地址找到李德住处后,发现他已返回天津的机关去了,感到很遗憾,遂把心思告诉了张刃先。机关领导闻讯后立即派人专程去天津,并与李德约定了在北京与溥仪会面的时间,正是2月22日下午。

在河北省招待所,李德热情接待了溥仪,介绍了症状和治疗情况,并把早已抄好的一张专治膀胱出血的祖传秘方单子交给溥仪,他感激地握紧李德的手,连声说:"谢谢!谢谢!"会面后,冯廷雄又送溥仪回家,汽车穿行在首都的宽平的大路上,车内,两人贴心地聊了起来。

"你住院期间手术又并发尿毒症,周总理很担心,立即指示平杰三副部长

---

①　王庆祥整理注释:《爱新觉罗·溥仪日记》,天津人民出版社1996年版,第491页。

组织名医全力抢救。"

"后来平副部长去看我，我还处于昏迷状态，当我稍稍清醒时平部长就告诉我，说总理和彭市长惦念我呢！我当时太激动了……"

"协和医院对你也是极端负责的，每次给你的处方都要经过医院党支部同意，并向政协机关通报。"

"我的新生是党给的，我的健康也是党给的，但我为党做的工作太少了……"

"你还要乐观，要有信心战胜病魔！"

"我应该这样！"

听见汽车鸣笛，李淑贤已经开门来接了。①

溥仪烤电治疗期间，出现了白血球下降的症状，由6500减为4800。为了防止发生急性肾炎，医院在2月25日决定，暂时停止钴放射，休息两个星期。

溥仪对中医有兴趣，倾向于中、西医结合治疗，从3月2日起到中医研究院肿瘤科请王赫焉大夫诊治开方，隔几天看一次，以后又多次请蒲辅周看病。尤为可贵的是，溥仪能运用自己的中医知识，详细记录老先生诊病时的症状、脉象、施治原则和依据，并全文抄录药方，已形成研究老先生临床经验并进而研究中医科学的非常系统的珍贵资料。

病情经过烤电而缓解，日坛医院吴恒兴院长在3月30日对溥仪说，过去尿中有很多癌细胞，烤电后许多已经被破坏了，癌细胞数量迅速减少，到3月25日验尿已没有了。他说，等一个月后再作轻微烤电，以便巩固。

为了对溥仪的身体负责，协和医院认为有必要进行一次全面检查，要求他于1966年3月31日第四次住进协和医院，目的是检查。4月14日进行会诊，溥仪在当天的日记中写道："协和约日坛吴恒兴院长来会诊。吴院长谈，经10数次查尿，均无癌细胞。他的意见可以上半天班，小量活动，不要吃太多，不要饮酒，少吃药（主要指中医）。今后两个月内，每星期四作一次尿检查，如无问题，两个月后可考虑再住院作膀胱镜和肾脏造影，并结合定位再作

---

① 王庆祥整理注释：《爱新觉罗·溥仪日记》，天津人民出版社1996年版，第491—499页。

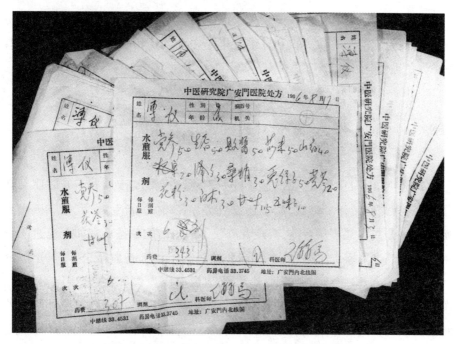

著名中医专家王赫焉给溥仪开的处方

是否烤电的决定。"①

4 月 16 日,溥仪出院。这次住院的病历上填写着:"诊断:右肾癌,左肾乳头状癌术后。"

出院后,溥仪坚持中医治疗,长治慢养,病情稳定达半年之久。长时间脱离工作岗位而早已按捺不住的溥仪,于 4 月 29 日到协和医院请吴大夫写了"可以上班"的诊断证明,他是那么高兴! 第二天就早早地跨进了政协的大门。在党委办公室,溥仪先后与李金德、申伯纯、沈德纯、张刃先等领导谈了话,虽然都知道是无法再劝他"安心静养"了,但还是要求他"暂不工作","可以适当参加学习,听一听,不必发言。"领导同志讲:"总理很惦念你,如果我们对你的身体照顾不好,我们要受批评的。"

溥仪满腔热情地投入到工作之中,参加专员学习,积极发言,主动地"抢"工作干,然而他没有料到,由北京大学的一张大字报而祸及全国的人间浩劫,

---

① 王庆祥整理注释:《爱新觉罗·溥仪日记》,天津人民出版社 1996 年版,第 524 页。

比病魔更厉害百倍地袭来了,它残酷地剥夺了溥仪与病魔长期搏斗好不容易才争得的为党工作的珍贵权利。维持半年之久的病情稳定也终于在破四旧的"红色恐怖"中被破坏了。

四、"协和医院"变成了"反帝医院"

1966 年 10 月中旬,溥仪的血压开始不稳,时而升高到 170/90,时而又降了下来,为此他又背了包袱,瘤子还没有去净,又添了新毛病,究竟应该先治哪种病呢? 其实,"当局者迷,旁观者清",了解内情的董益三有如下记述:"就买菜之便到老溥家走了一趟,老溥到公社医院门诊部查血压去了,仅李淑贤一人在家。坐了一会儿,老溥回来了,据他说血压为 150/84,这血压不算高,应没有什么问题。但老溥为此背了包袱,是以服降血压药为主,还是服抗肿瘤药为主呢? 两口子的意见不统一,结果打电话问大夫,回答说可以兼服。老溥的血压据我看没有问题,这些时候血压升高是因为东北来信引起了烦恼,再加上不爱活动以致睡眠不好的缘故。"①

老董的话很有道理,溥仪健康上的主要敌人还是那个潜伏着的右肾癌。10 月 26 日,溥仪在协和医院验尿时又发现疑点,很可能是几个月没有发现的癌细胞重新出现了。到 12 月初又发生严重的贫血症状,右胸奇痛,检查血色素仅 6.5 克,时而流鼻血,时而昏睡不醒,全身浮肿也有多日了,无情的凄风苦雨又来席卷他那所剩无多的健康,为此医生特嘱"多休养"。然而,举国一片混乱,正值"四人帮"制造的腥风血雨席卷神州的历史时刻,心情万分沉重的溥仪,又怎能得到平静的休养呢? 层层阴影、重重愁云笼罩着中国末代皇帝新建立的家庭,当时李淑贤也是面容憔悴,精神委靡,肾盂症又发作了……

12 月 23 日,一个更大的打击临头了:溥仪因尿毒症突发,经人民医院检查后,以"急症"于当日晚上第五次住进协和医院,当时他面部浮肿,流鼻血,

---

① 依据董益三 1982 年向笔者提供的日记原件,未刊。

腿部凹陷性水肿,非蛋白氮增高,诊断为右肾癌、尿毒症、左肾癌术后。丈夫沉疴在身,李淑贤担心极了。第二天,她曾向宋伯兰哭诉自己的不幸遭遇,董益三记述当时的情形说:"据吴大夫说,溥仪是肾功能有问题,引起尿毒症,可能好不了。淑贤一面说,一面哭,哭她今后怎么办? 哭她的命苦……十分悲痛。"①

溥仪入院后每天抽血、注射、输液,这是他在内乱期间的首次住院。老领导如沈德纯、张刃先等,仍像过去一样常常到病房来看望,那些朝夕相处的同事们,如杜聿明、宋希濂、郑庭笈、廖耀湘、罗历戎、杜建时、周振强等专员,也都不时地偕夫人前来探视。沈醉在其回忆录中写道:"溥仪生病时,我经常带着我1965年在北京结婚的妻子去看他。因我的妻子是医务工作人员,可以给他看看病和买点药,那时住医院很困难。"②

溥仪的亲属如七叔载涛、二弟溥杰以及几位妹妹和妹夫,则更是常来常往,轮流陪伴。然而,这赫赫有名的协和医院也和社会上其他单位一样,在"文化大革命"的狂风暴雨中一改容颜! 严酷的现实使溥仪和他的妻子以及亲属们都目瞪口呆了。

溥仪入院的头几天,自觉症状有增无减,病势日趋严重。他想邀请蒲辅周老先生诊治并试服中药,但医院根本就无人理睬这位病入膏肓的知名人士。更令人气愤的是,随着"文化大革命"的发展,派性"内战"的普遍发生,协和医院两派斗争竟把溥仪这个重病患者也给牵了进去。"造反派"攻击对方,就以溥仪住高干病房为借口,指控"保皇派"把"货真价实的封建帝王"安排在高干病房,是"坚持资产阶级反动路线",扬言要驱逐他。

据沈醉讲,像溥仪等人在医疗方面所受到的特殊待遇,原是周总理在10年浩劫之前特别下手令规定的。那个规定明确说:"全国政协文史专员的医疗关系,一律按高级干部待遇。"因为有了这个规定,专员们看病就不用排队了,只要给医院保健室挂个电话,医院便立即根据患者的"高干医疗证"上的号码调阅病历,并约定就诊时间,由医术较精的老大夫诊治,根据病情给予施用一般情况下难以得到的名贵药品。需要住院的,只要经过保健室的医生决

---

① 依据董益三1982年向笔者提供的日记原件,未刊。
② 沈醉:《皇帝特赦以后》,香港《新晚报》1981年4月13日。

定后,便可以住进高干病房。可是,"文化大革命"席卷过来了,专员们又恢复了"帝王将相"的身份,成了"黑几类"之一,别说是"高干医疗待遇",就是排队挂号也不给用药,甚至随时有挨骂的可能:"死一个,少一个,不给药,回去等死吧!"①

针对中国末代皇帝的"逐客令"终于下达了,医院"群众"不同意溥仪继续住在高干病房,因此须搬走。当患者本人尚未被告知时,已经闻讯的李淑贤则急得团团转,她一气跑到全国政协机关,已经是晚上七八点钟光景,早过了下班时间,一个领导没碰上。又跑到护国寺,向溥杰讲了医院的情况,也讲了溥仪要求请蒲辅周老先生看病的想法。溥杰立刻找沈德纯汇报,而沈老又汇报到总理办公室。总理闻讯后亲自给协和医院打电话,明确指示:应允许溥仪继续住在高干病房,要给予悉心周到的治疗和护理。总理还亲自告诉蒲老,说溥仪请他诊病,并委托他去时代致问候。②

12月29日,蒲老受总理委托,应协和医院和政协的邀请,前来为溥仪诊病。老先生一跨进五楼一病房就对溥仪说:"周总理很惦念,让我来看看你!"溥仪热泪盈眶,紧紧地握住蒲老的手,好半天也不撒开。从此蒲老常来诊病开方,采用中西医结合的方法给溥仪治病。③

蒲老来的这天,溥仪觉得精神上特别痛快,好像病已减轻了。入院以来有增不降的尿血,从是日起显著好转,迅速下降了。是周总理的过问和蒲老的到来,给四面楚歌的溥仪带来了欢乐和希望,与此同时,协和医院第12次向总理办公室、全国政协和卫生部发出了《关于溥仪病情的报告》。此后病情进入一个停滞时期,没有好起来,也没有坏下去,蒲老的部分诊断结论和西医检查结果,可以说明这种情况。

1月5日:液不足,舌淡,宜滋肾养阴。

1月13日:舌白腻苔未退净,宜半调心肾,理脾胃。

① 沈醉:《皇帝特赦以后》,香港《新晚报》1981年4月13—14日。
② 依据李淑贤1980年向笔者提供的回忆口述资料及董益三1982年向笔者提供的日记原件。
③ 王庆祥整理注释:《爱新觉罗·溥仪日记》,天津人民出版社1996年版,第596—597页。

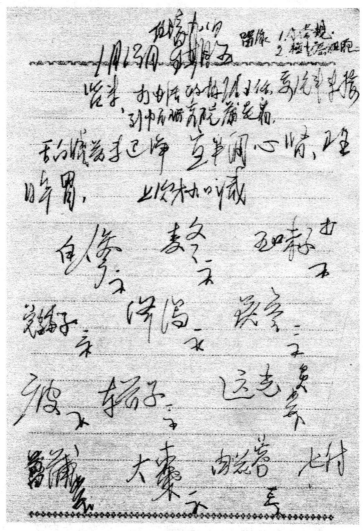

1967 年 1 月 13 日日记,溥仪抄录了蒲辅周所开的药方

1 月 21 日:脉弦滑,苔白腻,色黯,大便好转,睡中筋惕,由肾气不足,心气充虚,宜继续调理心肾。①

然而,溥仪的非蛋白氮一直在 70—90 之间,远比正常人高。右肾癌,面对

①　依据蒲辅周所开诊断处方,溥仪自存,李淑贤 1980 年向笔者提供。

这致命的魔鬼究竟应该怎么办呢？溥仪在1967年1月28日日记中记下一个十分动人的情节："通电话闻贤言，倪大夫建议我换一个人工肾，贤自称可将她的一个肾给我，我坚决反对这个建议。我服中药等治疗，虽然一肾有病，也可控制见好，怎能割剩下一肾换肾？倪大夫的这个建议真是毒辣，要害两个人，噫！但是，他是痴人说梦，根本做不到的！"①

倪大夫系从工作出发，是按医学允许的条件提出意见的，显然他被冤枉了。当然，溥仪出于对爱人的感情，一时偏激而说了鲁莽话，并非基于对大夫的抱怨，倪大夫也是不会怪罪的。

随着"文化大革命"掀起的阵阵浊浪激流，历史悠久的协和医院也在"造反派"的锣鼓声中改名为"反帝医院"。医院改个名字倒也罢了，糟糕的是一部分医护人员的服务态度也发生了变化，并且医疗质量也大打折扣，特别对于高干病房的患者，态度更为恶劣。

2月2日医院接到一项"政治任务"，治疗在苏联被打伤的9名中国留学生，随后又增加了在伊拉克被苏驻伊使馆人员打伤的4名中国留学生。为此，医院先后通知一批患者提前出院，让出病床。谁将首先被赶走？目标自然是革命老干部，所谓"走资本主义道路当权派"。眼见一位患严重心脏病的病友单殿元遭到驱赶，溥仪心中的悲痛之情是难以言喻的，回想自己在伪满"新京"当"康德皇帝"时，这位病友已经拼搏在抗日战场上了，如此革命功臣竟然被"造反派"轰出了病房，更何况他的病头天晚上还曾发作，呼吸困难，堵闷得难受。正当"末代皇帝"为他昔日的政敌、今天的病友鸣不平的时候，他本人也被医院定为"腾床"对象了，迫于形势，只得迁往北医附属人民医院一号病房，这是他第二次住进这家医院的普通病房。②

这次在人民医院住了18天，主要是观察，经常检查非蛋白氮、二氧化碳结合力和血压，服西药，注射睾丸酮，也请蒲老开方，吃中药，至2月20日出院。这期间，溥仪面部仍浮肿，食欲也很差。

出院才几天，溥仪又感冒了，而且尿毒症复发，情况严重。2月27日检查

---

① 王庆祥整理注释：《爱新觉罗·溥仪日记》，天津人民出版社1996年版，第611页。
② 王庆祥整理注释：《爱新觉罗·溥仪日记》，天津人民出版社1996年版，第616—618页。

结果,非蛋白氮 99.6,二氧碳化结合力 21,血色素 57,极不正常。

1967 年春,患肾癌的溥仪与溥杰和嵯峨浩在自家院庭

　　3 月 1 日,溥仪又第三次住进人民医院,一面继续服用蒲老的中药,一面注射胰岛素、输葡萄糖液、抽血,然而,没有收到明显的疗效。

　　经家属要求,14 天后溥仪转院,第六次住进协和医院,一直住了 47 天。"文化大革命"中的医院风气变了,医护人员的服务态度深深地刺痛了溥仪的心。到 4 月下旬,他的病又有了起色,非蛋白氮已从 90 降到 60,终于又伴着明媚的春光出院了。这次住院病历上只有很简单的记录:"因双肾肿瘤,尿毒症加重,再次住院。吴德诚大夫检查病情并采取治疗。"不久,另一位大夫又作出如下诊断："肾功能不断恶化,术后不良。"①

从 1967 年 4 月末到 9 月末,溥仪在自己以公民身份建立的小家庭中度过了生命末期的 5 个月。这 5 个月里,他几乎天天看病,请蒲老开方。然而,任何一位高明医师,对于病入膏肓的患者也是爱莫能助,无力回天。老先生尽着最大的努力,延缓中国历史上最末一代皇帝的生命,总想让他能随着时代走得更远些。同事们也为他着急,有人给他介绍民间大夫,有人帮他找来治癌偏方。6 月 27 日溥仪偕同妻子前往和平里政协宿舍罗历戎家,抄回了"半枝莲"治癌秘方,据说已治愈 200 名癌症病人了。那天住在和平里的专员同事盛情欢迎溥仪夫妇,"李以劻、廖耀湘、杜建时、范汉杰、罗历戎以及王耀武夫妇合伙招待吃便饭"。② 然而溥仪的病势还是日趋沉重,7 月、8 月和 9 月,他从每两周上医院复查一次,进而一周复查一次,从全身乏力、胸闷气短、呼吸困难,逐渐发展到不能走路,生活不能自理,连洗脸、洗脚、洗澡也都要由妻子服侍了。在 9 月中旬的病历上,已出现了"心力衰竭"的记录,虽然溥杰曾千方百计从日本空运固体血浆到北京,准备给严重贫血的大哥输入体内,但为时已晚。

1967 年 10 月 4 日上午,溥仪还由妻子搀扶着到协和医院门诊部诊病取药,当天下午还约请友人沙曾熙的女儿与其男友在家中会面,并留他们吃饭,当年老沙给溥仪和李淑贤当大媒,而今这两口子又给老沙的女儿介绍对象了。溥仪怎么也想不到,刚刚送走快乐的年轻人,自己却病情恶化了。

次日凌晨 5 时,一位身材瘦高、面色苍白的病人,被一大帮亲属护送着来到人民医院急诊室,来者正是溥仪,他痛得在床上滚来滚去,李淑贤急如星火,到处奔走,求人帮忙,在一个白天里,分别到人民医院和协和医院作了检查。根据病情急需住院,但床位很紧张,医院内部分人员在极"左"路线影响下反对收留一个"封建皇帝"住院。情况刻不容缓,政协立即向中南海内的总理办公室反映了情况,总理很生气,提笔批示"特殊照顾"。批示传达到人民医院后,医院虽然不得不同意收留住院,但在泌尿科病房竟找不出一张闲床,

---

① 依据溥仪病历,李淑贤 1980 年向笔者提供。

② 王庆祥整理注释:《爱新觉罗·溥仪日记》,天津人民出版社 1996 年版,第 684—685 页。

于是暂时住进内科第 9 号病房。就在这里，溥仪度过了生命的最后几天。[①]
沈醉后来对这件事有如下评论："这事真太凑巧了，在中国历史上一直把九当
成极数，所以对皇帝常常爱用九，如九五之尊、九重天子……而溥仪这位末代
皇帝住院的病房号为九号，这种无心的安排，好在出自造反派头头，要是别
人，他们一旦听到读书人的指点，那还得了！"[②]

这位心力衰竭病弱不堪的老人在自己生命的最后时刻，仍以颤抖的手，
费劲地握住已经实在难以控制的 3 寸笔管，记呀，写呀，字迹已经模糊不清，可
那精神和毅力能见、能知。在一个 2 寸半长、2 寸宽的小笔记本上，却有一页
字迹清晰，笔法刚劲，那是溥仪在 10 月 6 日，即逝世前 11 天，写给妻子的一张
便条，内容是："小妹，我感气虚。你来时，千万把'紫河车'（胎盘粉）带来。今
天晚上服用。耀之。"溥仪字耀之，"小妹"则是他对妻子的爱称。[③]

10 月 8 日，当宋希濂和杨伯涛到医院看望溥仪的时候，他只能依靠输氧
和注射葡萄糖维持生命了。

据沈醉回忆，当时人民医院的医护人员在造反派的控制下，对溥仪不敢
好好照顾，怕被那些家伙扣帽子，同情帝王将相。遇上溥仪排尿困难，如有造
反派在场，便要让他难受得大汗满头，痛苦万分，那些家伙反以此为乐。只有
这群披着人皮的畜生不在场时，才敢给他导导尿。溥杰常常去陪伴他，也遭
到造反派的刁难和呵斥。尽管环境险恶，董益三、杜聿明、范汉杰等同事们还
是一个个悄悄地前来看他，为他病势的沉重而悲伤，也为他遭受迫害而愤愤
不平。沈醉在他的回忆录中写道，当时医院中很多人认识他，甚至用鄙夷的
眼光看待这位《红岩》小说中描写的杀人不眨眼的严醉"，可是，他不顾这些，
还是"偷偷摸摸"地去溥仪的病房，"看一眼，讲几句话就赶快走"。一旦被发
觉，总是连推带骂被赶出医院。有一次，他看到原在保健室工作的一位护士
正在值班，因为是熟人便溜了进去，以为她会装作看不见，然而她却无可奈何
地说："头头们早关照过，不准你这个'严醉'去看溥仪，我让你去了，我得挨

---

① 依据李淑贤 1980 年向笔者提供的回忆口述资料。

② 沈醉：《末代皇帝之死》，《文汇读书周报》1992 年 12 月 26 日。

③ 王庆祥整理注释：《爱新觉罗·溥仪日记》，天津人民出版社 1996 年版，第 716—
717 页。

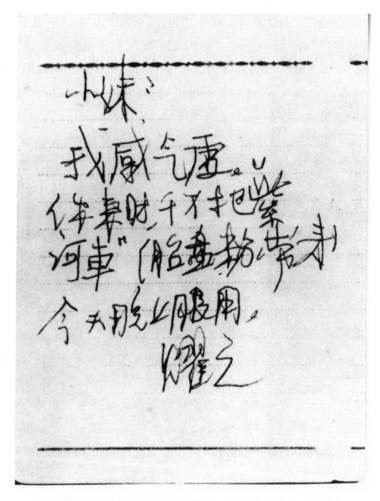

1967 年 10 月 6 日,即溥仪逝世前 11 天,写给妻子的一张便条

批,说我到今天还划不清界限,我过去为你们服务,都是我的罪行,你就原谅我吧!"听了她这番话,沈醉也只好走了。①

　　然而,当时沈醉家就住在西黄城根,离医院不远,所以还能常来找机会往里溜,他回忆说:"有一天,我溜进病房,看到溥仪鼻子里插着氧气管,眼神无力,见我走过去,便拉着我的手,泪珠不断流出来。我也是泪珠滚滚,强忍着

_____

　　①　沈醉:《末代皇帝之死》,《文汇读书周报》1992 年 12 月 26 日。

心头的悲痛,劝他不要难过,总理很关心他,病一定会治好。到了那种程度,他仍然相信,党不会不给他治病。"沈醉又说:"这时,我已从一个老医生那里得知他患了肾癌,又加上他有冠心病、贫血,更严重的是排不出尿来,天天得用导管导尿,而一些护士也怕因太照顾而被扣上'同情黑五类大头子'的帽子,经常不给他导尿。他当时怎么会知道是林彪、江青反革命集团在横行霸道,把党的政策早抛在一边,而一心阴谋篡党夺权呢!去年5月间,全国政协为他举行的追悼会上,指出他是受林彪、江青一伙极'左'路线的迫害而致死的,这完全正确,我便是他们迫害溥仪而使他死去的见证人!"①

人民医院实习医生张崇信当时就在溥仪住院的疗区内值班,他回忆说,溥仪刚住院时精神还好,只是脸上有些浮肿。他爱活动,经常在病房里走动,还频频与同病房的另一位病人——成天坐在床上不哼不哈,也不动弹的从西藏来的活佛搭话,但这位活佛在当时的政治气氛下总是答得牛头不对马嘴。溥仪戴着很厚的眼镜片,看东西很吃力,常常看到李淑贤给他读一些信件或别的什么,在他身上,还多次发生上厕所忘带手纸或不拿碗碟就去盛饭盛菜之类的事。溥仪的病情很快就恶化了,排尿发生困难,有一次他躺在床上痛苦地呻吟,李淑贤在一旁抽泣,活佛则照旧坐在床上无动于衷。我在这种气氛中给他导了尿,排空尿液后,溥仪轻松一些了,频频向我点头致意,李淑贤也连声道谢。我心中很不是滋味,知道溥仪在世的日子不长了,而护士出身的李淑贤也不会不清楚这一点。②

1967年10月12日,溥仪留下绝笔。这位一生好记的人所写的日记至是日而终,他再也无力握笔了,绝笔日记也十分模糊,难以辨认。但仔细辨认,还是看得出,他这最后的字迹是在抄录蒲老的诊断和药方。③ 据沈醉回忆,溥仪这次住院后,周总理一直为他操心,曾让许多有名的大夫去看他,但那时几位名大夫也正在挨批斗,所以去得少。只有蒲辅周老大夫去过几次,为溥仪切脉后认为病情严重,需要长期治疗,好生护理。

---

① 沈醉:《皇帝特赦以后》,香港《新晚报》1981年4月19—20日。
② 张崇信:《末代皇帝之死》,《解放日报》1985年2月24日。
③ 王庆祥整理注释:《爱新觉罗·溥仪日记》,天津人民出版社1996年版,第718页。

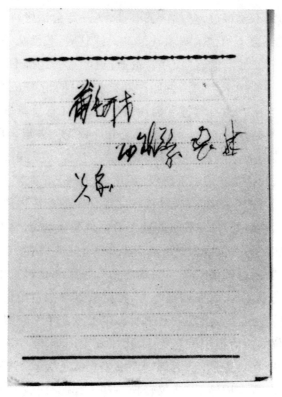

1967 年 10 月 12 日溥仪临终前的绝笔

五、绝笔和遗言

1967 年 10 月 19 日,新华社向全世界播发了溥仪逝世的消息。在"文化大革命"中见报的这个消息实在过于简略了:"新华社 19 日讯:中国人民政治协商会议全国委员会委员爱新觉罗·溥仪先生因患肾癌、尿毒症、贫血性心脏病,经长期治疗无效,于 10 月 17 日 2 时 30 分逝世于北京。终年 60 岁。"①据溥仪逝世时在场的一位实习医生 18 年后撰文评论说:"这段消息就是从溥

---

① 《人民日报》1967 年 10 月 20 日。

仪的死亡证明上主治医师书写的原文抄录的,一字未改。记者也确够小心的了。"①

关于溥仪逝世的报道

遗憾的是,即使这样简略的报道从世界范围来说也还算不上新消息,因为头一天的许多日本报纸,已在显著版面上,作了有关前"康德皇帝"病逝于"红色首都"的绘声绘色、图文并茂的报道。

实际上,比起外国电讯来,在中国共产党的改造政策下洗心革面、成为新人的爱新觉罗·溥仪的逝世,中国的报道实在是太少、又太简单了,甚至连一点点评价或悼念之意都没有透露。但被"左派"人士斥为"地、富、反、坏、右总头子"的溥仪之死,能在党报上占一小块篇幅加以报道,已是大不易的事情了。据说这还是由于周恩来总理得知溥仪的死讯后,亲自下令让新华社播发,才得以见诸报端的。

显然,溥仪得了不治之症,生命早已无可挽回。他的死亡消息传出后,了解情况的人并不感到惊奇。甚至连北京的一些市民也了解底细,并关注着"宣统"的末日,沈醉回忆文章中的一段话便是明证:"从1967年10月中旬开始,自西北高原随大风刮来的大量黄沙,在北京上空盘旋了几天。汽车停下来,一会儿就落上一层薄薄的黄土。许多关心'小皇帝'的北京老人,知道溥仪病重住院,看到满天黄沙,便纷纷谣传,'天发黄,小皇帝怕快……'老人们

---

① 《解放日报》1985年2月24日。

连最后一个'死'字都不忍说出来,都是这么爱他。而医院造反派却加重对他的折磨,让这位被中国共产党改造过来的中国末代皇帝终于在 10 月 17 日凌晨悄悄与世长辞。"①

　　然而,每天守护在溥仪身旁的李淑贤却不相信丈夫会死掉。6 年来,他和自己朝夕与共、恩恩爱爱,难道就这样撒手即去吗? 事实是严酷的,对李淑贤来说不啻是一声晴天霹雳,沉重地击中了她那不堪承受的病弱之身。在巨大的悲恸之中,李淑贤的眼前一再出现丈夫弥留之际的神态,那痛苦的眼神把溥仪的未亡人带回到国庆前夕的静谧之夜。

　　东观音胡同 22 号长形的院落里,被秋风卷落的树叶轻轻飘下,竟不发出一些声响。一长排正房都是暗的,唯有主人的卧室透出微弱的光。这难忘的寂静让人感到奇怪,感到可怕。一年多来,溥仪夫妇一直是在喧闹之中度日的,所闻所见无非是吵、闹、乱,内乱中的祖国充满了枪声、炮声和高音喇叭的号叫……今晚怎么突然安静了? 是福? 是祸? 谁知是什么兆头!

　　溥仪盖一条毛毯,半依在缎被前面,又拉住妻子的手,让她坐在自己身边,两只眼睛死死地盯住了妻子,他清楚地知道自己不会久留于世了,真想多看爱人几眼。李淑贤见他眼眶里滚动着泪珠,心痛地掏出手绢为丈夫轻轻地擦拭,他们就这样无言相对了好一会儿。溥仪久藏心头的几句话终于是无法不说了。他说:

　　　　我快要离开人世了。这么长时间我不愿意和你讲这件事,是因为不愿意伤你的心。我的病是不能治愈的绝症。我曾对你讲,现在科学发展了,能治好我的病。以前这样说说不过是为了安慰你,我早已知道,这身上的病是不会好了。

　　　　我这一生,当过皇帝,也当了公民,归宿还好。现在总算是已经走到了尽头! 有所悬念的是:第一条对不起党。改造我这样一个人不容易,把封建统治者变成公民,无论什么国家都很难做到,中国共产党办到了,但是我还没给党做什么工作;第二条对不起你。我们结婚 5 年多,又把你一个人扔下了。我年岁大,从各方面说都很对不

---

　　①　沈醉:《末代皇帝之死》,《文汇读书周报》1992 年 12 月 26 日。

起你。你体弱多病,我又没有什么东西留下,离开我以后怎样生活?

现在又是文化大革命中,谁能管你? 我最不放心的就是你呀!①

李淑贤轻轻抚摸丈夫的手,忍住泪水安慰他说:"你不用发愁,慢慢养病吧! 等稍微好些咱们就一块儿逛公园去,到颐和园、北海……"她多么希望这会成为活生生的现实啊!

溥仪的时间一分一分地接近生命的终点,最后的晚上来到了。范汉杰和李以劻前来探望。溥仪躺在病床上,昏昏然度过许多时间,晚10时左右,突然在亲友们的盼望中睁开发亮的眼睛,又开口说话了,头脑十分清醒。范汉杰和李以劻已在床边静静地守候了一个多小时,这时都非常高兴。老范看着溥仪的脸问道:"老溥! 你还认识我吗?"

"认得! 你是范汉老。"溥仪毫不犹豫地回答说,吐字相当清楚。

这时,李以劻插嘴对溥仪说:"我们来看你,已经坐了很长时间,还要赶末班车以前回去,现在应该走了,你好好休养吧!"

溥仪急忙摆手,并对李以劻说:"老李! 你先别走,等我二弟来。"停了一会儿,又像是想起了什么,几乎是喊着说:"快! 赶快找孟大夫,孟大夫不来,你不要走!"孟大夫是人民医院泌尿科的主治大夫,始终负责溥仪的诊断治疗。老范和老李注意到,溥仪的脸上呈现出令人同情的痛苦表情,他用一种虽然微弱却很清晰的声音继续说道:"我还不应该死呀! 我还要给国家做事呀! 你们救救我,赶快找孟大夫!"

李以劻立刻去找来孟大夫,只见溥仪一把攥住孟大夫的手,不住口地说:"救救我! 我要给国家做事,救救我! 我要给国家做事呀!"

"你不要害怕! 你的病慢慢就会好了,你还有机会给国家做事的。"孟大夫这么一说,溥仪立刻高兴起来,脸上掠过一丝笑容。然而,这毕竟只是孟大夫安慰他的话。当他又静静地睡去后,孟大夫就把实情告诉了老范和老李:"溥仪先生过不去今天晚上了,你们看到方才他很清醒,这就是所说的回光返照现象。"

末班车的时间逼近了。老范和老李不得不离开病房去赶车,但又舍不得

---

① 依据李淑贤1980年向笔者提供的回忆口述资料。

骤然离开垂危的好友,乃以矛盾的心情,依依不舍而去,临走还为溥仪盖了盖被子,看到他已瘦得皮包骨头,感到心酸难受。原来肾癌引起肾功能失调,营养不能吸收,以致他早就羸弱不堪了。①

溥仪睡了,还听得到他从嗓子里发出的细微的呼噜声,悲戚如痴的李淑贤一直紧挨着丈夫的身体焦急地等待,一位在他家工作过的保姆红着眼圈守候着,外甥宗光也守候在侧低声抽泣。就在他停止呼吸的前几分钟,二弟溥杰闻讯赶到了。在这最后时刻,李淑贤又快步跑向医院值班室,喊来几位医生,做了轮番抢救。时间一秒一秒地过去,已经全身浮肿的溥仪终于又睁开眼睛,转动眼球,看看妻子,又看看二弟,才最后呼出一口长气,安详地与世长辞了。李淑贤再也按捺不住心头的巨大悲痛,伏在丈夫的遗体上放声恸哭,时为1967年10月17日凌晨2时30分。中国历史上的末代皇帝溥仪先生,永远离开了他留恋并热爱着的20世纪60年代的新世界。

天一放亮,消息迅速在亲友中间传开,悲痛的人们从四面八方涌向人民医院。

李淑贤在保姆帮助下,给丈夫穿上刚刚拆洗的棉衣棉裤,口中喃喃地说:"这是为今年冬天准备的,穿去吧,能遮遮风寒。"因为溥仪双脚浮肿,妻子特意让保姆上街买双大号新棉鞋,她说丈夫生前爱散步,鞋要穿舒服些。继而又把丈夫平时最喜欢的一顶深蓝色呢绒帽端端正正地给他戴在头上。接着,又让人取来他平时使用的枕头和褥子,为亲人展铺身下,垫正头部。

李淑贤凝望着爱人的遗容,亲友们纷纷上前劝她节哀,请她暂时离开遗体,她哪里肯依?向来劝的人们说:"你看,溥仪的眼睛和嘴都半睁半闭,是对我不放心哪!"于是,用手轻轻地抚摸爱人的脸,直到他的双眼闭住,嘴也闭严,又给爱人梳梳头,这才允许保姆把盖在丈夫身上的白布单拉过头顶……

10月18日上午,总理办公室一位负责同志来向李淑贤转达总理亲切的慰问之意:"总理得知溥仪先生去世的噩耗,心情非常沉重,总理衷心希望您

---

① 依据李以劻1984年向笔者提供的回忆口述资料。

节哀,保重身体。"来人还根据总理指示,详细询问了溥仪的病情以及逝世前后的细节。他告诉李淑贤,总理担心在"文化大革命"中医疗方面可能对溥仪先生照护不周,还说:"总理嘱咐我们要查清这方面的责任。"

范汉杰、罗历戎、李以劻夫妇、董益三夫妇以及廖耀湘夫人张瀛毓、王耀武夫人吴伯伦等闻讯纷纷来到医院或溥仪的家,向李淑贤表示慰问。专员学习组副组长宋希濂根据大家的要求,向政协领导请示可否在遗体火化的时候,搞一个简单的告别仪式,以表达对溥仪的哀思。然而,"文化大革命"期间,到处狂叫"揪叛徒"的时候,有谁敢来作这个主呢? 只好答复以"待通知",但通知却迟迟不来,"泥牛入海无消息"。10 月 19 日,遗体在八宝山火化,因为始终没有得到"通知",亲友和专员们便自己作主,前往为溥仪送行。① 沈醉后来回忆此事时气愤地说,本来我们都想前往医院与溥仪的遗体告别,政协造反派竟然不准,只让他的几位家属去了一下。那时候这些人为什么会失去人性而与禽兽无异呢?②

骨灰的处理在当时也成了一个难题,后来还是周总理作了指示,总理在困难的处境里,把自决权交给了爱新觉罗家族。指示说,可以由家属选择在革命公墓、万安公墓和其他墓地的任何地方安葬或寄存骨灰。10 月 21 日,爱新觉罗家族的主要成员聚会讨论了这个问题。七叔载涛提出还是放在八宝山人民骨灰堂好,溥杰完全赞成,他说:"总理的指示说明他老人家也有难处,我们不该再添麻烦,可以放在群众公墓。"李淑贤也没有异议,她说:"溥仪生前爱热闹的地方,放在群众公墓,长期和人民、和老百姓在一起很好。"这样,经家族一致商定了。第二天,李淑贤、溥杰和一位街坊的女儿一起到八宝山人民骨灰堂办理了寄存手续。

若干年以后,人们才获知,出于尊重满族人民的生活习惯,周总理曾建议为溥仪修建陵墓,家属不同意这种做法。20 世纪 70 年代中叶,日本共同社记者采访溥杰后发表一篇题为《穿着中山装的旧满洲国皇帝之弟——溥杰》的文章,文中提到溥杰对横堀洋一讲:周总理等中央领导同志"曾对我说,是否

---

①　依据李淑贤 1980 年向笔者提供的回忆口述资料。

②　沈醉:《末代皇帝之死》,《文汇读书周报》1992 年 12 月 26 日。

要建立一座漂亮陵墓？作为一个市民，我拒绝了"。①

　　溥仪逝世了！周总理一直没有忘记这位在后半生中做了好事的中国末代皇帝,总理接见国际友人的时候经常提到他。70 年代初,日本《朝日新闻》以《恢复邦交是人民的愿望》为题,登出周恩来在该报编辑局长后藤基夫访问我国东北后会见他的谈话内容。文章写道,后藤编辑局长说,东北有了很大的发展,嗣后周总理说:"发展是有,但不能说很大。不论怎么说,'满洲国'的时代是绝对不能回来了。'满洲国'的皇帝溥仪已经死了。说句公道话,最后他改造得不错。"周总理在给我们看了《我的前半生》后说:"你们都读过他写的这本《我的前半生》吧！从他来说认识是提高了。不到 60 岁就死了,如果不得肾癌的话,一定会活得更长。使一个末代皇帝能有这样的觉悟,不是一件容易的事。"美国《纽约时报》助理总编辑托平也曾在一篇自北京发回的报道中写道:"周恩来追述说,自从 1949 年以来,被打倒的中国国民党军队的高级军官一直住在北京,受到了很好的照顾。他还提到被废黜的日本傀儡、'满洲国'皇帝溥仪,直到三年前去世,一直住在北京过自由生活。"

六、骨灰重新安放

　　周总理没有忘记已逝的溥仪先生,也没有忘记活着的溥仪夫人,他亲自安排,帮助这位心灵遭受严重创伤的妇女,摆脱了内乱中的种种具体困难,这对于一个日理万机的人来说,是多么难能可贵。

　　李淑贤的身体很糟糕,一身集有五种慢性疾病,不得不常常请病假,很难坚持上班,所在医院感到人员安排有困难,就动员她以停薪留职的形式长期病休,她同意并从 1964 年 7 月 14 日起不再上班。溥仪活着的时候,靠他的工资收入,生活没有问题,现在怎么办？坐吃山空不行。1968 年初,李淑贤向本单位提出复职要求,然而没有实现,因为她还没有取得健康检查证明,身体状况尚不允许她承担起工作的重任,医院经研究不同意复职。

　　不能复职,又得不到最低限度的照顾,而内乱中人际关系是很神经质的,

----

① 依据溥杰 1984 年向笔者提供的回忆口述资料和报刊资料。

即或有人同情她,也决不敢轻易接近这位著名战犯的遗孀。环境是这样残酷无情,举目无亲、孤苦伶仃的李淑贤何以应付?她要生活下去,在绝望中想起周总理,就鼓足勇气写了一封信,把自己的近况告诉了总理。然而,正像预料的那样,寄出的信根本不可能到达总理手中,很快退回原单位,合法的人身权利惨遭剥夺,在当时本已不足为奇了。

李淑贤在十分艰难的情况下打发一个个日子,没有分文收入,坐吃《我的前半生》一书几千元稿费——这是溥仪上交后又返还的。为了节约房租、水电开销,她自动交出了东观音寺一套有客厅、卧室,还有其他附设生活设备的宽敞住宅,而宁愿搬进杜聿明先生院内一间由原卫生间改造后的又黑又潮的小房内居住。

时间难挨,好不容易度到 1971 年 6 月下旬,李淑贤再一次鼓起勇气投书总理,汇报自己的生活状况和遭遇的困难,她是冒着风险这样做的。很幸运,周总理收到了这封信,马上派国务院机关事务管理局副局长侯春槐来到当时李淑贤居住的那间又黑又潮的小屋,细心地询问溥仪去世后生活有何困难?现在的身体如何,还有什么要求?李淑贤提出两条:一是复职,安排力所能及的工作,以解决生活出路问题;一是现居房条件太差,希望调一调。不久,政协来人通知,考虑到她的身体状况,即便是轻工作也难于胜任,可以暂不工作,由政协按月发放生活费,每次 60 元。同时,立即调换适当住宅,安排两间阳光充沛的正房。

1976 年 1 月,周恩来逝世,举国同悲,广袤的山河大地同声哭泣,李淑贤望着总理接见溥仪和自己的合照,泪如雨下。她怀着沉痛的心情再次去八宝山向丈夫的骨灰盒诉说心事,深信他在九泉之下也会为总理的辞世而感到悲痛惋惜。

这一年秋末,从北京震响的一声"春雷"报道了"四人帮"的垮台,报道了十年内乱的收场,报道了中华民族的新希望。在明媚的春光里,作为溥仪的夫人,李淑贤得到国家和人民的尊重。

1976 年 12 月 29 日,李淑贤应邀出席全国妇联和政协妇女组织举行的迎新联欢会,这是"四人帮"垮台后,溥仪夫人第一次在公众场合露面,新闻记者立刻抢拍下她和嵯峨浩在联欢会上同桌的镜头,并向关心她们命运的世界读者披露。

李淑贤的晚年生活是幸福的,不久政协又给她安排了一套新房,有煤气、暖气,上、下水道,生活更方便了。

李淑贤还参加了民革的社会活动,并被推选为北京市朝阳区政协委员,这使她的生活内容更加丰富,常常出席政协会议,听取介绍北京市政建设计划,以及各种社会问题的多种多样的报告会,不断参加关于党的统战政策和台湾回归祖国的座谈会,还有文艺晚会、电影招待会等等。

李淑贤特别感到欣慰的是,在溥仪去世13年半以后,党和政府又为溥仪、王耀武和廖耀湘三位政协委员举行了追悼会。至此,溥仪的一生可谓"盖棺论定"了。

1980年5月29日,即溥仪去世13年之后,党和政府为溥仪等三位政协委员举行了追悼会

纵观溥仪的经历,人们得出这样的结论:

他当清朝末代皇帝的时候还是一个娃娃,自然无法对政治负责。张勋复辟事件发生时,他仍是一个不懂世事的儿童。及其成年,投靠日寇,为虎作伥,背叛民族,写了一页可耻的历史,铸成终身大错。诚然,作为一个徒具虚名的傀儡,对日本侵略者的罪行难负全部责任,但人民决不会因此而原谅他的背叛行为。总之,溥仪在前半生中是做了一些对不起国家、对不起人民的坏事。

从被俘开始,溥仪度过15年囚禁、改造生活,这是他一生中的转折时期,即由皇帝向公民转变的过渡时期。其间,溥仪经过党的教育和改造,由对抗到恐惧,由恐惧到认罪,由认罪到悔罪,由悔罪到新生,一步步提高认识,向前迈进。在他身上充分体现了党的改造政策的胜利。这时期,溥仪还在东京和沈阳两次为审判日本战犯出庭作证,以实际行动表达了赎罪的心情,这是应该称道的。

在溥仪的追悼会上,时任全国政协副主席的王首道向李淑贤致以亲切慰问

　　特赦后的8年,溥仪接受中国共产党的领导,热爱社会主义祖国,不断参加学习,注意思想改造,对待工作勤勤恳恳、认真负责,并在我国政治生活和外事活动中发挥了很好的作用。特别是极为关心台湾回归祖国的神圣事业,并为此而努力做了些工作。这是他投身光明的一页崭新历史,时间虽较前半生短暂,却反映出这位经过反复锤炼、心灵杂质已被熔尽的"由皇帝到公民"的人,业已具有了较高的思想境界和道德情操,因而获得同事和群众的称赞。党和国家对溥仪先生在后半生中所做的工作也给予了应有的评价,并十分隆重地祭奠了他,这是完全应该的。

　　追悼会是在1980年5月29日下午3时半在政协礼堂举行的,新华社报道了这次追悼会的情况:

　　　　中共中央政治局委员邓颖超、乌兰夫、彭冲,人大常委会副委员长朱蕴山,政协全国委员会副主席季方、王首道、杨静仁、胡子昂、李维汉、胡愈之、王昆仑送了花圈。送花圈的还有政协全国委员会、中央统战部、政协文史资料研究委员会等单位。

政协全国委员会副主席季方、刘澜涛、胡愈之以及黄维、侯镜如、贾亦斌、溥杰、赵子立、文强、沈醉、杜建时、郑庭笈,以及有关方面负责人,政协常委、委员,政协文史资料研究委员会专员和生前友好等约300人参加了追悼会。追悼会由王首道主持,中央统战部副部长、政协全国委员会副秘书长刘宁一致悼词。

追悼会结束以后,由溥杰捧着兄长的遗像,李淑贤端着爱人的骨灰盒,根据中央指示,重新安放在八宝山革命公墓第一室副舍。①

中国两千多年封建社会中,历代帝王都为自己在生前就开始建造豪华的寝陵,地上有高高的山峰,地下有壮观的宫殿,但这只能说明他们的奢靡无耻。唯独这位末代帝王,以自己后半生的公民历程,赢得了以火化后的余烬与故去的人民领袖的骨灰并列的资格,他的骨灰安放在普通的青砖瓦房之中,但这正是他的光荣。

纵观溥仪的后半生,不仅反映了中国共产党改造政策的伟大、成功,也体现了广大人民对封建统治阶级的最后的代表人物的宽厚和博大胸襟。

---

① 《人民日报》1980年5月30日。

新 版 后 记

　　1979年8月初,我受《社会科学战线》杂志社的委派,出席在呼和浩特举行的中国蒙古史学会成立大会,途中曾在北京停留。中国社会科学院历史研究所黄振华先生建议,顺便拜访溥仪夫人李淑贤女士,也可邀她为杂志撰写回忆文章,这当然是一个很好的建议,于是借助他与李淑贤的老关系,共同走访了她。

　　在北新桥李淑贤的原住所,我们受到主人十分盛情的接待。她说因为身体不好,写文章比较困难,但还是答应提供回忆口述记录资料。尤使我们欣慰的是,她至今还保存着一批溥仪的遗稿和遗物,她说以前不知道这批资料的价值,只是当作纪念品留下来的,现在她表示愿意与《社会科学战线》合作,整理并出版这批珍贵资料。后来,杂志社领导又把这项有意义的工作交给了我。

　　受托整理溥仪手稿的过程中,我逐步发现这些资料足以显示溥仪后半生中许多具有重要意义的场面,如果再查阅有关文献,并辅以必要的调查,有可能写出关于后半生的传记,本书的构思正是从这里开始的。

　　在撰写过程中,为了核实和补充资料,我又在20世纪七八十年代，多次访问曾与溥仪朝夕相处的全国人大代表、全国政协常委杜聿明，全国政协委员李以劻、杨伯涛、罗历戎、方靖以及中国佛教协会副会长巨赞法师等，他们都尽自己所知提供了一些新的资料。这里更应该特别提到全国人大常委会委员溥杰先生和全国政协委员董益三先生，他们二位向我提供了大量宝贵的文字和图片资料，给我的写作以最有力的支持。现在，他们都已经先后谢世了，好想念他们啊！

1980年10月《溥仪的后半生》初稿草成，当时曾印发前言和目录，在小范围内征求意见，得到时任吉林省社会科学院院长的学界老前辈佟冬的支持。与此同时，天津人民出版社纳入了出版计划。交稿后出版社有关同志曾帮助我逐章逐节地修改一遍。由于成书日短，搜集的资料不完备，对问题的分析和研究不够深入，加上有人冒用李淑贤名义，向党报反映虚假情况，导致某领导人批示却调查无果等三言两语说不清楚的种种原因，这部书稿暂时搁置下来。

1982年底，我的科研课题重新列入吉林省社会科学院规划，并得到原东北史研究所所长周兴（曾任中共吉林省委党史研究室副主任、研究员，已退休）的鼎力支持。这使我得到机会寻访全国许多地方的知情人，查阅大量档案文献，以及半个多世纪以来的有关图书报刊，补充了一批重要的新资料。在此基础上于1985年初写成第二稿，字数比初稿增加三分之一，结构也相应地做了调整。其间，周兴先生不但给予具体指导和经费资助，而且逐章逐节阅看原稿，提出许多重要的修改意见。此外，原吉林省社会科学院副院长高振清、王承礼、马万里，原历史研究所所长刘家磊等，都在关键时刻给予了重要帮助，没有他们的支持，本书的定稿与问世，都将是很困难的。

考虑到溥仪是一位影响很大的历史人物，他的后半生体现了党和政府的改造政策，我所在的单位为慎重起见，决定将第二稿送吉林省政协文史资料研究委员会并呈请领导部门审查。其间，承蒙中共吉林省委统战部部长张凤歧和吉林省政协副主席辛程，在繁忙的工作中拨冗审阅了书稿，并决定由《吉林文史资料》先行刊印，在统战系统和社会科学研究系统内，直接向广大读者征求意见。吉林省政协文史资料研究委员会副主任委员温维淳、吉林省政协文史办公室主任张恩惠和周兴共同承担了征求意见稿的编审工作，他们可贵的劳动为本书增添了光彩。

当本书作为征求意见稿在 1985 年 7 月印发后,曾寄送党和国家领导人,中央及省、市统战部门领导、政协委员,还有溥仪的家属、亲属、生前友好等,广泛征求了意见。见到本书征求意见稿的广大基层读者,也纷纷来信表示欢迎与支持,许多人寄来详尽、宝贵的修改意见,或对观点、史实提出异议,或代拟某章某段改写方案,或对句式、遣词、用字、标点等做细致的推敲。他们中间对我帮助最大的是下列各位:吉林市政协常委、吉林省政协委员爱新觉罗·毓嶦,吉林省政协委员、吉林省社会科学院历史研究所研究员宋敏,沈阳第三机床厂五车间党总支副书记王廷一,青海省第三建筑工程公司安装处卫生所医生周露芳,吉林市第十三中学历史教员周克让,内蒙古奈曼旗档案局干部胡永平,西安冶金建筑学院社会学部教师常青山,辽宁省兴城县县志编纂办公室干部李正冠,民主建国会吉林省委机关干部孙毅。

80 年代后期,在影、视、剧的艺术观赏圈里,出现一股中国末代皇帝热。中、意、英三国合拍的电影《末代皇帝》史无前例地一举荣获奥斯卡 9 项大奖,嗣后由中国电视剧制作中心录制的 28 集连续剧在全国播映,从而把这股热浪推向巅峰。为使观众了解溥仪一生的完整形象,天津人民出版社决定立即公开出版《溥仪的后半生》。根据出版社的意见,在本书付梓之际,又作了些文字修改,而更全面、更彻底的修改,当时正在积极准备中。

1997 年春天,东方出版社历史编辑室主任乔还田告诉我,该社拟推出“溥仪书系”,希望能够得到溥仪夫人李淑贤和我的支持,我当即与李阿姨商议。就在这前一年,溥仪先生所著《我的前半生》一书著作权纠纷案终审判决下达,《我的前半生》一书著作权归溥仪自己,李淑贤胜诉了,她有权决定《我的前半生》一书出版事宜。她说,她很愿意把《我的前半生》这本书交给东方出版社,放在“溥仪书系”中,与《溥仪的后半生》、《我的丈夫溥仪》等书统一出版。

一年后,“溥仪书系”第一批共六种问世了。让我非常难过的是,李阿姨已经在 1997 年驾鹤远行,竟没能看到她期盼着的“溥仪书系”各种著作的出版。我永远忘不了 1999 年 6 月 9 日傍晚,那天是李阿姨远行两周年纪念日,我把“溥仪书系”六种著作整齐摆放在李阿姨遗像前,郑重地告诉老人家说:“《我的前半生》、《溥仪的后半生》、《我的丈夫溥仪》等书已经遵照您的意见出版发行,您可以放心了!”

　　李阿姨确实可以放心了,这是因为《我的前半生》已经遵照她的意愿由东方出版社重新出版,还因为《溥仪的后半生》、《我的丈夫溥仪》这两本书也都遵照她的意愿和她新回忆并记录下来的崭新内容,分别动了大手术,重组框架,增添情节,许多观点也重新斟酌过,目的是让溥仪后半生的传记形象更符合历史的真实。溥仪无疑是一位政治人物,但他的传记却不应成为政治宣传品,而只能是他的某一人生阶段的生活实录和客观评价,这也正是李阿姨所希望的。

　　2007 年,东方出版社决定重新出版《我的前半生》和《溥仪的后半生》,并为每本书配发了近 100 帧稀见的珍贵照片,这些能让历史鲜活起来的照片,读者肯定是会欢迎的。当此之际,我有责任如实说明这两本书问世的来龙去脉,特别是要说明溥仪夫人李淑贤的意愿和她老人家生前已经做过的事情。

　　又一个 5 年即将度越,人民出版社希望再次修订出版《溥仪的后半生》。这一机遇令我兴奋,遂将全书做了认真的校订和补正。

　　对于《溥仪的后半生》的再版,我的心情还是忐忑不安的。溥仪先生所著《我的前半生》一书在海内外赢得了数以千万计的读者,人们既然对溥仪的前半生感兴趣,自然也会愿意了解他的后半生,那么那些热切盼望着的读者,对这本《溥仪的后半生》是否会感到满意,正是我深感不安的原因。

　　作为一部历史人物传记,如果本书尚有价值的话,也首先要归功于保存了大量溥仪遗稿的李淑贤女士,还应该感谢为本书作出贡献的其他人士。不敢掠人之美、妄自居功,耿耿此心,热切期望广大读者继续提供宝贵的批评意见,以使本书再版时更臻完善。

王庆祥

2012 年 5 月 30 日于长春

责任编辑:于宏雷
装帧设计:曹　春
版式设计:卢永勤

图书在版编目(CIP)数据

溥仪的后半生/王庆祥 著. -北京:人民出版社,2012.8(2019.2 重印)
ISBN 978－7－01－010811－7

Ⅰ.①溥…　Ⅱ.①王…　Ⅲ.①溥仪(1906～1967)-生平事迹　Ⅳ.①K827＝7

中国版本图书馆 CIP 数据核字(2012)第 061190 号

溥仪的后半生

PUYI DE HOUBANSHENG

王庆祥　著

人民出版社 出版发行
(100706　北京市东城区隆福寺街 99 号)

中煤(北京)印务有限公司印刷　新华书店经销

2012 年 8 月第 1 版　2019 年 2 月北京第 2 次印刷
开本:710 毫米×1000 毫米 1/16　字数:408 千字　印张:26.75

ISBN 978－7－01－010811－7　定价:66.00 元

邮购地址 100706　北京市东城区隆福寺街 99 号
人民东方图书销售中心　电话 (010)65250042　65289539